Marianne Hoppe

»Erst Schönheit,
 dann Klugheit und dann
 das helle saubere Herz«

Ein wunderschöner Traum nach einer Vorstellung – am Ende – wie Alle kommen und (unkonventionell) zu mir kommen – Bühnenarbeiter, »Technik« (Kollegen keine Erinnerung) und mir danken! Aber wie – zugeneigt »von Herzen« – unforgettable

Birgit Pargner

Marianne Hoppe

»Erst Schönheit,
dann Klugheit und dann
das helle saubere Herz«

Herausgegeben vom Deutschen Theatermuseum München

HENSCHEL

Eine Ausstellung mit Begleitpublikation
im Deutschen Theatermuseum München anlässlich
des 100. Geburtstages von Marianne Hoppe.
Kuratiert von Birgit Pargner (Deutsches Theatermuseum München)

Ausstellungstermin Deutsches Theatermuseum
München: 23. 9. 2009 – 10. 1. 2010

Ausstellungstermin Theatermuseum der
Landeshauptstadt Düsseldorf:
19. 2. 2010 – 11. 4. 2010

Foto auf Seite 2:
Marianne Hoppe. Am Uraufführungsabend von *Heldenplatz* von Thomas
Bernhard. Burgtheater, 4. 11. 1988 (Regie Claus Peymann). Foto: Klaus Sange.
Das handschriftliche Original von Marianne Hoppe »Traum-Notiz« befindet
sich in ihrem Nachlass.

www.henschel-verlag.de
www.seemann-henschel.de

Bibliografische Information Der Deutschen Nationalbibliothek:
Die Deutsche Nationalbibliothek verzeichnet diese Publikation in
Der Deutschen Nationalbibliografie; detaillierte bibliografische
Daten sind im Internet über http://dnb.ddb.de abrufbar.

ISBN 978-3-89487-646-3

© 2009 by Deutsches Theatermuseum München, Autorin und
Henschel Verlag in der Seemann Henschel GmbH & Co. KG.

Die Verwertung der Texte und Bilder, auch auszugsweise,
ist ohne Zustimmung des Verlags urheberrechtswidrig und strafbar.
Dies gilt auch für Vervielfältigungen, Übersetzungen,
Mikroverfilmungen und für die Verarbeitung mit
elektronischen Systemen.

Herausgeber: Deutsches Theatermuseum München

Umschlaggestaltung: Ingo Scheffler, Berlin
Coverabbildung vorn: Marianne Hoppe. Um 1941. Foto: Liselotte Strelow
(©VG Bild-Kunst Bonn, 2009)
Coverabbildung hinten: Marianne Hoppe und Gustaf Gründgens während
der Probenarbeit zu *Das Konzert* von Hermann Bahr, Deutsches Schau-
spielhaus, Hamburg (im Theater am Besenbinderhof). Premiere 9. 5. 1962,
Regie: Gustaf Gründgens. Foto: Rosemarie Clausen (©»Rosemarie Clausen –
Künstlerischer Nachlass« GbR, Hamburg)
Klappenabbildung hinten: Probenfoto zu *Die Jagdgesellschaft* von Thomas
Bernhard. Staatliche Bühnen Berlin (Schiller-Theater). Premiere 15. 5. 1974,
Regie Dieter Dorn. Foto: Horst Güldemeister
Gestaltung und Satz: Grafikstudio Scheffler, Berlin
Druck und Bindung: DZA Druckerei zu Altenburg GmbH, Altenburg
Printed in Germany

Gedruckt auf alterungsbeständigem Papier mit chlorfrei gebleichtem
Zellstoff.

Inhalt

Alles nur Theater?
    Ein persönliches Vorwort von Benedikt Hoppe 7

»Achtung Steinschlag!« – Keine Autobiografie 9

»Erst Schönheit, dann Klugheit und dann das helle saubere Herz« 12

»Die Königin« – Vom Wachsen einer Persönlichkeit 18

Kindheit in freier Wildbahn – »Mit einem weiten Blick über die Felder« 21

Weimarer Tagebuch 29

Erste Theaterstationen 36
    Die Anfängerin am Deutschen Theater – »eine Begabung von innerer Spannkraft« 36
    Am Neuen Theater in Frankfurt am Main: Spielen – Spielen – Spielen! 42
    An den Münchener Kammerspielen – »Man nimmt dort nichts unwichtig!« ... 50

Doppelkarriere während des Dritten Reichs 54
    Die Filmschauspielerin 54
    Theaterrollen am Preußischen Staatstheater 73
        Das ideale »Shakespeare-Geschöpf« 73
        Die tragischen Rollen 85
        An der Seite von Gustaf Gründgens 100
        Gustaf Gründgens und Marianne Hoppe – Zettel und Briefe 105
        Die letzten Kriegsmonate 114

Der Krieg ist aus 116
    Kampf um Gründgens 116
    Zerstörung des Elternhauses – das Ende von Felsenhagen 117
    Ralph Izzard – eine Wiederbegegnung mit Folgen 119
    Zusammenbruch und Neubeginn 121
    Scharam – ein neues Zuhause 123

Rückkehr zum Theater 127

Die zweite Karriere – »Knacksdamen« und Königinnen 137
    Die »Knacksdamen« 137
    Die Königinnen 150

Lebenshypothek: »Da wo ich bin, ist Mephisto!« 168

Marianne Hoppe und Thomas Bernhard – »Es sind alles Einmaligkeiten gewesen!« 173

Marianne Hoppe als Literatur-Vermittlerin in den USA 185

Kontemplation in Griechenland: »Den Mond am Himmel und den Retsina im Glas« 189

König Lear – »Ist der Mensch nicht mehr als das …« 192
    Kein König – ein Zustand 192
    Interview mit Robert Wilson 196

Letzte Rollen am Berliner Ensemble 199

Die Königin und Werner Schroeter 205
    Interview mit Werner Schroeter und Benedikt Hoppe 205

Selbstgespräche 210

Anhang 215
    Vita 215
    Preise und Ehrungen 219
    Rollenverzeichnisse 221
        Theaterrollen 221
        Filmrollen 226
    Anmerkungen 227
    Zur Zitier- und Schreibweise 233
    Auswahl-Bibliografie 234
    Bild- und Herkunftsnachweis 235
    Register 236
    Dank 240

Alles nur Theater?

Ein persönliches Vorwort von Benedikt Hoppe

Schauspielhaus Düsseldorf, 1953. Ich war gerade sieben Jahre alt und durfte zum ersten Mal ins Theater. Mutter spielte die Candida in Bernard Shaws Stück, und ich saß hinter der Kulisse mit Blick auf die Bühne, neben mir ein Feuerwehrmann. Nach dem ersten Akt spitzte sich die Situation zu: ein gemeiner Pastor und ein anderer Dunkelmann trieben meine Mutter in die Enge, wollten sie verbal »fertig machen«. Ich wurde immer wütender, denn ich konnte ihr nicht helfen und irgendwann rannen die Tränen. Der Feuerwehrmann legte seinen Arm um mich: ›Och Jung, dat is doch alles nur Theater!‹« Später in der Garderobe sprang ich Mutter auf den Schoss und umarmte sie: »Mami, versprich mir: lass so was nie wieder mit dir machen!«

Düsseldorf, Hamburg, Berlin. Damals, als ich klein war, dauerte es oft Wochen, manchmal Monate, bis meine Mutter und ich uns wiedersahen im abgelegenen Haus im Chiemgau. Dann aber war sie sehr liebevoll, und wir verbrachten ganze Vormittage beim Schmökern in *Babar, König der Elefanten* oder übten schon etwas Französisch mit dem Gedichtband *Amour* von Verlaine. Er war in rotes Leder gebunden, mit wundervollen kolorierten Vignetten ausgestattet, noch heute mein Lieblingsbuch. – »Wenn Du zehn bist, fahren wir nach Venedig!«

Marianne und Benedikt Hoppe. Um 1966.

Feder fließen, obwohl sie darüber in unzähligen Fernseh- und Radio-Interviews immer wieder berichtet hat. Dabei hätte sie mit den vielen, bis in die neunziger Jahre hineinreichenden Aufzeichnungen sowie den unzähligen Korrespondenzen und mannigfaltigen, von ihrer Film- und Theaterkarriere zeugenden Unterlagen eine reiche Grundlage für ihr Vorhaben gehabt. Doch über Vergangenheit zu sprechen, und demnach auch zu schreiben, ist ihr – das hat sie in Interviews mehrfach betont – immer schwer gefallen; besonders wenn es wertend sein und mit einer Beurteilung von Richtig oder Falsch einhergehen sollte. Mag sein, dass ihr das Gefühl, ihr Leben zwischen zwei Buchdeckel pressen zu müssen und ihm damit den Anschein des Abgeschlossenseins zu geben, zudem Unbehagen bereitet hat. Entsprechend heißt es in Thomas Bernhards *Heldenplatz*: »Das Aus ist das Ziel!«, und in seinem Stück *Am Ziel*, das er auf Marianne Hoppe als Protagonistin hin geschrieben hat, lautet es in ähnlichen Worten: »Am Ziel sein, bedeutet das Aus!« Unbehagen flößte ihr auch die Vorstellung ein, unwillentlich einen Sachverhalt falsch, ungeschickt oder missverständlich auszudrücken, etwa in Bezug auf Gustaf Gründgens: »Mein Gott, ich sehe Gustaf grinsen, wenn ich ihn zu beschreiben versuche. Er selbst hätte das gekonnt, und wie hätte er das gekonnt …«[6] Doch Gustaf hat es auch nicht gekonnt, auch er ist über den Entwurf seiner geplanten Autobiografie nicht hinausgekommen, in der er in Bezug auf seine künstlerische Arbeit am Staatstheater in Berlin »den Leistungen gerecht werden will, die zu leugnen heute immer noch etwas Mode sind«[7]. In Anlehnung an Gründgens' eigene Ausführungen über das »Geheimnis«, das sich insbesondere Schauspieler hinsichtlich ihrer Person bewahren sollten, spielte Günther Rühle auf das Geheimnisumwobene der Schauspielerin Marianne Hoppe an; und zwar am 26.4.1999 anlässlich seiner Geburtstagsrede im Berliner Ensemble – ein Rahmen, in welchem die Gefeierte, dreieinhalb Jahre vor ihrem Tod im Oktober 2002, ihrerseits ein Geheimnis lüftete: dass nämlich nicht, wie alle glaubten, ihr achtundachtzigster, sondern bereits ihr neunzigster Geburtstag zu feiern war. Ein angeblicher »Irrtum vom Amt«, wodurch ihr nach dem Krieg in ihren Ausweis das Geburtsjahr 1911 statt 1909 eingetragen worden sei, hätte ihr diese Verjüngung beschert. All die Jubiläen und »runden« Geburtstage, die sie im persönlichen und im öffentlichen Kreis feierte, muss man sich demzufolge als um zwei Jahre verspätet denken. Man kann das nicht damit erklären, dass Schauspielerinnen ihr wahres Alter gerne verheimlichen, denn zum einen gehörte sie zu jenen, die in Würde altern konnten und zum anderen bringen zwei Jahre nichts ein. Aber: Marianne Hoppe spielte eben gerne, auch mit ihrem Geburtsdatum, das sie bereits vor dem Krieg, in einem Fragebogen der Reichsfachschaft Film, um ein Jahr zurückverlegt hatte.[8] Günther Rühle jedenfalls führte aus: »Ihr nun beträchtliches Leben ist nicht nur von bemerkenswerten Daten und Zeichen, es ist auch von Geheimnissen umglänzt, wiewohl Preußinnen wie Sie die Nüchternheit lieben und allen magischen Firlefanz verachten. Aber Geheimnisse gehören zum Leben, zumal dem der hohen Frauen. Und zu dem der Schauspielerinnen erst recht. Das Geheimnis, sagte Gustaf Gründgens, bevor er auf jene Weltreise ging, die uns alle erschütterte, das Geheimnis mache den besonderen Schauspieler aus. An das Geheimnis dürfe man nicht rühren und es sei eine harte Arbeit, es sich mit jenem Rest von Naivität und Unbefangenheit zu bewahren, der zum Gelingen einer Rolle, einer Menschenschöpfung, gehöre.«[9] Von Hajo Schedlich in seiner Sendung *Zeugen des Jahrhunderts* auf ihr »Geheimnis« angesprochen, antwortete Marianne Hoppe ganz im Sinne von Gründgens, dass sie durchaus ihr »Eigentlichstes« verberge, um es dann auf der Bühne in ihre jeweilige Rolle einfließen zu lassen.[10]

Als Marianne Schmidt den ersten kurzen »Lebensüberblick« über die Schauspielerin schrieb, stellte sie fest, dass diese in ihrem Privatleben »eine fast perfekte Anonymität« bewahrte.[11] Freilich ist es widersprüchlich, einerseits eine Autobiografie schreiben und andererseits jene »perfekte Anonymität« wahren zu wollen. Sie war, wie sie selbst sagte, »direkt, aber nicht offen, ich bin kontaktfreudig und greife gleich zu«[12]. Und wie wäre neben all den glanzvollen Eckdaten dieser Karriere mit den Schattenseiten, d.h. mit persönlichen Unsicherheiten, Widersprüchen, Fehlern und Depressionen umzugehen? Der Anspruch an ihre Autobiografie war jedenfalls hoch, zitierte sie in ihren Tagebuch-Aufzeichnungen aus dem Jahr 1983 doch Ingeborg Bachmann: »Wer schreibt, muss unterschreiben.«

Lange hat die Schauspielerin versucht, einen Ausweg aus diesem Dilemma zu finden und sann darüber nach, wie sie ihre Autobiografie »komprimieren« könnte: »Ich sehe mein Buch gar nicht so sehr als Theaterbuch […].

Sagen wir mal: Ich beschreibe, wie eine Frau zum Theater kommt, dieses Lebewesen, was denkt es, tut es, fühlt es, wer ist diese Frau überhaupt. Am liebsten würde ich einen einzigen Tag beschreiben, mit allen damit verbundenen Assoziationen«.[13] Was die Sache erschwerte, war, dass sie, die auf der Bühne, vor der Kamera oder beim Vorlesen so hinreißend mit der Sprache umgehen konnte, immer ein schriftstellerisches Unvermögen in sich spürte. In ihrem Ringen um das »Schreiben-Können« fiel ihr in verzweifelten Momenten Thomas Bernhard ein, der es eben konnte. Und angesichts ihres Unvermögens auch ein Ausspruch von Gustaf Gründgens, der einmal gesagt haben muss: »Spielen wir Skat oder schmeissen wir nur die Karten zusammen?«[14] Marianne Hoppe konnte den richtigen »Dreh« nicht finden. Immer wieder versuchte sie, sich zum Schreiben zu zwingen, suchte Anleihen bei Schriftstellern wie Thomas Bernhard oder Virginia Woolf. Und immer wieder brach sie ab. So blieb es beim Ringen um ihre Lebensgeschichte, wobei sie uns dennoch trotz aller Bruchstückhaftigkeit mit ihren Aufzeichnungen ein leuchtendes Kaleidoskop ihrer Gedanken, Assoziationen und Stimmungen hinterlassen hat. Tatsache ist auch, dass sie gerne in Erinnerung bleiben wollte. Als ihr Gerhard Weise, der Direktor des »Filmmuseums der DDR« in Potsdam, schrieb, dass am 1.2.1983 die Dauerausstellung *Deutsche Filmgeschichte* vom dortigen Kulturminister eröffnet und dass auch sie darin als eine der »hervorragenden Persönlichkeiten des deutschen Films« gewürdigt werde, antwortete sie am 24.3.1983: »Die flüchtigen Zeichen, die wir setzen können, durch den Film ein wenig, aber nur ein wenig dauerhafter gemacht, gehen so rasch verloren. Umso schöner ist es, zu wissen, dass durch das Filmmuseum im Knobelsdorffschen Marstall in Potsdam nun diese Ausstellung eröffnet wurde, von der sie mir berichten und in dem auch meine Person einen Platz hat und in der Erinnerung gehalten wird. Es ist mir immer eine große Freude, dass noch relativ viele Menschen sich an meine Arbeiten, an meinen nun schon langen Weg erinnern – in den Herzen sind wir am besten aufgehoben!«

Das Schreiben der ersten Biografie noch zu Lebzeiten von Marianne Hoppe übernahm schließlich Petra Kohse, der – unter Einbeziehung von Äußerungen etlicher Zeitgenossen in Interviews und Filmbeiträgen und zahlreicher persönlicher Gespräche mit der Künstlerin – ein einfühlsames und sorgfältig recherchiertes Buch gelang.[15] Kurz nach Erscheinen dieser Biografie widmete sich die hochbetagte Carola Stern der Aufgabe einer Doppelbiografie über Marianne Hoppe und Gustaf Gründgens, die – bei allem Respekt vor Carola Sterns schriftstellerischen und journalistischen Meriten – aber im Vergleich zu Kohses Buch kaum Neues über Marianne Hoppe zutage förderte.[16] Immerhin schrieb sie voller Achtung: »Marianne Hoppe ist eine eigenwillige, für viele unvergessene Schauspielerin gewesen. Zugleich aber war sie eine außergewöhnlich verlässliche und bewundernswert anständige Frau. Es gibt nicht viele ihrer Art.«[17] Abgesehen davon, dass in Sterns Buch die Quellen-Nachweise fehlen, war es verfehlt, wenn die Autorin in Interviews zum Ausdruck brachte, Gründgens sei der »spannendere« von beiden gewesen. Die schicksalhafte Verknüpfung dieser beiden Lebenswege bis zum Tod von Gustaf Gründgens im Jahr 1963 bezog ihre Substanz aus zwei individuellen, auf jeweils eigene Weise faszinierenden Persönlichkeiten.

»Erst Schönheit, dann Klugheit und dann das helle saubere Herz«

Am 20.9.1941, am Tag der Premiere des Schauspiels *Turandot* im Schauspielhaus am Gendarmenmarkt, telegrafierte der Intendant Gustaf Gründgens an seine Frau Marianne Hoppe, die die Titelrolle zu spielen hatte: »Es ist wie beim Skat Stop Immer Trumpf spielen Stop Erst Schoenheit dann Klugheit und dann das helle saubere Herz«. Gründgens spielte in dieser Analogie zum Kartenspiel auf die Abläufe in diesem exotisch märchenhaften Stück von Gozzi in der Bearbeitung Schillers auf die schauspielerisch umzusetzenden Trümpfe der chinesischen Prinzessin an, die durch ihre Schönheit betört, durch ihre Klugheit triumphiert und am Schluss aus liebendem Herzen heraus entscheidet und »siegt«. Marianne Hoppe, die wie Gründgens selbst leidenschaftlich Skat spielte, hat den übertragenen Sinngehalt dieser telegrafischen Botschaft verstanden und hängte sich das Telegramm gerahmt an die Wand. Für die Nachwelt beschreibt es nun die Etappen der persönlichen und beruflichen Entwicklung von Marianne Hoppe, bzw. die Steigerung ihrer persönlichen Qualitäten, die zugleich ihre künstlerischen Mittel waren. Als die Akademie der Künste im Jahr 1986 Marianne Hoppe für ihre Rolle der Schauspielerin in *Savannah Bay* von Marguerite Duras den Großen Kunstpreis Berlin überreichte, begründete die Jury in der Urkunde vom 18.3.1986 dies mit den Worten: »Man sagt die Hoppe. Ihr Name ist ein Begriff. In der Kette der großen Frauen des deutschen Theaters, die sich in der Theaterhauptstadt Europas, die Berlin einst war, bildete, ist sie heute nach der Körner, der Koppenhöfer, der Dorsch, der Bergner, der Mosheim ein wichtiges Glied. […] Die sprachliche Kraft ihrer preußisch-nüchternen Diktion, gleicherweise fähig zum Ausdruck leidenschaftlicher und zarter Empfindungen wie zur Formulierung klügster und schwierigster Denkvorgänge wie auch zur trocken und geistesgegenwärtig gesetzten Pointe im komischen Bezirk der Bühne, kenn-

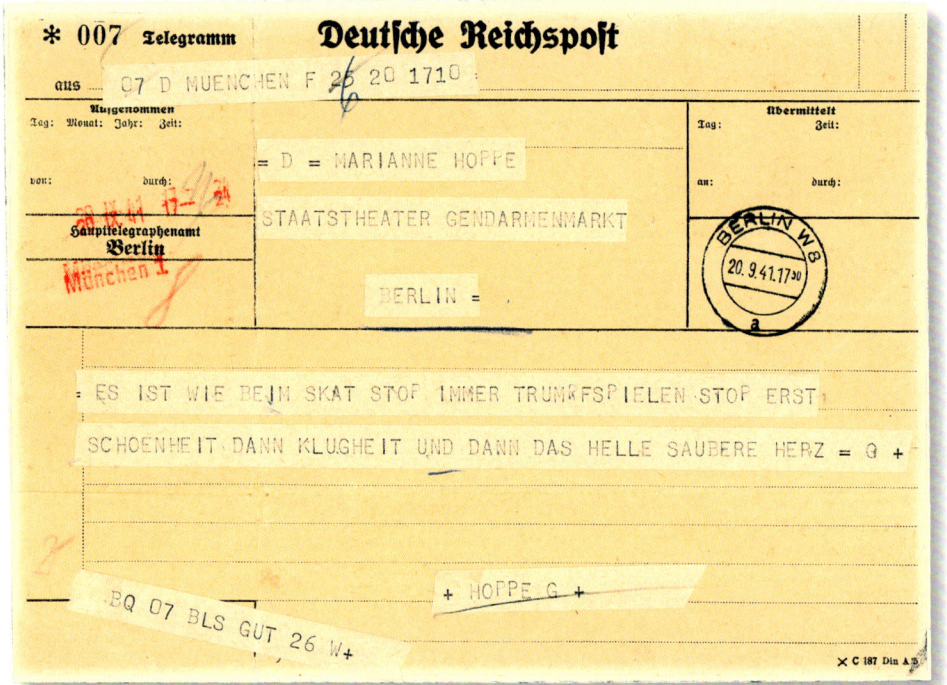

Telegramm von Gustaf Gründgens an Marianne Hoppe, 20.9.1941, anlässlich der an diesem Tag stattfindenden Premiere von *Turandot* im Schauspielhaus am Gendarmenmarkt.

zeichnen die Hoppe in unverwechselbarer Weise als eine Darstellerin in einsamer Höhe über dem flächigen Routinebetrieb des Theaters.«[18]

Ihr Gesicht war bis ins reifere Alter hinein ausgesprochen schön – allerdings nicht im landläufigen Sinne – und ist von Heerscharen von Theater-, Film- und Pressefotografen – darunter Rosemarie Clausen, Ruth Wilhelmi, Willy Saeger, Liselotte Strelow und Ilse Buhs – abgelichtet worden: mal nachdenklich und melancholisch, mal strahlend und fröhlich, mal sinnlich verführerisch, mal sehnsüchtig, mal kühl und distanziert, mal in großer Verzweiflung. Sie hatte viele Gesichter – privat, auf der Bühne und vor der Kamera. Und doch war es immer das unverwechselbare Hoppe-Gesicht. Eine schmale, ebenmäßige Gesichtsform, eine Nase wie gemeißelt, von der Seite betrachtet fast ein bißchen zu groß; gleichmäßig gebogene Augenbrauen über graublauen, leicht mandelförmigen Augen, die in jungen Jahren so entrückt und verwundert – manchmal mit leichtem Silberblick – schauen konnten. Auffallend war ihr besonders schöner und schwungvoll geformter Mund – mit vollen Lippen und ebenmäßigen, strahlend weißen Zähnen. Liselotte Strelow, die vor allem in Düsseldorf Probenfotos, aber auch viele Privatfotos von ihr gemacht hatte, schrieb der einundvierzigjährigen Schauspielerin in einem undatierten Brief, dass sie »einen selten schön geformten Mund habe«, weshalb sie sie für die Probenfotos zu *Anna, Königin für 1000 Tage* »um einen etwas dunkleren (oder blauhaltigeren, das wäre dann violett) Lippenstift« bat. Marianne Hoppe war eine Frau mit gro-

Savannah Bay von Marguerite Duras (1985/86).
Marianne Hoppe (Madeleine, eine Schauspielerin) und Barbara Nüsse (eine junge Frau). Staatliche Bühnen Berlin/Schiller-Theater.

ßer erotischer Ausstrahlung, dabei kein Typ, sondern eine Individualität. Hugo von Hofmannsthal, den sie oft zitierte, hatte das in Worte gefasst, worin für sie selbst das Wesen der Erotik lag: »Mich dünkt, es ist nicht die Umarmung, sondern die Begegnung die eigentliche entscheidende erotische Pantomime. Es ist in keinem Augenblick das Sinnliche so seelenhaft, das Seelenhafte so sinnlich als in der Begegnung. Hier ist alles möglich, alles in Bewegung, alles aufgelöst.«[19]

Die Karriere der Felsenhagener Gutsbesitzerstochter Marianne Hoppe liest sich anfangs wie ein Märchen: blutjung, mit 18 Jahren, fand die frisch absolvierte Handelsschülerin, die es mit allen Fasern zum Theater zog, 1927 Aufnahme am Deutschen Theater in Berlin, wo die begeisterte Anfängerin gleich mit den Größen des deutschen Theaterlebens zu tun hatte und den letzten Glanz des Regisseurs Max Reinhardt erlebte. In kleinen Rollen spielte sie auch unter seiner Regie und hatte mit Schauspieler-Persönlichkeiten wie Grete Mosheim, Lucie Höflich, Ida Wüst und Gustaf Gründgens zu tun. Nicht nur in der Rolle des jungen Mädchens in Antoines Lustspiel *Die liebe Feindin* am Deutschen Theater im März 1930 wird sie die Nachfolgerin von Erika Mann, sondern 1936 auch als zweite Ehefrau von Gustaf Gründgens. Nach anderthalb Jahren wechselte sie zur Spielzeit 1930/31 an das Neue Theater in Frankfurt/Main, um sich am Theater Arthur Hellmers in vielen unterschiedlichen Rollen zu erproben. Hier begegnete sie ihrer ersten großen Liebe, dem Soziologen Carl Dreyfus[20], der sie mit Max Horkheimer und Theodor W. Adorno bekannt machte, ihr den Umgang mit Literatur vermittelte und dafür sorgte, dass sie den von ihr viel zitierten »Frankfurter Stempel« erhielt. Otto Falckenberg engagierte das Talent zur Spielzeit 1932/33 an die Münchener Kammerspiele, wo sie unter seiner Regie als Piperkarcka neben Therese Giehse als Frau John in Gerhart Hauptmanns *Die Ratten* ihren ersten überregionalen Bühnenerfolg erlebte. Während dieser Zeit begegnete sie ihrer zweiten Liebe, dem Schriftsteller Ödön von Horváth. Nach nur einer Spielzeit verließ sie die finanziell maroden Kammerspiele und nahm mit der Rolle der Josefa ihr erstes Filmangebot in *Der Judas von Tirol* (1933) an. In rasantem Tempo stieg sie zum Filmstar auf. Zu ihren Lieblingsfilmen gehörte u. a. Gründgens' Verfilmung des Fontane-Romans *Effi Briest* unter dem Titel *Der Schritt vom Wege* (1939), worin Marianne Hoppe mit wehendem Schleierhütchen und im Damensitz als blonde Titel-Schönheit neben Paul Hartmann als Major Crampas über die Dünen ritt. Oder *Romanze in Moll* unter der Regie von Helmut Käutner. In diesem Film rührte sie das deutsche Publikum in der Rolle der Madeleine, die unglückliche Ehefrau eines netten, aber langweiligen Spießers (Paul Dahlke), die sich zu einer Liebesaffäre mit einem Komponisten (Ferdinand Marian) hinreißen lässt. Parallel dazu war sie seit 1935/36 am Preußischen Staatstheater am Gendarmenmarkt engagiert, der ersten Bühne des Reichs, an der Gustaf Gründgens inzwischen Intendant geworden war. »Eingebettet« in ein Ensemble legendärer Schauspielerpersönlichkeiten entwickelte sich Marianne Hoppes Theaterkarriere nun genauso erfolgreich wie ihre Filmkarriere. Herausragende Erfolge waren ihre Rollen in den Inszenierungen von Gustaf Gründgens, so als Viola in Shakespeares *Was ihr wollt* (1937) und in den Titelrollen von Lessings *Emilia Galotti* (1937) und *Minna von Barnhelm* (1939) sowie als Johanna in Schillers *Die Jungfrau von Orleans* (1939), die Lothar Müthel in Szene setzte.

Ihr kometenhafter Aufstieg, der so märchenhaft begonnen und der sie in die erste Reihe der deutschen Theater- und Filmschauspieler katapultiert hatte, wurde durch die Schrecknisse der Nazi-Diktatur und die folgenden Kriegsjahre immer gravierender eingetrübt. Dabei mutierte das Staatstheater unter dem Schutz und der Leitung ihres Ehemannes Gustaf Gründgens zur »Insel« mit fatalem Doppelcharakter, indem es einerseits Schutzwall vor den Nazis und andererseits deren Vorzeigebühne war, auf der die begabtesten Schauspieler und Schauspielerinnen des Reichs ihre Kunst darboten. Besonders Gustaf Gründgens als Intendant, seit Dezember 1936 als Generalintendant der Preußischen Staatstheater, war diesem moralischen Zwiespalt ausgesetzt. Einerseits war er Träger und Leiter einer Kulturfassade vor den Grausamkeiten des NS-Regimes, andererseits aber konnte er durch seine Stellung sowie künstlerische und auch taktische Begabung die Theaterkultur und mit ihr insbesondere die gefährdeten Künstler vor dem Zugriff des mörderischen Regimes weitgehend schützen. Für ihn, aber auch für seine Ehefrau Marianne Hoppe mit ihrer großen Karriere erwuchs auf diese Weise eine Hypothek aus Schuld und Sühne, die nach dem Krieg zum öffentlich diskutierten Dauerthema wurde. Marianne Hoppe, die bis zu ihrem Lebensende in zahllosen

Auf dem Chimborazo von Tankred Dorst (1974/75). Szenenfoto (v.l.n.r.): Friedhelm Ptok (Sohn Heinrich), Johanna Hofer (Klara Falk), Marianne Hoppe (Dorothea Merz) und Peter Herzog (Sohn Tilmann). Staatliche Bühnen Berlin/Schloßpark-Theater.

Interviews gefragt wurde, warum sie Deutschland damals nicht verlassen habe, hat ihr Bleiben zwar immer wieder zu erklären versucht, es aber nie wirklich gekonnt. Tatsache ist, dass sich der psychische Druck, der während des Dritten Reichs gerade auf Gründgens lastete und von dem er seine Mitarbeiter am Theater weitestgehend freizuhalten versuchte, sich zunehmend auch auf die eheliche Beziehung der Beiden übertrug. Über kaum eine Künstler-Ehe ist so viel getuschelt und spekuliert worden wie über diese. Dass Gründgens bisexuell war, war bekannt, Marianne Hoppes eigene bisexuelle Veranlagung vermutlich noch nicht. Dass es auf beiden Seiten auch außereheliche Affären gab und der Lebensbund der Beiden in keiner Weise bürgerlichen Maßstäben entsprach, darf nicht darüber hinwegtäuschen, dass sie einander liebten. Ihre während dieser Zeit aneinander gerichteten Briefe und Notizen sprechen eine deutliche Sprache und dokumentieren neben Zeitgeschehen und Theaterereignissen, wie sehr hämische Verslein wie »Hoppe hoppe Gründgens, kriegen keine Kindgens …« und Gerüchte über eine reine »Schutzehe« an der Substanz dieser außergewöhnlichen Beziehung vorbeigingen, eine Beziehung, die nicht nur a u c h eine erotische war, sondern trotz Ehekrisen und Scheidung im Juni 1946 eine von seltener Unverbrüchlichkeit.

Die Scheidung von Gustaf Gründgens und die Geburt ihres Sohnes Benedikt, der aus ihrer Verbindung mit dem verheirateten Auslandskorrespondenten der Daily Mail, Ralph Izzard, stammte, markierten die erste große Zäsur im Leben Marianne Hoppes. Nicht nur die Existenzsorgen nach Kriegsende, sondern auch ihren aus den aufreibenden Geschehnissen der vorausgehenden Zeit resultierenden nervlichen Zusammenbruch kurz nach der Niederkunft galt es zu überwinden. Monatelang war sie in verschiedenen Kliniken in psychotherapeutischer Behandlung – eine Zeit, in der sich ihr geschiedener Ehemann um bestmögliche ärztliche Versorgung für sie bemühte und engen Kontakt zu ihr hielt. Nach ihrer gesundheitlichen Stabilisierung und nachdem sie sich in ihrem neuen Zuhause in Scharam eingelebt hatte, baute sie sich eine zweite Karriere auf. Zunächst folgte sie dem Ruf von Gustaf Gründgens nach Düsseldorf, der hier im Frühjahr 1947 Intendant an den Städtischen Bühnen geworden war. Unter seiner Regie – mit ihm als Orest – trat sie am 7. 11. 1947 in der Rolle der Elektra in der deutschen Erstaufführung von Sartres *Fliegen* erstmals wieder auf. Zwar war sie bis zu Gründgens' Weggang als Intendant nach Hamburg im Sommer 1955 noch in etlichen Rollen auf dieser Bühne präsent, nahm aber weder in Düsseldorf noch in einer anderen Stadt je wieder feste Engagements an. Mit Gastspielverträgen, die sie auf alle wichtigen deutschen Bühnen führten – sie spielte auch in Österreich und in der Schweiz – eroberte sie sich ein außergewöhnlich breites Rollenspektrum. Vor allem in Berlin, das trotz wiederholter, jahrelanger Spielpausen für sie das künstlerische Zentrum blieb, widmete sie sich in den fünfziger Jahren der modernen amerikanischen Dramatik, die aufgrund des großen Nachholbedarfs an zeitgenössischen ausländischen Bühnenstücken die deutschen Nachkriegsbühnen überflutete. Seit ihrer Darstellung der Blanche in Tennessee Williams' *Endstation Sehnsucht* am Berliner Schloßpark-Theater 1949/50 spielte sie – wie sie es flapsig nannte – das Genre der »Knacksdamen«, jene psychotischen und haltlosen Frauen, die an sich selbst und ihrem sozialen Umfeld zerbrechen. Diesen Frauenfiguren, die ihr nach dem Krieg vor allem in den Stücken amerikanischer moderner Autoren begegneten, fühlte sich Marianne Hoppe »verwandt«.[21]

Zu ihrem breit gefächerten, sich in den sechziger und siebziger Jahren weiter ausdehnenden Repertoire gehörten auch im Surrealen angesiedelte Rollen wie Strindbergs Alice in *Totentanz* (1961) oder Saids Mutter in Genets schwer zugänglichem Drama *Die Wände* (1968), ferner die eiskalt zum Sterben anleitende Königin Margarete in Ionescos *Der König stirbt* (1963) oder Rollen von grotesker Erdenschwere wie die der Frau Boll in Barlachs Drama *Der blaue Boll* (1961), ferner die »irre« Irrenärztin Mathilde von Zahnd in Dürrenmatts *Physikern* (1971) oder die kleinbürgerlich-herrische Natur einer Dorothea Merz in Tankred Dorsts *Auf dem Chimborazo* (1975). Während die klassischen Rollen in Marianne Hoppes Repertoire immer weniger wurden, weitete sich ihre Sammlung an zeitgenössischen Bühnenfiguren bis zu jenen Gestalten, zu deren Grundzug die Hypothek eines langen schweren Lebensweges gehört, so etwa Becketts Winnie in *Glückliche Tage* oder die Frauenrollen in den späten Stücken von Thomas Bernhard. Mit diesem Autor verband Marianne Hoppe seit ihrer Rolle in *Jagdgesellschaft* (1974) eine tiefe Freundschaft. In seinen folgenden Stücken *Am Ziel* (1981) und *Heldenplatz* (1988) – beide von Claus Peymann mit Marianne Hoppe uraufgeführt – übernahm sie den Part jener »morbiden und hysterischen Frauen«, die Günther Rühle in seiner erwähnten Rede sehr treffend die »Inkarnationen der Unerbittlichkeit und des inneren Horrors« nannte. Marianne Hoppe arbeitete während ihrer zweiten Karriere nach dem Krieg – der Film spielte für sie bis auf wenige Ausnahmen schon bald keine große Rolle mehr – mit allen namhaften Regisseuren der Zeit zusammen, darunter Berthold Viertel, Hans Lietzau, Dieter Dorn, Hans Schweikart, Kurt Hirschfeld, Fritz Kortner, Rudolf Noelte, Claus Peymann, Robert Wilson und Heiner Müller, um nur einige zu nennen.

»Erst Schönheit, dann Klugheit und dann das helle saubere Herz«

Glückliche Tage von Samuel Beckett (1972/73).
Marianne Hoppe als Winnie. Deutsches Schauspielhaus, Hamburg.

arbeiten dann vergeht die Zeit schon. In 48 Tagen (von Montag gerechnet) haben wir schon wieder Ferien! –« (12. 8. 1926) Auf der Seele lastete ihr auch, dass sich Erika Kristen, der sie geschrieben hatte und bei der sie so schnell wie möglich mit den Rezitationsstunden anfangen wollte, mit der Antwort Zeit ließ. Marianne Hoppe muss in diesem Unterricht ein erfreuliches und »lebendiges« Gegengewicht zum tristen Schulalltag gesehen haben und war ihrem Vater für seine Zustimmung sehr dankbar. »Mein Vater hat mir Rezitation erlaubt. Er ist für mich dadurch wirklich liebevoll und groß, er hat ja auch solche Interessen. Nur hat mir E. Kristen nicht geantwortet auf meine Karte, wenn sie mich vergessen hat, allerdings ist alles aus. Wenn morgen doch Nachricht käme! –« (24. 10. 1926) Drei Tage später notierte sie ihren Theaterbesuch in der *Heiligen Johanna*, und es gelang ihr, mit Erika Kristen zu sprechen. Endlich, am Tag darauf, am 28. 10. 1926 konnte sie ihre erste Stunde bei ihr nehmen. Die Schauspielerin wuchs ihr ans Herz – wie auch jenes Fräulein Dr. Hampe und Eva von Below, für deren Lebensart sie tiefe Bewunderung empfand. »Wenn ich nur noch einmal hin könnte. […] Ich möchte so leben können.« (4. 11. 1926) In ihrem Hause lernte sie zum Beispiel anlässlich einer Adventsfeier die Schwester von Friedrich Nietzsche kennen: »Ein reizendes kleines Dämchen, sie war ganz entzückt und sagte: ›Eigentlich bin ich ja ganz heidnisch, aber das ist doch zu schön.‹ Sie glaubt es wohl ihrem Bruder schuldig zu sein. Jemand sagte: Man möchte ihr immer einen Kuß geben. Sonst noch verschiedene geistige Größen.« Doch je länger Marianne Hoppe an diesem Leben teilnahm und je intensiver sie ihren Interessen für das Theater nachging, desto schmerzlicher wurde ihr die Kluft zwischen ihren schulischen Pflichten und ihren eigentlichen Interessen bewusst. Sie lebte in zwei Welten. Am 27. 11. 1926 verglich sie sich nicht ohne Selbstmitleid mit Ibsens Frau vom Meer, die immer trüber und einsamer wird und träumte sich in dieser Rolle auf die Bühne: »Was für ein Gefühl es wohl ist, wenn ich nun noch sagen könnte: Morgen spiele ich die Hilde Wangel und sei es erst der Anfang: in der Frau vom Meer!« Lustiger war es wieder am 2. 12. 1926, wo sie als Schusterjunge am Damen-Kostümfest in der »Armbrust« teilnahm. Von den Vorträgen, die sie sehr rege besuchte, interessierten sie besonders jene über Friedrich Hebbel und Richard Wagner, da sie unter dem Thema »Mann – Weib – und das Menschliche« standen und sie zum Nachdenken über die moderne Frau veranlassten. (25. 10. 1926 und 6. 12. 1926)

Letztlich interessierte sie die Handelsschule gar nicht. Freilich war sie im Vergleich zum Pensionat das kleinere Übel, doch ihr innerer Widerstand dagegen wurde immer größer. »Mich faßt oft ein Grauen, daß ich mit den allen zusammen sein muß (i. d. Schule). Kämpfen die? Ein Mensch, der nicht kämpft, kann für mich nicht sein. Gott, morgen ist Montag, – ich kann nicht mehr. – Und drüben spielen sie Tea for two usw. Ich könnte nach Sekt schreien. […] und möchte lachen und alles, alles betäuben und bei Frl. Dr. Hampe ist ein ruhiges Licht, wenn sie mich einmal gut ansähe, dann wäre ich ruhig. Einmal ihr alles sagen dürfen. – Die Welt ist aus Erbarmen zusammengesetzt wohin man sieht, Gegensätze und Widersprüche und morgen ist – Handelsschule!« (18. 8. 1926) Marianne Hoppe wollte das Leben spüren, sich amüsieren. Auch die Begehrlichkeiten eines jungen Mädchens, das sich gerne hübsch anzieht, waren erwacht: »Herrliche Schuhe gesehen – {…} mit Gummisohlen (28) Mächtig sparen 3 Wochen Ziel bei 10 M Anzahlung.« (28. 9. 1926)

In den Weihnachtsferien 1926/27 genoss sie die Zeit zu Hause in Felsenhagen, die allerdings dadurch überschattet war, dass ihre Schwester Gerda an Kinderlähmung erkrankt war. Doch fuhr Marianne Hoppe an den Festtagen auch hinaus, um sich zu amüsieren. In einem der umliegenden Dörfer gab es den »Mondschein Klub«, wo sie zum erstenmal zum Tanzen hinging und zwar hauptsächlich mit einem gewissen »Walter«, aber nicht nur von diesem als Tanzpartnerin geschätzt wurde: »Zur Ruhe bin ich garnicht gekommen, soviele Herren.«

Als sie nach Weimar zurückfuhr, wurde sie mit dem Unglück der Eva von Below konfrontiert, deren Sohn Manfred einen schweren Unfall erlitten hatte, an dessen Folgen er am 11. Januar starb. An der Beerdigung am 14. 1. 1927 nahm sie teil und beobachtete besorgt die trauernde Mutter: »Sie hat alles zusammengenommen. […] So schrecklich öde und ein kalter Wind. Man folgte über Steine und {Draht} und oben war dann das Grab. Sie stand ganz aufrecht und mußte nachher auf dem öden Berg im Winde stehen.« Mit diesem Schicksalsschlag der Eva von Below war, abgesehen vom Theater, die angenehme Seite des Weimarer Lebens beendet.

Sie wusste, dass die Trauernde im Begriff war, Weimar zu verlassen und ging zu ihrem Haus, um sich zu verab-

Marianne Hoppe als junge Handelsschülerin in Weimar. Ölgemälde von Werner Fechner (1892-1973). Begonnen 1926, fertig gestellt 1927.

schieden. »Dann habe ich Abschied von ihr genommen. Das letzte Mal sah ich die Fenster alle halb, und drinnen ging glaube ich eine Tür. Zum letzten Male habe ich sie in dem Hause gewußt, morgen wird sie an die Riviera fahren, und es ist für immer aus. Ich sah sie ja noch einmal von weitem am vergangenen Sonntag im Park. Nun ist alles leer, drüben trösten mich nicht einmal die halben Fenster mehr. Aber ich habe es ja auch so genossen und verdiente kaum das Glück, das sie mir gebracht hat. Es ist so unwürdig, alles das zu schreiben, sie schwebt über allem, was es für mich gibt. Schön war die Weimarer Zeit, sie ist zum größten Teil für mich aus, weil sie jetzt fortgeht. Ich setze sie als Königin über mein Leben, mein Trost ist, daß ich mir jeder Minute, in der ich sie sah, bewußt gewesen bin und ihr dankbar für jedes Lächeln war.«

Am 30. 1. 1927 brachte sie sich auf andere Gedanken und fuhr zum Skifahren nach Oberhof, was ihr Spass machte. Und erstmals schwänzte sie die Schule wegen »wahnsinnigem Muskel- und anderem Kater«. Aus Weimar wollte sie nur noch fort, und sie sehnte das Ende ihrer Schulzeit herbei. »In 4 Wochen endlich Schluß!« (17. 2. 1926) Allerdings stand sie nun vor der Frage, was sie nach der Schulzeit denn tun sollte, da ihre eigentliche Welt doch die des Theaters war. Zudem wusste sie gar nicht, wie sie die Abschlussprüfungen bestehen sollte: »Was soll ich tun? Ich lebe in der Jungfrau von Orleans und kann nicht mehr arbeiten zur Handelsschule. Wenn mir nur für 8 Tage noch die Kraft dazu käme!« (20. 2. 1927) Später erinnerte sie sich: »Wohl war ich noch weit davon entfernt, an die Laufbahn einer Schauspielerin denken zu können, dennoch geriet ich gerade während der Zeit, als ich im Examen steckte und den Kopf nur für Dinge, die damit in Zusammenhang standen, hätte frei machen müssen, in innere Konflikte. Ich warf die Kontokorrentbücher in die Ecke und lernte die Rolle der Eboli aus der ›Jungfrau von Orleans‹ auswendig.«[52] Nicht nur das: abends ging sie, anstatt sich auf das Examen vorzubereiten, lieber ins Theater und schaute sich etwa am 22. Februar zum zweitenmal Lessings *Miss Sara Sampson* an. Am 27. 2. 1927, am Vorabend ihrer Prüfungen in Rechnen und Stenografie, worin sie »die große Pleite« erwartete, besuchte sie einen Vortragsabend von Franz Kaibel, der sich um die Dramen Strindbergs und Wedekinds und wieder einmal um die zu reformierende Beziehung zwischen den Geschlechtern drehte. Marianne Hoppe, doch eigentlich von Prüfungsangst erfüllt, notierte: »Der Dichter für unsere Zeit muß erst kommen [...]. Wir haben die alte Maske noch auf. Ein Jasagen zwischen Mann u. Frau.« Nach seiner Vorlesung sprach sie ihn persönlich an, um sich nach seinen *Faust*-Vorträgen zu erkundigen. Als Kaibel sie daraufhin ein Stück auf ihrem Heimweg begleitete, muss sie ihm von der Handelsschule und von ihren Rezitationsstunden erzählt haben. »Ich ginge wohl nach Hause, nach der Schule erkundigt, was für Fächer geprüft. Rezitation? Wo? Ich: bei Schauspielerin v. hier am Theater. ›Ja‹ ein {räuspern} meinerseits. Gleich ein anderes Thema. ›Sie gehen wohl nur mit dem Gedanken um?‹« In welchen wunden Punkt er da bohrte, mag Kaibel nicht bewusst gewesen sein, jedenfalls bedauerte er es, Marianne Hoppe erst jetzt kennengelernt zu haben; und auch Marianne Hoppe fand ihn »fabelhaft interessant«. Ob Kaibel, der mit ihr in den Tagen danach noch zusammen ins Konzert ging und sicherlich noch ausführlicher mit ihr über ihre Liebe zum Theater gesprochen haben wird, ihr zugeredet hat, sich bei einer Schauspielschule zu bewerben, ist aus dem Tagebuch nicht zu erfahren, aber gut möglich. Jedenfalls klappten wider Erwarten alle Prüfungen leidlich, und Marianne Hoppe fuhr mit einem bestimmten »Schlachtplan« im Gepäck zurück nach Felsenhagen.

Deutsches Nationaltheater, Weimar.

Marianne Hoppe – eine moderne junge Frau.

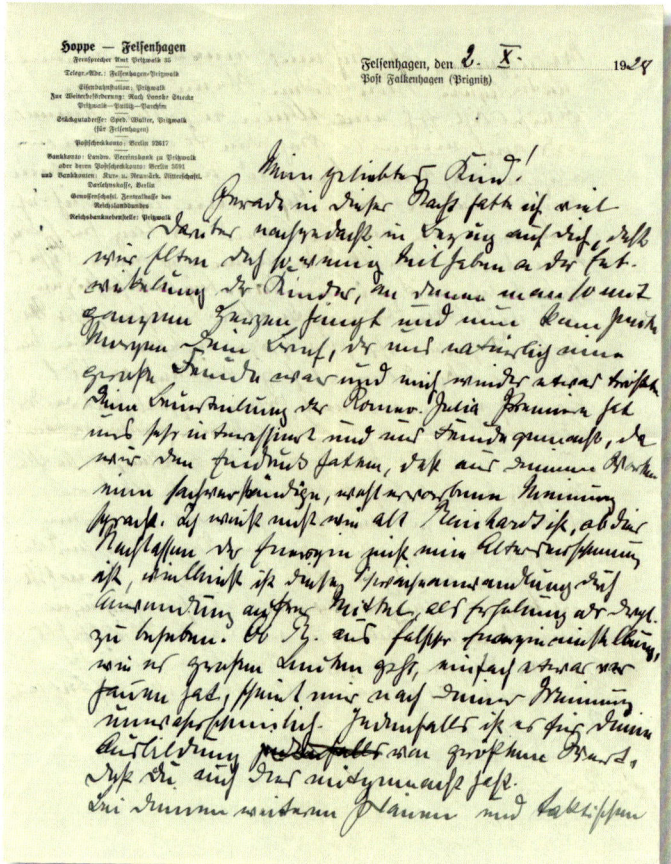

Brief von Gustav Hoppe an seine Tochter Marianne vom 2. 10. 1928.

Einen Tag später, am 1. 4. 1928, notierte sie: »Vom Bett aus kann ich durchs Fenster auf ihr Haus sehen. Morgens bin ich durch den Park gegangen – alles ist viel weiter als in Berl[in] und die Vögel singen wie nirgends sonst. Alle Erinnerungen kommen wieder – es ist sehr schön, das alles allein zu genießen, ohne sprechen zu müssen. – Ob man im Leben jemandem begegnet, dessen Anwesenheit man nicht merkt, dessen Verstehen man fühlt, dessen Fragen nie indiskret […], nie zuschnürend wirken, dem man alles – alles geben kann, ohne Nachdenken, ohne Überlegen, ohne Verstand – ach, wenn es das nur gäbe –!« Vermutlich hat Eva von Below Marianne Hoppe während ihres Engagenemts am Deutschen Theater in Berlin besucht[57], weitere Kontakte hat es danach aber wohl nicht mehr gegeben. Ihre Tochter Stephanie war ab Anfang der Vierzigerjahre Dramaturgin in Berlin und war nach dem Krieg sogar einige Monate in Scharam, wo sie auf Marianne Hoppes Sohn Benedikt aufpasste.

Gustav Hoppe behielt ein waches Auge auf die berufliche Entwicklung seiner Tochter, und es war ihm sehr daran gelegen, sie sowohl seelisch-moralisch als auch unter Aufbietung aller möglichen Geldmittel auf ihrem Weg zu unterstützen. Diese unerschütterliche Verlässlichkeit und sein permanenter Zuspruch waren wohl auch der Grund dafür, dass sie im Alter sagte, ihr Vater sei der wichtigste Mensch in ihrem Leben gewesen.[58] Als sie ihm mitteilte, sie könne wegen ihrer Probenarbeit in Reinhardts Inszenierung des revueartigen, opulent ausgestatteten Bühnenspektakels *Artisten* von Gloryl Watters und Arthur Hopkins nicht zum Pfingstfest nach Hause kommen – eine Minirolle als Tänzerin, die sie eigentlich nicht daran hätte hindern müssen! –, schrieb er ihr verständnisvoll am 26. 5. 1928: »Mein liebes Kind! Als ich eben von meinem Morgenritt über die Felder nach Hause komme, sagt mir Mutti, daß Du auch zum Fest nicht kommen kannst. Du kannst Dir denken, welche Enttäuschung uns das ist. Wenn diese Deine anstrengende Tätigkeit aber dazu dient, wie wir natürlich sehr hoffen, Dich in Deinem Beruf weiterzubringen, so hilft das ja nichts und pünktliche Pflichterfüllung und angespannteste Arbeit ist die erste Vorbedingung jeden Erfolges. Wie ich von Mutti höre, sind die Proben sehr langwierig, sodaß Du wohl für Deine Stunden kaum noch Zeit [hast], dieselben hören ja nun am 1. Juni auch auf. […] Wenn Du jetzt dienstlich so in Anspruch genommen bist, müssen wir uns unsere Zusammenkünfte natürlich nach Deiner Zeit legen. Achte darauf sowie Du einmal einen Tag oder Abend frei hast, daß [Du] solche Momente dann sofort zu einer Fahrt nach hier benutzt. Züge gehen ja fast zu allen Zeiten und lasse ich Dich [sic] in solchem Fall von Wittenberge oder {Neu}stadt abholen. […] Damit Du zu Pfingsten einen kleinen Zuschuß hast, schicke ich Dir 50 M. mit, es ist ja so wie so gleich Juni, da wird schon Ebbe bei Dir sein.

Nun sieh zu, mein geliebtes Kind, daß Du Dir durch all Dein Arbeiten sowie durch Deine ganze Lebensführung ein harmonisch-befriedigendes Schicksal vorbereitest.«

Marianne Hoppes Rolle in dieser schrill bunten, typisch amerikanischen Tanzrevue, die Reinhardt vom Broadway mitgebracht und unter Aufgebot aller denkbaren szenischen Pracht inszeniert hatte, war so klein, dass irgend jemand – vielleicht Reinhardt selbst – auf den Gedanken gekommen war, sie ganz zu streichen. Dass sie in dem Stück nicht mehr vorgesehen war, merkte sie erst während der Proben, als die anderen bei i h r e m Stichwort einfach weiterspielten. Weinend und stumm zog sie sich ihren Mantel an und wollte gehen, als sie von Reinhardt nach dem Grund ihrer Tränen gefragt wurde. »Ich sagte, man hat mir meine ganze Rolle gestrichen. Das waren vielleicht sechs Sätze. Und da hat er gelacht und gesagt, ich könne sie wiederhaben. Und bald darauf saß ich da in einem goldenen Kleid und habe mit Sokoloff, dem Hauptdarsteller, kokettiert. Jeder Moment, den man da hatte, war einem selber wichtig, um sich zu zeigen – um zu arbeiten.«[59]

Ihre erste umfassendere Rolle während ihrer ersten Spielzeit am Deutschen Theater war die der Elmire in Kaisers früher Komödie *Der Präsident*, einem Vier-Personen-Stück, in welchem es um einen gewissenlosen Pariser Anwalt geht (gespielt von Julius Falkenstein), der durch die Gründung eines Kongresses gegen den Mädchenhandel den Anschein von sozialem Engagement und moralischer Integrität erwecken will; in Wahrheit schreckt er aber nicht davor zurück, seine eigene Tochter

Romeo und Julia von William Shakespeare (1928/29).
Bühnenbildentwurf von Ernst Schütte.
Deutsches Theater (im Berliner Theater).

Elmire zu verhökern. Über das Nachwuchstalent schrieb Monty Jacobs in der Vossischen Zeitung: »Endlich die Tochter mit der idealen Forderung: ein neues Gesicht, Marianne Hoppe. Schlanke Jugend und ein Blick aus dem tiefen Brunnen kindlicher Illusionen heraus. Dieses unbekannte Fräulein weiß ihren Körper noch nicht zu halten. Aber sie scheint zu den Berufenen zu gehören, die gefördert werden müssen.«[60]

Ihre Antrittsrolle als Ensemblemitglied war der Page des Paris in Shakespeares *Romeo und Julia* im Oktober 1928 im Berliner Theater, inszeniert von Max Reinhardt, mit Elisabeth Bergner als Julia und Franz Lederer als Romeo. Die Kritik kreidete der Inszenierung Mängel an, Ihering stellte im Börsen-Courier fest, dass es Reinhardt besonders an der Fähigkeit der Sprachführung mangele. Dieser Kritiker ließ allerdings ab einer gewissen Zeit ohnehin kein gutes Haar an Reinhardt, da sich dieser zum einen der modernen Dramatik entzogen und zum anderen durch die Gründung des »Reibaro«-Konzerns im Jahr 1926, dem Zusammenschluss des Deutschen Theaters und der Kammerspiele mit Victor Barnowskys Theater in der Königgrätzerstraße sowie dessen Komödienhaus am Schiffbauerdamm und Eugen Roberts Tribüne, zur Kommerzialisierung des Theaters beigetragen hatte; durch Reinhardts Einführung des Star-Systems, wonach in einer laufenden Inszenierung immer wieder neue Stars dieser fünf Theater für Rollen eingesetzt wurden, hatte sich Reinhardt nicht nur nach Meinung von Kritikern, sondern auch von Schauspielern am Ensemblespiel versündigt. Der jungen Anfängerin Marianne

Hoppe muss jedenfalls irgend etwas an der erwähnten *Romeo und Julia*-Inszenierung nicht gefallen haben, was sie ihrem Vater nach Felsenhagen schrieb. Der sah in der Kritik seiner Tochter einen Beweis dafür, mit welchem Ernst und welch geistiger Wachheit sie bei der Sache war. Am 2.10.1928 schrieb er ihr: »Mein geliebtes Kind! Gerade in dieser Nacht hatte ich viel darüber nachgedacht in Bezug auf Dich, daß wir Eltern doch so wenig Teil haben an der Entwicklung der Kinder, an denen man so mit ganzem Herzen hängt und nun kommt heute morgen Dein Brief, der uns natürlich eine große Freude war und mich wieder etwas tröstete. Deine Beurteilung der Romeo [und] Julia Premiere hat uns sehr interessiert und uns Freude gemacht, da wir den Eindruck hatten,

Die lustigen Weiber von Windsor von William Shakespeare (1928/29). Bühnenbildentwurf von Rochus Gliese. Deutsches Theater, Berlin.

daß aus Deinen Worten eine sachverständige, wohl erworbene Meinung sprach.« Er wisse nicht, ob bei Reinhardt »dies Nachlassen der Energie nicht eine Alterserscheinung« sei; aber es sei für ihre Ausbildung »von größtem Wert«, dass sie »auch das mitgemacht« habe. »Bei Deinen weiteren Plänen und taktischen Maßnahmen, lasse Dich nur immer von Deinem natürlichen Sinn leiten. Wenn Du in Zweifel bist, geh' nur allein auf Dein Zimmer oder auch einmal durch den Tiergarten, um Dich recht zu sammeln und dann in gutem Geiste und Willen los.«

Arbeiten bis zum Umfallen war Gottesgeschenk. Das Problem war jedoch, dass Marianne Hoppes Talent und Energie oft brachlagen, da die Lücken, in denen sie nichts zu spielen hatte, zu groß waren, dagegen die Rollen, die sie bekam, zu klein. Sicher: die Kollegen waren prominent, und es muss Spass gemacht haben, mit ihnen zusammen zu spielen; etwa im Februar 1929 in Heinz Hilperts Inszenierung von Shakespeares Komödie *Die Lustigen Weiber von Windsor*, worin sie als Anne Page erstmals mit Gustaf Gründgens als Pistol zusammen auf der Bühne stand; auch Werner Krauß als Falstaff und Lucie Höflich als Frau Page waren dabei. Das Bühnenbild von Rochus Gliese »war so in Bilder aufgeteilt, kleine Räume auf zwei Etagen. Und Gustaf musste unten bügeln.«, wie sie Hajo Schedlich erzählte.61 Zwar nahm sie weiter Privatstunden und arbeitete auch bei der Filmkomparserie. Doch das brachte sie nicht wirklich weiter. Nicht allein, dass ihr der Vater riet, sich nicht zu verzetteln und nur solche Jobs anzunehmen, die sie beruflich auch weiterbringen; auch Lucie Höflich, mit der sie im November 1929 noch zusammen in Reinhardts Inszenierung von Knut Hamsuns *Vom Teufel geholt* spielte, legte ihr nahe, in die Provinz zu gehen, um endlich viele und auch große Rollen spielen zu können. Obgleich sie fasziniert war von den bunten und aufregenden Eindrücken, die das Berlin der ausgehenden 20er Jahre trotz Wirtschaftskrise und Arbeitslosigkeit bot, waren der jungen Schauspielerin ihre künstlerische Weiterentwicklung und ihr berufliches Fortkommen das Wichtigste. Obwohl sie die Feste genoss, die sie zusammen mit ihrer Freundin von der Filmkomparserie, Alice Kühn, besuchte, beschrieb sie sich selbst doch eher als stille Genießerin, die sich mit niemandem abgab und »nicht so fürs Rummachen« war.62 Lucie Höflich wird daher keine große Mühe gehabt haben, die zielstrebige junge Anfängerin von der Sinnhaftigkeit eines Wechsels zu überzeugen.

Äußerlich war mit Marianne Hoppe in Berlin eine Veränderung vor sich gegangen. Sie hatte sich einen flotten Herrenschnitt zugelegt und lag damit ganz auf der Linie der modernen Frau. Und so war sie schon allein wegen ihres Aussehens eine optimale Besetzung für ihre letzte Rolle am Deutschen Theater, die sie im April 1930 in Gustaf Gründgens' Inszenierung des französischen Lustspiels *Die liebe Feindin* von A. P. Antoine als Ersatz für Erika Mann übernahm. Schon als die Besetzung des Stückes noch in Planung war, wurde eigentlich an Marianne Hoppe für die Rolle des jungen Mädchens gedacht – doch nicht seitens des Regisseurs, der ausdrücklich seine Exfrau Erika Mann in dieser Rolle haben wollte. Diese wiederum hatte zehn Tage nach der Premiere am 11. 3. 1930 trotz des großen Erfolges, den das Stück beim Publikum erzielte, die Absicht, das Theater Mitte April hinter sich zu lassen und mit ihrem Bruder Klaus eine Autoreise durch Afrika anzutreten. Da sie auch durch Gründgens' tiefes Befremden nicht davon abzubringen war, wurde nach einer Rollennachfolgerin gesucht – und diesmal bekam Marianne Hoppe die Rolle. Die schriftliche Aufforderung, die Friedel Dallmann im Auftrag der Direktion am 29. 3. 1930 an Gründgens' richtete, auf der Umbesetzungsprobe für Frl. Hoppe da zu sein, klang allerdings sehr bittend: »Da Sie ja sowieso um ½ 1 Uhr Probe von ›Phäa‹ haben, so dürfte es Ihnen doch wohl nicht so sehr viel ausmachen, noch ein Stündchen früher zu kommen. Sie wissen doch, lieber Herr Gründgens, daß diese Probe für das Stück (also für uns) und für Fräulein Hoppe äußerst wichtig ist und es liegt doch ebenso in Ihrem Interesse (als Regisseur des Stückes, was ich Ihnen ja auch nicht erst zu sagen brauche) als auch in unserem Interesse, daß das Stück nicht ruiniert wird. – Leider ist ja auch kein Hilfsregisseur da, der die Proben machen könnte, also noch einmal: bitte kommen Sie.«63

Das Lustspiel spielt auf einem Kirchhof, auf dem um die Geisterstunde drei Verstorbene ihrem Grab entsteigen, um sich gegenseitig ihr Schicksal zu erzählen. Alle drei hatten im Leben die gleiche Geliebte und allen Dreien hatte sie den Tod gebracht. Während sie erzählen, rollen auf der Bühne die Dekorationen herbei; und die erzählten Szenen werden gespielt – nämlich von Lili Darvas jeweils mit Mathias Wieman, Richard Romanowsky und Hans Albers. Lili Darvas in der Rolle der Frau fiel der Presse erstmals durch ein besonders gelungenes und präzises Spiel auf. Ihering meinte, das Ganze sei »ein liebenswürdiger, eleganter, weltmännischer Snobismus. Die Erkenntnisse sind banal, die szenische Faszination ist amüsant. Gustaf Gründgens ist ein blendender Regisseur für diese leis modernden und parfümierten Nebenkünste. Er bringt es fertig, in reizenden Bühnenbildern von Ernst Schütte, durch verschiedene Jahrzehnte, durch verschiedene Moden, durch verschiedene dramatische Stile hindurchzuspielen.«[64] Monty Jacobs nannte Erika Mann in der Vossischen Zeitung vom 13. 3. 1930 eine »Vertreterin der neuen Sachlichkeit«, die »noch nie so frei im Wort und im Schritt« zu sehen gewesen sei. Ähnliches erschien auch über Marianne Hoppe als würdige Nachfolgerin, die »im Schlussakt das modernste Mädchentum« verkörpere und »die neue Sachlichkeit auf dem Kulminationspunkt« zeige.[65]

Am Neuen Theater in Frankfurt am Main: Spielen – Spielen – Spielen!

So lang Marianne Hoppe in Berlin am Theater war, blieb sie stets in erreichbarer Nähe zu den Eltern. Anfangs wohnte sie sogar bei ihrer Großtante Emma Küchenmeister am Schulenburgring in Tempelhof, bevor sie mit Beginn ihres festen Engagements erst in der Eisenacher Straße 22 in Schöneberg und anschließend in Sigmundsdorf am Tiergarten ein Zimmer zur Untermiete bezog. Aus Felsenhagen kamen die Eltern des öfteren nach Berlin, um ihre Tochter auf der Bühne zu sehen. Erst als sie wegen ihres neuen Engagements nach Frankfurt zog, war sie zum erstenmal wirklich außer Reichweite der Verwandten. Wie sie erzählte, stand sie mit den Theatern in Dessau, Leipzig und Frankfurt wegen eines Engagement-Wechsels in Verbindung.[66] Mit Arthur Hellmer, der 1911 zusammen mit Max Reimann das Neue Theater in Frankfurt am Main begründet hatte, traf sie sich in Berlin im Hotel Esplanade und sprach ihm das Rautendelein aus Gerhard Hauptmanns *Versunkener Glocke* und die Franziska aus Lessings *Minna von Barnhelm* vor. Überglücklich hielt sie drei Tage später das Telegramm mit einer Zusage für einen Zweijahresvertrag in der Hand – im ersten Jahr 350 Reichsmark Gage, im zweiten 450 Reichsmark.[67] Viel Geld für sie – und viel mehr als am Deutschen Theater! Diese Tage am Frankfurter Theater, wo sie die Spielzeiten 1930/31 und 1931/32 verbrachte und ein breit gefächertes, alle Genres einbeziehendes Repertoire spielte, waren wohl die unbeschwertesten, die sie je an einem Theater erlebte, obwohl sie sich zuweilen auch hier in den »Niederungen« ihrer Stimmungen befand.[68] Endlich konnte sie sich in den unterschiedlichsten Rollen erproben und vor allem viele Hauptrollen in lustigen und manchmal auch ernsten Stücken spielen. Dazu trat sie nachts im literarischen

Theaterplakat des Neuen Theaters in Frankfurt/Main. In nur zwei der hier genannten Stücke spielte Marianne Hoppe nicht mit.

Als Evelyne Hill in *Alles Schwindel* von Marcellus Schiffer und Mischa Spoliansky (Musik) in der Spielzeit 1931/32 am Neuen Theater in Frankfurt/Main. In einer der Vorstellungen saß Gustaf Gründgens im Publikum: »Es gefällt mir, was Sie da machen!«

Innenansicht des Neuen Theaters in Frankfurt/Main.

Nacht-Kabarett »Porza« auf, wo viele Schauspieler vom Neuen Theater und auch vom Schauspielhaus nach der Vorstellung noch hingingen, des Spaßes wegen und um sich zur Gage noch etwas hinzu zu verdienen. Siegfried Melchinger erinnerte sich an die blutjunge Anfängerin mit dem umwerfenden Temperament und frechen Charme. Während ihm als Zuschauer im Theater eher die Kühle ihrer Ausstrahlung aufgefallen war, erlebte er sie im Kabarett von einer ganz anderen Seite: »Es waren schlechte Zeiten. SA marschierte, die Arbeitslosen lungerten herum, die Tische in dem kleinen Saal waren mit Papier gedeckt. Aber wir waren oft dort abends und hatten unseren Spaß. Und da trat eines Tages die Hoppe auf. Sie sang Chansons. Es war, als ritte sie der Teufel. Nie hatten wir sie so ausgelassen gesehen. Sie war frech und scharf, sie fegte den letzten Rest von Zimperlichkeit aus dem Saal. Sie zeigte ein Temperament, das unsere Meinung von ihr Lügen strafte. Wo war da noch Kühle? Was ist überhaupt Kühle, wenn sie sich um Mitternacht derart anheizen lässt? Ein stilles Wasser, diese Hoppe? Aber keine Spur: Sie war nichts anderes als sie selbst. Sie hatte uns auf der Bühne Rollen gezeigt, in denen sie kühl sein wollte. Die Rolle, die sie nach Mitternacht spielte, war sie selbst mit Feuer. Das Gesicht verlor seine Klarheit nicht, nur seine Strenge. Offenheit und Strenge waren nicht eine Spur verbogen. Sie verhöhnte das Schwüle, die Prüderie und den Spießbürger mit blitzenden Augen und strahlendem Lachen. Sie war ganz wunderbar.«[69] Ausgelassenheit und eine gehörige Portion Übermut waren es, die ihre Stimmung wohl am zutreffendsten beschrieben. Sie, die die Zeit blutigen Anfängertums gerade hinter sich gebracht hatte, veralberte nun ihrerseits Anfängerinnen. 1983 erinnerte sie sich in einer Tagebuchnotiz, wie die Maskenbildnerin »beim Aufstecken der Frisur einer jungen Kollegin, einer Anfängerin leicht unter die Kopfhaut stach – sie schrie auf – und ich sagte ihr: ja, haben Sie denn Ihren Vertrag nicht gelesen, genau angeschaut – bis zu 2 mm ist es erlaubt mit der Postiche-Nadel unter die Kopfhaut zu kommen. ›Ach wirklich – das wusste ich nicht‹ – so dumme, kleine Witzchen liebten wir.«

Zur Zeit ihres Engagements überwog an diesem Theater der Anteil an Unterhaltungsdramatik. Von den insgesamt zweiunddreißig nachweisbaren Rollen, die sie am Neuen Theater spielte, gehörten fast alle zum Genre der Komödien und Lustspiele. Gut lief gleich das erste Stück, *Die Prinzessin und der Eintänzer* von Alexander Engel

Als Lu in *Die Fee* von Ferenc Molnár. Spielzeit 1930/31, Neues Theater, Frankfurt/Main.
Marianne Hoppe in der Titelrolle war »grundnaiv und grundgerissen […], tut sehr spitzbübisch und sehr ehrlich, hat alle im Sack, nicht zuletzt das von diesem Sprühteufelchen durchglitzerte Publikum«, hieß es in der Presse.

Als Tochter Wolff in *Der Biberpelz* von Gerhart Hauptmann. Spielzeit 1930/31, Neues Theater, Frankfurt/Main.
Mit Annie Reiter als Frau Wolff und Georg Czimeg als Julius Wolff.

Als Franziska in *Minna von Barnhelm* von Lessing.
Spielzeit 1930/31, Neues Theater, Frankfurt/Main. Mit Käthe Dorsch in der Titelrolle und Herbert Wahlen als Wirt.

und Leo Keller, in welchem Marianne Hoppe in der Hauptrolle auftrat. Zu den größten Publikumserfolgen, in denen Marianne Hoppe mitspielte, gehörte im Hinblick auf die Häufigkeit der Aufführungen in der ersten Spielzeit Josef Ambachs Inszenierung von *Das Konto X*, »ein Stück von Liebe und anderen unmodernen Dingen«, so der Untertitel, geschrieben von Rudolf Bernauer und Rudolf Oesterreicher. Das gleiche galt für das Schauspiel *Voruntersuchung* von Max Alsberg und Otto Ernst Hesse unter der Regie von Arthur Hellmer und für *Ein Sommernachtstraum* mit Marianne Hoppe als Puck, inszeniert von Renato Mordo. Auch Lessings Lustspiel *Minna von Barnhelm* – Marianne Hoppe gab die Franziska neben Käthe Dorsch in der Hauptrolle und hatte ihren ersten Szenenapplaus – zählte zu den beliebten Aufführungen dieser ersten Spielzeit. Die Boulevardkomödie *Die Fee* von Ferenc Molnár mit Marianne Hoppe in der Hauptrolle des hübschen, aber armen Großstadtmädchens Lu war einer ihrer persönlichen Erfolge an diesem Theater. An dieser Bühne galt es, in rascher Abfolge in die unterschiedlichsten Rollen schlüpfen zu können, unabhängig vom »Typ« des Schauspielers bzw. der Schauspielerin. Die Zeiten für die Probenarbeiten waren denkbar kurz, Abwechslung im Spielplan war alles, und zuweilen wird sich dies auch auf die künstlerische Qualität des Gebotenen ausgewirkt haben.

Der Publikumsfavorit in der Spielzeit 1931/32 war Gerhart Hauptmanns *Vor Sonnenuntergang*, inszeniert von Arthur Hellmer. Marianne Hoppe gab darin die Rolle der Inken Peters, also jene Rolle, die sie 1937 auch in dem nach diesem Schauspiel geschriebenen Nazi-Propagandafilm *Der Herrscher* neben Emil Jannings in der Haupt-

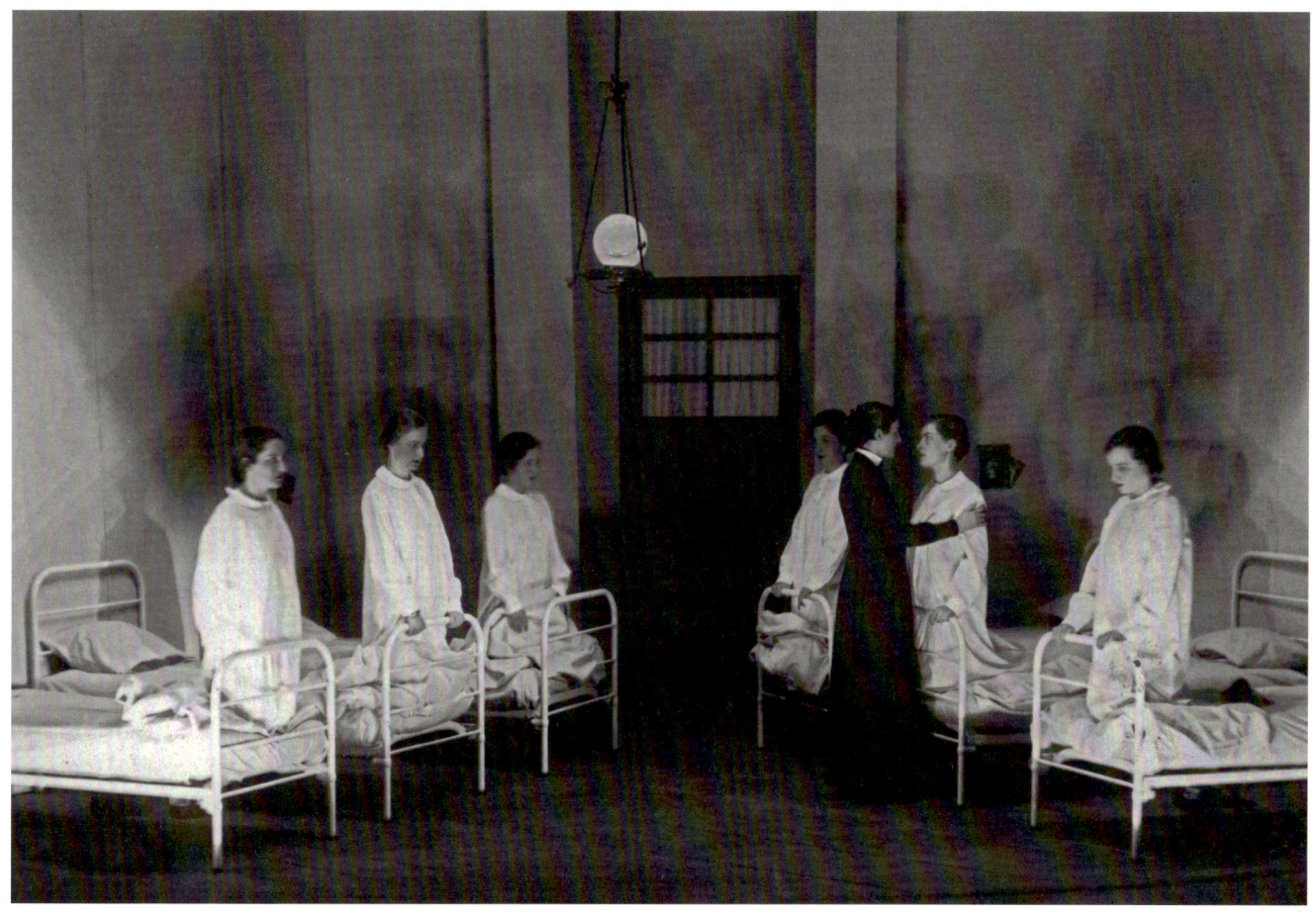

Als Manuela von Meinhardis in *Mädchen in Uniform* von Christa Winsloe (2. v. r.).
Spielzeit 1931/32, Neues Theater, Frankfurt/Main. In der Frankfurter Presse wird sie als »strahlende Begabung« besprochen.

rolle spielte. In Frankfurt am Neuen Theater spielte Friedrich Kayßler die männliche Hauptrolle, der wiederum später mit Marianne Hoppe am Schauspielhaus am Gendarmenmarkt zusammen auftrat. Auch Käthe Dorsch und Hermine Körner gehörten zu jenen, die Marianne Hoppe am Staatstheater in Berlin als Kolleginnen wiedertreffen sollte. Was das Leben am Neuen Theater in Frankfurt noch bunter machte, waren die vielen Gastspiele. So waren im November 1930 die English Players mit Shakespeares *Hamlet* zu Gast, auch eine japanische Theatergruppe präsentierte ihre Kunst, und Ende Januar 1931 gab es ein Gastspiel von Alexander Moissi in *Der Idiot* von Dostojewski und *Torquato Tasso* von Goethe. Im Mai 1931 war ein Gesamt-Gastspiel von Ernst Deutsch und Carola Toelle mit dem Berliner Ensemble zu sehen, die den *Teufelsschüler* von Shaw spielten. Und im gleichen Monat gab es noch ein Gastspiel der English Classical Players mit Shakespeares *Macbeth* und Shaws *Arms and the Man*. Im April 1932 kam Max Reinhardts Deutsches Theater mit seiner Inszenierung von *Kabale und Liebe*.[70]

Zwar trat auch Marianne Hoppe in einigen ernsteren Rollen auf, doch kamen Stücke dieses Genres weniger gut beim Publikum an. So erlebte Wedekinds Jugendtragödie *Frühlings Erwachen* mit Marianne Hoppe als Wendla Bergland in der Inszenierung von Herbert Wahlen – ihre zweite Rolle in der zweiten Spielzeit 1931/32 neben Günter Lüders als Moritz Stiefel, Else Monnard als Frau Gabor und Max Wittmann als Rektor Sonnenstich – insgesamt nur acht Aufführungen; während etwa *Vor Sonnenuntergang* achtundzwanzigmal gespielt wurde. Für Marianne Hoppe selbst war die Hauptrolle der Manuela von Meinhardis in Christa Winsloes später verfilmtem

An den Münchener Kammerspielen – »Man nimmt dort nichts unwichtig!«

Während das Neue Theater in Frankfurt die Erprobungsstätte ihres Talents war und sich Marianne Hoppe in der Vielzahl ihrer Rollen – vor allem im heiteren Fach – nach Herzenslust austoben konnte, war sie in München an den Kammerspielen an einem Theater, das einem höheren künstlerischen Anspruch verpflichtet war. Otto Falckenberg war ein Regisseur, der vor allem die Geschlossenheit eines Ensembles schätzte, weil sich nach seiner Auffassung nur hier eine schauspielerische Begabung entfalten konnte. Während man bei Hellmer »einfach nur eingesetzt« wurde – und »Hellmer brauchte jemanden, der das irgendwie verkraftet«, wie sie selbst sagte[81] –, kam es Falckenberg sehr darauf an, möglichst jedwede Rolle mit dem »richtigen« Schauspieler zu besetzen. Auch das Repertoire war im Vergleich zu Frankfurt anspruchsvoller. Zwar mussten auch die Kammerspiele seit ihrem zur Spielzeit 1926/27 vollzogenen Umzug von der Augustenstraße in das Schauspielhaus in der Maximilianstraße mit Rücksicht auf neu hinzukommende Publikumsschichten einen gewissen Anteil an Boulevardstücken in das Repertoire aufnehmen – zumal dieses Theater bis zu seiner Übernahme durch die Stadt ständig gegen den Bankrott anzukämpfen hatte; einen Schwerpunkt hat die Unterhaltungsdramatik im Gegensatz zum Neuen Theater in Frankfurt hier aber nie ausgemacht. Das gilt auch für das persönliche Repertoire Falckenbergs, dem Regisseur des Wortes, der immer vom Zentrum einer Dichtung kam und als Avantgardist nicht nur dem Spätwerk Strindbergs auf die deutsche Bühne verhalf, sondern sich auch die Komödien und Trauerspiele Shakespeares aufs Programm geschrieben hatte. Unbekannte Dramatik auf die Bühne zu bringen, war seine Passion, neben Strindberg waren u. a. auch Uraufführungen von Georg Kaisers *Von morgens bis mitternacht* und *Die Koralle* dabei oder Bertolt Brechts *Trommeln in der Nacht*, *Die Ursache* von Leonard Frank, von Ferdinand Bruckner *Die Kreatur* oder von Gerhart Hauptmann *Die goldene Harfe*. Falckenberg hatte in den Kammerspielen seine Lebensaufgabe gefunden und ihnen ab der Spielzeit 1914/15 über drei Jahrzehnte ihr künstlerisches Profil verliehen. Er galt nicht nur als Entdecker junger und begabter Schauspieler, sondern auch als ein Regisseur, der diese Talente auf gleichermaßen subtile und ermutigende Art zur künstlerischen Entfaltung brachte. Er war bekannt dafür, dass er seinen Künstlern großen Freiraum ließ und ihnen nicht s e i n e Auffassung einer Rolle aufzwang. Auf sehr feinfühlige Art half er ihnen vielmehr, ihre e i g e n e zu finden. Nach dem Krieg widmete er sich der Aufgabe, seine Ideen von der inhaltlichen und organisatorischen Struktur einer Schauspielschule niederzuschreiben, die in Anlehnung an sein Konzept erst Jahrzehnte nach seinem Tod, 1993 mit der Gründung der »Bayerischen Theaterakademie August Everding« realisiert worden sind. Im Mittelpunkt seiner künstlerischen Arbeit stand immer der Ensemble-Gedanke, denn er war davon überzeugt, dass nur in einem Ensemble wahre künstlerische Arbeit und Entfaltung möglich ist.

1936 stellte Marianne Hoppe folgenden Unterschied zwischen Frankfurt und München fest: »Richtig Theater gespielt habe ich erst in Frankfurt am Main, wo man mich für alles mögliche einsetzte. Ich war auf keinen Typ festgelegt und konnte so – das ist ja das Beglückende für den Schauspieler – die verschiedensten Menschen durchleben. Falckenberg in München hat mir so gewissermaßen die letzten Wege unserer Kunst gewiesen. In den Münchner Kammerspielen wird ja mit einem heiligen Ernst gearbeitet. Man nimmt dort nichts unwichtig. An solcher Stätte kann man als junger Künstler wirklich in sich das große Feuer entzünden, an dem sich das innerste Wesen läutern kann zu jener letzten Gestaltungskraft, die dann über einen kommt, ganz unbewußt.«[82] Etliche Rollen spielte Marianne Hoppe unter der Regie von Richard Révy, so gleich die erste als Agnes in Molières *Die Schule der Frauen*; sie spielte neben Else und Albert Bassermann in *Der große Bariton* von Leo Dietrichstein und Fred und Hanny Hatton, in Sindbads *Heimkehr des Olympiasiegers* und in der Titelrolle der *Fanny* von Marcel Pagnol. Insgesamt fand sie dafür in der Presse freundliche Beachtung, die ihre frische, lebendige und mädchenhafte Art begrüßte. Ihren ersten großen Bühnenerfolg hatte sie dann in der Aufführung der Tragikomödie *Die Ratten* von Gerhart Hauptmann, die anlässlich des 70. Geburtstages des Dichters und in seiner

Als Piperkarcka in *Die Ratten* von Gerhart Hauptmann. Spielzeit 1932/33. Münchener Kammerspiele. Neben Therese Giehse als Frau John hatte Marianne Hoppe unter der Regie von Otto Falckenberg in dieser Rolle ihren ersten überregionalen Bühnenerfolg.

Anwesenheit am 6.12.1932 als triumphaler Presse- und Publikumserfolg über die Bühne ging. Otto Falckenberg hatte das Stück inszeniert und damit einen sensationellen regionalen und überregionalen Erfolg erzielt. Falckenberg als Regisseur wurde genauso euphorisch gelobt wie die Besetzung des Stückes, die als Musterstück einer Ensembleleistung gewertet wurde. Ausnahmslos rief die Presse dazu auf, dieses Theater, das gerade Bankrott angemeldet hatte und nur noch »auf Teilung« spielen konnte (man teilte untereinander auf, was in die Kasse kam), nicht untergehen zu lassen. Rufe wie die des Rezensenten Friedrich Möhl in der Bayerischen Staatszeitung vom 8.12.1932 erklangen zuhauf: »Ihr Münchener aber, geht hin und hört, was Ihr verlieren würdet, wenn wirtschaftliche Not und Winkelzüge unseren Kammerspielen den Garaus machen!« Insgesamt wurde die Besetzung als »schlechthin unübertrefflich« gefeiert (8 Uhr Blatt, Nürnberg), dazu gehörten Will Dohm als Maurerpolier, Kurt Horwitz als »schwerer Junge« Bruno Mechelke, Karl Kyser als Theaterdirektor Hassenreuther, Maria Byk als Alice Ritterbusch und Edith Schulze-Westrum als Selma Knobbe. Therese Giehse gab die Frau des Maurerpoliers John, der einst ihr kleines »Adalbertchen« wegstarb und die nun ihre ganze mütterliche Seligkeit auf das neugeborene Kind des polnisch-berlinerischen Dienstmädchens Pauline Piperkarcka lenkt; in der lebensmüden Verzweiflung der »Sitzengelassenen« hatte sie es ihr erst überlassen, dann aber zurück haben wollen. Beide vom gleichen Instinkt getrieben, kämpfen bis zum tödlichen Ende, und beide Darstellerinnen müssen hinreißend gespielt haben; sowohl die Giehse, die »ein Bild der Seele« abgab, »das sich nicht einprägt, sondern einbrennt«, als auch Marianne Hoppe: »Neben ihr, nahezu unerwartet, jedenfalls eine tolle Ueberraschung, Marianne Hoppe, als Dienstmädchen Piperkarcka, durchaus abweichend und weit über ihrer bisherigen Linie – ein As auf den Tisch, wie es nur bei Falckenberg plötzlich ausgespielt wird.«[83] Auch die überregionale Presse erging sich in Lobeshymnen. Das Theater-Tagblatt Berlin vom 10.1.1933 schrieb über »die Piperkarcka der Marianne Hoppe, die vor allem durch die starke Wandlungsfähigkeit dieser Künstlerin verblüffte.« Und im Nürnberger 8 Uhr Blatt vom 8.12.1932 hieß es vergleichend zur Giehse: »Ihr ebenbürtig Marianne Hoppe […]. Sie wurde geradezu die Verkörperung des Tragikomischen, schuf eine unvergeßliche Gestalt mit diesem armseligen Wesen, mit dem die Menschen spielten, bis es Frau Johns Bruder […] ermordete.«

Dieser Erfolg sollte der Höhepunkt an den Münchener Kammerspielen, an denen sie nur für eine einzige Spielzeit blieb, für sie sein. Als sie die Rolle der Adriana in Shakespeares *Komödie der Irrungen* gab, klang die Presse weniger euphorisch. Regisseur war wiederum Otto Falckenberg, dessen Inszenierung zwar gelobt, die Bearbeitung der Komödie von Hans Rothe aber abgelehnt wurde. Über die Darstellung von Marianne Hoppe schrieb Wilhelm Hausenstein in der Münchner Telegrammzeitung vom 16.2.1933: »Fräulein Hoppe, zuweilen sehr gut, aber noch nicht gleichmäßig gut, würde ihre Adriana sicherlich steigern, wenn sie ihr zweifellos sehr begabtes Spiel durch eine expressionistische Gestik (die zudem verspätet ist) nicht des öfteren zerrisse.« Auch ihre Darstellung des Fräulein von Winterstein in dem dreiaktigen Schauspiel *Preußengeist* von Paul Ernst ging in diese Richtung. Im Völkischen Beobachter hieß es am 3.4.1933: »Während sie den Prolog in Goethes *Des Epimenides Erwachen* sehr wirkungsvoll zu gestalten wusste, blieb sie als Fräulein Winterstein etwas hinter ihren sonstigen Leistungen zurück, ihre Gefühlsausbrüche hatten einen leisen Anflug von Unerzogenheit.« Dass Falckenberg dieses Stück überhaupt inszenierte, lag an den vorausgegangenen Ereignissen im Zusammenhang mit den neuen nationalsozialistischen Machthabern. Da sein von eifrigen Nazis als »kulturbolschewistisch« bezeichnetes Repertoire im Augenmerk der Münchner Braunen war, bekam er Schwierigkeiten. Einer seiner früheren Dramaturgen hatte behauptet, Falckenberg hätte verschwörerische Kontakte zu Moskau. Kurz nach der Machtergreifung am 5.3.1933, am 16. März, wurde Falckenbergs Haus durchsucht, er selbst verhaftet und drei Tage lang verhört. Als sich alles als ein Irrtum herausgestellt hatte, wurde er zwar wieder freigelassen, doch waren inzwischen seine jüdischen Ensemblemitglieder wie Therese Giehse (mit Erika Mann), Karl Kyser und Sybille Schloss und kurz danach auch Kurt Horwitz in die Schweiz geflüchtet. Da der Vorhang wieder hochgehen musste, versuchte er, sein Ensemble wieder zusammenzubringen und bat auch Marianne Hoppe, zu bleiben und zu spielen. Und so ging der Vorhang wieder auf mit dem patriotischen Schauspiel *Preußengeist* von Paul Ernst, dem noch der Prolog und Lessings *Philotas* vorgeschaltet waren – als Konzession an die neuen Machthaber. Im Völkischen Beobachter vom 3. 4. 1933 wurde das Stück von Paul Ernst als Bekenntnis zum neuen Geist der Zeit bejubelt, als Paradestück für Vaterlandsgeist. Es handelt von der Geschichte jenes berühmten preußischen Leutnant Katte, der sich für den Staat opfert, um, wie es Rezensent Berberich entzückt im 8 Uhr Blatt am 10. 4. 1933 ausdrückte, »den kronprinzlichen Freund herauszureißen aus der Traumwelt eitler Schwärmerei, ihn reif zu machen für den Weg zum Thron.« Auch die Figur des Fräulein von Winterstein verkannte »trotz aller Liebe zu Katte keinen Augenblick lang den klaren Weg zur Pflicht« und trat in Marianne Hoppe »anmutig herb in Erscheinung«.

Unmittelbar nach der Premiere der *Komödie der Irrungen* lernte Marianne Hoppe in der Kantine Ödön von Horváth kennen und verliebte sich in ihn. Dass sie das Kind, das sie von ihm seit Frühjahr 1933 erwartete, nicht austrug – eine Entscheidung, die sie nicht lange nach ihrer Rolle der Piperkarcka zu treffen hatte –, lag sicherlich darin begründet, dass sie zu diesem Zeitpunkt nicht aufs Mutterdasein aus war, sondern auf ihre Weiterentwicklung zu einer guten Schauspielerin. Mit den schwierigen Zeiten nationalsozialistischer Radikalisierung, die den Dramatiker schließlich zur Emigration zwangen, wird es weniger zu tun gehabt haben. Darüber, was Horváth zu dieser Schwangerschaft meinte, ob er überhaupt davon gewusst hat oder ob ihre Entscheidung zum Abbruch der Schwangerschaft eine einsame war, hat sie nie gesprochen. Auch fand sich bisher in ihrem Nachlass keine Postkarte oder Brief von ihm, was nach seiner Emigration auf ein Weiterbestehen zumindest einer freundschaftlichen Beziehung bis zu seinem fatalen Tod im Jahr 1938 in Paris hindeuten würde. Auch darüber, wie sie damals seinen Tod erfahren hatte, was das für sie persönlich bedeutete und wann sie zuletzt mit ihm gesprochen oder sich mit ihm geschrieben hat, lässt sich bisher kein Hinweis finden. Nachdem sich Petra Kohse mit ihr über die Beziehung zu Horváth unterhalten hat, musste sich die Biografin aufs Spekulieren beschränken, obwohl, wie Kohse andeutet, Marianne Hoppe sehr gerne und oft, ohne gefragt worden zu sein, über ihre Beziehung zu Horváth sprach. Wiederholt erzählte sie davon, dass sie am 27. 2. 1933 mit ihm auf dem Faschingsball in den Kammerspielen tanzte, als die Nachricht vom Reichstagsbrand kam. »Raus, nichts wie raus!« soll Horváth gesagt haben, doch sollte es noch bis Herbst 1936 dauern,

Marianne Hoppe (Adriana) und Maria Byk (Luciana) in *Komödie der Irrungen* von William Shakespeare (1932/33). Münchener Kammerspiele.

bis er ausgewiesen wurde. Tatsache ist auch, das Horváth eine langjährige Freundin namens Hertha Pauli hatte, so dass man vermuten könnte, dass die Beziehung zwischen ihm und Marianne Hoppe nicht sehr eng war. Außerdem: Sie hatte Dreyfus verlassen ihres Berufs wegen und sollte jetzt für Horváth ihren Beruf aufgeben und sogar Deutschland verlassen? Das tat sie nicht, auch wenn sie »seine Melancholie so geliebt« hat, wie sie erzählte. Später hat sie Widersprüchliches gesagt: einerseits hätte sie »kurz davor« gestanden, zu emigrieren, andererseits hätte sie »nicht einmal daran gedacht«.[84] Tatsache war, dass sie fasziniert war von diesem Mann: »Horváth war hinreißend. Ganz ruhig, aber äußerst anziehend. Mit einem untrüglichen Blick. Er schaute sich um und registrierte.«[85]

Doppelkarriere während des Dritten Reichs

Die Filmschauspielerin

In seiner Rede im Berliner Hotel Kaiserhof am 28.3. 1933, also ziemlich pünktlich zum Filmdebut von Marianne Hoppe, gab der zwei Wochen vorher zum Propagandaminister ernannte Joseph Goebbels das nationalsozialistische Korsett vor, das die gesamte deutsche Kultur, und damit auch der Film, zukünftig anzulegen hatte. Goebbels, der sich persönlich als der Schirmherr des deutschen Films aufspielte, gab vor, dass »die nationalsozialistische Bewegung in die Wirtschaft und die allgemeinen kulturellen Fragen, also auch in den Film, eingreift«, der damit »völkische Konturen« erhalten solle. Jede Form von Kunst sei nur dann als Kunst zu betrachten, »wenn sie mit ihren Wurzeln in das nationalsozialistische Erdreich eingedrungen ist«. Damit war klar, dass dem Medium Film in der NS-Diktatur eine besondere Funktion zugedacht war. Dieser Auffassung entgegen kam die Tatsache, dass Alfred Hugenberg, Vorsitzender der Deutschnationalen Volkspartei und Besitzer des machtvollen Medienkonzerns, der Scherl-Gruppe, im März 1927 die vor dem Bankrott stehende Ufa aufgekauft hatte und sie aus persönlichen Interessen 1933 den propagandistischen Zwecken von Joseph Goebbels zur Verfügung stellte. Goebbels stellte die gesamte Medienindustrie unter seine Kontrolle, wobei durch die Ufa bekanntermaßen ohnehin ein kräftiger deutschnationaler Wind wehte. Als Hugenberg den Konzern im März 1937 dann an die Cautio Treuhand GmbH verkaufte, eine Holdinggesellschaft, die im Auftrag von Goebbels arbeitete, war die Ufa faktisch verstaatlicht. Den im Mai 1937 gegründeten »Kunstausschuss« leitete in Wahrheit nicht Carl Froelich, sondern Goebbels, der direkten Einfluss auf die Produktionsplanung der Ufa nahm. Am 10.1.1942 wurde die Ufa schließlich zum Kern der Ufa-Film GmbH (UFI), in der die gesamte deutsche Filmproduktion zusammengefasst war, darunter die Terra Film, die Tobis AG, die Berlin-Film GmbH und die Bavaria Film.

Ein Vorbei gab es nicht, allerdings vielfältige Versuche der Filmproduzenten und Regisseure, sich der nationalsozialistischen Klammer zumindest im möglichen Maß zu entziehen. Davon berichtete Wolfgang Liebeneiner, seit 1942 Produktionschef der Ufa und vorheriger Schauspieler-Kollege von Marianne Hoppe am Staatstheater in Berlin.[86] J e d e r Filmstoff musste von Goebbels genehmigt werden. Ohnehin wurde im Vorfeld der Einreichung sorgfältig geprüft, welchen Stoff man überhaupt vorschlug und von ca. zehn Stoffen, die zur Diskussion standen, reichte man letztlich nur drei ein. Von diesen dreien genehmigte der Minister einen oder auch gar keinen. Das machte wütend und führte zum Entstehen des sogenannten »Ministerexposés«. Die Produktionschefs hatten ihre »Spezialisten«, die ein Filmexposé im Sinne von Goebbels schreiben konnten, die wussten, was enthalten sein musste, damit ein Stoff der Prüfung des Ministers standhielt. Das Ganze war eine »Camouflage« – so Liebeneiner – und wenn das Exposé zurückkam, war zu entscheiden, wieviele von diesen »Zutaten« erhalten bleiben mussten, damit der Film nicht verboten wurde. Doch nicht nur in die Auswahl des Stoffs, auch in die Besetzung wurde eingegriffen. Liebeneiner berichtete von Briefen, die von aus dem Propagandaministerium entsandten Motorradfahrern in entsprechender Kluft überbracht wurden. Diese Briefe enthielten einen weiteren, eingeklebten Briefumschlag, in dem sich ein Zettel befand, auf dem eine Zahl vermerkt war. Vor dieser Zahl stand ein Plus- oder ein Minuszeichen. »Henny Porten +3« etwa bedeutete: unbedingt besetzen, –3 vor einem Namen bedeutete, unter keinen Umständen besetzen. Über dieses Verfahren waren die Produktionschefs, die diese Zettel sofort nach Erhalt zu vernichten hatten, zu unbedingtem Stillschweigen verpflichtet.

Während der Führer, der wie Goebbels ebenfalls ein Kinobegeisterter war, sich darauf beschränkte, Filme lediglich nach seinem persönlichen Geschmack zu bewerten und gegebenenfalls zu verbieten – hier endete dann die Macht von Goebbels –, sah der Minister seine persönliche Lieblingsaufgabe darin, sich als Produzent, Dramaturg, Drehbuchautor, Organisator, Zensor und als Besetzungsbüro für den deutschen Film zu betätigen.

Doppelkarriere während des Dritten Reichs 55

Mit ihrem Adler Trumpf Cabriolet zu Besuch in Felsenhagen: Marianne Hoppe, ihre Eltern und ihr Bruder Ernst-Günther. 1935.

Seine Verhältnisse mit Schauspielerinnen waren bekannt, und es verwundert nicht, dass er mit dem großen Erfolg der Verfilmung des *Schimmelreiters* im Jahr 1934 auch auf die hübsche und begabte Schauspielerin Marianne Hoppe aufmerksam wurde und ihr einen unangekündigten Besuch abstattete. Beim Öffnen der Tür Goebbels auf der Fußmatte stehen zu sehen und anschließend die Zudringlichkeiten des auf Tuchfühlung gehenden Schirmherrn des deutschen Films abwehren zu müssen, war mit Sicherheit ein großer Schock, der der gerade berühmt gewordenen Filmschauspielerin schlagartig ins Bewusstsein gerückt haben muss, dass auch ihre soeben begonnene Filmkarriere unter dem Unstern des Nationalsozialismus stand. Und so war sie nicht nur Projektionsfläche für die Wünsche und Sehnsüchte des deutschen Publikums, sondern auch für die besonders gelagerten des Propagandaministers.

Nach ihrem Engagement an den Kammerspielen konzentrierte sich Marianne Hoppe fast ausschließlich auf ihre Filmkarriere, und angesichts der Vielzahl der nun in schneller Aufeinanderfolge gespielten Filmrollen entsteht der Eindruck, dass sie sich vom Theater lösen wollte. Ihre Rolle als Loveday in der nur sechsmal gespielten Komödie *Die Hummel* von Frank Vosper am Neuen Theater in Frankfurt nahm sich als einzige Theaterrolle in der Spielzeit 1934/35 etwas verloren aus. Bis zu ihrer ersten Rolle am Staatstheater in der Spielzeit 1935/36 spielte sie dagegen in acht Filmen mit, der neunte war in Arbeit. *Der Judas von Tirol*, ein um den Tiroler Freiheitshelden Andreas Hofer nach dem gleichnamigen Volksstück von Karl Schönherr handelnder Film stand am Beginn ihrer filmischen Laufbahn. Im Wesentlichen dreht sich die Handlung darum, wie die eingeschweißte Südtiroler Dorfgemeinschaft die herumspionierenden Franzosen an der Nase herumführt, wobei Stummfilmelemente mit karikierenden Charakterzeichnungen wetteifern. Als hübsche und lebhafte Magd Josefa glüht Marianne Hoppe in diesem Film für den Südtiroler Helden, der sich im Gebirge vor den napoleonischen Truppen versteckt hält und im gesamten Film nie zu sehen ist. Diese Josefa will nicht ihr Leben lang Magd bleiben, was sie auch dem leicht vertrottelten Knecht Raffl sagt, der sie heiraten möchte. Als es diesem mehr aus Zufall denn aus Geschicklichkeit gelingt, dem Hofer eine Botschaft ins Gebirge zu bringen, ist er im Ansehen der Dorfgemeinschaft gestiegen. Schon glaubt er, dass doch noch etwas aus ihm werden und Josefa ihm eines Tages die Hand reichen würde. Doch da man im Dorf nicht geneigt ist, ihm bei den kommenden Passionsspielen die Rolle des Jesus zu überlassen anstatt wie sonst die des Judas, verrät der sich gedemütigt fühlende Raffl den Franzosen gegen Geld Hofers Versteck. Das halbe Dorf und auf Seitenwegen auch Josefa hetzen nun – an den ebenfalls losstürmenden Franzosen vorbei – durchs Gebirge, um Hofer zu warnen. Auf dieser waghalsigen Hatz über steile Felsen stürzt Josefa in den Tod. Die Filmpartner Marianne Hoppes in dieser Nebenrolle waren Fritz Rasp als Raffl, ferner Eduard von Winterstein, Camilla Spira und Theodor Loos. Ihre zweite Filmrolle in dem Film *Heideschulmeister Uwe Karsten*, 1954 mit Barbara Rütting neu verfilmt, ist ein Ausflug in die Welt der Heimatfilme. In diesem heute als Prototyp für Heimatschnulzen geltenden Film spielte sie die Rolle der Ursula Diewen, einer Hamburger Kaufmannstochter und Hobbymalerin, die sich in den Dorfschulmeister Uwe Karsten verliebt, der seine Lebensaufgabe in der Erforschung der Heide sieht. Mit von der Partie in diesem am 3. 11. 1933 zunächst nur in den Kinos in Hannover ausgestrahlten Film um ländliche Natur- und Herzensangelegenheiten waren Hans Schlenk in der Rolle des Dorfschulmeisters sowie Brigitte Horney, Olga Tschechowa, Walter Steinbeck und Paul Henckels. Im Januar 1934 kam in Hamburg und in Berlin der nach Motiven der gleichnamigen Novelle von Theodor Storm gedrehte Film *Der Schimmelreiter* heraus, unter der Regie von Hans Deppe und Curt Oertel, von denen auch das Drehbuch stammte. Marianne Hoppe wurde mit diesem Film über Nacht berühmt. Sie spielte darin als Elke Volkerts die Tochter des friesischen Deichgrafen (Wilhelm Diegelmann), deren Herz für Hauke Haien (Mathias Wieman), den Kleinknecht auf dem väterlichen Hof, schlägt. Als Marianne Hoppe in diesem Film – in weißem Spitzenhäubchen und friesischer Gewandung auf einer Bank vor dem väterlichen Haus sitzend – ihr Liebeslied »Als ich dich angeseh'n, musst es mein Herz gesteh'n« sang, vollbrachte sie das nicht nur mit einer überraschenden stimmlichen Sicherheit, sondern mit einer naiven, seelenvollen Innigkeit, die an Faustens Gretchen und deren balladesken Gesang vom König in Thule erinnerte. Der Innigkeit der jungen Frau entspricht ihre Seelenstärke und Treue, mit der sie in Liebe zu ihrem Mann steht, dem die Heirat und das Amt des neuen Deichgrafen auch den Neid der im Aberglauben verhafteten Dorfgemeinschaft beschert. Doch will er ihnen zeigen, dass er jemand ist und setzt mit allem in ihm wohnenden Ehrgeiz den Bau eines neuen Deiches durch – wieder gegen den Willen der Dorfbewohner, die dieses Großprojekt während der Erntearbeit zusätzlich in die Tat umsetzen müssen. Unbeirrbar reitet Mathias Wieman mit festem Blick auf seinem leuchtenden Schimmel durch die himmelweite friesische Landschaft wie ein Ritter aus überirdischen Sphären, um den Fortgang seines Lebenswerks zu überwachen und voranzutreiben. Schließlich ist es vollbracht, und die wieder friedlichen Dorfbewohner feiern fröhlich die Fertigstellung. Als während des Fests ein schwerer Sturm aufkommt, reitet Hauke ans Meer, um zum Schutz der neuen Deichanlage und des Dorfes den alten Deich durchzustechen. Da er damit sein eigenes Haus dem Meer überlassen wird, versucht Elke, vom Wind getrieben und von tosender Brandung umspült, zu ihm zu gelangen. Beide werden – sich noch einmal verzweifelt anblickend – von den Wellen fortgerissen. Begleitend zu dieser dem deutschen Publikum zu Herzen gehenden Verfilmung erschien noch im gleichen Jahr im Adolf Sponholz Verlag eine mit fast einhundert Filmfotos geschmückte Neuauflage des Romans.

Auch die nächste Filmrolle war im dörflichen Milieu angesiedelt, diesmal aber ohne die im *Schimmelreiter* vorhandene Stimmungslyrik. In dem bauernschwankartigen Film *Krach um Jolanthe* spielte sie unter der Regie von Carl Froelich als Anna die kluge, hübsche und aufgeweckte Tochter des Bauern Lampken (Wilhelm P. Krüger), der sich stur weigert, Steuern zu zahlen. Dafür soll ihm seine preisgekrönte Zuchtsau Jolanthe weggepfändet und versteigert werden. Die Bauern halten zusammen und gemeinsam stehlen sie Jolanthe aus polizeilichem Gewahrsam, woraus sich allerlei Turbulenzen ergeben. Doch Anna sorgt gemeinsam mit ihrem Verehrer Bunjes, gespielt von Olaf Bach, für ein Happy End. Dem rustikalen Thema entsprechend schaute Marianne Hoppe kopftuchtragend und in bäuerlichem Outfit neben den anderen Mitwirkenden, darunter Fita Benkhoff und Carsta Löck, vom Filmplakat, auf dem, das ländliche Motiv besonders unterstreichend, auch der Kopf der Sau Jolanthe prangte.

Bei den Dreharbeiten zu *Schwarzer Jäger Johanna*, wiederum ein Historienfilm aus der Zeit der Befreiungskriege, traf Marianne Hoppe Gustaf Gründgens wieder, der in der Rolle des Dr. Frost als aalglatter Agent auf Seiten der Franzosen unterwegs ist, ein mit allen Wassern gewaschener Unsympath, den schließlich die Tapferkeit der hübschen »Jägerin« beeindruckt, die sich selbst im Gefängnis und während ihres Verhörs zu keinem Verrat hinreißen lässt. Paul Hartmann spielt in diesem Film jenen für die Befreiung Deutschlands und im Auftrag des »Schwarzen Herzogs« Friedrich Wilhelm von Braunschweig kämpfenden Major Korfes, für den das Herz der couragierten Johanna schlägt. Um an seiner Seite mit-

Nach ihrem Filmdebut als Josefa in *Der Judas von Tirol* (1933) ist Marianne Hoppe innerhalb kürzester Zeit zum Filmstar aufgestiegen.

kämpfen zu dürfen, schneidet sie sich die Haare ab und stürzt sich in Husarenuniform in das Kriegsgetümmel. Während sie am Ende der erfolgreichen Kämpfe in die Arme des geliebten Majors fallen darf, ist es jenseits der Leinwand ihre persönliche Beziehung zu Gustaf Gründgens, die während der Dreharbeiten ihren Anfang genommen hat. In ihren autobiografischen Notizen hielt sie am 10.9.1983 rückblickend fest: »Bei Aufnahmen zu ›Schwarzer Jäger Johanna‹ traf ich Gründgens wieder. ›Kommen Sie mit heraus nach Zeesen?‹ fragte er. Wir sassen am See. ›Ich werde die Intendanz des Staatstheaters am Gendarmenmarkt übernehmen‹, sagte er mir.« Auf dem Rasen am Zeesener See sitzend, haben sie dann »das entscheidende Gespräch geführt«, und zwar über »die grosse Frage« der angetragenen Intendanz. Daran, was genau sie dazu gesagt hatte, konnte sie sich nicht mehr erinnern, aber sie wusste noch, dass das »Wesentliche« war, dass sie von »G. G. zum Zuhören, zum Ansprechen« ausgesucht und eingeladen worden war; dass er sie brauchte und dass die ganze Situation ihr das Gefühl gab, »vor eine Probe gestellt« zu sein, dass es darum ging, Bezugsperson für einen »Anspruch, eine Tragweite, eine Tragmöglichkeit« zu sein. Sie hatte das Gefühl, in diesem Moment an einem wesentlichen Punkt angelangt zu sein, wobei ihre vorangegangenen Stationen – angefangen von ihrem Gang zum Deutschen Theater bis zu diesem Moment, in dem sie neben Gustaf in Zeesen auf dem Rasen saß, wie im »Zeitraffer« vor ihrem geistigen Auge Revue passierten.

Doch bevor sie einen Vertrag am Staatstheater in Berlin abschloss, übernahm sie noch etliche Filmrollen. 1935 kamen in Berlin gleich vier Filme mit ihr heraus. So spielte sie als Hella Bergson, Tochter eines Theaterkritikers, in *Alles hört auf mein Kommando* neben Adele Sandrock als schabrakenartige, Befehle austeilende Theaterdirektorin Pauline Neuber, die um das Weiterbestehen ihres heruntergekommenen Theaters kämpft. Danach folgte der kriminalistische Streifen um den von Frauen umschwärmten *Oberwachtmeister Schwenke* unter der Regie von Carl Froelich, worin sich Marianne Hoppe als Blumenverkäuferin Maria den von Gustav Fröhlich gespielten Titelhelden zu erobern weiß. Der merkt erst ganz am Schluss, »was er an diesem Prachtmädel hat: Herz und Gemüt, Mut und Umsicht, eine Frau und eine Lebenskameradin zugleich. Marianne Hoppe ist hier ein echtes Berliner Mädel.«[87] Viel tiefschürfender wurde es auch in den nächsten Filmen nicht: In der *Werft zum Grauen Hecht* spielte Marianne Hoppe unter der Regie von Frank Wysbar als Käthe Liebenow die begehrte Tochter eines Werftbesitzers, um die sich zwei Männer streiten; in *Anschlag auf Schweda* unter der Regie von Karl Heinz Martin ist sie als Foto-Reporterin im Dienst der Wahrheitsfindung unterwegs, um ihren unschuldig wegen Mordes im Gefängnis sitzenden Bruder zu befreien, wobei sie sich, ohne es zu ahnen, vom zuständigen Oberstaatsanwalt Schweda begleiten und helfen lässt. Selbstverständlich wird aus den beiden ein Paar. *Wenn der Hahn kräht* kam im März 1936 heraus und war wieder ein ins Ländliche getauchter Film um Liebeswirrnisse, und zwar unter der Regie von Carl Froelich und unter Mitwirkung von Heinrich George, Carsta Löck, Hans Brausewetter und Carl John, der den Mann ihres Herzens abgab. Noch am 1.2.1935 ließ Marianne Hoppe in einem Interview verlauten, dass ihr der Film »noch nie die große künstlerische Befriedigung gebracht hat wie das Theater. In noch keiner Filmrolle hatte ich Gelegenheit, das zu gestalten und erfüllen, was mich vorbehaltlos für meinen Beruf als Schauspielerin begeistert: Menschen zu gestalten, menschliches Erleben dem Zuschauer zu vermitteln. Daß mir das meiner Meinung nach noch nicht gelang, liegt vielleicht auch an dem Mangel an wirklich wertvollen Filmmanuskripten, zum Teil auch an dem stark technisierten und merkantilisierten Filmbetrieb. Aber ich habe die Hoffnung noch nicht aufgegeben, auch im Film einmal die Aufgaben zu erhalten, die ich ersehne und die mir so oft auf der Bühne gestellt wurden.«[88]

Der nächste, etwas anspruchsvollere Film – sie drehte nun parallel zu ihrem Engagement am Staatstheater – war der 1936 herausgekommene, nach einem Theaterstück von Oscar Wilde entstandene Film *Eine Frau ohne Bedeutung* unter der Regie von Hans Steinhoff. Neben Gustaf Gründgens als Lord Illingworth und Käthe Dorsch als Sylvia, Pastorentochter und des Lords frühere Geliebte, gab Marianne Hoppe die resche Hester, die mit jugendlich-ironischem Charme und Schwung mit der steifen Etikette ihrer adligen Umgebung umzugehen weiss und das Herz auf dem rechten Fleck hat. Gründgens als Lord Illingworth ist ein Mann des eleganten Auftritts, hat Esprit und ist erfolgreicher Geschäftsmann. Der dunkle Punkt in seiner Vergangenheit ist seine lang zurückliegende Untreue der Pastorentochter Sylvia

Figurine von Ilse Fehling zu Inken Peters (Marianne Hoppe) für den Film *Der Herrscher* (1937).

Als Inken Peters in dem Film *Der Herrscher* (1937).

gegenüber, die er während ihrer Schwangerschaft sitzengelassen hatte, weil ihn sein dünkelhafter Vater von einer Heirat hat abbringen können. Das gemeinsame Kind der Beiden ist zu aller Unwissen Hesters Freund Gerald, ein einfacher Bankangestellter, gespielt von Albert Lieven. Weder Gerald noch Lord Illingworth, der nach vielen Jahren von Indien, wo er ein erfolgreiches Unternehmen hat, zurückgekehrt ist, ahnen etwas von ihrer verwandtschaftlichen Beziehung. Erst als der Lord den intelligenten, strebsamen und ihm sehr sympathischen jungen Mann nach Indien mitnehmen will, um ihn zum Teilhaber an seiner Firma zu machen, und Geralds Mutter auftaucht, kommt langsam Licht ins Dunkel. Käthe Dorsch – keine andere deutsche Schauspielerin konnte so wehmütig vorwurfsvoll und leidend schauen wie sie – will ihren Sohn Illingworth, der ihr Leben zerstört hat, nicht überlassen. Als Gerald auch noch glaubt, dass es Illingworth auf Hester abgesehen hat, kochen die Emotionen über. Nur Illingworth und Hester behalten einen klaren Kopf. Illingworth bringt Gerald, der sich mit ihm duellieren will, zur Vernunft, und die besonnene Hester macht Sylvia klar, dass junge Menschen bei aller Liebe zu ihren Eltern nicht allzuviel Schonung brauchen, sondern ihren eigenen Weg gehen wollen.

Nach dem erst fünf Jahre vorher am Deutschen Theater in Berlin uraufgeführten Schauspiel von Gerhart Hauptmanns *Vor Sonnenuntergang* – Marianne Hoppe hatte die Rolle der Inken Peters bereits am Neuen Theater in Frankfurt gespielt – hat die Drehbuchautorin und überzeugte Nationalsozialistin Thea von Harbou das Drehbuch zu dem Film *Der Herrscher* geschrieben – mit Emil Jannings in der Rolle des Professor Clausen. Sowohl der Titel, der Handlungsverlauf als auch das obwaltende Führer-Pathos machten aus dem Stück Gerhart Hauptmanns ein Propagandastück im Gewand des neuen Zeitgeistes. Während sich in Hauptmanns Schauspiel Professor Clausen, ein überaus erfolgreicher Geschäftsmann, der zudem über eine eminente Bildung verfügt, das Leben nimmt, da ihn seine habgierigen Kinder durch Entmündigung daran hindern wollen, sich nach dem Tod seiner ersten Frau nun mit der jungen Nichte eines Gärtners zu vermählen, überwindet in der Filmversion Professor Clausen die herzlose Attacke seiner Kinder. Aus der Gerichtsverhandlung um seine Entmündigung geht er siegreich hervor, und im Gegensatz zur Hauptmannschen Stückvorlage, worin Clausen seinen einzigen Lebenssinn in Inken, nicht aber mehr in seinem erfolgreichen Unternehmen sieht, ist es gerade das Lebenswerk, das Clausen in der Verfilmung die innere Kraft zum Weitermachen und zum Überleben gibt. Als Inken Peters, die im Film die Tochter einer Gärtnereibesitzerin (Hedwig Fehdmer) und Clausens Sekretärin ist, dem Druck der Kinder nachgibt und ihn verlässt, scheint Clausen das, wenn auch mit traurigem Herzen, zu verkraften. Wenn er dann aufgewühlt das riesige Stahlwerk durchläuft, vorbei an rauchenden Schmelzöfen, brodelndem Eisen, an züngelndem Feuer und am Lärm der Fertigung, schreitet er durch sein Lebenswerk wie der liebe Gott durch die Schöpfung. Wie das Eisen, das von bestimmten Stoffen geläutert werden muss, um zu Stahl zu werden, macht auch Clausen einen »Läuterungsprozess« durch. Schon nach der Feier anlässlich seines vierzigjährigen Dienstjubiläums – man sieht hier die jubelnde Masse seiner Arbeiter wie bei einer Nazikundgebung vor dem Werk stehen, eine Szene, die wie auch die Außen- und Innenkulissen des Stahlwerks mit unglaublichem Aufwand an Technik und Kulisse in Szene gesetzt wurde, – resümierte der Clausen von Jannings mit Schöpferpathos: »Maschinen bauen und verkaufen, das können Andere auch. Aber das Material dazu, den Stoff, den Rohstoff selbst erschaffen, erzwingen, aus dem Nichts, aus der Retorte, aus dem Genie, das ist das Neue, das ist meine Aufgabe.« Marianne Hoppe, eine Frau voll anmutiger Frische, Natürlichkeit, Herzenswärme und klarem Verstand, ist der neue Sonnenschein im Leben dieses Mannes, dessen Liebe sie erwidert. Einzig der Glaube, dass sich durch ihren Fortgang der alte Familienfrieden wieder herstellen lässt, veranlasst sie, auf ihn zu verzichten. Doch kehrt sie am Ende zu ihm zurück. Wenn Clausen seine – wie er glaubt, neue – Sekretärin zum Diktat ruft, um ihr sein Testament zu diktieren, betritt sie ein in abendliches Dunkel getauchtes Zimmer, durch dessen riesiges Fenster im Hintergrund die schmauchende Kulisse seines Stahlwerks zu sehen ist. Ohne wahrzunehmen, wer sich da zum Diktat an den Tisch gesetzt hat, fängt er an, seinen letzten Willen zu diktieren. Die Vorgabe zu diesem Testament stammte von keinem Geringeren als von Joseph Goebbels persönlich, wie der Assistent des Regisseurs Veit Harlan, Wolfgang Schleif, berichtete.[89] Clausen beginnt damit, dass er sich lossagt von seinen Kindern, die sein Werk nicht fortführen sollen, da sie dazu nicht würdig und fähig seien. Statt dessen soll es nach seinem Tod in den Besitz der Volksgemeinschaft übergehen, und er ist sich sicher, dass aus der Reihe seiner Arbeiter, »mag er vom Hochofen kommen oder vom Zeichentisch, aus dem Laboratorium oder vom Schraubstock«, jemand in der Lage sein wird, sein Werk würdig fortzusetzen. Das nationalsozialistische Pathos des Films, der im März 1937 in Berlin Premiere hatte, kulminiert in Clausens testamentarischem Schlusssatz: »Denn wer zum Führer geboren ist, braucht keinen Lehrer als sein eigenes Genie.« Entsprechend notierte die Tagespresse die Wichtigkeit dieser inhaltlichen Änderung im Vergleich zum Hauptmannschen Original und war der Auffassung, dass das private Schicksal Clausens – also der Tod seiner ersten Frau, die Liebe zu seiner Sekretärin und das Verhalten seiner habgierigen Kinder belanglos wäre, »würde es nicht erhöht und geadelt durch die Idee der Werks- und Volksgemeinschaft, für welche Matthias Clausen durch die Erfüllung seines Lebensschicksals kämpft und schließlich den Sieg erringt.« Neben dem wuchtigen, aus der »Kraft der Verinnerlichung« heraus agierenden Jannings wirkte Marianne Hoppe »durch die schlichte Anmut ihrer Erscheinung: sie ist einfach da und überzeugt.«[90]

Wie Marianne Hoppe erzählte, hatte Jannings mit dieser letzten Szene, die sie über dreißigmal wiederholen mussten – Schleif berichtete sogar von über fünfzigmal – ein großes Problem, was sie »psychologisch so wahnsinnig interessant« fand.[91] Unzählige Male blieb er immer wieder an der gleichen Stelle hängen, wobei er laut Drehbuch zunächst tatsächlich zu stocken hatte, nämlich dann, wenn er bemerkt, w e m er seinen letzten Willen

Reitende Dame im Bois de Boulogne. Gemälde von Jules Delauney. Um 1880.
Gustaf Gründgens schenkte dieses Gemälde seiner Frau zu ihrem Erfolg als Effi Briest
in *Der Schritt vom Wege* (1939, Regie: Gustaf Gründgens).

diktiert. Wenn Marianne Hoppe mit tränenfeuchten Augen im Schein der Schreibtischlampe dann zu ihm aufblickte und »Weiter!« hauchte, fiel Jannings nichts mehr ein.

Die Arbeit an dem Film *Capriolen* unter der Regie von Gustaf Gründgens, der noch im gleichen Jahr herauskam, muss eine willkommene Erholung gewesen sein von dem Propagandastreifen, der in dieser Form der einzige blieb, in dem Marianne Hoppe mitwirkte. Das Doppelglück für sie war, dass Gründgens nicht nur Regie führte, sondern auch ihr Filmpartner war. Unbelastet von jeglicher Führerphraseologie spielte sie darin die emanzipierte und tollkühne Fliegerin Mabel Atkinson, die allen lästigen Reportern aus dem Weg geht; während Gründgens als Reporter Jack Warren emanzipierte Fliegerinnen gar nicht liegen, die er am liebsten auch gar nicht interviewen möchte. Als sie in einer Zahnarztpraxis zufällig nebeneinander im Wartezimmer sitzen und miteinander ins Gespräch kommen, ist dies der Beginn einer Liebesbeziehung, die nach allerlei Capriolen in der Luft und zu Boden im Hafen der Ehe mündet. Zwar bricht Mabels alte Fliegerleidenschaft wieder durch, mit der ihr Mann nicht klarzukommen scheint, doch erkennen beide vor dem Scheidungsrichter, dass sie zusammengehören und sich nie wieder trennen wollen. Die witzigen Dialoge zwischen der kessen und unerschrockenen Fliegerin und dem selbstbewussten und originellen Reporter tragen das leichte Sujet dieses Films, der das Gegenteil von dem war, was sich Goebbels, der den homosexuellen Gründgens ohnehin im Visier hatte, unter völkischem Kulturgut vorstellte. Nur der Tatsache, dass sich Göring schützend vor seinen Theaterintendanten stellte und sich beim Führer persönlich für diesen Film einsetzte, war es zu verdanken, dass er überhaupt in die Kinos kommen konnte. Dass Gründgens ohne den Schutz und die Förderung des Reichsmarschalls, der sich mit Goebbels in einem dauernden Konkurrenzkampf befand, den diplomatisch einigermaßen Begabte auszunutzen wussten, auf dem Posten des Intendanten bzw. Generalintendanten nicht möglich gewesen wäre, ist hinlänglich bekannt. Petra Kohse weist in diesem Zusammenhang auf Goebbels' Tagebucheintrag vom 25.12.1937 hin: »Gründgens zum Generalintendanten ernannt. Der wird noch Kaiser.« Und am 21.1.1938: »Hinkel berichtet mir, wie Göring ihn abgekanzelt hat ... Dabei ist der ganze Gründgens-Laden vollkommen schwul. Ich verstehe da Göring nicht. Mir kribbelt es in den Fingern.«[92]

Mit der Hauptrolle in dem Film *Gabriele eins, zwei, drei*, einer Verfilmung von Heinrich Spoerls Roman *Antonie eins, zwei, drei*, bediente Marianne Hoppe wiederum den Bedarf des deutschen Filmpublikums an leichter und komödiantischer Unterhaltung. Als reiche Reederstochter Gabriele tauscht sie aus Langeweile während einer Mittelmeerkreuzfahrt mit ihrer Stewardess Fanny, gespielt von Grete Weiser, die Kleidung, um sich in der Rolle des armes Dienstmädchens amüsieren zu können. Während Fanny mit ihrer neuen Rolle als reiche Reederstochter bestens klarkommt, bereut Gabriele, die schnell in allerhand Schwierigkeiten verwickelt ist, den Rollentausch schon bald und nimmt – von ihrem Standesdünkel geläutert – ihre wirkliche Identität gerne wieder an. Während das Publikum diese Komödie amüsiert, aber ohne Ovationen aufnahm, wurde der im Februar 1939 herausgekommene Film *Der Schritt vom Wege*, nach dem Vorbild des Gesellschaftsromans *Effi Briest* von Theodor Fontane, zum Medienereignis. Mit dieser Romanverfilmung, die in der Presse einhellig als »die bestgelungene Verfilmung überhaupt, die man bisher sah«, gerühmt wurde, hatte Gustaf Gründgens als Regisseur dem deutschen Film eine Bresche geschlagen. »Die Atmosphäre nicht allein der Zeit, sondern vor allem der pommerschen und märkischen Landschaft, die Charaktere der preußischen Menschen sind so sehr aus dem Geist Fontanes entwickelt, daß gerade einmal die Anspruchsvollen unter uns (die aus Abneigung gegen bewußte oder unbewußte Marktschreierei grundsätzlich nicht ins Kino zu gehen pflegen) hier einmal sehen können, daß Film sehr wohl eine geistige Angelegenheit sein kann, die man ernst nehmen muß.«[93] Gründgens hatte die Rolle der Effi Briest bzw. das Exposé des Films Marianne Hoppe im Juni 1936 zur Hochzeit geschenkt. Sowohl das Exposé als auch das Treatment für die Drehbuchschreiber Georg C. Claren und Eckart von Naso befinden sich im Nachlass von Marianne Hoppe. Noch Jahre nach der Filmpremiere erschien im Wiener Verlag A. J. Walter eine mit den Filmfotos illustrierte Neuauflage des Romans, die »Film und Roman dauernder verbinden [wollte], als es bisher üblich war und damit den zwei Kunstgattungen, die sich so gegensätzlich in Bildern und Worten ausdrücken, ein neues gemeinsames Feld schaffen.«[94] Und wie schon bei der Verfilmung von Storms Erzählung *Der Schimmelreiter* war es dem Unternehmen mehr als zuträglich, dass eine berühmte dichterische Vorlage die niveauvolle Grundlage für den Film bot. So wurde der Erfolg dieser Literatur-Verfilmung auch zur Feierstunde des Dichters Theodor Fontane, wobei es doch befremdlich anmutet, dass es sich ausgerechnet der Rezensent des Völkischen Beobachters in seinem Vorbericht nicht nehmen liess, in Fontanes Gesellschaftskritik etwas Zukunftweisendes für die Gegenwart des Dritten Reiches zu sehen. Denn Fontane, »der Dichter der Berliner, der Märker und der Preußen« habe hier ein »Frauenschicksal gestaltet, das in lebensechter Wirklichkeit die Zeit der Vergangenheit aufwecken wird mit allen Fehlern und Vorurteilen einer Generation, um sie für die Gegenwart zu nutzen.«[95] Schon im Vorfeld der Premiere am 11. 2. 1939 strömten Journalisten auf das Babelsberger Filmgelände oder zu den Schauplätzen der Außenaufnahmen an der Ostsee, um dem Regisseur bei der Arbeit zuzusehen und in der Zeitung bereits einen Vorgeschmack auf diese Verfilmung zu vermitteln. Einhellig bestand unter den Reportern die Auffassung, dass es Gründgens meisterhaft gelungen sei, diesen eigentlich unfilmischen Roman mit seinen vielen kleinen, sich über zehn Jahre langsam dahinstreckenden »Ereignissen« in einen Handlungsbogen zu fassen. Gründgens wusste nach Meinung der Presse die märkischen Charaktere, die Zeit-, Stimmungs- und Landschaftsbilder mit den Augen Fontanes filmisch umzusetzen und hat akribische Sorgfalt bei der Ausgestaltung jedes noch so kleinen stimmungsgebenden Details walten lassen. Auch sprachlich hatte er sich eng an die Vorlage gehalten und viele Dialoge im Originalwortlaut dem Roman entnommen. Ebenso wurde gewürdigt, dass er auf all die vielen, im Roman anklingenden Hinweise geachtet habe, die Effis »Schritt vom Wege« und die daraus resultierende Katastrophe ankündigen. »Effis Lust am verwegenen Schaukeln, ihre Freude am Spiel der schäumenden Wogen, ihre Begeisterung für Ritte über die Dünen – lauter Aeußerungen eines Freiheitsdrangs, die den Schritt vom Wege der Tugend und der Gesellschaftsordnung ankündigen.«[96] Ein Blick in das von Gründgens 1936 verfasste Exposé macht deutlich, dass ihm anfangs eine Effi vorschwebte, die sich deutlich von der Romanfigur unterscheiden sollte. Nicht nur, dass er sie zu Beginn der Handlung als ein Mädchen zeigen wollte, die fast als »stumme Rolle« hätte angelegt werden können, »weil sie alles innerlich erlebt, erleidet und an sich vorüberziehen lässt, weil mehr ihr Herz spricht als ihr Mund.« Denkt man an die plappernde und atemlos herumsausende Effi in der drei Jahre später erfolgenden Verfilmung, erinnert nichts mehr an die Idee einer fast stummen Rolle. Deutlich wollte Gründgens in der Schuldfrage von Fontane abweichen. Da niemand, weder die Eltern noch Instetten, das junge Mädchen über die Ernsthaftigkeit und Tragweite dieser Verlobung aufgeklärt habe, sei Effi »ohne jede Schuld« an dem späteren Schritt vom Wege. Und das sollte auch für Crampas gelten: »Er ist kein besonderer Fall, er ist kein Hallodri, er ist für Effie ganz einfach das L e b e n, der Mann, den sie hätte kennen lernen müssen, um eine richtige Frau zu werden, der Mann, der für sie geboren ist und für den sie geschaffen ist.« Die Verwandlung Effis nach ihrer ersten traurigen Ehezeit in ein »blühendes, lebenssprühendes junges Weib« ist allein Crampas zu verdanken, der ihr gut tut, der sie »respektiert und nicht verführt«. »Sie lieben sich und das ist das Natürlichste von der Welt. Aber sie schlafen nicht zusammen, das ist auch das Natürlichste von der Welt, denn Effie ist ja verheiratet und Mutter.« Mag sein, dass es auf den Einfluss seiner Drehbuchschreiber zurückging, dass sich Gründgens dann doch für eine enge Anlehnung an den Roman Fontanes entschied.

Es ist das gesamte mitspielende Filmensemble, das in dieser »Feierstunde des deutschen Films« in der Presse gewürdigt wird: Karl Ludwig Diehl als Baron von Instetten, Paul Hartmann als Major Crampas, Max Gülstorff als Arzt und Apotheker Dr. Gieshübler, Elisabeth Flickenschildt als Sängerin Tripelli und Paul Bildt und

Doppelkarriere während des Dritten Reichs 65

Die Schauspielerin fotografiert von Rosemarie Clausen.

Als Effi Briest in dem Film *Der Schritt vom Wege* (1939).

Käthe Haak als Effis Eltern, die zusammen »zwei Prachtgestalten märkischen Landadels« abgaben.⁹⁷ Im Zentrum der Würdigungen stand Marianne Hoppe, die weder vorher noch nachher je für eine Filmrolle so euphorisch gefeiert wurde wie für diese. Ihre Rolle, die den großen Entwicklungsbogen vom mädchenhaften Wildfang zur jungen, begehrten Ehefrau und Mutter, weiter zur Treulosen und Geliebten bis zur bereuenden, gebrochenen, schließlich todkranken, aber innerlich versöhnten Frau zu durchlaufen hat. Obwohl ihr tugendhafter Mann aus purer Prinzipienreiterei und aus einem blutleeren Ehrbegriff heraus für alle Beteiligten ein sinnloses tragisches Schicksal erzwungen hat, söhnt sie sich innerlich mit ihm aus. »Denn er hatte viel Gutes in seiner Natur und war so edel, wie jemand sein kann, der ohne rechte Liebe ist.« Es war diese »Kraft der Versöhnung«⁹⁸, die der Schauspielerin als Besonderheit ihrer künstlerischen Ausdrucksstärke zugute gehalten wurde. Die Rolle der Effi wird als die beste Filmrolle bezeichnet, die Marianne Hoppe bis dahin gespielt hatte. In der Börsen-Zeitung kommentierte Frank Maraun: »Marianne Hoppe zeigt als Effi Briest wohl die schönste und ergreifendste Leistung, die sie bis jetzt im Film zu sehen gab, und eine der lebensvollsten Frauengestalten, die man im Film überhaupt gesehen hat. Wenn sie im Bilde erscheint, leuchtet die Leinwand von Leben. Sie trifft mit Sicherheit jede Stufung und Wandlung: den wilden Uebermut des Backfischs, das rührend Kindliche der jungen Frau, die Veränderung nach der Geburt des Kindes, das Selbstbewußte, den Stolz, die innere Sicherheit, die blühende Reife der Mutter, den eigenwilligen Leichtsinn mit dem Rückfall ins Mädchenhafte und die bedrängende Angst vor der keimenden Neigung für den anderen Mann, die letzte Entschlossenheit der Abwehr und ihre ohnmächtige Verzweiflung nach dem Duell mit der schwierigen und glänzend gemeisterten Aufgabe, in einer monologischen Szene die Aufklärung des wirklich Geschehenen zu bringen, bis zu dem langsamen und wunschlosen Verlöschen im Elternhaus. An dieser Effi hätte Fontane seine Freude gehabt und wir haben sie. Es ist ein wunderbares Erlebnis, zu sehen, wie Marianne Hoppe sich an dieser Rolle entfaltet, wie mühelos sie jeden Ton und jede Nuance trifft.«⁹⁹ In der Berliner Morgenpost hieß es knapper, aber nicht weniger begeistert: »In der Rolle der Effi Briest macht Marianne Hoppe das Sehnsuchtsvolle der Siebzehnjährigen, die aus dem Kreis der Spielgefährtinnen heraus zum Traualtar geht, so glaubhaft wie den Schmerz der Verstoßenen und das leise Veratmen einer vom Leben enttäuschten Seele.«¹⁰⁰ Heinz Grothe schrieb im Völkischen Beobachter nicht weniger hingerissen: »Sie spielt jetzt eine große Rolle nach der anderen und wächst an ihren Aufgaben auffällig. Ihre wirbelnde, jugendliche Frische (›Tochter der Luft‹ sagt die Mutter), ihre Unbekümmertheit, ihre Einsamkeit und das kurze berauschende Glück, der knappe, verhaltene Abschied von Crampas, das bittere Ende – alles komponiert Marianne Hoppe zu einer harmonischen Leistung zusammen, die wesentlich den Film trägt.«¹⁰¹ Der Rezensent der Nationalzeitung knüpft in seiner Besprechung an Marianne Hoppes Leistung im *Schimmelreiter* an: »Marianne Hoppe hat endlich als Effi Briest d i e Rolle bekommen, in der sie vielleicht zum ersten Male im Film ihren ganzen, ungewöhnlichen Reiz und ihre starke schauspielerische Kraft entfalten kann. Man hat Marianne Hoppe seit dem ›Schimmelreiter‹ nicht mehr in einer so sehr schönen und ergreifenden Darstellung gesehen.«[102] Alfred Mühr führte den großen Erfolg Marianne Hoppes darauf zurück, dass sich hier »Natur und Temperament« der Schauspielerin »auf so eindringliche und erschütternde Weise« mit der Rolle vereinigt hätten.[103]

In Eduard von Borsodys um afrikanische Exotik bemühtem Film *Kongo-Express*, der Ende des Jahres 1939 herauskam, steht Marianne Hoppe als Renate Brinkmann, eine junge Hamburgerin aus gehobenen Kreisen, wieder zwischen zwei Männern: und zwar diesmal eher erstaunt als leidenschaftlich bewegt, wollte sie doch ihren Verlobten Gaston (René Deltgen) zurückerobern, der sich aus Verzweiflung darüber, dass er in Afrika seinen Job als Flieger verloren hat, von ihr trennen wollte; stattdessen lernt sie auf dem Weg zu Gaston im Zug dessen Freund, den deutschen Auswanderer Viktor (Willy Birgel) kennen, der sich sehr für die hübsche und schlagfertige Unbekannte interessiert. Als sie sich bei Gaston dann wiedertreffen und von diesem auf eine gemeinsame Autofahrt durch den Busch geschickt werden, passiert, was passieren musste. Renate verliebt sich in Viktor, bringt es aber nicht fertig, ihn gegen Gaston auszutauschen. Nach einem Eifersuchtsgerangel zwischen den Herren setzt sich Renate in den Zug, um allein nach Hamburg zurückzufahren. Doch der afrikanische Deus ex Machina sorgt – zumindest für Renate und Viktor – für ein glückliches Ende, was auf den Zuschauer allerdings eher gewaltsam wirkt. Gaston stürzt sich mit seinem Flugzeug zwischen zwei aufeinander zufahrende Züge – in einem sitzt Renate –, um die Zugführer zum Bremsen zu veranlassen. Wenn nach diesem Absturz dann die Filmblende auf das Schiff geht, auf dem sich Renate und Viktor als strahlend glückliches Paar auf der gemeinsamen Rückreise nach Europa befinden, hat man als Zuschauer das Gefühl, dass da ein Stück Film fehlt.

Bescheinigung über Spende an das Winterhilfswerk, 25. 1. 1937. Bei versehentlicher Zahlungsunterlassung wurde Marianne Hoppe von der Reichsfilmkammer, die entsprechende Zahlungsaufforderungen versandte, sehr barsch an diese Pflicht erinnert.

Mit dem verzückten Gesichtsausdruck des im Sonnenstuhl auf Deck liegenden Willy Birgel endet der Film.

Nach diesem wiederum eher seichten Stoff filmte Marianne Hoppe längere Zeit nicht mehr, bis sie in Helmut Käutners Film *Auf Wiedersehen Franziska!* die Titelgestalt spielte und trotz des aufgezwungenen Schlusses, den Goebbels dem Film verpassen liess, darin eine ihrer Lieblingsrollen fand. Der hübschen Professorentochter Renate läuft eines Tages der Journalist Michael hinterher, gespielt von Hans Söhnker, der sie unbedingt erobern will. Nach der ersten Nacht verlässt er sie, um sein gewohntes Leben als rasender Reporter, der sich nirgendwo sesshaft machen will, fortzusetzen. Einerseits zwar tief enttäuscht, will Renate doch andererseits ihr Leben nun selbst in die Hand nehmen und teilt ihrem Vater mit, dass sie ausziehen und von nun an selbständig, d.h. auch ohne seine finanzielle Unterstützung leben möchte. Sie zieht nach Paris, wo sie sich als Kunstgewerblerin eine eigene Existenz aufbaut. Als es eines Tages klingelt und Michael wieder vor der Tür steht, spielt sie zunächst die Kühle, Selbstbewusste; doch nach wenigen Minuten liegen sich beide in den Armen und verbringen eine Liebesnacht, an deren Ende ihr Michael einen Heiratsantrag macht. Aber die Eheschließung hat den Unste-

Skizze einer Straßenszene zu dem Film *Romanze in Moll* (1943). Entwurf: Otto Erdmann.

ten nicht geändert. Schon nach einem Jahr zieht er wieder los und lässt seine Frau, die das zweite Kind von ihm erwartet, erneut allein. Die Jahre vergehen, seine Besuche sind selten. Immer wiederholt sich die gleiche Szene: sie bringt ihn zum Bahnhof, und er ruft aus dem Fenster des abfahrenden Zuges: »Auf Wiedersehen Franziska!« Irgendwann allerdings, nach dem sinnlosen Tod seines Kollegen und Freundes Buck während der Kriegsereignisse in China, hat er vom unsteten Reporterleben genug und erkennt die Sinnlosigkeit seines Lebensstils. Endgültig will er nun bei seiner Familie leben. Ursprünglich sollte der Film so ausgehen, dass Franziska, die schon im Begriff war, sich von ihm scheiden zu lassen, dieses »Geschenk«, das sie nicht mehr für möglich hielt, freudestrahlend annimmt. Doch auf Goebbels' Weisung hin sollte der Film so enden, dass er für kriegspropagandistische Zwecke tauglich war. Danach erhält der endlich heimkommende Reporter, kaum ist er zuhause, zu seinem Entsetzen einen Gestellungsbefehl. Er hadert damit, da er Franziska doch nicht schon wieder allein lassen wollte. Doch diese Skrupel entkräftet sanft und selbstlos Franziska: »Aber Du hast es doch gekonnt all die Jahre, Sensationen und Abenteuer. Jetzt kannst Du's nicht, wo's zum erstenmal einen Sinn hat?« Seinem Einwand, er wolle doch jetzt für sie und die Kinder da sein, entgegnet sie tapfer: »Wenn Du jetzt gehst, b i s t Du für mich da und die Kinder!« Und auf seine Frage: »Du schickst mich fort?« antwortet sie fest: »Ja, wenn Du's so nennen willst. Siehst du, jetzt sage ich Dir, dass Du gehen musst.« Michaels verblüffte Erwiderung: »So? Ist es denn nicht meine Pflicht…« wehrt sie ab mit: »Du, sprich nicht von Pflicht!« Erst in der Nachkriegsfassung des Films konnte Michael Reisiger endlich für immer nach Hause kommen. Obwohl Marianne Hoppe die Goebbelsche Schlussfassung sicher nicht gefallen haben wird, beeindruckte sie in dieser Rolle nicht nur durch ihre Schönheit, sondern vor allem durch ihre Ausstrahlung und Persönlichkeit einer selbständigen Frau. Charlotte Bildt, die Ehefrau des Schauspielers Paul Bildt, die als Jüdin stets in der Gefahr lebte, deportiert zu werden und kurz vor Kriegsende ihrem Krebsleiden erlag, schrieb an Marianne Hoppe, wie sehr sie als Franziska ihre »Seele erschüttert und ihr zugleich so wohl getan hat, weil es Mädchen, Frau, Mensch, Franziska ist – mit Liebe und Menschenwürde – mit Hingabe und Selbstbewahrung.«

Der Film *Stimme des Herzens* – zunächst unter dem Titel *Tragödie einer Liebe* herausgekommen, wurde zwar mit großem Aufwand an eleganter Ausstattung in Szene gesetzt, doch hatte das kriegsgebeutelte Publikum offenbar keinen Sinn für den nach einer Novelle von Ernst von Wildenbruch geschriebenen Stoff. Marianne Hoppe folgt darin als Felicitas eben nicht der Stimme ihres Herzens, sondern heiratet aus Trotz und entgegen ihren wahren Gefühlen einen Mann, den sie nicht liebt, den sehr viel älteren Großkaufmann Senator Iversen. Schon kurz nach der Heirat muss sie das, zwar in Samt und Seide gehüllt und in Wohlstand lebend, als Fehler erkennen. Als sie Paul, den Mann ihres Herzens, wiedersieht, bricht ihre Liebe zu ihm neu auf. Ihr Mann fordert den wiederaufgetauchten Paul (gespielt von Ernst von Klipstein) zum Duell auf, das dieser allerdings, im Gegensatz zum Helden in Wildenbruchs Novelle, überlebt. Der Stoff packte nicht, man hatte andere Sorgen.

Zu Herzen ging dem deutschen Filmpublikum wieder der nächste Film, die im Juni 1943 unter der Regie von Helmut Käutner in die Kinos kommende Filmtragödie *Romanze in Moll* – das Drehbuch war nach Guy de Maupassants Novelle *Les Bijoux* geschrieben –, worin Marianne Hoppe als Madeleine die »gesetzte«, aber immer noch schöne Ehefrau eines Buchhalters (Paul Dahlke) spielt, die in kinderloser Ehe vor sich hinlebt. Ihr Mann ist ein freundlicher, aber langweiliger Spießer, der ihr als eine Art Buchhalter aus Überzeugung nichts geben kann als ein Leben in bescheidenen Verhältnissen, in dem ein Tag wie der andere aussieht. Als ihr eines Tages der Komponist Michael (Ferdinand Marian) begegnet – reich, begabt, galant, attraktiv und sie umwerbend – beginnt nach anfänglichem Widerstreben ihr Doppelleben, in das sie sich immer tiefer verstrickt. Da es Madeleine einerseits nicht über sich bringen kann, ihren Ehemann zu verlassen und andererseits ihre Liebe zu dem Komponisten, von dem sie meint, dass er sich inzwischen anderen »Aufgaben« zugewandt hat, auch nicht abstellen kann, ist sie in einer innerlich ausweglosen Situation. Das Gesicht umrahmt von einem

Der Ufa-Filmvertrag (»Angebotsschreiben«) zu *Romanze in Moll* vom 14. 7. 1942.

schwarzen Spitzenschleier sitzt sie im Konzertsaal und lauscht in tragischer Schönheit ein letztes Mal seiner Musik – mit einem Ehemann an ihrer Seite, der nicht im Entferntesten ahnt, was in seiner Frau vorgeht. Innerlich zerrissen nimmt sie sich nach dem Konzert das Leben – ein Leben, in dem sie einen neuen Platz nicht finden und den alten nicht mehr einnehmen konnte. Der Chef ihres Mannes, der hinter ihr Geheimnis gekommen war und sich erpresserisch ihre Gunst erzwingen wollte, spielt für

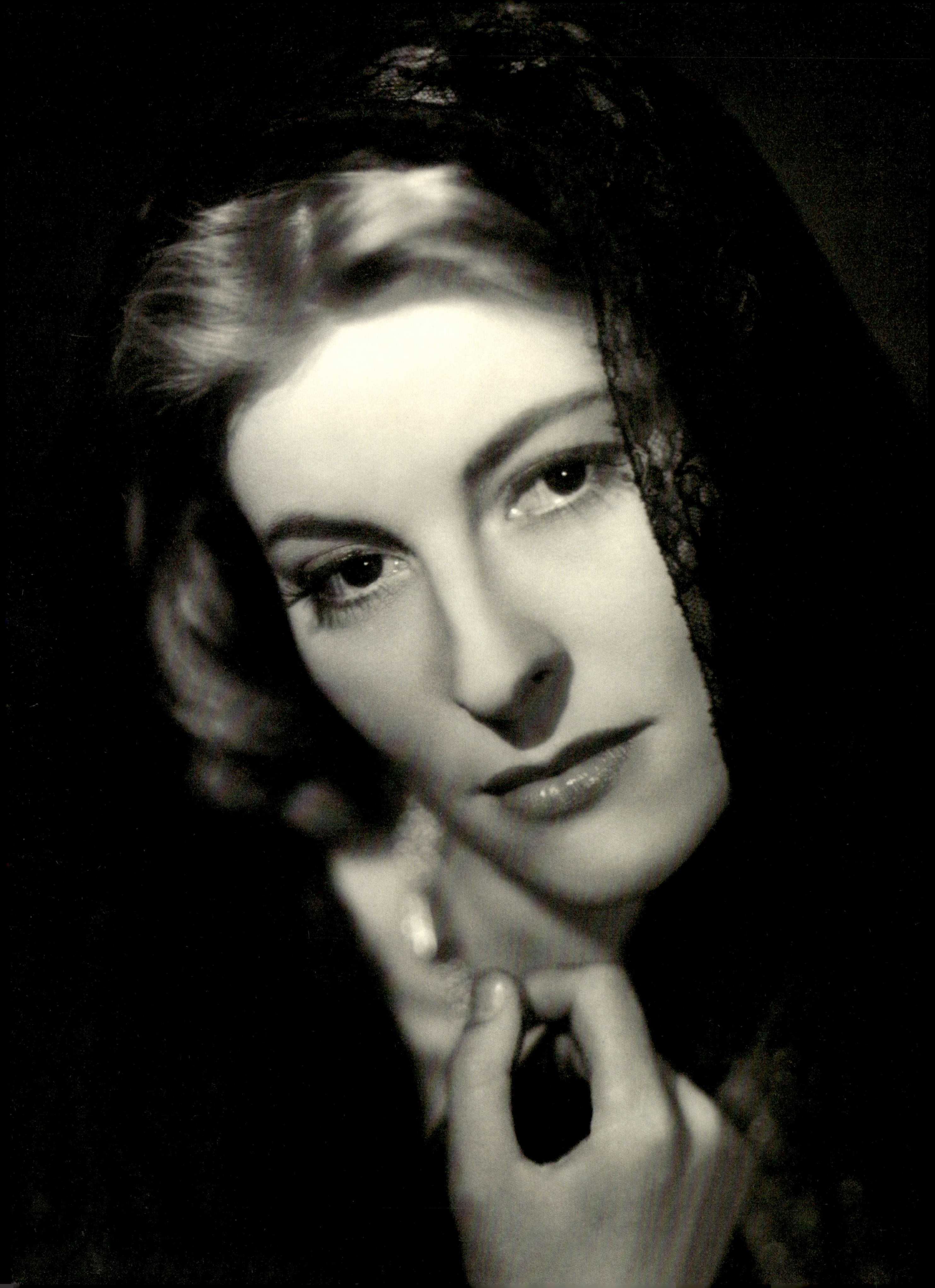

diesen Selbstmord nur eine äußerliche Rolle. Obschon sich dieser Film in seinem Niveau deutlich vom dem eines *Kongo-Express* oder *Gabriele eins zwei drei* abhebt – er wurde auch im Ausland gezeigt und prämiert –, blieb *Der Schritt vom Wege* nicht nur Marianne Hoppes größter Filmerfolg, sondern war auch in seinem Anspruch an die künstlerische Ausdrucksfähigkeit der Schauspielerin der anspruchsvollere.

In der Rolle der Schauspielerin Julia Bach in der im Mai 1944 unter der Regie von Hans Schweikart herauskommenden Filmkomödie *Ich brauche dich* ging es wieder lebensbejahender zu. Julia Bach ist verheiratet mit dem berühmten und gefeierten Dirigenten Paulus Allmann (Willy Birgel), der ständig unterwegs ist. Obwohl sie ihn liebt, will sie ihre eigene Karriere als Schauspielerin nicht aufgeben, nur um seine stets mitreisende Konzert-Dauer-Begleiterin abzugeben. Und weil sie sich ihre Meriten als Schauspielerin selbst verdienen möchte, will sie auch nicht, dass ihre Ehe mit der Berühmtheit bekannt wird. Und diese Ehe ist entsprechend: er vergisst dauernd ihren Geburtstag und beide bekommen einander nur selten zu Gesicht. Und wenn er dann kommt – so beginnt der Film –, streiten sie miteinander. Als Paulus nach diesem Streit gehen will, droht sie ihm, dass, wenn er jetzt ginge, sie ihn nie wieder sehen wolle. Immerhin können sich die Zwei noch auf einen Kompromiss einigen: man trifft sich in einem Jahr wieder, und dann wird man sehen, was noch da ist. Das Jahr ist vergangen, die Gefühle füreinander nicht. Am Ende des Films entschließt sich Julia Bach dann doch – nach allerhand Eifersuchts-Turbulenzen, in denen Paulus' erste Ehefrau Hedi (Fita Benkhoff) und deren Mann (Paul Dahlke) eine Rolle spielen, ihre Karriere aufzugeben. Marianne Hoppe gefiel sich in diesem Film, sie fand sich »wirklich schön« und »so begabt«. »Da spiele ich ganz sauber. Und da ist etwas von Schönheit, dass ich mir heute denke: Ohne die Nazis, ohne den Krieg hätten die mich nach diesem Film nach Hollywood holen müssen.«[104]

Lässt man nun all diese Filmrollen der Marianne Hoppe vorm geistigen Auge Revue passieren, muss man zu dem Fazit kommen, dass sie mit wenigen Ausnahmen – *Der Schritt vom Wege, Auf Wiedersehen Franziska!* und *Romanze in Moll* – in der Filmarbeit künstlerisch keine große Herausforderung gefunden hat. Dazu waren die Rollen zu wenig anspruchsvoll und die Anforderungen an die künstlerische Gestaltung zu gering. Letztlich blieb das Theater die eigentliche Stätte ihrer künstlerischen Entfaltung, ihre »eigentliche Basis«[105], wie sie als alte Dame resümierend feststellte. Dementsprechend rückte der Film nach 1945 für Marianne Hoppe zunehmend in den Hintergrund. Und obgleich ihre Filmkarriere während des Dritten Reichs parallel zu ihrer Theaterkarriere verlief – künstlerisch gleichwertig war sie mit dieser nicht.

Als Madeleine in dem Film *Romanze in Moll* (1943).

Als Julia Bach in dem Film *Ich brauche dich* (1944).

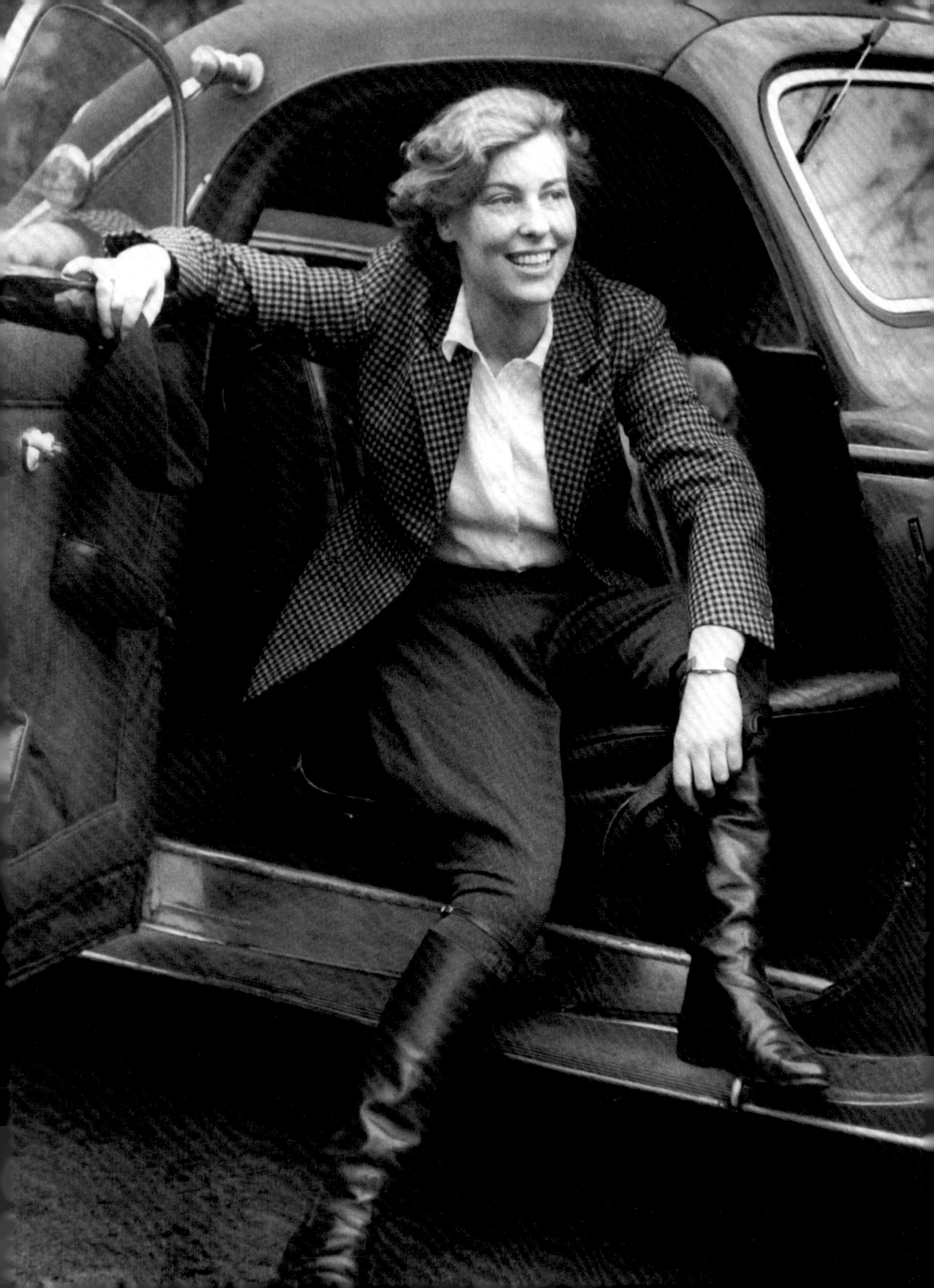

Theaterrollen am Preußischen Staatstheater

Das ideale »Shakespeare-Geschöpf«

Marianne Hoppe wurde von der Presse gleich zu Beginn als erfreulicher Neuzugang in einem Ensemble gefeiert, das von den Kritikern immer wieder als Elite der deutschen Schauspielkunst gerühmt wurde. An der viel besungenen Einmaligkeit dieses Ensembles ist sicher nicht zu zweifeln, gehörten dazu doch Persönlichkeiten wie Hermine Körner, Maria Koppenhöfer, Elsa Wagner, Bernhard Minetti, Gustav Knuth und auch hervorragende Chargenspieler wie Paul Bildt und Aribert Wäscher. Am 10. 9. 1983 hielt sie in ihren persönlichen Notizen fest, wie sie Gründgens 1935, kurz nach dem Tod seiner Mutter, im Intendantenbüro besuchte und es um ihr Engagement am Staatstheater ging: »G. G. stand auf – noch ehe ich sass, kam entgegen – die Augen durch die Brille geschützt – seine Mutter war gestorben vor einigen Tagen – ich wusste es – zu sagen war da nichts –. Um über mein Engagement zu sprechen war ich bestellt. Es war die Frage, ich hatte sie schon getroffen, die Entscheidung, besser der Entschluss war gefasst. An das Staatstheater wollte ich gehen, die Volksbühne unter Klöpfer zu fremd – ich dachte auch an meine Eltern, meinen Vater.« Und die Devise war klar, ohne dass sie ausgesprochen werden musste, wie sie am 12. 9. 1983 festhielt: »die absolute Distanz, das absolute Unterscheiden – diesseits – jenseits ›des Schreibtisches‹«; am Theater hatte die persönliche Beziehung nichts zu suchen, das »verstand sich ohne Worte. War gewusst, beiderseits und begriffen.« Als sie anfing, wurde sie eher skeptisch als womöglich mit Starallüren behaftete Filmdiva beäugt – so von Aribert Wäscher. Als der Probenbeginn zu *Zwei Herren von Verona* anstand, wurde anfangs in einem Saal im Berliner Schloss probiert, wo sie mit ihrem schicken neuen Auto vorfuhr. »Die Einfahrt, in einem Hof, weiter Raum, eine freie Treppe, ich hielt an – kam von Aussenaufnahmen […]. Offener Wagen, hell, Cabriolet Adler Trumpf – auf dem Rücksitz die Koffer – ein neuer! ich glaube in Hambg. gekauft, wochenlang unterwegs gewesen –. Aribert stand vor der Treppe, sah mich, sah den Wagen, den Koffer – dachte sich sein Teil – ich sah das – sah seine Gedanken – registriert.« Einige Kollegen erwarteten offenbar eine vom Ruhm bereits angekränkelte, auf ihre Theaterrolle schlecht vorbereitete Schauspielerin. Der erste Tag, an dem sie mit Elsa Wagner arbeitete, schien tatsächlich nicht gut gelaufen zu sein: »1. Probe mit Elsa 2. Bild (nachsehen) Text, – neu; unerheblich – Blick Aribert –«. Am zweiten Tag allerdings schien es besser zu funktionieren, was Elsa Wagner zu dem Ausruf veranlasste: »Aha, Sie haben gearbeitet.«

Marianne Hoppe debütierte am 8. 9. 1935 als Julia in Shakespeares *Die beiden Veroneser*, die in der Übersetzung und Umarbeitung von Hans Rothe unter dem Titel *Zwei Herren aus Verona* gegeben wurde. Regisseur Lothar Müthel hatte die Komödie, mit der am Premierenabend das festlich geschmückte Kleine Theater (d. i. das ehemalige Deutsche Künstlertheater in der Nürnberger Straße) als zusätzliche Spielstätte des Staatstheaters eröffnet

Marianne Hoppe, in Reiterkluft und in ihrem 326er BMW Cabriolet. Um 1940.

Das Schauspielhaus am Gendarmenmarkt (Preußische Staatstheater), Berlin.

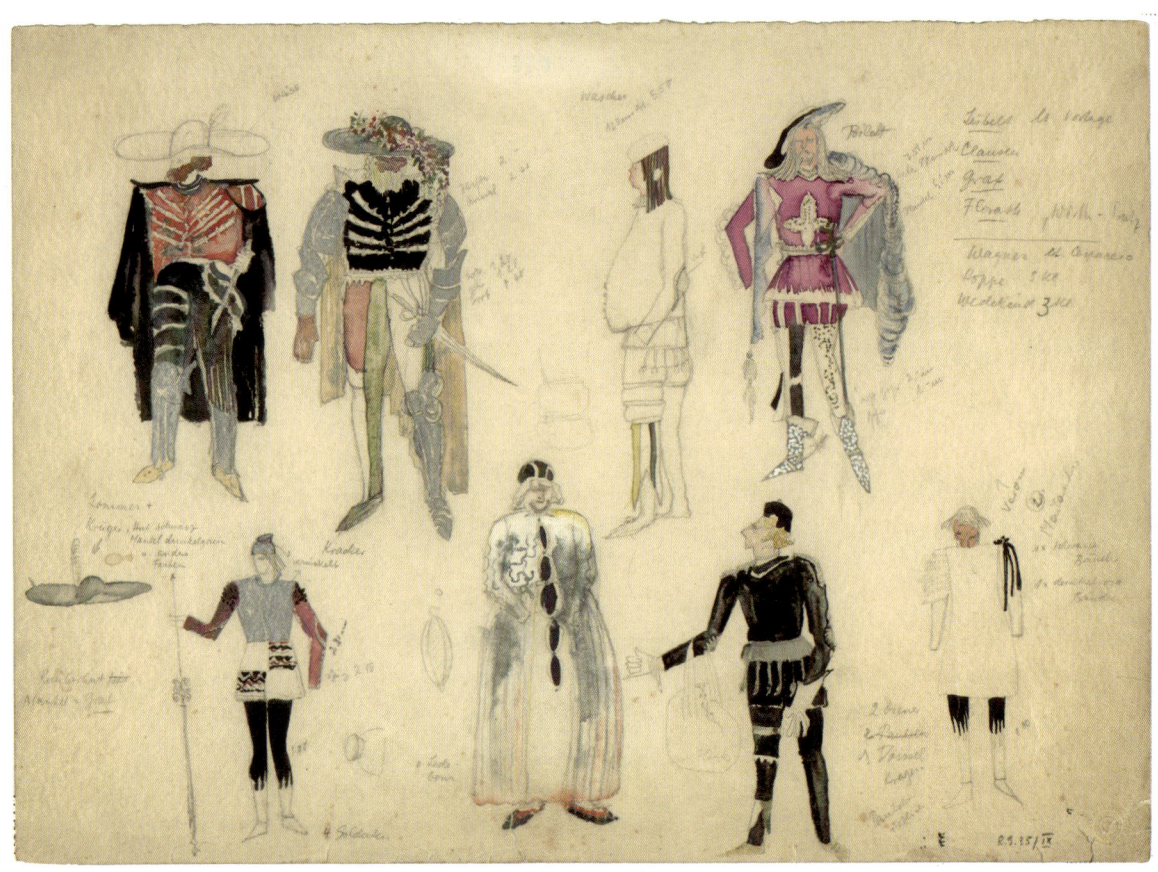

Zwei Herren aus Verona von William Shakespeare (1935/36). Figurine von Traugott Müller. Preußische Staatstheater/ Kleines Haus, Berlin.

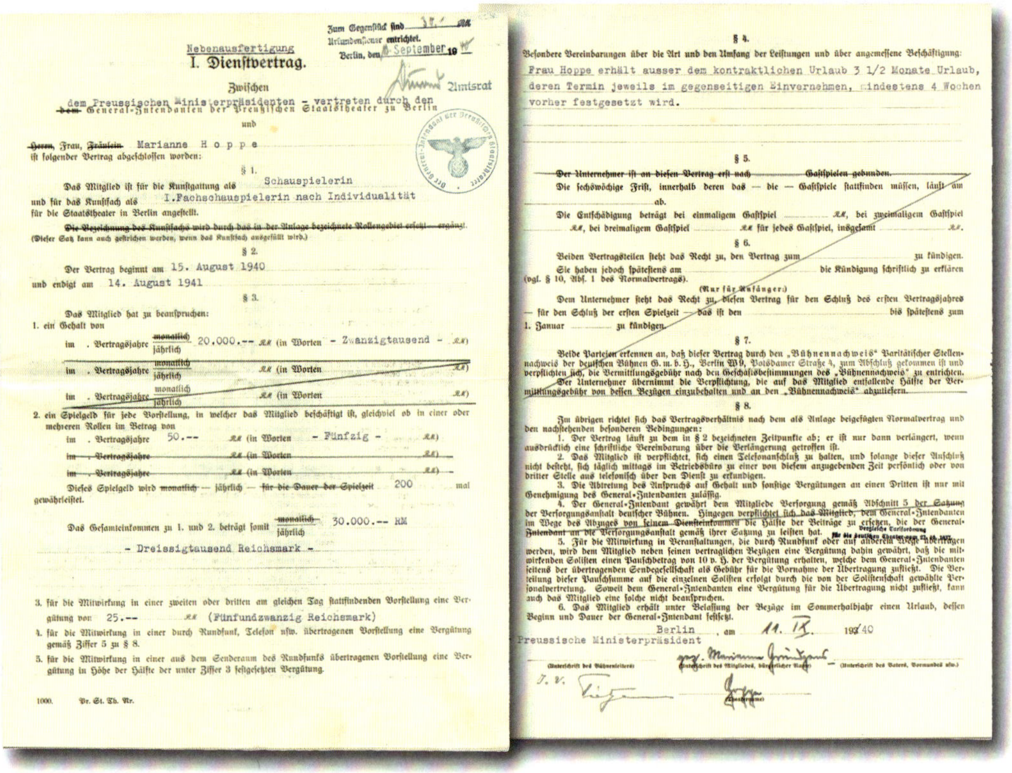

Dienstvertrag zwischen den Preußischen Staatstheatern und Marianne Hoppe, 11. 9. 1940.

Zwei Herren aus Verona von William Shakespeare. 1935/36. Marianne Hoppe (Julia) und Claus Clausen (Proteus). Preußische Staatstheater/Kleines Haus, Berlin.

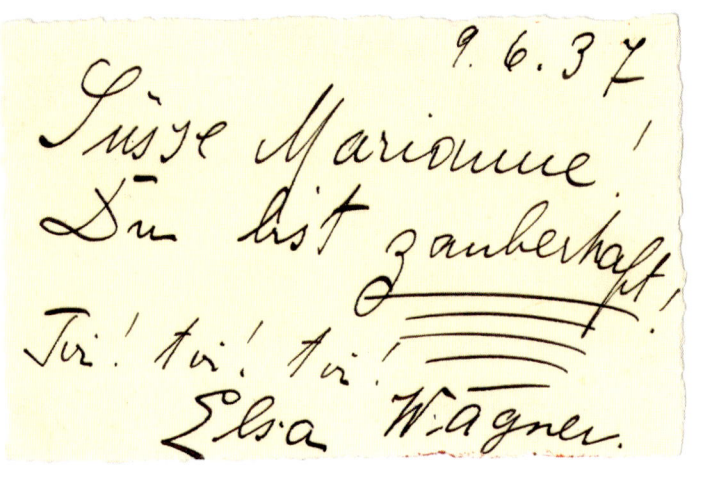

Elsa Wagner als Marthe in *Faust I* (24. 4. 1950). Rechts: Gute Wünschen für eine gelungene Premiere in *Was ihr wollt* am 9. 6. 1937.

Zwei Herren aus Verona von William Shakespeare (1935/36). Bühnenbild von Traugott Müller. Preußische Staatstheater/ Kleines Haus, Berlin.

wurde, in eine märchenhafte, heiter-beschwingte Atmosphäre getaucht und als Regisseur des Wortes bzw. der Wortmeldodie – er verglich das Wort Shakespeares mit der Musik Mozarts – in den Bühnenbildern Traugott Müllers die gesuchte Beschwingtheit in optischer Entsprechung gefunden. Die in hellen Pastellfarben gehaltenen Bühnenschauplätze – auch hier war gleich zu Beginn des Stückes »mit lichter Helle in klarer, linearer Zeichnung«[106] ein Platz in Venedig zu sehen – sind charakteristisch für die Form- und Farbgebung in der Ausstattung von Shakespeare-Komödien am Staatsschauspiel zu dieser Zeit. Die Kostüme der Mitwirkenden zeichneten sich in *Zwei Herren aus Verona* durch betonte Buntheit aus, weshalb sich die Presse angesichts des rasch ablaufenden Geschehens an ausgelassenen Mummenschanz erinnert fühlte. Flink, keck und anmutig soll sich Marianne Hoppe durch dieses bunte Stück bewegt haben. Schon in dieser, aber auch in nachfolgenden Inszenierungen von Shakespeare-Komödien wurden ihre knabenhafte Anmut, ihr zarter Liebreiz, ihre naive, natürliche Frische, ihre Innigkeit, aber auch ihre tapfere Entschlossenheit gerühmt – Eigenschaften, die sie zum idealen »Shakespeare-Geschöpf« machten. Und schon in dieser ersten Rolle am Staatstheater hatte sie verstanden, die »Überladung der Figur« zu mildern.[107] In der beschriebenen Weise bewegte und bewährte sich das Shakespeare-Geschöpf auch knapp zwei Jahre später, nämlich in der Hosenrolle des sich verliebenden Liebesboten Viola in Gründgens' Inszenierung von *Was Ihr wollt*. Für diese Komödie, die Traugott Müller wiederum als eine »Parade des Hellen, Frischen und Leichten« ausgestattet hatte, ist auf jegliche Innendekoration verzichtet worden. Statt dessen bot sich den Zuschauern das einladende Ambiente eines Schauplatzes am Mittelmeer, an dem besonders die vielfältig abgestuften Blautöne des italienischen Himmels und die Lieblichkeit der hellen Farben für eine schwerelose, südländische Atmosphäre sorgten: Palmen wiegen sich vor und hinter einem Felsen, an dessen rechter Seite ein kleiner Fluss hervorplätschert, Blumen, Kakteen, oberhalb des Felsens ein weiß leuchtendes römisches Rondell, ein in Weiß- und Gelbtönen leuchtendes Haus im linken Hintergrund, zu dem kleine weiße Treppen hinaufführen – dies bildete die Zauberkulisse für ein dynamisches Geschehen, in welchem die Figuren ständig in Bewegung waren: »Sie kletterten. Sie hüpften. Sie rannten. Aber sinnvoll!«[108]

Anders als in seinem Drama *Heinrich IV.* hatte Shakespeare in seiner Komödie *Die Lustigen Weiber von Wind-*

Was ihr wollt von William Shakespeare (1936/37). Bühnenbildentwurf von Traugott Müller. Preußische Staatstheater/ Schauspielhaus, Berlin.

Was ihr wollt von William Shakespeare. 1936/37. Marianne Hoppe als Viola. Preußische Staatstheater/Schauspielhaus, Berlin.

sor im Auftrag von Königin Elisabeth I. den vormals so gerissen-melancholisch daherkommenden Sir John Falstaff in der Rolle des tölpelhaften Liebhabers gezeigt. Dieser macht eher aus Gründen der Geldgier und dem Verlangen nach kulinarischen Genüssen als aus wahrem Liebesempfinden gleich zwei Bürgersfrauen den Hof – in der Bearbeitung Rothes sind dies Frau Fluth und Frau Page –, von denen er in derben Späßen überführt und der Lächerlichkeit preisgegeben wird. In Gründgens' Inszenierung, die am 30. 12. 1941 herauskam, gab Gustav Knuth als walisischer Pfarrer Evans einen »Komiker von wahrhaft suggestiver Kraft«[109] und auch Will Dohm als Sir John Falstaff und Elisabeth Flickenschildt, die in der Rolle der Kupplerin Frau Hurtig zum erstenmal auf der Bühne des Staatstheaters zu sehen war, spielten überzeugend ihre Partien. Dem Rezensenten Karl Heinz Ruppel schien allerdings die Besetzung der »lustigen Weiber« in dieser Farce angesichts deren körperlicher Zartheit nicht ganz angemessen: »Die lustigen Weiber waren Käthe Gold und Marianne Hoppe: anmutige Trampel, süße Rauhbeine, bereit zu kräftigem Gelächter, doch konstitutionell, so scheint es, nicht ganz für die Derbheit ihrer Späße disponiert.«[110] Für die Figuren dieser Farce ist kennzeichnend, dass sie vom Autor in bewusster Über-

Die Jungfern vom Bischofsberg von Gerhart Hauptmann. 1935/36. Marianne Hoppe (Agathe) und Käthe Gold (Lux). Preußische Staatstheater/Kleines Haus, Berlin.

Die lustigen Weiber von Windsor von William Shakespeare (1941/42). Gustav Knuth (Pfarrer Hugh Evans), Käthe Gold als Frau Page und Marianne Hoppe (Frau Fluth). Preußische Staatstheater/Schauspielhaus, Berlin.

triebenheit auf einen ganz bestimmten Charakterzug festgelegt worden sind, der der Betonung der Situationskomik und einer nur oberflächlich motivierten Entwicklung des Geschehens dient. Neben den *Lustigen Weibern von Windsor* steht auch *Der Widerspenstigen Zähmung*, worin Marianne Hoppe in der Spielzeit 1942/43 unter der Regie von Karl Heinz Stroux die Titelrolle gab, in der Tradition der »comedy of humours«, deren Figurenarsenal in der Typisierung stark an die Commedia dell'arte erinnert. Traugott Müller hatte die derbe Komödie mit einer Einheitsbühne ausgestattet, die aus einer hohen, von drei Türen durchbrochenen Rundung bestand, in deren kreisförmiger Mitte das bunte Spiel mit seinen derben lauten Spässen und Flüchen, Haupt- und Nebenhandlungen ablief. Auf diesem theatralischen Präsentierteller spielte auch Marianne Hoppe – neben Gustav Knuth, Albert Florath, Antje Weisgerber, Kurt Meisel,

Ullrich Haupt und Aribert Wäscher – ihre Rolle bis zur gelungenen »Zähmung« in der gefragten temperamentvollen Derbheit.

Anfang des Jahres 1940 kam Shakespeares Komödie *Maß für Maß* heraus, diesmal von Rochus Gliese vorwiegend in leuchtend bunten Farben ausgestattet und als Gastinszenierung von Lothar Müthel, der inzwischen Direktor des Wiener Burgtheaters war, einstudiert. Als Isabella gab Marianne Hoppe jene junge Frau, die für ihren unschuldig ins Gefängnis geworfenen Bruder bei dem moralisch doppelbödigen Statthalter Angelo, gespielt von Bernhard Minetti, um Gerechtigkeit kämpft. Hier verbanden sich die Reize des Shakespeare-Geschöpfs Marianne Hoppe mit feinem Seelenschmerz, dem etwas von der Wirkung ihrer vorher unter Müthels Regie gespielten Jungfrau von Orleans anhaftete. Es hiess, sie habe die Rolle »mit der Ausmalung erschüttern-

Doppelkarriere während des Dritten Reichs 79

Die lustigen Weiber von Windsor von William Shakespeare (1941/42). Szenenbilder von Traugott Müller. Preußische Staatstheater/Schauspielhaus, Berlin.

Der Widerspenstigen Zähmung von William Shakespeare (1942/43).
Blatt mit Figurinen von Traugott Müller.
Preußische Staatstheater/Schauspielhaus, Berlin.

Der Widerspenstigen Zähmung von William Shakespeare (1942/43). Marianne Hoppe als Katharina. Preußische Staatstheater/Schauspielhaus, Berlin.

Der Widerspenstigen Zähmung von William Shakespeare (1942/43). Szenenbild von Traugott Müller. Preußische Staatstheater/Schauspielhaus, Berlin.

den Schmerzes zur ganzen Höhe der tragischen Jungfrau«[111] hinaufgeführt und »eine Isabella von keuscher Zartheit« gegeben, die »rührt und erschüttert durch die Intensität ihrer Ausdruckskraft«[112]. An wieder anderer Stelle glaubte ein Rezensent zu erkennen, dass sie ihre Isabella »nachdrücklichst zu einem einzigen Schrei eines gepreßten Herzens hinauf[ge]steigert«[113] und damit an die *Jungfrau von Orleans* angeknüpft habe.

Das ausgleichende, keine Gefühlsüberschwenglichkeiten zulassende Spiel Marianne Hoppes war auch in anderen Rollen des heiteren Fachs bemerkt worden, nämlich schon in ihrer zweiten Rolle am Staatstheater, in der Komödie *Die Jungfern vom Bischofsberg* von Gerhart Hauptmann. Obwohl das Stück in der Presse nicht mehr als zeitgemäß betrachtet wurde, da die darin obwaltende Kritik an den Muckern und Paukern einer längst vergangenen Zeit keinerlei Aktualität mehr bot, hatten die mitwirkenden Künstler daraus dennoch einen unterhaltsamen Theaterabend gemacht. Vor allem war Paul Bildt, der als moralinsaurer Oberlehrer Nast, der Prototyp eines »Pedanten im Gymnasialbratenrock«[114] eine schauspielerische Glanzleistung vollbrachte, die allseits gefeierte »Achse des Abends«.[115] Agathe, gespielt von Marianne Hoppe, ist wegen Liebeskummer die traurige Ausgabe von vier Schwestern, zu deren Erziehung Nast ins Haus bestellt wurde. Käthe Gold dagegen gibt als jüngste auch das quirligste Temperament, und man fühlt sich aufgrund der hier vorgeführten vier unterschiedlichen Temperamentslagen an Johann Nestroys *Haus der Temperamente* erinnert. Auch in diesem Lustspiel zeigte Marianne Hoppe wohltemperiertes Gefühl und wusste einem überholten Pathos gehorchende Überschwenglichkeiten zu dämpfen; etwa in der Mondscheinszene mit Günther Hadank, der ihren jungen Anbeter spielte. Während dieser in seinen Gefühlsäußerungen wohl etwas zu dick aufgetragen haben muss, soll das Spiel Marianne Hoppes »frei von peinlichen Empfindungen« gewesen sein.[116]

Käthe Gold war in den genannten Stücken oft ihre gleichermaßen talentierte, in ihrem Temperament aber durchaus anders gefärbte Mitspielerin. So in den *Jungfern vom Bischofsberg* – nach der Premiere am 15.10.1935 wurden sie und Marianne Hoppe besonders ausführlich besprochen –, in der *Gefesselten Phantasie* oder in den *Lustigen Weibern von Windsor*. Sie sind frei gewesen von Rivalinnentum, waren statt dessen miteinander befreundet und rein künstlerisch betrachtet eine wunderbare Ergänzung. Die beiden Schauspielerinnen hatten sich schon gegen Ende des Münchner Engagements an den Kammerspielen miteinander angefreundet, seitdem Käthe Gold, als deren Ersatz Marianne Hoppe zu Falckenberg gekommen war, aus Wien wieder zurück war. Ein Brief von Käthe Gold, vermutlich anlässlich der Hochzeit von Marianne Hoppe und Gustaf Gründgens, zeugt vom freundschaftlichen Verhältnis der beiden Schauspielerinnen.

Maß für Maß von William Shakespeare (1939/40).
Marianne Hoppe (Isabella) und Bernhard Minetti (Angelo).
Preußische Staatstheater/Schauspielhaus, Berlin.

> »Liebe – liebe Marianne! –
> Endlich hab' ich für Dein Zimmer in Zeesen was gefunden – gefällt es Dir? Es ist eine Kloster-Arbeit. Nonnen haben – früher – so in der Biedermeierzeit solche Bildchen gemacht. Aus Bayern stammt es – ich schick es Dir – mit all meinen guten Gedanken und Wünschen, die ich für Dich habe. –
> Ich hab' Dich furchtbar gern –
> Ich möchte nicht, dass Du unsere Münchner Zeit vergisst – sie war ja kurz – aber für mich so unvergesslich – Ich umarme Dich – Käthe«[117]

Käthe Gold an Marianne Hoppe, 26.6.1936.

Auch die junge Frau mit Etikette wusste sie zu geben, etwa in Oscar Wildes *Ein idealer Gatte* – Premiere war am 7.12.1935 – mit Viktor de Kowa als der mit allen Wassern gewaschene, gleichermaßen eitle wie geistreiche und charmante Gentleman Lord Goring. Was Carl Weichardt hier über Marianne Hoppes Wirkung bemerkte, hätte er auch über sie in einer Shakespeare-Komödie schreiben können: sie war von erfrischender Naivität, »knabenhaft, aber immer anmutig und als Liebende innig.«[118] Das Stück inszenierte ihr Schauspielerkollege Hans Leibelt, Edward Suhr schuf mit großzügigen großen Räumen dazu den Rahmen der vornehmen englischen Gesellschaft um die Jahrhundertwende, in denen Marianne Hoppe als Miss Mabel Chiltern auch die erforderliche »Etikette«, nämlich »ein junges Mädchen von guter englischer Haltung« abzugeben wusste.[119] Regisseur Leibelt hatte es offenbar sehr gut verstanden, »das konventionelle Gesellschaftstreiben in starken Kontrast zu bringen zu den privaten Schicksalen, in deren Ablauf allein schon so viel Kritik beschlossen liegt.«[120] Rollen wie in Paul Bildts Inszenierung *Sonne für Renate* von Erich Ebermayer – sie spielte in dieser im Mai 1936 herausgekommenen Komödie die selbstbewusste und von Männern umworbene Zahnarzthelferin Renate – oder die der Monika Pratt in *Versprich mir nichts!*, eine blasse Komödie von Charlotte Rißmann über einen nur für seine Malerei lebenden, seine Ehefrau und die Anforderungen des Alltags vernachlässigenden Künstler (Viktor de Kowa), boten keine neuen Herausforderungen, sondern bestätigten immer wieder ihr Können auf der Klaviatur des lebendig sprudelnden, herzenswarmen und liebreizenden Geschöpfs. Dass sie die Rolle der Monika Pratt unter Umständen gar nicht spielen wollte, lässt Gründgens' liebevolle Ermunterung in einem an sie gerichteten

Ein idealer Gatte von Oscar Wilde (1935/36). Bühnenbildentwurf von Edward Suhr. Preußische Staatstheater/Kleines Haus, Berlin.

Brief ahnen. Sie stand vielleicht gerade vor der Premiere des von Jürgen Fehling in Szene gesetzten Volksstücks *Die gefesselte Phantasie*, das am 25. 9. 1936 herauskam, in welchem sie dann in der Rolle der Hermione »mit den zarten Strahlen und der liebenswert klugen Frische ihrer Shakespearemädchen«[121] gespielt haben soll. Gründgens riet: »Sei eine Blumenkönigin und nicht görig: und spiel nicht zu viel mit dem Kleid; und betone richtig: was nettes? Und spiel die Monica und fahr nach Zeesen und drück die Daumen, dass ich heute heil nach Hause komme.«

Marianne Hoppe hat in der im November 1939 gespielten Wiederaufnahme der Gründgens-Inszenierung des Lessingschen Lustspiels *Minna von Barnhelm* etwas von der Quirligkeit ihrer Shakespeare-Geschöpfe in diese Rolle übertragen und sie damit, im Gegensatz zu ihrer Vorgängerin Emmy Sonnemann, die wegen ihrer Heirat mit Hermann Göring vom Theater abgegangen war, lustiger gespielt, jenseits aller Melancholie – die doch eigentlich zu dieser Rolle dazu gehört. Eine vor Lebenslust berstende Figur ist diese Lessingsche Minna nicht, sondern eine durchaus überlegene Strategin, die aber die »Sprache des Herzens« spricht im Gegensatz zu Riccauts vermeintlicher »Sprache des Witzes« und die trotz aller Überlegenheit doch Gefahr läuft, den Liebsten, hier gespielt von Paul Hartmann, wegen dessen übersteigertem Ehrgefühl für immer zu verlieren. Zumindest in den gestellten fotografischen Rollenporträts ist etwas Melancholisches in ihrem Minna-Gesicht zu entdecken. »Was aber Gründgens daraus macht, das ist die Komödie der tausend Effekte, das ist Leben, dem die Lebenslust aus allen Poren sprüht. Bei jedem zweiten Abgang rast der Beifall los: Alle im Zuschauerraum haben die Minna einst fast auswendig gelernt, aber eben haben sie etwas Neues gehört und gesehen. Wir lieben dich so sehr, Minna der Marianne Hoppe, fröhliches Mädchen ohne den melancholischen Ton«.[122]

Gustav Freytags Lustspiel *Die Journalisten*, das Ende Mai 1941 im Kleinen Haus Premiere hatte, wurde ganz im historischen Gewand dargeboten – was nicht verwundert angesichts der Tatsache, dass darin politisch liberal Gesinnte und die Vertreter des entstehenden liberalen Journalismus den Sieg über einen konservativen Oberst sowie ein konservatives Blatt davontragen. Bezüge in die Gegenwart der Nazi-Diktatur und damit des Verbots der Pressefreiheit und der Kunstkritik waren also tunlichst

Minna von Barnhelm von Gotthold Ephraim Lessing (1939/40).
Marianne Hoppe in der Titelrolle.
Preußische Staatstheater/Kleines Haus, Berlin.

zu vermeiden. Daher ist dieses Lustspiel, welches in der Zeit der Politisierung des Bürgertums und der Anfänge des modernen Journalismus spielt, vom Regisseur Viktor de Kowa ganz in der ersten Hälfte des 19. Jahrhunderts belassen worden. Adelheid Runeck, Generalstochter und reichste Gutsbesitzerin weit und breit, hat darin als hübsche und kluge Strategin wie eine zweite Minna von Barnhelm die Fäden in der Hand und führt die Geschehnisse um zwei zerstrittene politische Lager sowie schmerzende Herzensangelegenheiten – einschließlich der eigenen – zu einem glücklichen Ende. Auf diese Weise entstand »ein Stück Minna von Barnhelm, ein Stück Fontane, in einem unaufdringlichem Plauderdialog, nur an einzelnen Stellen spielerisch gefüllt bis an den Rand des Schwanks«; ein »Spiel der Herzen zwischen der reichen Adelheid vom Lande, der Marianne Hoppe mit der soliden Eleganz und gesellschaftlichen Sicherheit jener Jahre ein reizendes fraulisches Dasein gibt, und dem Journalisten Dr. Bolz, der in Viktor de Kowa einen Anteil Schlesisches zum Journalismus bekommt«.[123]

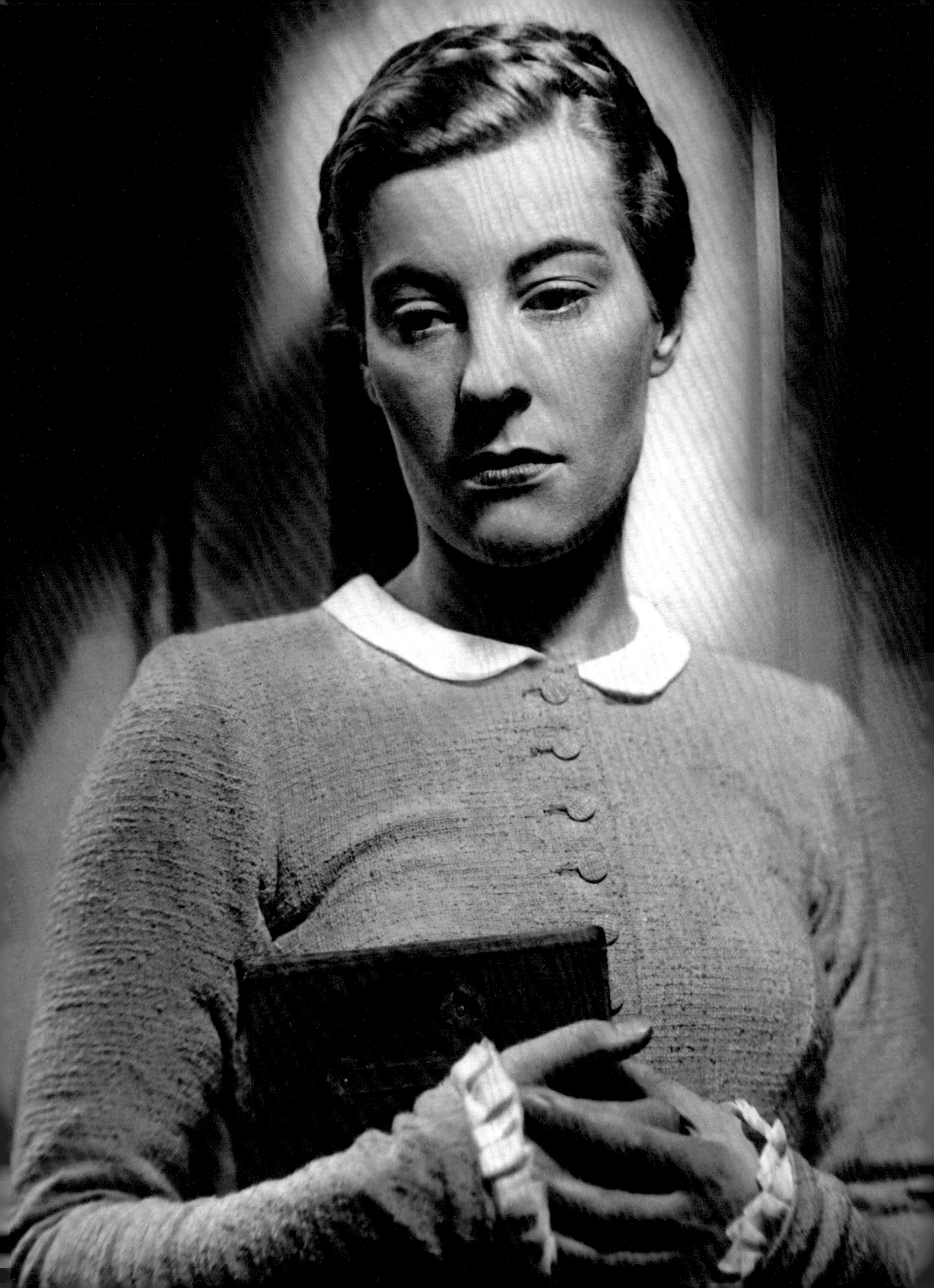

Die tragischen Rollen

Das Vermeiden von Rührseligkeit kennzeichnete auch Marianne Hoppes Spiel in tragischen Rollen. Gleichwohl sagte sie in einem Interview kurz nach der Wiederaufnahme der Müthel-Inszenierung des *Faust* am 30.12.1935, worin sie als Gretchen ihre erste tragische Rolle an dieser Bühne spielte, dass sie sich jede neue Rolle zunächst auf dem Weg der Einfühlung aneigne: »Ich fühle mich ein in Menschen und Dinge, und erst, wenn ich einen Stoffkreis ganz erfaßt habe, wenn mir, ich möchte sagen, diese Vermählung gelungen ist, wage ich mich an die Gestaltung. Ich bin dadurch manchmal etwas schwierig für die Intendanten und Filmproduzenten. Aber ich weiß, daß ich nicht anders sein kann als ich bin.«[124] Wie jede junge Schauspielerin träumte auch Marianne Hoppe schon lange von dieser Rolle, bis sie endlich Gelegenheit hatte, sich an der Seite von Bernhard Minetti als Mephisto (vorher Gründgens) und Günther Hadank als Faust (vorher Minetti) an diese große Aufgabe heranzuwagen. »Diese Rolle habe ich lange in mir getragen. Als Sehnsucht der jungen Schauspielerin. Als es Erfüllung wurde, erschrak ich vor der Aufgabe. Liegt in dieser Rolle nicht alles, das ganze Auf und Ab des Frauenlebens, mit Freude und Tränen, erstem Glück, Enttäuschung, Alleinsein und neuem Hoffen? Das alles ist so einfach, daß es so ungeheuer schwer zu spielen ist. Ich habe daher auch versucht, diese Rolle zu leben. Jede Wiederholung der *Faust*-Aufführung im Staatstheater ist wie eine Weihestunde. Man kann seinen ganzen Menschen in der Schönheit dieser Dichtung gleichermaßen hingeben und hinleben. Ich weiß es nicht, ob es ein gutes Gretchen war, wie die Leute sagen und schreiben. Ich weiß nur, wie ich diese Rolle erlebt habe und Gefühl ist ja alles.« Die Presse war begeistert. Erstmals wurde Marianne Hoppe auch in einer tragischen Rolle als künstlerische Individualität wahrgenommen. »Das war das Schlußereignis dieses Theaterwinters. Marianne Hoppe im Staatstheater als Gretchen. Die aufwühlende große Leistung dieser jungen Künstlerin hat sie mit einemmal in die Reihe der großen Darstellerinnen der deutschen Bühne gestellt. Gang, Geste, Stimme waren die herrliche Einheit einer ausdrucksstarken Eigenpersönlichkeit – Marianne Hoppe!«[125]

Zur Inszenierung der *Emilia Galotti*, die Gustaf Gründgens mit allen veralteten sprachlichen Ausdrücken und Wendungen »vollendet lessingisch«[126] in Szene gesetzt hatte und die zu Beginn der Spielzeit 1937/38 mit sensationellem Erfolg im Kleinen Haus über die Bühne ging, ist in den Besprechungen eine dramaturgische Besonderheit als genialer Einfall des Regisseurs hervorgehoben worden: Gründgens hatte den Bühnenboden mit Steinplatten auslegen lassen, so dass das Geräusch der klackenden Schritte die vakuumartige Kälte der höfischen Welt sinnfällig machte und die Atmosphäre der Aufführung entscheidend bestimmte. Marianne Hoppe selbst erinnerte sich an die symbolische Keimfreiheit die-

Emilia Galotti von Gotthold Ephraim Lessing (1937/38).
Gustaf Gründgens (Hettore Gonzaga, Prinz von Gustalla)
und Marianne Hoppe (Emilia Galotti).
Preußische Staatstheater/Kleines Haus, Berlin.

Faust I von Johann Wolfgang von Goethe. 1935/36.
Marianne Hoppe als Gretchen (Umbesetzung für Käthe Gold).
Preußische Staatstheater/Schauspielhaus, Berlin.

ser Inszenierung: »Es sollte alles ganz sauber bleiben. Die Kostüme, das Bühnenbild, das ganze Stück war so, dass wir völlig unberührt von Staub und Realität waren, und unsere Schritte gingen ganz klar über die Bühne, klack, klack, klack, klack, klack.«[127] Ruppel war tief beeindruckt, wie sich »die Kühle und Härte des Steins auf eine schier magische Weise« auf die Schauspieler übertrug, indem sie »ihre seelische ›Temperatur‹« und »die Diktion ihrer Sprache« regelte.[128] Auch Siegfried Melchinger sah in dem Steinboden als Wirkungselement des Kalten eine geniale Entsprechung zum tragischen Geschehen: »Auf der mit Steinfliesen belegten Bühne klirrten die Schritte. Nie wurde Lessings Sprache so glasklar gesprochen. Man fror, wenn man das Mädchen sah, das hier eintrat, die verkörperte Bürgerlichkeit und Wohlerzogenheit, im geschnürten Kostüm der Zeit, ein Geschöpf, dem es bevorsteht, vor sich selbst zu erschrecken.«[129] Kühle und Klarheit waren insgesamt die bestimmenden Elemente des von Traugott Müller gestalteten Bühnenbildes, in dem der Grundton von leuchtendem Weiss in Verbindung mit einer angedeuteten Rokoko-Verzierung für die höfischen Innenräume vorherrschte. Was Marianne Hoppe besonders glaubwürdig zu spielen wusste, war die innere Stärke und Konsequenz Emilia Galottis, die sich aus Kenntnis ihrer Verführbarkeit heraus das Leben nimmt, um ihre Würde zu wahren. »Marianne Hoppe endlich als Emilia, ein zartes Mädchen, in dem aber die seelische Stärke der Eltern lebt, mit aller Angst vor der Schwäche der weiblichen Natur und mit allem Mut zur Verteidigung der verletzten Menschenwürde, in der Schlußszene hinreißend in der fordernden Energie, im Temperament, im Schwung und in der Kraft der Sprache.«[130]

Es erinnert an Gustaf Gründgens' kongeniale Besetzung seiner *Effi-Briest*-Verfilmung, wenn die Kritik auch hier die insgesamt ausgezeichnete schauspielerische Leistung der Mitwirkenden in höchsten Tönen lobte; d.h. neben Marianne Hoppe auch Gustaf Gründgens als Prinzen Hettore Gonzaga, den die unerwartete Echtheit seiner leidenschaftlichen Gefühle für Emilia Galotti zum Spielball in der Hand seines intriganten und eiskalten Kammerherrn Marinelli werden läßt, dieser wiederum gespielt von Bernhard Minetti. Käthe Dorsch als Gräfin Orsina muss umwerfend gut gewesen sein, in etlichen Kritiken wurde sie sogar in der Überschrift genannt. Friedrich Kayßler als Emilias Vater Odoardo Galotti,

Das Ensemble der Preußischen Staatstheater zu Gast in Elbing mit *Emilia Galotti* von Gotthold Ephraim Lessing, Februar 1938.

Antigone von Sophokles (1940/41). Szenenbild von Traugott Müller. Preußische Staatstheater/Schauspielhaus, Berlin.

Hermine Körner als ihre Mutter und Paul Hartmann als Graf Appiani entsprachen ebenfalls dem hohen künstlerischen Niveau dieser Inszenierung, deren Erfolg sich das Propagandaministerium zunutze machte, indem es das Ensemble damit erstmals auf Gastspielreise in die sonst vernachlässigten, kulturdurstigen Ostgebiete entsandte. Unter der Überschrift: *Lessing – von Gründgens gespielt. Erstes Gastspiel des Staatstheaters in Elbing. Den Blick nach Osten* schrieb Christian Otto Frenzel am 24. 2. 1938 über dieses Gastspiel als ein großes Ereignis in Elbing, wo sich große Menschenmassen auf dem Theaterplatz versammelt hätten, um durch ein Fackelspalier dann ins Theater zu strömen, das »wohl selten solche Menschenmassen erlebt« habe. Jeder Stehplatz sei von »atemlos Lauschenden« besetzt gewesen, und es soll allgemeine Freude darüber geherrscht haben, dass Elbing »die Ehre des ersten Gastspiels zuteil wurde« und damit »der Blick des ganzen deutschen Volkes auf den deutschen Osten« gelenkt worden sei. Ausdrücklich bedankte sich der Verfasser bei Goebbels und Göring, denen er »den besondere[n] Dank des deutschen Ostens« vermittelte.[131] Ein Beispiel unter vielen für die Instrumentalisierung des Staatstheaters zur Propagierung des NS-Regimes.

Mit der sophokleischen Antigone, die sie unter der Regie von Karl Heinz Stroux zu Beginn der Spielzeit 1940/41 übernahm, spielte Marianne Hoppe eine jener Rollen, von denen sie sagte, dass sie ihr besonders gelegen haben. Neben den Rollen mit einem »ursprünglichen Humor« im heiteren Fach rechnete sie im tragischen Bereich jene Frauengestalten dazu, »die alle einen gemeinsamen Zug haben, von der Emilia Galotti bis zur Antigone: Sie gehen zwar zugrunde, aber an ihrer eige-

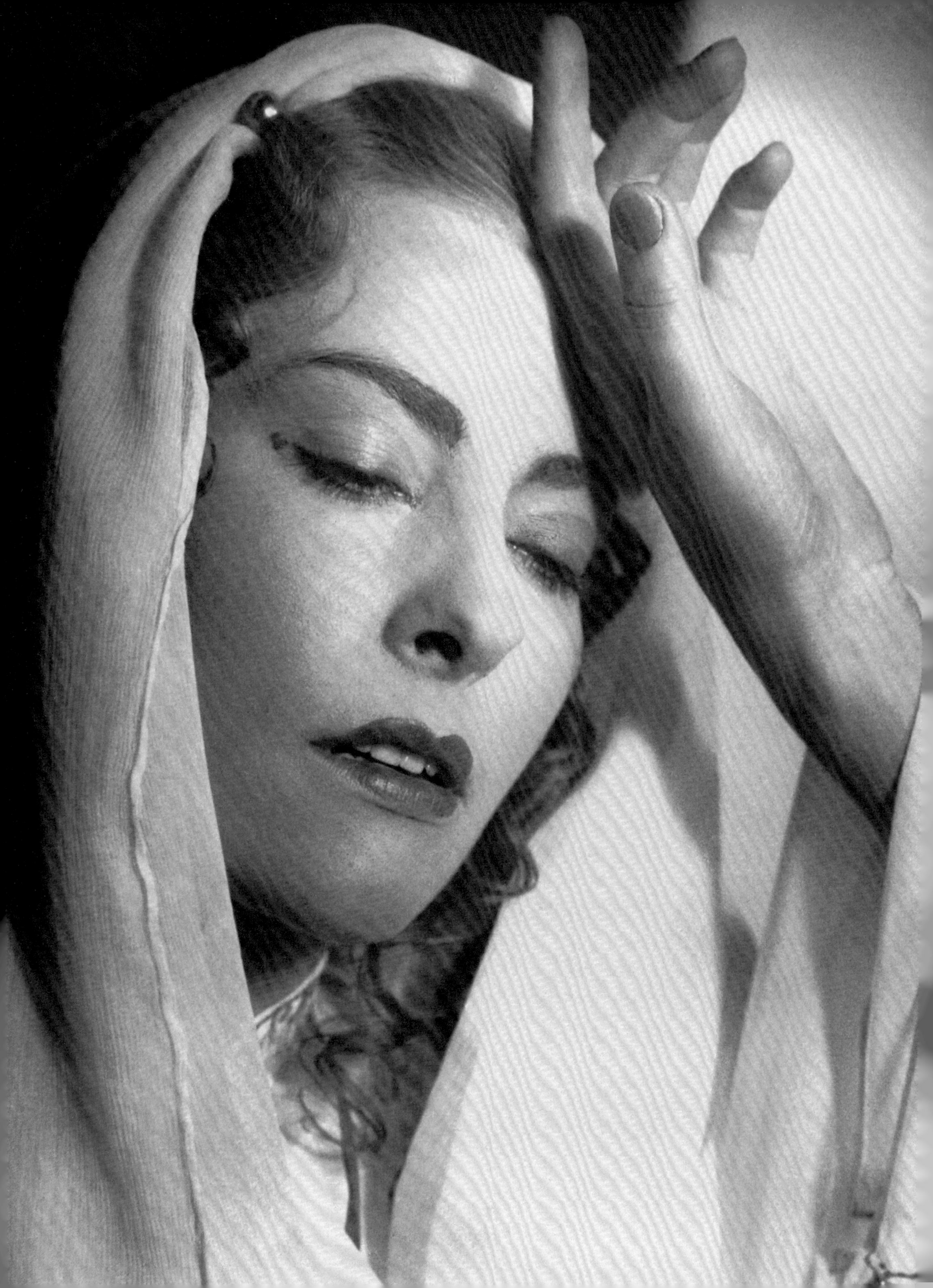

nen inneren Konsequenz, nicht an Schwäche oder Haltlosigkeit; und deshalb liegt selbst in ihrem äußeren Umgang etwas Positives, weil sie ihre eigene Bestimmung erkannt haben und nie sich selbst untreu werden.«¹³²
Sicherlich ist die innere Konsequenz einer Emilia Galotti nicht dieselbe wie die einer Antigone. Denn während Emilia Galotti vor ihrer eigenen Verführbarkeit in den Tod flieht – eben aus Furcht, ihrer Selbsttreue in einer Welt der Anfechtungen nicht genügen zu können –, geht Antigone ihrem Tod gezwungenermaßen entgegen, um genau das, was sie als Lebende kompromisslos gegen eine hybride Obrigkeit verteidigt, in aller Selbsttreue zu erfüllen. Die Stärke der durchaus unterschiedlich gearteten inneren Konsequenz aber eint diese beiden Frauenfiguren. Befragt, was sie an einer Gestalt wie der Antigone besonders angesprochen habe, antwortete Marianne Hoppe in einem Interview 1953: »Wie mich Gestalten überhaupt immer reizen, die etwas wagen, die ihren Stolz, ihren Trotz, ihre Kraft, aber eben auch ihre große Zartheit haben. Und das ist an dieser Figur der Antigone eben so herrlich vereint. Sie hat die Aufgabe von ihrem Dichter, dem großen Sophokles bekommen, allein und einsam etwas durchzufechten, das unter göttlichen Gesetzen steht, an die sie glaubt und gegen ihren weltlichen Herrscher, ihren weltlichen Vorgesetzten Kreon, der die weltliche Gesetzmäßigkeit, die selbstverständlich auch ihre Berechtigung für seine Person hat, eben vertritt.«¹³³ In ein langes, weich fallendes und gleißend weißes Gewand gehüllt, leuchtet sie in einem szenischen Entwurf von Traugott Müller aus dunklen kalten Mauern hervor und wirkt wie eine Sendbotin aus göttlichen Gefilden, über die ein hybrider König keine Macht hat: »Wenn sie sprach, dann sprach es aus ihr.«¹³⁴

Mit der Rolle der Schillerschen *Jungfrau von Orleans* zu Beginn des Jahres 1939 spielte Marianne Hoppe im Schauspielhaus unter der Regie von Lothar Müthel – neben der Emilia Galotti der Glanzpunkt ihrer Karriere am Preußischen Staatstheater – ebenfalls eine jener Gestalten, deren Reiz in der inneren Konsequenz des Rollencharakters lag. Als Variante kam hier der Zustand der Entrückung hinzu, in dem sich die im göttlichen Auftrag Handelnde befindet, die in ihrem Wesen ansonsten als bäuerlich schlichtes Mädchen erscheint. Auch hier spielte Marianne Hoppe unter Verzicht auf die große Emotion nicht die »glühend Gläubige mit dem Flammenschwert«, sondern das schlichte Mädchen aus dem Volk, dessen Zustand der Entrückung nicht als Abgehobenheit, sondern als Mittel zum Ziel dient: »Die Gegenwart des göttlichen Auftrags gibt dem zarten Wesen Kraft und Entschlossenheit. Marianne Hoppe braucht ihre Mittel nicht zu forcieren; sie verzichtet darauf, den ›Donnerkeil im Munde‹ heroinenhaft dröhnen zu lassen, aber sie hat in manchen Gebärden – etwa der (in unwillkürlicher Parallelität) erhobenen Arme, wenn sie das Schwert ausstreckt oder die Faust ballt – eine amazonisch-kriegerische Schönheit, in der auch das Gefährliche und Unentrinnbare der Schlachtengöttin sichtbar wird.«¹³⁵ Von den Bühnenbildern war lediglich die wuchtige Kathedrale mit der breiten Treppe davor realistisch ausgeführt worden. Ansonsten hatte sich Traugott Müller in der Gestaltung von Räumen und Landschaften auf Stilisierungen beschränkt. Vorhänge markierten die jeweiligen Schauplätze. Auch personell war auf jeglichen Pomp verzichtet worden. Die Krönungsszene, einst von Iffland mit achthundert Personen ausgeschmückt, hatte Lothar Müthel gestrichen, denn: »Nicht die patriotische Historie wurde gespielt, sondern die Geschichte eines Mirakels. Nicht das Krachen der Harnische und das Klirren der Schwerter, sondern die Melodie des fast oratorisch gesprochenen Wortes bestimmt den Klang der Aufführung.«¹³⁶ Einige Kritiker wollten bei der Schauspielerin nach ihrer Rolle als Johanna von Orleans einen »beschwörenden« Ton bemerkt haben, etwa Ruppel, der das in Bezug auf ihre Rolle als Isabella in Shakespeares *Maß für Maß* im Januar 1940 feststellte: »Marianne Hoppe gab, ihrer Neigung zu beschwörenden Tönen und Gebärden folgend, der Nonne Isabella fast etwas Prophetisches; sie drang in den Statthalter mehr mit der Gewalt der sittlichen Argumentation als mit der unmittelbaren Gefühlskraft schwesterlicher Not.«¹³⁷ Auch als Leonore in der *Verschwörung des Fiesco zu Genua* – von Karl Heinz Stroux in der Spielzeit 1939/40 inszeniert, mit Gustaf Gründgens in der Titelrolle, stellte Bruno E. Werner fest, dass »der seltsam beschwörende Ton, wie er sichtbar von Gründgens Stimme herkommt, [ ] in ihrem Mund etwas von der herben, übermenschlichen Klage« bekam.¹³⁸ Allerdings wusste sie durchaus, »den weichen Schmelz

linke Seite: *Antigone* von Sophokles (1940/41).
Marianne Hoppe in der Titelrolle.
Preußische Staatstheater/Schauspielhaus, Berlin.

einer empfindsamen Seele wie die leidenschaftliche Glut einer stolzen Bürgerin« und damit »den Spannungsreichtum der Gestalt überzeugend auszudrücken«.[139]

Eine eigene Variante tragischer Rollen, die Marianne Hoppe am Staatstheater spielte, sind die durch seelisch-moralische Reinheit und Zartheit geprägten Geschöpfe, die im Zusammenhang mit erstem Liebesempfinden und einem daraus resultierenden Übermaß an seelischem Schmerz dem Wahnsinn verfallen. Zu diesen zählen nach der Gretchen-Rolle Shakespeares Ophelia in *Hamlet*, Rehbergs Juana in *Die Königin Isabella* und Büchners Lucile in *Dantons Tod*. Diese von Marianne Hoppe verkörperten Rollen, deren geistige Entäußerung nicht mehr rückgängig zu machen ist, unterscheiden sich von den von ihr favorisierten tragischen Rollen also durch diese andere Art von Selbstverlust. Marianne Hoppes Ophelia in der Inszenierung von Gustaf Gründgens war, wie vormals die Rolle des Gretchen in Müthels *Faust*-Inszenierung, ein Erbstück von Käthe Gold. Wegen deren Erkrankung spielte sie diese Rolle anlässlich eines Gastspiels am Burgtheater am 13. 6. 1938 im Rahmen der Reichs-Theaterfestwoche, also ca. drei Monate nach dem »Anschluss« Österreichs an das Deutsche Reich. Sie gab die Rolle »schlicht und mädchenhaft«, und der frenetische Beifall am Schluss habe gezeigt, »daß dieser Tag, an dem die staatlichen Schauspiele von Berlin als Gast im Burgtheater weilten, reich an Größe, innerem Erlebnis und beifallsfreudigen Menschen war, die einer einmaligen Leistung aus innerster Notwendigkeit huldigten.«[140] Es habe sich hier um eine außerordentliche Ensembleleistung gehandelt, in welcher Marianne Hoppe der Ophelia »die überirdischen Züge der an ihrer Liebe scheiternden Frau« gegeben habe. »Von ihrer Darstellung ging in der ersten Szene, in der mit Laertes, ein feiner, mädchenhafter Humor aus. Da war das zauberisch jugendliche des Herzens da, das von dieser Mädchengestalt an ihrem Anfang ausgehen muß. Doch schon in dieser Szene legte sich ihr dunkles Schicksal wie Schatten über ihre Züge, wurde aus dem naiven Menschenkind eine Wissende, eine vom Leid Gezeichnete. In den Ausbrüchen der Wahnsinnsszenen erreichte Marianne Hoppe eine schaurige Eindringlichkeit, da wurde sie völlig frei von der starken Bewußtheit in Geste und Mimik der Szene Ophelia-Polonius.«[141] Rezensent Joachim Bremer war sogar der Meinung, die Schauspielerin habe mit ihrer Ophelia »den Anschluß an ein differenzierteres Rollenfach gefunden.«[142]

Auch im Burghof der historischen Hamlet-Festung

Die Jungfrau von Orleans von Friedrich von Schiller (1938/39). Marianne Hoppe in der Titelrolle. Preußische Staatstheater/Schauspielhaus, Berlin.

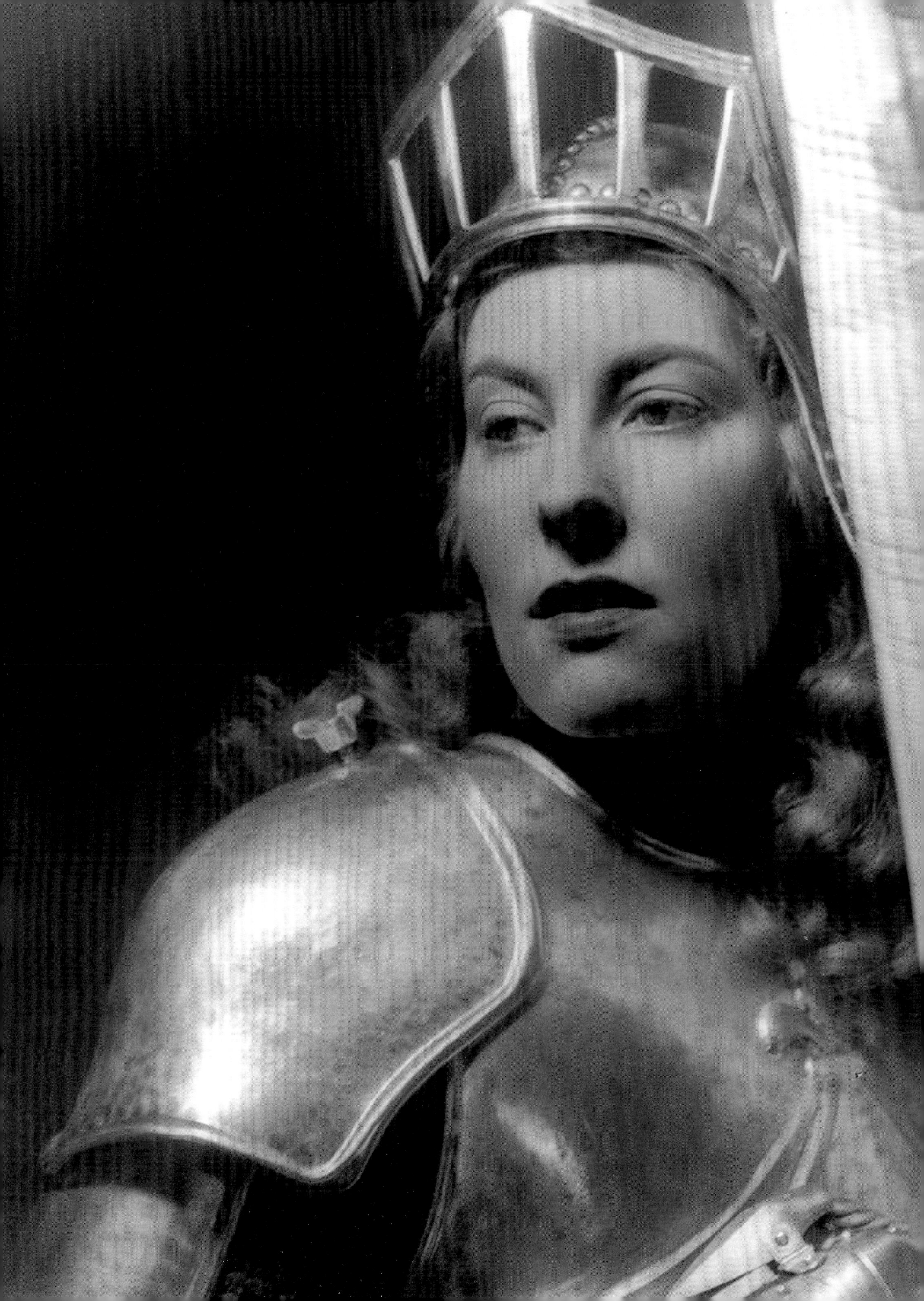

Die Verschwörung des Fiesco zu Genua von Friedrich von Schiller (1939/40). Gustaf Gründgens (Fiesco) und Marianne Hoppe (Leonore). Preußische Staatstheater/Schauspielhaus, Berlin.

Hamlet von William Shakespeare. Gustaf Gründgens (Hamlet) und Marianne Hoppe (Ophelia). Gastspiel vom 19.7.–31.7.1938 auf Schloss Kronborg in Dänemark.

Kronborg war das Berliner Staatstheater-Ensemble in der Zeit vom 19. bis 31.7.1938 mit *Hamlet* zu Gast – Gründgens hatte vom dänischen König sogar eine Privataudienz bekommen – und auch hier war es ein außerordentlicher Erfolg. Wie vorher Goebbels anlässlich des *Hamlet*-Gastspiels in Wien zugegen war, ließ es sich hier Göring, der gerade auf seiner Segelyacht »Carin II« in der Nähe unterwegs war, nicht nehmen, Helsingör und Kopenhagen zu besuchen und sich vom Burgkommandanten, dem Bürgermeister und dem dänischen Tourist-Chef empfangen zu lassen. Im Burghof konnte er das Trauerspiel auf einem eigens für ihn noch vor der ersten Platzreihe aufgestellten Stuhl bei strahlendem Wetter verfolgen und nach dem blendenden Vortrag des Hamlet-Monologs von Gustaf Gründgens das »Signal zum Applaus« geben. Um die politische Instrumentalisierung dieser Kunstleistung perfekt zu machen, begrüßte

Göring nach der Vorstellung die Schauspieler auf der Bühne und aß anschließend mit ihnen in dem Hotel Marienlyst in Oeresund zu Abend.¹⁴³

Wie die innere Entwicklung der Ophelia läuft auch die der Juana in Rehbergs dreiaktigem Schauspiel *Die Königin Isabella*, am 6.4.1939 unter der Regie von Gustaf Gründgens uraufgeführt, auf den Zustand des Wahnsinns hinaus. Hansgeorg Laubenthal spielte in dieser Inszenierung ihren ungetreuen Gemahl Philipp, Herzog von Burgund und Flandern, der als Liebhaber von der Schönheit Juanas erst entzückt ist, sie aber schon bald betrügt und mit dem gemeinsamen Kind im Stich lässt. In der Hauptrolle war Hermine Körner zu sehen, die die Rolle zu einer »großen Einsamen« gestaltete, »verlassen vom Gatten, der die Buhlerin im Arme hält, verlassen von der Tochter, um deren Kind sie kämpfen muß, verlassen auch vom Sohn, dem sie zuviel Freiheit gab.«¹⁴⁴ Marianne Hoppe habe der Königstochter Juana »den Liebreiz erblühender Jugend« gegeben und die Steigerung von der Verliebten, dann zur jäh Erschreckenden bis zur in den Wahnsinn Verfallenden mit überragender schauspie-

Die Königin Isabella von Hans Rehberg (1938/39). Hermine Körner (Isabella, Königin von Kastilien), Marianne Hoppe (Juana, ihre Tochter), Hansgeorg Laubenthal (Philipp, Herzog von Burgund und Flandern, Juanas Gemahl). Preußische Staatstheater/Schauspielhaus, Berlin.

lerischer Überzeugungskraft gegeben. An anderer Stelle hieß es, sie habe »vom erglühenden Liebreiz des jungen Mädchens zur fanatischen verbissenen Entrücktheit [gewechselt], als würde hier etwas vom Bluterbe der Mutter sichtbar. Sie ist wirklich die Lichtgestalt, die sich zwischen den Mauern zu einer verzehrenden Flamme entwickelt.«¹⁴⁵

Eine andere Facette von Wahnsinn präsentierte Marianne Hoppe als Lucile in *Dantons Tod*, nämlich als eine Art »Ophelia vor den Mauern der Bastille«.¹⁴⁶ In der Inszenierung von Gustaf Gründgens war sie in dieser Nebenrolle »von rührender Herzenseinfalt« und spielte den über sie kommenden Wahnsinn als etwas Leises und Innerliches aus, während sie als Juana ihre geistige Entäußerung leidenschaftlich nach Außen legt. Gründgens, der das Revolutionsdrama fast ungekürzt und unter weitestgehendem Verzicht auf Massenszenen auf die Bühne gestellt hatte, ließ Lucile ihren Ausruf »Es lebe der König!« nicht der nahenden Patrouille entgegenschreien; vielmehr hockt sie »auf den Stufen der Guillotine, winkt die Nationalgardisten zu sich und sagt einem von ihnen den Satz leise und lächelnd ins Ohr.«[147]

Eine Rolle fiel der jungen Schauspielerin Marianne Hoppe, deren künstlerische Ausdruckskraft keine Grenzen zu kennen schien, allerdings schwer: nämlich die der Turandot in dem gleichnamigen Märchenspiel von Gozzi, das Schiller für die Bühne bearbeitet hatte und das am 20.9.1941 in der Inszenierung von Karl Heinz Stroux herauskam. Mit dieser Rolle stand sie vor einer Aufgabe, von der sie zunächst nicht wusste, wie sie sie lösen sollte. Der emotionale Bogen dieser Figur ging von der inneren Vereisung einer klugen, aber gefühllosen und männerverachtenden Schönheit bis zur sich aus der Erstarrung lösenden, liebenden Frau. Ullrich Haupt war in der Rolle des Kalaf der leidenschaftlich Liebende, der sein Leben aufs Spiel setzt, um Herz und Hand der Prinzessin zu erobern. Ruppel war der Meinung, dass Marianne Hoppe ihre Aufgabe gelöst hatte: »Marianne Hoppe, in betörend prächtigen Gewändern wie ein Idol anzusehen, das Sinnbild einer kalten, versteinten Schönheit, gab der Turandot die beherrschende dekorative Wirkung des Abends, und darüber hinaus einen schauspielerisch sehr fein gestalteten Übergang von der ›tigerherzigen‹ Rätselfürstin zu der vom Anhauch der Liebe getroffenen und in ihrer Wärme ihr vereistes Selbst befreienden Frau.«[148] Lola Müthel, die zehn Jahre jüngere Kollegin, spielte in dieser Inszenierung die Rolle der tatarischen Prinzessin Adelma und erinnert sich noch heute als Neunzigjährige daran, wie schwer sich Marianne Hoppe mit ihrer Hauptrolle damals tat. Von den Probenarbeiten berichtet sie: »Ich weiß noch genau, wie meine große verehrte Marianne so wahnwitzig aufgeregt war, weil Gustaf Gründgens unten im Zuschauerraum saß und sich das anguckte, und daran merkte ich, was für eine gegenseitige Hochachtung zwischen den beiden war – und sie also dann wirklich sein Urteil angenommen hat. Und wir waren ja dabei und mussten das mit anschauen, wie sie dann ganz artig sagte: »Ja, ja, und Du hast recht, [das] muss [ich] anders machen.‹ […] und das war das Erlebnis als junge Lola, dass ich plötzlich Marianne ganz unsicher und klein und wirklich arm [sah]. Wir sind ja dann arm, wenn wir Schauspieler nicht mehr wissen, was wir machen sollen mit der Rolle und verzweifelt sind. Und das war sie. Und da dachte ich, siehst du, so ist das halt … Wir sind alle diesen Dingen ausgeliefert.«[149]

Was das Spiel Marianne Hoppes, d.h. die Darstellung von subtilen seelischen Entwicklungen erschwert haben mag, sind die überaus monumentalen und wuchtigen Bühnenbilder dieser Stroux-Inszenierung, die die Leichtigkeit der literarischen Vorlage, aus der das Rokoko doch nicht so gänzlich hätte verbannt werden dürfen, erdrückten. Auch müssen die Personen auf der Bühne irgendwie verloren gewirkt haben: »Wenn die beiden mächtigen Türflügel aufgetan werden, eine tiefe, von weißlackierten Wänden und dunkelroter Rückfront umschlossene Halle freigebend, in deren Hintergrund ein hellfarbiger, mit Pagodendächern gezierter Pavillon wie eingekapselt

Dantons Tod von Georg Büchner (1939/40).
Marianne Hoppe als Lucile.
Preußische Staatstheater/Schauspielhaus, Berlin.

Doppelkarriere während des Dritten Reichs 95

Turandot von Friedrich von Schiller (1941/42). Preußische Staatstheater/Schauspielhaus, Berlin.

oben: Szenenbild von Traugott Müller.

links: Marianne Hoppe in der Titelrolle.

rechts: Figurine von Traugott Müller.

liegt, so bedürfte dieser großartig sich selber ›dividierende‹ eines weit stärkeren Bewegungskorrelats, als es der groteske, knickebeinige Aufzug der Verschnittenen ist, die den ›Diwan‹ herrichten. Stroux muß, um den Raum zu füllen, alles Bewegungsmäßige verbreitern und verlängern. Er muß die Gänge wie Arabesken ausformen, und in seinem chinesischen Hofzeremoniell die Rokokoschnörkel wieder einführen, die er durch die lapidare Raumdisposition und das hochgespannte Sprachpathos seiner Inszenierung beseitigen wollte.« Es sei zwar löblich und richtig, dass Stroux, »eine der stärksten Begabungen unter den jungen Regisseuren«, auf der Suche nach neuen Theaterformen sei, doch hätte er hier die Formentradition, aus der das Spielerische dieses Stückes komme, nicht außer acht lassen dürfen. So habe er aus dem Märchenspiel ein tragisches Spektakel gemacht und sei »von der Commedia dell'arte zur gesprochenen Oper« gekommen.[150]

Lola Müthel ist in Erinnerung geblieben, auf welch mühevolle Weise sich Marianne Hoppe ihre Rollen aneignete. In unserem Gespräch am 14. 3. 2008 erzählte sie: »Ich glaube, dass sie sehr fleißig war. Sie machte es sich sehr schwer. Es passierte, dass sie einen Satz sprach und sich sofort selber unterbrach: – »Nein! Nein!« – und es dann wieder ganz anders versuchte … und schon wieder …« Sie habe »außerordentlich gearbeitet! Fleißig! Und immer wieder gesucht.« Und im Vergleich zur eigenen Vorgehensweise erzählt sie: »Ich war eben nicht so klug wie sie, ich bin mehr so hineingeschlittert. Es war aber auch nicht gut, der Regisseur musste mich da sehr bremsen, weil ich so sehr von der Emotion ausging. Und sie war da gar nicht so. Nein, nein, sie war da sehr analytisch, wie man sagt, und sehr kontrolliert. Erstaunlich! Aber dann auch immer geformt. Und das war ja auch das, was Gründgens wollte. Er wollte nicht, dass wir einfach so daher … diese Natürlichkeit und so was alles … Nein, nein, nein! Das musste alles schon durchdacht und analysiert sein.« Am Ende ihrer Staatstheater-Zeit war Marianne Hoppe »geprägt«, so Lola Müthel weiter, sie hatte ihren Stil, zu arbeiten und zu spielen, gefunden und nach dem Krieg nichts anders gemacht. Sie konnte mit allen Regisseuren arbeiten, weil sie sich nie einschüchtern ließ, sondern immer »bei sich geblieben« ist.

Im Rollenrepertoire Marianne Hoppes während ihres Engagements am Staatstheater nimmt die Figur der Vivie in Shaws vieraktigem Schauspiel *Frau Warrens Gewerbe*, das als dessen schärfstes sozialkritisches Stück in der Reihe seiner *Plays Unpleasent* gilt, eine Sonderstellung ein. Es geht darin weniger um die Menschen als vielmehr um die von ihnen ausgesprochenen Ansichten. Sie sprechen, aber sie kommunizieren nicht miteinander, und auch der Autor hat am Schluss des Stückes keine Lösung für die vorgetragenen Probleme parat. Die Bühnenbilder von Cesar Klein zeigen eine liebevoll ausgemalte Landschaft in England, in der alles in Ordnung zu sein scheint. Doch der Schein trügt, bildet die Idylle doch die Kulisse zu Shaws schonungsloser Sozialkritik an der kapitalistisch orientierten, moralisch morastigen und heuchlerischen Gesellschaft des ausgehenden Jahrhunderts. Unter der Regie von Jürgen Fehling spielte Marianne Hoppe in der Spielzeit 1937/38 die Rolle der Vivie, die gerade mit Auszeichnung ihr Mathematikstudium an der Universität in Cambridge absolviert hat, was dem konventionellen Frauenbild dieser Zeit überhaupt nicht entsprach. Vivie, die sich als emanzipierte moderne Frau empfindet, die mit bürgerlichen Kategorien gerade hinsichtlich ihrer eigenen Existenz als Frau nichts zu tun haben will, weiß zu Beginn des Stückes noch nicht, dass ihre Mutter, Kitty Warren, eine ehemalige Prostituierte und jetzige Geschäftsführerin einer florierenden Bordellkette in verschiedenen europäischen Großstädten ist. Mit diesem anrüchigen Geld hat Kitty Warren ihrer Tochter, um die sie sich ansonsten nicht kümmerte und von der sie fernab lebte, das Studium finanziert. Den Part der Frau Warren spielte Hermine Körner, die ihre Tochter auf deren Einladung hin in ihrem Landhaus besucht: »Man glaubt, den Puder und die Parfüms, den Haugoût des ›Metiers‹ zu riechen, wenn sie in himbeerbonbonfarbenem Spitzenumhang, in rotseidenem Schirm und kokett um die Schultern wallender Pleureuse, begleitet von ihrem Financier und Teilhaber Sir George Crofts, Vivies Garten betritt. Sie ist mit den verfeinertsten Mitteln großer, virtuoser Schauspielkunst von einer rauschenden Ordinärheit.«[151] Vivie, die sich ihrer Mutter in keinerlei Weise verbunden fühlt, hatte sie zu sich bestellt, um ihr mitzuteilen, dass sie zukünftig keine Geldzuwendungen mehr von ihr bekommen mag. Sie spürt schon bald, dass irgendetwas mit dieser Frau und ihrem seltsamen Begleiter nicht stimmt. Und dass der Pastor des Ortes, dessen Sohn Frank, gespielt von Bernhard Minetti, sich wiederum um Vivie bemüht, ihre Mutter von früher kennt, kommt ihr mehr als seltsam vor. Vivie fühlt sich unbe-

Frau Warrens Gewerbe von George Bernard Shaw (1937/38).
Marianne Hoppe als Vivie. Preußische Staatstheater/Schauspielhaus, Berlin.

haglich, spürt die zweideutige Atmosphäre um ihre Mutter und fordert ihr in schlimmer Vorahnung das Geständnis ihres Lebenswandels ab. Als sie erfährt, dass sie eine Prostituierte war, wendet sie sich voller Verachtung ab, was wiederum Kitty Warren, gekränkt in ihrer »Würde« und verärgert über die Arroganz der Tochter, zu einer langen Verteidigungsrede hinreißt. Unmissverständlich und in aller Offenheit erklärt sie ihr, warum sie keine andere Wahl hatte, als sich zu prostituieren, um ihrem kümmerlichen Dasein entweichen zu können. Und schließlich habe sie dafür sorgen können, dass Vivie selbst eine gute Ausbildung bekommen hat und immer in Wohlstand leben konnte. Dafür könne sie etwas mehr Dankbarkeit verlangen. Nach diesem Gespräch scheint zunächst eine Annäherung stattzufinden, da Vivie nachvollziehen kann, dass ihre Mutter auf dem von ihr eingeschlagenen Weg nur in der Existenz einer Prostituierten den Zwängen einer wölfischen Gesellschaft entkommen konnte; einer Gesellschaft, in der eine Frau, die sich mit »anständiger« Arbeit Geld verdienen will, nur ausgebeutet und schlecht bezahlt wird; insbesondere, wenn sie aus ärmlichen Verhältnissen kommt. Doch als ihr klar wird, dass ihre Mutter dieses System nun mitträgt, obwohl sie längst keine existenziellen Nöte mehr hat, und dass sie sich zudem in ihrem Denken, besonders in ihren Vorstellungen über das Leben einer Frau an der Seite eines sie versorgenden Mannes, doch in sehr bürgerlichen Kategorien bewegt, wendet sie sich wieder von ihr ab. Auch sonst lässt sie niemanden an sich heran: nicht Frank, den Sohn des Pastors, dessen Halbschwester sie ist, wie sich herausstellt, und auch nicht Croft, der sie heiraten will, um ihr ein gutbürgerliches Leben zu ermöglichen – freilich mit Geldern aus anrüchiger Quelle. Die erneute Aussprache mit ihrer Mutter, die sie bittet, zurückzukehren, wird zum Abschied für immer. Vivie hat sich für ein illusionsloses Leben entschieden, das sie mit ehrlicher Arbeit bestreiten will. Man ahnt allerdings, dass auch sie in ihrer tief empfundenen Verachtung der Gesellschaft, in der ihr Herz für niemanden schlägt, und in dieser Art von Anständigkeit ihr Glück nicht finden wird. Fehling und sein »großartig leidenschaftlicher Drang, den Menschen an den Wurzeln seiner Existenz zu packen, ihn, wenn man so sagen kann, mit allen Fluten seiner Natur zu überschwemmen«, hat in seiner Inszenierung die Akzente vom dialektischen Stück auf ein im realistischen Leben, im menschlichen Dasein verwurzeltes Stück verschoben, wie Ruppel feststellte, der »mehr Wedekindsche Dämonie als Shawsche Dialektik zu spüren« meinte. »Es beweist Marianne Hoppes schauspielerische Eindringlichkeit, daß ihre Vivie neben dieser außerordentlichen Leistung bis zum letzten Augenblick, ja gerade am Schluß besonders gesteigert, standhält. Man spürt, wie sich dieses schon sachlich betonte Mädchen, das aber der Sentimentalität ebensowenig unzugänglich ist wie seine Mutter, die harte Festigkeit seines Standpunkts erkämpft – gerade diesen Kampf stellt Marianne Hoppe mit einer Gelöstheit und Freiheit in der Anwendung ihrer Mittel dar, wie man sie selten an ihr gesehen hat. Ihre Unbedingtheit wirkt jugendlich echt und selbst ihre Resignation entbehrt nicht der energischen Spannung. Dazwischen aber spürt man die leisen Schwingungen eines feinen, weiblichen Empfindens, und man ahnt die Tragik dieses Mädchens, das seine Sauberkeit mit seelischer Verkümmerung erkauft.«[152]

Insgesamt war Marianne Hoppe während ihres Engagements am Staatstheater nur in drei Fehling-Inszenierungen besetzt, außer ihrer Vivie noch als Hermione in Raimunds *Gefesselter Phantasie* und als Marikke in Sudermanns Volksstück *Johannisfeuer*, das am 6. 5. 1944 herauskam und worin sie ihre letzte Rolle am Staatstheater vor dessen kriegsbedingter Schließung spielte. Sudermanns *Johannisfeuer* erinnert an die suggestive Kraft von Richard Billingers Volksstück *Rauhnacht* und deren rauschhaft-heidnische Exzesse, an jene »Dämonie auf dem Nährboden des Geschlechtlichen«, die schon Falckenberg, der das Stück an den Münchner Kammerspielen in der Spielzeit 1931/32 uraufgeführt hatte, faszinierte.[153] In Sudermanns Stück, das Fehling nicht naturalistisch inszeniert hat, sondern das sich in einer visionär gesehenen glühenden Sommerlandschaft Ostpreußens abspielt, verfällt der Verlobte einer Bauerstochter im Feuerschein der Johannisnacht der ansonsten unattraktiven und schmuddeligen Magd Marikke, eine Art Heimchen am Herd, das sich in dieser einzigen Nacht ganz ihren Begierden überlassen darf. Von dämonischer Kraft war auch die Darstellung der Maria Koppenhöfer, die als diebische, versoffene und in Lumpen gehüllte Weskalnene Marikkes Mutter spielte. Fehling sah in Marianne Hoppe die Idealbesetzung für seine Marikke, was erstaunt, weil sie nie zuvor die Darstellerin hemmungsloser Leidenschaft gewesen ist. Der Besprechung von Cornelia Herstatt gemäß muss Marianne Hoppes Darstellung dem Triebhaft-Orientierten dieser Figur in beeindruckender Weise entsprochen haben. Ungeschminkt und »im puritanischen Kattun des sogenannten Notstandkindes« entwickelte sie aus einer »nackten Triebhaftigkeit das Heimchen, vollbrachte sie eine ungeheure, den Kopf ausschaltende und nur dem Instinkt nachgebende Leistung. Sie war wirklich dieses von der Geburt ewig gezeichnete litauische Geschöpf, das sein Erbe auch in der Schleifstatt des wohlsituierten Milieus nicht verleugnen kann. Ihr Dienen hatte etwas Serviles; ihre hektischen raschen Bewegungen hatten etwas fremdartig Unheilvolles. Wenn sie lachte, so schepperte darin die Verzweiflung, und wenn man ihr Gutes tat, so griff sie danach wie ein Bettler nach der Münze, zeigt sich in geradezu triumphal aufblitzenden Augen die diabolische Freude des Geknechteten, der endlich nicht mehr ein Zuschauer des Glücks zu sein braucht. Und erschütternd war ihre Größe der Selbstbezwingung, ihr schließlicher Verzicht. Gleich einer Gekreuzigten stand sie da in dunkler Einsamkeit, während die anderen zur Kirche fuhren, im Mund das Taschentuch, ein Tampon, das den großen Schrei tierischer Qual ersticken sollte.«[154] Fehling, »das wildeste Raubtier« des »Zoodirektors« Gründgens[155], von dem Bernhard Minetti sagte, dass bei ihm »alles emotional« war, weil »es im Grunde biologisch war«[156], sah als Einziger unter den Regisseuren des

Johannisfeuer von Hermann Sudermann (1943/44).
Marianne Hoppe (Marikke) und Maria Koppenhöfer (Weskalnene). Preußische Staatstheater/Kleines Haus, Berlin.

Staatstheaters in Marianne Hoppe die passende Darstellerin naturhafter und trieborientierter Figuren. Außerdem sah er im Genre humoriger Charaktere ihre Rollenheimat, wie er ihr nach dem Krieg in seinem Brief vom 7.9.1951 schrieb, in welchem er die Meinung vertritt, dass sie bisher meistens fehlbesetzt worden sei:

»Liebe Marianne
 Dies ist also der erste Brief, den ich in diesem Leben an Dich schreibe.
 Ob schon ›in abgelebten Zeiten‹ von uns ›abgelebtes‹ Papier verbraucht ward, wer weiß das?
 Jedenfalls darf von einem, der rund und fett ist und 66 Jahre an seinem Leibe kleben hat, ausgesprochen werden, daß seit sehr vielen Jahren, recht eigentlich aber seit Deiner ›Marikke‹ eine große Sympathie Deiner Person in mir wach ist, als welche mich auch kürzlich wieder überlegen ließ, ob ich nicht mit Dir mich in Verbindung setzen sollte, zwecks Planung gemeinsamen Gastspiels.
 Ich tat es nicht, weil ich fürchte, nur in ausführlicher Rede u. Gegenrede Dich überzeugen zu können, daß Du – meist – falsche Rollen spielst.
 Da aber wichtigste Gastierungen von mir mit Joana u. der lieben Flicki in Berlin im kommenden Frühjahr u. Sommer geplant sind, schreibe ich diesen Vorreiter, dem vielleicht eine Kavallerieattacke plötzlich folgen kann.
 Ich halte dafür, und glaube wie kein anderer deutscher Lebender mich auf diese Diskontkünste spezialisiert zu

eigene Persönlichkeitsstärke für Gustaf Gründgens ein wichtiger Rückhalt war. In ihrem im Nachlass enthaltenen Redemanuskript heisst es:

»[…] Angesichts einer Apokalypse, deren Ende gewiss war – was war zu tun? Der Gedanke, persönlich auszuweichen, war nicht zu denken. Es galt mit äusserster Konzentration und äusserstem Schweigen zuverlässig zu sein. Ein Gesicht zu wahren, das nicht das eigene war. Zuviele Stimmen sind schon verstummt, aber jede, jede von ihnen könnte aus persönlichstem Erfahren davon sagen, wie in Schicksalsnöten allein durch Gustafs Vorhandensein ihnen der Mut gegeben wurde, weiterzugehen, nicht aufzugeben, Angst ertragen zu können. Die Anzahl solcher Menschen ging ja weit über die Zahl derer hinaus, die dem Hause am Gendarmenmarkt angehörten. Da konnte der kleinste Fehler, die unbedachte Äußerung, die unwichtigst erscheinende Nachlässigkeit tödliche Folgen haben und nicht nur für denjenigen, der dies tat, sondern tödlich auch für den Zusammenhalt des ganzen Apparates, eine Gefährdung für den Zusammenhalt des ganzen Gebäudes. Ich muss heute davon sprechen, von diesem unbedingten Verlass, der von jedem Einzelnen von unserem Ensemble, von dem ganzen Personal gefordert wurde und gefordert werden konnte.

Und wie ermöglichte sich diese Haltung, diese Unbedingtheit: eben durch die absolute Verlässlichkeit von G. G. (der genauso gefährdet, der genauso angreifbar), die von ihm geübt und vorausgesetzt werden konnte. Mit dieser Doppelbelastung hatte er zu leben.

Ich habe es immer als das grösste Geschenk meines Lebens angesehen, in diesen Jahren an Gustafs Seite zu sein, in engster Verbindung, in tiefster Zuneigung, in einer Verbindung, die nie aufgehört hat, zu sein. […]«

Als sich Gründgens aus taktischen Gründen, nämlich um sich den politischen Übergriffen der Machthaber zu entziehen, 1943 als Flaksoldat nach Utrecht begab, stand Marianne Hoppe – und nicht nur sie – allerdings plötzlich ohne seinen Schutz da. Sie entzog sich dem Theater und widmete sich zunächst ganz dem Film. Erst nach Gründgens' Rückbeorderung 1944 spielte sie auch wieder Theater. Als Ehefrau des Staatstheater-Intendanten war Marianne Hoppe in noch exponierterer Stellung als ihre Kollegen und Kolleginnen. Sicher – sie war ganz oben, aber der Preis dafür war hoch. Immer ist es ihr schwergefallen, über ihre Zeit am Staatstheater in Berlin während des Dritten Reichs zu sprechen. Das Richtige am Bleiben war: »Man hatte auch das Gefühl, Trost zu geben, einen letzten Freiraum zu schaffen. Doch, gerade in schweren Zeiten kann Theaterspiel Halt geben, wenn das Allgemeingültige an einem Schicksal wie dem der Galotti gezeigt wird…«[157] Sie hat es nicht bereut, sagte sie in einem Interview fast trotzig, geblieben zu sein; sie würde, wenn sie es noch einmal zu entscheiden hätte, wieder nicht gehen[158]; an anderer Stelle aber spricht sie bezüglich ihres Bleibens als von den »schwarzen Seiten ihres Poesiealbums«[159]. Die Wahrheit ist, dass sie wohl ein Leben lang selbst keine endgültige Antwort auf diese Frage fand und dass sie nie aufhörte, darüber nachzudenken, ob ihr Bleiben am Staatstheater richtig oder falsch war. Schon als sie noch an den Kammerspielen war und Horváth nicht ins Exil begleitete, sagte sie im Nachhinein: »Das ist eben das schwarze Blatt, kommt man nicht drüber weg […]«[160]

Sie erzählte, dass es während ihrer gemeinsamen Zeit am Staatstheater kein Gerangel um Rollen gab und dass sie als Ehefrau des Intendanten keine Bevorzugung genoss. »Er war der Chef. Ich stand immer auf der Seite der Schauspieler. Es gab keine Intrigen um Rollen. Wir diskutierten nicht. Wir wühlten nicht in Problemen. Knäuel nannten wir das. Man wußte, in der Intendanz wird für einen gedacht. Und die schönen Rollen bekam mal Käthe Gold, mal ich. Gut, die Ophelia wollte ich schon gerne spielen, aber Gustaf gab sie der Käthe Gold. Und sie war ja auch herrlich. Dann wird Käthe krank. Und ich kann einspringen. Und sogar das Gastspiel in Helsingør mitmachen…«[161]

Wenn sie auch keine Bevorzugung genoss, so war sie doch als Ehefrau des Intendanten eine Autoritätsperson für das Ensemble, besonders für die jüngeren. Lola Müthel erzählte im o. a. Interview am 14. 3. 2008: »Wir haben sie alle wahnsinnig verehrt, ich vor allen Dingen, habe sie sehr sehr verehrt und schön gefunden und angebetet und all das … Nun, da waren eben diese zehn Jahre Unterschied, ich glaube, es waren genau zehn Jahre, die uns trennten. Und heute in meinem vorgeschrittenen Alter bedauere ich außerordentlich, dass ich diese Distance haben musste natürlich. Sie war meine Frau Intendantin, und sie war die große Kollegin, und das war natürlich eine Distance, die eine Intimität oder etwas Persönliches ausschloss – zunächst. Es war einfach zuviel

Vor dem Hofgärtnerhaus beim Schloss Bellevue, dem Stadt-Wohnsitz des Ehepaares Gründgens.

Verehrung da von mir. Sie war eine wunderbare Kollegin, sie war kameradschaftlich, sie war phantastisch, aber trotzdem, von mir aus war das natürlich eine etwas zwiespältige Lage.«

Zu ergründen, was die Liebe zweier Menschen füreinander unausweichlich macht, kann auch im Falle Gründgens und Hoppe nicht gelingen und man kann nur spekulieren. Gründgens wusste mehr vom Leben, war als Schauspieler, Regisseur und Intendant zu großer Anerkennung gelangt, konnte künstlerisch das umsetzen, was er sich vorstellte. Marianne wird das bewundert haben. Und sicher wird sie all das geliebt haben, wofür Gründgens bekannt war: seinen Charme, seinen Stil, seine Intelligenz, sein großes künstlerisches Talent und seinen Feuereifer, mit dem er es auslebte. »Gustaf und ich haben uns zunächst nur selten gesehen. Da war eben Sympathie und Freundlichkeit. Und da muß uns beiden was aufgefallen sein. Ich meine, aufregend war der natürlich unglaublich. Suchen Sie mal so jemand, den finden Sie nie. Nie! Wir beide hatten denselben Humor. Und dieselbe Art, alles runterzuspielen, nichts zu dramatisieren. Man wußte, da ist Verlaß. Eine Zusammengehörigkeit. Ein Respekt. Eine Achtung. Man muß sich gegenseitig Raum lassen. Das wußte man. Ja, und er war schön. So was Schönes, diese Beine…«[162] Und was hat Gründgens an ihr geliebt? Sie war schön, umworben, auf dem Weg zu großer Berühmtheit, war ebenfalls intelligent, hochbegabt, modern und auch mit preußischen Tugenden gesegnet – und voller Energie. Und beide m u s s t e n spielen. Die bedingungslose Hingabe an den Beruf band, war aber auch ein trennendes Element: »In unserer Profession – da kann man sich eben nicht anbieten als regulärer Partner. […] Dieser Beruf mordet Beziehungen. […] Darum bin ich ja auch so froh über die zehn, zwölf

Jahre, die ich mit Gustaf zusammengelebt habe. [...] Natürlich hat jeder von uns irrsinnig viel gearbeitet. Aber da war unser Zuhause.«[163] Als sie am 19. 6. 1936 heirateten, war sie siebenundzwanzig Jahre alt. Er hatte sie ganz unvermittelt im Auto, unterwegs auf der Gatower Chaussee, gefragt, ob sie ihn heiraten würde, was sie genauso unvermittelt mit »Ja!« beantwortete. Einige Tage vorher, am 3. 5. 1936, war Gründgens im Völkischen Beobachter wegen seiner Homosexualität angegriffen worden und deshalb nach Basel geflohen. Göring, dem er von dort aus seine Absicht zu emigrieren mitteilte, bewegte ihn zur Rückkehr und sicherte ihm durch die Ernennung zum Preußischen Staatsrat Immunität zu. Dieser Umstand trug erheblich dazu bei, dass die Ehe zwischen Marianne Hoppe und Gustaf Gründgens nur als Scheinehe gesehen wurde, obwohl sie auf wahrer Liebe beruhte. In einem Gespräch mit Ben Witter beschrieb sie ihre Beziehung zu Gründgens ungewöhnlich ausführlich: »Meine Naivität und Verliebtheit, und sein scharfes und schnelles Denken … Ich wollte ja so rasant sein wie er. Zuerst haben wir richtige Drahtseilakte vorgeführt [...]. Ich habe ihn über alle Maßen geliebt, weil ja auch die Achtung voreinander immer da war und seine hundertprozentige Verläßlichkeit. Und unsere Zettel waren da, und mein praktischer Lebenssinn, und auch meine Hilflosigkeit, die ich immer versteckte. [...] Ich hatte mich nie herumgetrieben und nur wenige Männer gekannt. Während der zehn Jahre haben wir eigentlich nie viel miteinander gesprochen; es waren die Zettel und andere Formen der Verständigung, sehr sublimiert. Und es war der große Reiz, nichts definieren zu können oder zu wollen. Es war wie der Satz in Hofmannsthals *Begegnungen*: ›Die Begegnung ist mehr, als die Umarmung halten kann.‹ [...] Gustaf war bisexuell. Und er wollte für mich alles unvergeßlich machen; es war Erotik, und die Besitzansprüche wurden immer wieder in ein Gleichgewicht gebracht. Es blieb eine aufregende Art von gegenseitiger Distanz, um die Erwartungen und Sehnsüchte auf Linie zu halten.«[164]

Am 26. 2. 1943 richtete er sein Abschiedsgesuch an Reichsmarschall Göring, nachdem einige Tage vorher, am 18. Februar, Joseph Goebbels im Berliner Sportpalast den »Totalen Krieg« erklärt hatte. – Nach einem Kuraufenthalt in Berchtesgaden von April bis Mai 1943 bei Dr. Zabel begann Gründgens im Juni einen Unteroffizierslehrgang in Utrecht. Dienst hatte er in der Nähe von Amersfoort bei der 8,8 Flak. Als Gründgens an die Front ging, muss sie sehr enttäuscht gewesen sein, dass er diesen Entschluss vorher nicht mit ihr abgesprochen hatte und dass er sie in Berlin allein zurückließ. Gründgens, der sein Amt als Generalintendant beibehalten hatte, versuchte zu zeigen, dass er auch aus der Ferne für sie sorgt. Zu Beginn seiner Soldatenzeit schrieb er ihr: »Ich habe mit Tietjen ausgemacht, dass Du nach dem Spielen gleich im Auto nach Zeesen gefahren wirst. Sollte man es vergessen haben, soll sich Mühr bei Tietjen erkundigen. Hat Max[165] das Fleisch gebracht? Sorge ich??« Die Briefe von Marianne Hoppe an Gründgens aus dieser Zeit dokumentieren, wie sehr sie an allen Fronten gekämpft hat. Sie kümmerte sich um die Instandhaltung von Zeesen, wo sie wohnte, da Bellevue seit dem Großangriff auf Berlin ausgebombt war; sie fuhr in die Stadt, um zu schauen, ob Theater gespielt wird; sie nahm Ausgebombte auf, darunter das Ehepaar Paul und Charlotte Bildt, bald darauf auch deren Tochter Eva; sie schrieb an Gründgens, der mit fortschreitendem Krieg immer nervöser wurde in seiner Soldatenuniform, um ihn hinsichtlich des Theaters auf dem Laufenden zu halten; sie berichtete von Kriegsschäden, auch in Bezug auf das eigene Haus in Zeesen u.v.a. Für Gründgens übernahm sie das Amt des »O. v. D.«, da er monierte, von anderen nicht schnell und umfassend genug informiert zu werden. Marianne Hoppe war zu dieser Zeit mehr als erschöpft und genoss jeden möglichen Augenblick der Ruhe. Mit Gustaf Gründgens »p. d. machen« – palavern und … – war dann ihr Wunsch. Was immer das konkret heißen mochte: sie hatte Sehnsucht nach ihm, nach dem Gespräch mit ihm, nach seiner Zärtlichkeit und nach Geborgenheit.

Gründgens war nicht der einzige Soldat, dem Marianne Hoppe schrieb. Als Künstlerin war sie für viele Soldaten draußen im Feld auch Idol und seelisch moralischer Haltepunkt, wie dies etwa dem Feldpostbrief von Bernhard Degenhart an Marianne Hoppe vom 27. 1. 1942 (Poststempel), von denen es Dutzende in ihrem Nachlass gibt, zu entnehmen ist.

»Liebe und verehrte gnädige Frau.

Während eines kurzen Urlaubs in Wien bin ich von einer Einberufung überrascht worden; augenblicklich befinden wir uns auf einem sächsischen Truppenübungsplatz, wohin es dann geht, ist ungewiß, wenn schon zu ahnen.

Ich schreibe Ihnen davon, weil ich Ihrer ›Anteilnahme‹

sicher bin und weil ich fürchte, daß ich nun vielleicht recht lange nicht mehr die Freude haben werde Sie in Berlin zu sehen. Im übrigen ist wohl jeder Kommentar überflüssig.

Ob Sie einmal zum Schreiben kommen? Jedenfalls könnten Sie mir gelegentlich Programmhefte der Berliner Bühne schicken, es würde mich noch ein bißerl mit der schon so fernliegenden schönen Zeit in Berlin verbinden.

Es ist schlecht zu beschreiben, wie abgeschlossen alles hinter einem liegt, sobald man wieder Soldat ist. Ich übe mich darin, nur in der Erinnerung zu leben und mich bewußt auf ein Außerhalb meines gegenwärtigen Daseins zu konzentrieren. Sich selbst gehört man nur nachts, im Schlaf und ist in seinem Traum wirklich frei. Und ich muß sagen, ich habe nie so bunt, reich und phantastisch geträumt, wie jetzt. Doch bleibt das Ersatz –

Ich hoffe es geht Ihnen gut.

In welcher Verklärung scheint mir hier jeder Augenblick, den Sie mir auf der Bühne aber persönlich schenkten. […]«

Gustaf Gründgens und Marianne Hoppe – Zettel und Briefe

[Ende 1935]

[…] Viel Sonne, viel …, viele Müdigkeit, die hochkommt und die Hoffnung, dass es doch zu was gut war.

Bin sehr braun (eigentlich mehr rotbraun und wache nur noch einmal nachts auf, neulich habe ich sogar nur 4 Allional gebraucht, sonst 7 gegen 11 in der letzten Berliner Zeit.

Ich möchte jeden Tag strecken damit er länger wird und ich mich spürbar erhole.

Und Du bist fleissig? Und nicht heiser bei vielen Gretchen.

Ich bin so froh, dass es mit dem Theater so wunderbar für Dich geworden ist. Das **muss** Dich freuen.

Denk mal! Ich glaube ich komme Ende {November} zurück und fange mit Emilia an.

Fürs nächste Jahr habe ich schon zwei wunderbare Rollen für Dich! Geheimnis!

Sei eine freundliche Dame zu mir – und ausserdem zum Leben.

(Wenn man es doch lernen könnte wie eine Rolle! Was?)

Wegen Angst vor Alleinsein ist Pamela mitgekommen; aber ich war wütend! Dass Du Verona spielen musstest!

Ich habe furchtbaren Krach geschlagen.

Entschuldige das, denn ich wollte Dir schreiben.

Was macht Dein Haus?

Filmst Du (bitte **nicht** Anfang Mai oder Ende April nein?)

Wiedersehen Marianne.

(Hab Dein strenges Bild aus dem Theater des Volkes gesehen in der Neuesten Illustrierten. Ich bin beinahe ertrunken vor lachen weil Du so grimmig auf den Photographen warst.) […]

Undatiert [27. Juni 1936]

[…] Viele Mücken haben mich gestochen seit wir uns nicht gesehn haben; Du siehst Du kannst mich nicht allein lassen. Und mein Zahn fällt bestimmt heute nacht heraus, wenn ich ihn nur nicht verschlucke.

Hetz Dich bloss morgen in der Stadt nicht so ab. Mach mal nen Punkt.

Morgen sind wir schon acht Tage verheiratet. Erstes Jubiläum; wenn es so weiter geht gehts.

Schlaf gut, Du bist ein weiches warmhäutiges Trichen – neine ein Trinchen [sic] – und ich wollte Du legtest Deine Hand auf mein Herz, das Angst hat, vor dem viel-

Die Auffahrt zum Gutshaus in Zeesen.

Und am eins-esten sind wir in unseren Traurigkeiten und unseren Sehnsüchten und die bleiben uns am längste[n.] [(Forstsetzung fehlt]

Zettel, ca. 1937/38, Briefkarte mit Aufdruck »Gustaf Gründgens und Frau«
Wünschen Ihnen von Herzen eine gute Nacht.
Herr Gründgens ging zu Bett
Wegen {…} Generalprobe und Hamlet
Frau Gründgens hat sich hoffentlich gut unterhalten und wird morgen der um 12 beginnenden Generalprobe beiwohnen.
Ergebendster

Undatiert [Gründgens befindet sich irgendwo in Behandlung]
Liebe Janni
Also leicht ist es nicht; aber dem sehr ähnlich was später folgen soll.
Mein Kopf tobt!
Aber alles ist sicher gut, denn man wird um und um gewendet.
Dazu schneit es.
Liebe, hoffentlich wird man Dir nicht zu lästig mit Fragen und so.
Schreib mal ein bischen.
Und Dank für Deine Hilfe in den letzten Tagen. Ich bin sehr neugierig zu erfahren ob das Leben leichter ist wenn man gesund ist. Alles Liebe G.

Marianne Hoppe und Gustaf Gründgens auf dem Zeesener See.

zuvielen, das ich tun muss und denken muss und das von Erfolg und Umsatz fast so müde ist wie ein anderes in London vom Gegenteil.
Und seit Du bei mir bist, werde ich so geizig mit mir und möchte gerne Kraft sparen für uns. Ich geh schon gar nicht mehr ins Büro. (Dalila!!)
Und ich bin ein rechter Krampen und Fetzen merke ich.
Und Du bist ein hektisches autokaputtmachendes filmstartrinchen.
Aber Dein Herz ist aus Felsenhagen und mein Herz ist – ach Trinchen wo? Sieh mal nach ich glaube Du hast es.

Undatiert [Unter aufgedrucktem Schriftzug »STAATSRAT GUSTAF GRÜNDGENS«]
Teilt ergebenst mit
Dass er von 8–10 geschlafen hat,
Kopfschmerzen jetzt auf der anderen Seite
Jetzt hat er gegessen
Und ist wild entschlossen
Sich gesund zu schlafen
Nicht ohne liebe Gedanken
An sein Laster Trinchen zu senden.
In der nächsten Rolle darfst Du
Butterweich sein.

Undatiert
   Da sitze ich nun auf in der Nacht und mein Kopf tut weh und mit dem Schlafmittel will es nicht so recht.
   Und da denke ich eben vielleicht sage ich es nicht genug, vielleicht kann man es nicht genug sagen: **wie** lieb ich Dich habe und wie es mein sehnlichster Wunsch ist, dass Du weißt, wie glücklich und dankbar ich mit Dir bin; und dass alles was gut an mir ist Dir gehört und dass ich alles für Dich tun möchte, damit Du eine glückliche Frau bist. Gustaf

Undatiert
   Liebe liebe liebe
   Marianne
   dass Du da bist, dass es Dich gibt
   ich kann es nicht zeigen, aber ich
   lebe davon. G

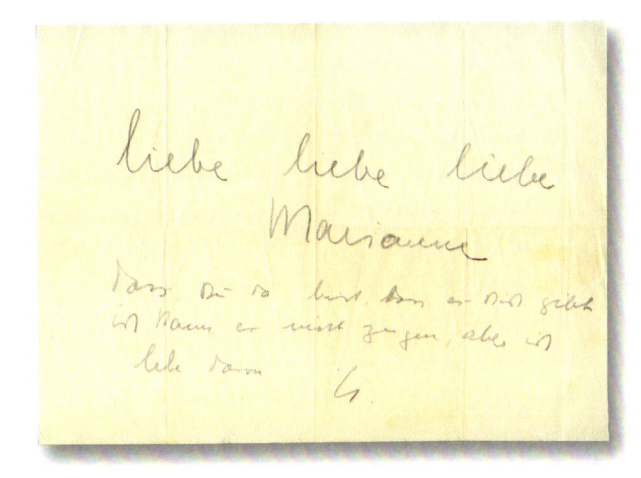

Undatiert [1936]
   Liebe {…}trine
   lass es Dir gut gehen
   heute abend – und immer.
   Sei eine Blumenkönigin und
   nicht görig: und spiel nicht
   zu viel mit dem Kleid; und betone
   richtig: was nettes? Und spiel die
   Monica[170]. und fahr nach Zeesen
   und drück die Daumen, dass ich heute heil nach Hause komme.
   Ich hab Angst um mich und gar keine um Dich, denn Du bist ein prächtiges Trinchen und spielst schön und sicher dein Stückchen herunter. […]

Undatiert
   Ich konnte nicht mehr aufbleiben. Ich habe mich krumm und dusselig »gedichtet« und das Teufelslied immer noch nicht gut gemacht.
   Ich singe Dir morgen früh noch zwei Fassungen vor, beide – schlecht.
   But what shall I dou?
   Schreibt man das so [–] nein
   Sicher nicht.
   Ach Gott.
   Schlaf wohn auf Deinem Aug
   Fried in der Brust
   und wie es weiter geht
   um 9 ½ Uhr Gustaf

Undatiert
   Gute Nacht
   Arme Kleine {…}
   Hoffentlich kannst Du lange schlafen
   Du darfst es bei **mir** wenn Du magst
   ich erschrecke mich dann garnicht.
   Hier schenke ich Dir eine Kugel.
   Ich hab Dich lieb

Undatiert
   Gute Nacht Mädchen
   ich habe Sehnsucht nach Dir.
   und mir fest vorgenommen
   von Dir zu träumen.
   ich warte bis ich Dich
   sehe morgen.
   vielleicht komme
   ich Dich wecken.
   (wenn ich soll.
   sonst soll Grete mich abwimmeln.)

Undatiert
   Treuloseste aller Tomaten!
   Nie anrufender Widerling!
   Filmjule!
   wer ruft gestern nach dem Film nicht an:
   Du!
   wer ruft gestern aus der Pause nicht an:
   Du!
   wer ruft gestern nach der Vorstellung nicht an:
   Du!

wer ruft heute morgen vor dem Film nicht an:
Du!
wer ruft in der Mittagspause nicht an:
Du!
wer ist das letzte vom letzten??
Ich!!
Denn ich habe mir wieder den fuss angeknackst und liege wieder wie damals: Bänder gerissen, Bluterguss und eben weh weh!

Ruf mich in der Pause an, sonst brech ich mir das andre Bein auch noch. (Es ist aber nicht schlimm!)

Undatiert

Lieber Gustaf! Du bist sehr müde – ich will schon schlafen – Du paßt immer auf mich auf, darüber freue ich mich. – Danke schön –. Du bist mein bestes Stück. Ich habe nicht etwa zu viel getrunken, das schreibe ich so.

Danke schön, daß Du auf mich aufpaßt und Acht gibst. (Überhaupt) Janni

Ich will auf was ich kann – aufpassen und Acht geben.
M

Telegramm von Gustaf Gründgens an Marianne Hoppe, 26. 4. 1939, zu ihrem Geburtstag[166]

Katze fort Mäuse über Tisch und Bänke stopp gestern nacht bis 3 Uhr mit Traugott und Wolfgang Puzzle gespielt stopp Zum Geburtstag und allem was für Dich damit zusamm[en]hängt herzliche Wünsche und treue Gedanken stopp Bitte erlaube mir Deine Erholungsreise mein Geburtstagsgeschenk sein zu lassen stop, das ist üblich und gefällt mir für Eheleute stopp […]

Zeesen, 20. Dezember 1940

Liebe Janni

Du hast mir gestern abend mehr das Herz erwärmt als je an den Jahrestagen unseres gemeinsamen Lebens-neubeginns.

Ich nehme das tief im Herzen als das sichtbarste Zeichen unserer tiefen von mir heiss-gewünschten inneren Gemeinschaft, die noch nie an den Höhepunkten unserer gemeinsamen Geschichte versagt hat und die über die langen und schweren Strecken des Alltags zu bringen unsere Pflicht ist.

Du bist Anfang und Ende […]

April 1943 (Karfreitag)[167]

Liebe Janni,

zu Ostern und zu Deinem Geburtstag sende ich Dir meine herzlichsten Wünsche.

Es war kein leichtes Jahr, das letzte. Wie sollte es auch.

Aber es war, fand ich, für Dich ein reiches Jahr.

Trotz aller Müdigkeit, die Dich immer wieder befallen will, bist Du gerade in diesem Jahr viel weitergekommen.

Ich glaube, ich kann den Brief, den Du mir geschrieben hast nach »Flucht vor der Liebe« auswendig. Und Du hast auch recht damit, aber liegt es nur an mir oder an Dir oder an uns?

Ist es nicht vielmehr die Zeit, die jeden hernimmt und **strapaziert.** Und vor allem die Menschen, die heute noch dreispännig fahren?

Wie Du mit Theater, Film und 2 Haushalten? (Vom Hunde ganz zu schweigen)

Wir – und das ist meine naturkundheilmethodische Erkenntnis – wir nehmen uns viel zu viel vor.

Ich glaube es ist so: wenn man 1,50 meter springt, bekommt man schon das goldene Sportabzeichen. Uns gab ein Gott die Fähigkeit 2 meter zu springen. Statt zu danken und nie mehr als 1,80 zu springen, was schon weiter ist, als die anderen und uns noch Reserven lässt, ist unser ganzer blinder Eifer darauf gerichtet, 2,20 meter zu schaffen. Und wenn das nicht geht – oder nicht immer geht – sind wir unzufrieden mit uns und quälen uns und die Menschheit.

scheussliches dagegen. Eingewickelt in heisse Kompressen, die auf Kopf und Schultern liegen und mit drei Heizkissen geheizt werden. Darin liege ich nur Mund und Nase frei anderthalb bis zwei Stunden. (Ich muss schon sehr gesund werden, wenn das sich rentieren soll)

Morgen (oder übermorgen) kommt Stephanie. Hoffentlich nicht kompliziert; das würde ich nicht schaffen. Aber sonst wird es höchste Zeit, dass ich spreche; es sind fast drei Wochen so hingegangen und kein Spaziergang ist eine Erholung, wenn man sich nicht ein bisschen im Ganzen bewegt: also auch Kopf und Mund und Atem.

Ich freue mich auf die Tage mit Dir; wir wollen alle Stühle aus den Zimmern schaffen.

[Vermutlich Juni 1943, während seiner Soldatenzeit in Utrecht]

Liebe Janni

rasch ein paar Zeilen, damit du ganz ruhig sein kannst.

heute hatte ich meinen ersten ernsthaften Tag und obwohl ich Sachen gemacht habe von denen ich vor 8 Tagen nicht ahnte dass ich sie je tun müsste geht es mir ganz gut.

Der Dienst ist für mich teils erleichtert, teils erschwert. Erleichtert, weil man auf mein Alter und auch auf meine Person doch durch Einzelausbildung Rücksicht nimmt (ich habe sogar nachmittags eine kürzere Zeit für mich) erschwert weil ein Wachtmeister vorhat und oft der Hauptmann dazu; es ist furchtbar viel zu behalten. Und da ich ja bald als Hilfsausbilder eingesetzt werden soll muss ich mir meine Kommandos selbst laut vorbrüllen. Und immerfort meinen Namen aussprechen. Es war eine grässliche Überwindung aber nun geht es. Es werden jetzt schlimme Tage kommen mit Gewehr und Gasmaske aber ich will es so sehr gut machen.

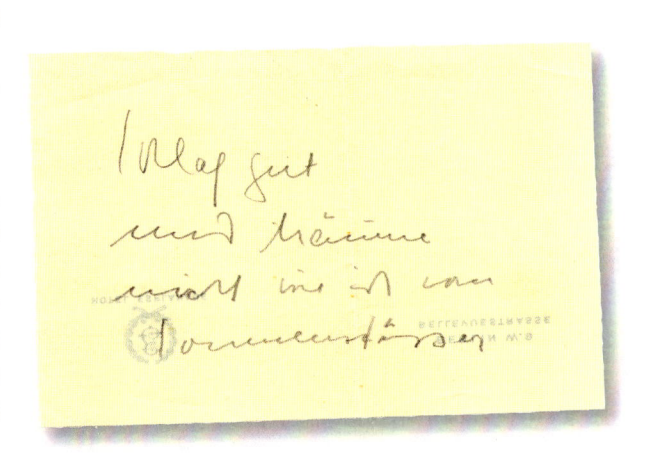

Wir leben zu sehr von der Substanz.

Das ist nicht unfair aber dumm.

Und wir sind so gewöhnt es zu tun, dass wir auch in den wenigen Tagen unseres Nichtstunmüssens blind weiter schaffen. So wie Blis im Schlaf rennt. Ob wir kochen oder Patience legen: es geht immer ums ganze. Nun wollen wir sehen, was das nächste Jahr bringt, dass viel mechanisches von uns fordert, aber vielleicht den Druck wegnimmt und richtig leitet. Denn jetzt haben wir wirklich zu tun, um fertig zu werden. Jetzt wird nicht mehr Luft gedroschen.

Und wir wollen aufpassen, wo die Grenze ist, wo Konsequenz – Bestemm wird [sic].

Von mir ist im Augenblick nichts Schönes zu sagen.

Ich befinde mich »in einem tiefen Tal«, wie Zabel sagt.

Das fehlende Allional rächt sich durch sehr hässliche Entziehungserscheinungen. Ich habe seit vier Tagen ständige Kopfschmerzen, die ohne Mittel gelassen werden und mich auch am schlafen hindern. Letzte Nacht sass ich von halb eins ab aufrecht im Bett und konnte mich nicht hinlegen, vor Kopfweh. Es gibt nur etwas

Ich bin noch immer froh über meinen Entschluss und es ist gut dass ich so aus mir herausgetrieben werde.

liebe Janni alles alles Gute für Deine Reise und herzlich zärtliche Gedanken deines in jedem Sinn Gefreiten.

28. 6. [1943][168]

Liebe Marianne

es ist eine Ewigkeit her, dass ich weg bin. Hast Du einen schönen grossen Erfolg gehabt? Nun halte auch noch die paar Tage bis zu Deiner Abreise durch. Wenn irgendwas haken sollte ist noch Dr. {Heitz}bach zuständig. aber es wird schon nicht.

[…] Aber dann kam alles anders.

Ich meldete mich morgens um 10 Uhr und war gleich über den Empfang auf der Meldestelle verblüfft; ich wurde gleich zum Kommandeur geschickt, der reizend für mich vorgesorgt hat. Ich brauche also nicht in der Kaserne zu schlafen sondern habe ein Zimmer im Offiziersheim mit Bad und allem. Im Garten d. Heims werden auch die ersten Tage die Grundregeln eingebleut. Essen darf ich auch im Kasino mit den Offizieren. In 3 Wochen komme ich dann in einen Kursus wo ich bereits kommandieren muss. (Das wird schlimm!) und dann werde ich – wenn ich nicht zu dumm bin – Unteroffizier.

Jetzt sitze ich in meinem schönen Zimmer und habe bis morgen früh Ruhe. Dann fängt der Ernst des Lebens an.

Du siehst alles ist viel besser als wir fürchteten.

Mach Dir also keine Sorgen und lass es Dir gut gehen.

Ich werde bald ein paar Sachen brauchen die Max herbringen soll. Meine Adr.: Gefreiter G. L 27134C Luftpostamt Amsterdam über Bentheim

[Februar 1944]

Liebe Janni,

eben habe ich Deinen langen Brief als erstes Lebenszeichen aus Berlin bekommen; poor old Musso!

Ich bin sehr unruhig hier und hin und hergerissen; und ich muss dann ganz fest an die Berliner Realitäten denken, um nicht sofort auf die Bahn zu sausen und Mama räumt auf zu spielen.

Ich freue mich, dass Paule bei uns gelandet ist; der kann auch bald fragen: mit den Ohren können Sie garnichts?

Ich habe grosse Angst vor Lothars Erzählungen: gewiss es war grauenvoll, aber es ging auch alles daneben. Vom Wetter angefangen.

Eins stimmt, dass ich unverschämt zu tun habe und manchmal kaum noch auf den Beinen stehen kann; aber ich lerne natürlich viel dabei.

Und das ist nicht wegen des Lernens wichtig, aber wegen des Sichwohlfühlens; es ist einfach behaglicher, seine Sache zu können.

Und so unterrichte ich über innere und äussere Ballistik und über Gebrauchstufe und über flakartilleristische Winkelmasse. Leider unter einem jungen Leutnant, der eine ziemliche Zumutung ist.

A B E R !

Ich bin immer dabei an G. zu schreiben, dass ich zu einer anderen Einheit will, aber ich komme nicht zu einem geschlossenen Brief, weil immer wieder was los ist.

Ich bin jetzt drei Wochen hier und habe die Stellung noch nicht verlassen.

Heute ist Sonntag und grosser Waschtag; am Ofen

Innenaufnahme des Gutshauses in Zeesen, dem ländlichen Wohnsitz von Marianne und Gustaf Gründgens.

hängt bereits eine Unterhose und der Schlafanzug; Strümpfe und Taschentücher folgen. –

So nun habe ich zu Lohengrin alles fertig gewaschen und habe Kreuzschmerzen wie eine richtige Waschfrau.

Das mit dem Architekten muss ja blödsinnig schief gegangen sein. Wusste denn Max nicht, um was es sich handelte und was wir wollten?

Wird denn nun eine Decke in dem Nebenkeller verstärkt? Dann lass unbedingt die Decke in dem Zimmer unter meinem Schlafzimmer mit verstärken, damit Du dahin gehen kannst. Evtl. telefoniere nochmal.

Denn dafür wird man ja Verständnis haben, dass Du als Hausfrau vom Ganzen ein Eckchen haben musst, von dem aus Du operieren kannst.

Eben fällt mir ein: wenn die Leute jetzt in den Keller (es ist doch der vor den Mädchenzimmern) müssen, ist es ja vorne frei und Du kannst in den Aufenthaltsraum gehen. Das ist das beste, auch wegen Telefon. Und das Fenster ist doch das durch die dicke Sandkiste geschützte?

Ach es ist eine Last zu leben (und das ist kein Druckfehler).

Jetzt mach ich mir Tee (Zucker habe ich keinen mehr) und esse Brot und Presskopf. Dann hoffe ich, wird kein Alarm sein (wahnsinnige Hoffnung), weil ich wieder einmal ausschlafen möchte.

Wenn ich je wieder auf Urlaub kommen sollte, dann will ich nicht in die Stadt fahren (nicht so oft in die Stadt fahren) (nicht täglich in die Stadt fahren) (nicht täglich so lange in der Stadt bleiben) Ach Gott. Ich ahne noch immer nicht, was in Berlin los ist, welches Theater spielt, welches nicht, wer neu gebombt ist etc.

Wird auch hier noch eintrudeln.

Aber sind denn die Nachrichten im Kavalierhaus? Wenn nicht, dann doch wieder versuchen, Bildts und andere gebombte ins Kavalierhaus und zu uns zu nehmen. Wenn dann viel nette Leute da sind, komme ich zurück und wir studieren uns wunderschöne Stücke mit wunderschönen Proben wunderschön ein und spielen es in Zeesen auf dem Dorfanger. Gute Nacht Janni. G.

[Anfang Februar 1944]
Liebe Janni,

Achillesferse schreibt sich, wie Du hier siehst, mit e, also Achilles, nicht Achillis; auch Ambesser brauchte dieses Wort in einem Brief an mich und schrieb Achill[i]sverse; vielleicht sagst Du es ihm bei Gelegenheit. Und über Deine beiden Briefe habe ich mich unverschämt gefreut.

Es scheint ja etwas ruhiger geworden zu sein; nur im Theater geht wohl alles krumm.

Eben erhielt ich einen Brief von der Gustl, die nach Wien abgereist ist? Für immer? Oder für lange? Ich versteh es nicht ganz (ich meine, ich verstehe nicht, wie es gemeint ist).

Es ist mir ein bischen ungemütlich, nur Mühr[169] und die graue Eminenz. Soll das so bleiben?

Ich werde gleich an Mühr schreiben, der mir eben nie schreibt. Ich sehe da jetzt […] schwarz.

Nimm in Deine Tätigkeit als O. v. D. auch das noch auf und berichte mir kurz: spielen wir überhaupt? Welches Theater spielt, was ist an den Theatern etc.

Vielleicht sollte es mich nichts angehen? Aber ich finde, ich muss entweder ganz lösen oder eben immer auf dem Laufenden sein, um eingreifen zu können und Unheil zu verhüten. (Unheil, du lieber Gott, was schon für welches, am allgemeinen gemessen.) Oder ich bin auch nur momentan etwas unruhig durch Eure Briefe und das, was nicht drin steht; jeder denkt wahrscheinlich, d a s hat der andre geschrieben, so weiss ich nichts.

Na nun wird ja Mühr schreiben, wenn nicht, schreibe ich Dir und dann machst Du O. v. D.

Heute lag ich auf der Nase mit scheusslichem Kopf und konnte keinen Dienst machen, es ist verrücktes Wetter, Regen und Wind. Kein aber. Ich möchte weg hier, kann aber nicht schreiben, vielleicht komme ich irgendwann auf einen Tag und dann rede ich besser, auch wenn er nicht da ist mit seinen Leuten.

[Fortsetzung fehlt]

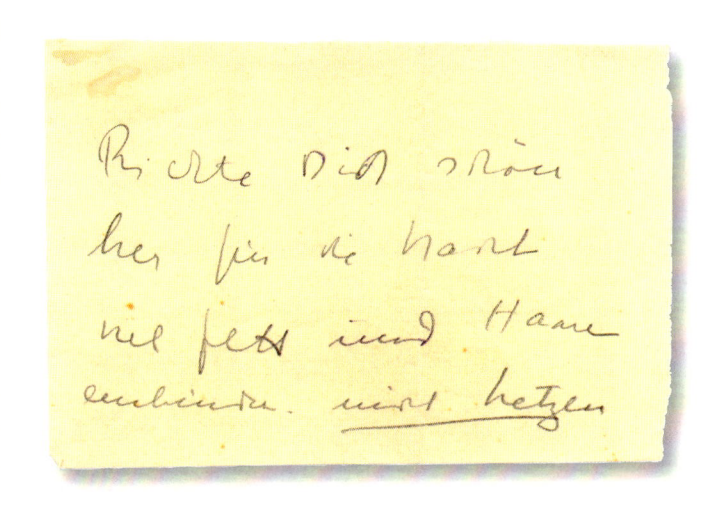

Der Krieg ist aus

Kampf um Gründgens

Als am 28.4.1945 der russische Generaloberst Nikolai Bersarin zum sowjetischen Stadtkommandanten von Berlin ernannt wurde, war das für die Stadt – und insbesondere auch für die Theaterstadt Berlin insofern segensreich, als dass sich dieser für einen raschen Wiederaufbau der Infrastruktur, des Gesundheitswesens und des kulturellen Lebens einsetzte. Bersarin hatte als Oberbefehlshaber der 5. Stoßarmee zusammen mit den Truppen von Marschall Schukow im Januar 1945 Polen befreit und auch den Sturm auf Berlin geleitet. Nachdem die Stadt am 22. April eingenommen worden war, wurde er von Marschall Schukow zum Stadtkommandanten von Berlin ernannt. Wenige Tage nach der deutschen Kapitulation stellte er für Berlin eine Stadtpolizei auf und bereits am 19. Mai den ersten Nachkriegsmagistrat von Groß-Berlin. Im Juni 1945 traf er sich mit deutschen Schauspielern und Regisseuren, darunter auch Gustaf Gründgens, um mit ihnen über den zu bewerkstelligenden Wiederaufbau des deutschen Theaters zu sprechen. Doch gab es in Bezug auf frühere Kulturträger des Regimes unter dem sowjetischen Volkskommissariat für Innere Angelegenheiten (NKWD) und den sowjetischen Offizieren der Militärregierung unterschiedliche Meinungen. Strittig war nicht nur der Schauspieler Heinrich George, der von Bersarin zwar einen Schutzbrief erhalten hatte, kurz nach dessen Unfalltod am 16.6.1945 aber ins Lager Hohenschönhausen abtransportiert wurde und im Februar des darauffolgenden Jahres im Lager Sachsenhausen starb. Auch Gustaf Gründgens wollten die Offiziere des NKWD aufgrund seines hohen Amtes während des NS-Regimes zur Rechenschaft ziehen. Trotz der Pläne Bersarins, die dieser mit Gründgens hatte, verhafteten sie ihn bereits vor dessen Tod etliche Male, mussten ihn aber immer wieder freilassen. Am 6.6.1945 unternahmen sie einen erneuten Versuch, in dessen Folge Gustaf Gründgens für neun Monate interniert bleiben sollte, zunächst in Weesow, dann in Jamlitz. Es war der Tag, an dem Bersarin einige Schauspieler und Künstler mit der Gründung einer Kammer für Kunstschaffende beauftragt hatte, zu deren Präsidenten dann der Schauspieler Paul Wegener ernannt wurde. Offiziere des NKWD fuhren bei Gründgens zu Hause in der Lindenallee vor, wo sie ihn aber nicht antrafen. Statt dessen war dort Marianne Hoppe, die von Gustaf Gründgens ein paar Tage nach der Kapitulation mit dem Fahrrad in der Caspar-Theyß-Straße abgeholt worden war und die von den Offizieren des NKWD nun aufgefordert wurde, sie zu Gründgens zu bringen. Während ihrer Fahrt zum Harnack-Haus in Berlin-Dahlem, wo Gründgens für das Deutsche Theater Schillers *Räuber* einstudierte, überlegte sie sich Umwege, um Zeit zu schinden, in der Hoffnung, Gründgens wäre bei ihrer Ankunft nicht mehr da. Doch ausgerechnet an diesem Tag hatte er sich noch vorsprechen lassen, war also länger da als sonst. Als sie mit den unheilbringenden Herren zur Tür hereintrat und sagte: »Gustaf, da sind ein paar Herren, die dich sprechen wollen!«, wusste er sofort, was los war. Zwei Tage später, am 8.6.1945, wandte sich Marianne Hoppe hilfesuchend an Paul Wegener, der inzwischen Präsident der Kammer für Kulturschaffende geworden war: »[…] Gustaf ist noch nicht zurück! Und nach allem, was ich bisher in Erfahrung bringen konnte, ist anzunehmen, dass er im Zuge der Pg.-Verhaftungen [d.i. »Parteigenossen-Verhaftungen] mitgenommen wurde. Daher verzögert sich auch die Rückkehr so ungewöhnlich lange. Ich möchte nun versuchen, unbedingt zu Bersarin oder wenigstens bis zu seinem Adjutanten vorzudringen, der mir schon einmal spontan behilflich war. Lieber Herr Wegener, könnten Sie mir vielleicht zu einer solchen Unterredung verhelfen – viel lieber sähe ich natürlich die ganze Angelegenheit allein in ihren Händen. Denn wenn die Gründe seiner Verhaftung schon wieder einmal auf solch einer irrigen Annahme beruhen, so könnte man wenigstens bei der Gelegenheit an dieser Stelle einmal grundsätzlich den Pg.-Punkt aus der Welt schaffen.«[179] Marianne Hoppe setzte alles in Bewegung, um an Bersarin heranzukommen. Am 15.6.1945 versuchte sie, zusammen mit ihrer Kollegin Elsa Wagner im Rahmen des Eröffnungs-

Balletts der Städtischen Oper, das im Theater des Westens gegeben wurde, in der Pause an Bersarin heranzukommen. Schon einmal hatte der Stadtkommandant, nachdem ihn Marianne Hoppe persönlich angesprochen hatte, dafür gesorgt, dass Gründgens wieder auf freien Fuß gesetzt wurde. Doch diesmal gelang es ihr nicht, den von zu vielen Menschen umgebenen Bersarin anzusprechen. Und mit dessen Unfalltod am darauffolgenden Tag war diese Möglichkeit der Hilfe gänzlich dahin. Monate vergingen, und alle Anstrengungen, die sie unternahm, um an entscheidenden Stellen seine Freilassung zu erwirken, waren nicht zielführend. Erst die Intervention von Ernst Busch, dem als Kommunist im Dritten Reich wegen »Hochverrats« die Todesstrafe gedroht und dem Gründgens zu einem guten Anwalt verhalf, der Busch retten konnte, bewirkte Gründgens' Freilassung am 9. 3. 1946.

Zerstörung des Elternhauses – das Ende von Felsenhagen

Am 8. 5. 1945 hat Gustav Hoppe in einer kleinen Giebelstube im Hause eines gewissen Cicho in Rapshagen, wo er nach seiner sich am 7. 5. 1945 ereignenden ersten Vertreibung von seinem Gut mit seiner Familie und anderen Bekannten aus der Felsenhagener Umgebung eine Unterbringung fand, die zurückliegenden Ereignisse unter dem Titel *Das Ende von Felsenhagen* niedergeschrieben.[180]

Während Marianne Hoppe in der Caspar-Theyß-Straße im Luftschutzkeller auf das Ende des Krieges wartete und das große Glück hatte, von den Ende April ins Haus kommenden Russen auf keine unangenehme Weise behelligt zu werden, erlebte ihre Familie in Felsenhagen, besonders der Vater Gustav, die Hölle auf Erden. Dass der Achtzigjährige die Zeit der Vernichtung seines Besitzes, der Demütigung, Ausplünderung und Vertreibung überhaupt durchgestanden hatte, grenzte an ein Wunder. Schon vor dem 7. Mai, jenem Tag, an welchem sie von der russischen Besatzung zum Verlassen des Besitzes aufgefordert wurden, war das Leben in Felsenhagen sehr unruhig geworden, da der Krieg permanent Ausgebombte, Ausgehungerte und Umherirrende ins Haus spülte. So zog im Februar 1945 eine Familie mit sechs Kindern in die Zimmer des Gästehauses ein, wo bis dahin Mariannes Schwester Gerda mit ihren drei Kindern und ihrer Hausangestellten gewohnt hatte. Schon zwei Wochen vorher erlebten die Hoppes die erste deutsche Militäreinquartierung, der Teil eines Feldlazaretts mit etwa vier Ärzten ließ sich bei ihnen nieder. Es ging zu wie im Taubenschlag. Leutnants, ein Löschzug von den Fliegern mit einem Brandmeister, Versprengte sowie Bekannte aus der Umgebung: alle wollten irgendwie auf dem Gut untergebracht werden. Da die Einquartierung der Russen unmittelbar bevorstand und mit dem gewaltsamen Abtransport aller Männer unter fünfzig Jahren gerechnet werden musste, floh Ernst-Günther in den Westen. Schon seit einiger Zeit war Familie Hoppe klar, dass sie ihr Bündel schnüren und ins Unbekannte trecken müsse, doch aus Ratlosigkeit, wohin man denn ziehen sollte, wurden keinerlei Vorbereitungen getroffen. Am 3. Mai kamen die ersten russischen Soldaten, die sofort zu rauben anfingen, was wiederum die russischen Arbeiter aus Felsenhagen und der Umgebung dazu animierte, es ihnen gleich zu tun. Am nächsten Tag wurden die Hoppes auf ihrem eigenen Besitz umquartiert. »Am 4. Mai mussten Elli und Helga sowie alle Krossener Flüchtlinge das große Haus räumen. Sie zogen zu Bernewitzens ins erste Zimmer des Gästehauses, Gerda mit ihren 3 Kindern zu Hilde Wagner ins zweite Zimmer. Grete, ich und Försters mussten eine Nacht im kleinen Zimmer [des Gästehauses] schlafen. Försters schliefen in einem Bett, Grete auf der Erde und ich hatte ein Bett für mich. In der Küche lag auf einer Chaise ein russischer Bursche mit seiner Balaleika.« Weitere plötzliche Umquartierungen folgten, und Grete Hoppe versuchte, als Fels in der Brandung Haltung zu bewahren: »Besonders Grete war äusserlich unverdrossen und mutig.«

Besonders dramatisch war der 7. Mai, jener Tag, an dem die Anordnung kam, Felsenhagen bis um sechs Uhr abends verlassen zu müssen. Überstürzt und panisch wurde gepackt, was noch übrig geblieben war, doch konnte nicht richtig angeschirrt werden, weil alles, was man gebraucht hätte, um zu trecken, einschließlich tauglicher Pferde, gestohlen worden war. Das schlimmste aber war, dass Gustav Hoppe inmitten dieser panischen Abreisevorbereitungen von einem russischen Offizier aufgefordert wurde, zu zeigen, wo er auf dem Grundstück Schmuck oder Geld vergraben hätte. Da ihm Gustav Hoppe nichts sagen konnte oder wollte, ihm aber mit Erschießung gedroht wurde, gab er in seiner Verzweiflung eine Stelle an einem Taxusstrauch an, von der er glaubte, dass dort die Sachen seiner Frau vergraben sein könnten. Da musste er dann graben, allerdings ergebnislos. Als er immer wieder an anderen Stellen graben musste, beim besten Willen aber nichts finden konnte, und ihm der immer wütender werdende Offizier dauernd mit Erschießung drohte, ging Gustav Hoppe zur Familiengruft und sagte, er könne nicht mehr. Dann solle man ihn eben jetzt erschießen. »Ich musste mich dann unter das Kreuz stellen. Der Offizier schoss zuerst mit der Pistole auf mich, die Kugel schlug in die Steinmauer ein. Dann gab er einem Soldaten Befehl, mich zu erschießen. Dieser schien genau zu zielen, die Kugel pfiff dicht an meinem Ohr vorüber, sodass die Steinsplitter meine Kopfhaut verletzten. Da ich dabei blieb, nichts weiter aussagen zu können, legte der Soldat nochmals an und schoss unmittelbar neben meinem linken Ohr wieder in die Mauer. Da ich immer noch nichts anderes aussagte, führten sie mich wieder an den Taxusstrauch und es sollte weiter gesucht werden. Nach etwa einer Stunde fing es an Abend zu werden und die Suche wurde eingestellt und ich entlassen.« Während sich dieses Schreckensszenario abspielte, hatten Grete Hoppe und die übrigen Familienmitgliedern das Gut verlassen müssen. Als die russischen Offiziere endlich von Gustav Hoppe abgelassen hatten, waren sie weg. Er verließ das Grundstück mit den schlimmsten Gedanken: »Alle diese Ereignisse hatten meine ganze Hilflosigkeit und Schwäche mir so offenbart, dass ich das Ende all dieser Qualen herbeisehnte. Ich hatte eine Sehnsucht nach Ruhe und Frieden und ging den Berg hinunter, den Weg, den ich wohl am häufigsten in meinem Leben gegangen war, durch meine geliebten Felder. Der niederdrückendste Gedanke war mir der, dass ich den Meinen nicht mehr helfen, ihnen nichts mehr nützen könnte, sondern ihnen nur noch eine Last sein würde. […] Allmählich kamen mir Gedanken an Grete und die Kinder, mit welcher Liebe ich für sie gearbeitet hätte, und wie bisher sich so vieles gut entwickelt hatte, dass Gottes Segen mich bisher durch mein Leben geleitet hatte, Grete allein zu lassen, die ich seit über 40 Jahren mit so viel Liebe durchs Leben geleitet hatte und die mir immer so treu gefolgt war und seit langen Jahren führend geholfen hatte! Ernst-Günther war fort und niemand konnte wissen, wann er wiederkam. Würden da nicht Verhältnisse eintreten können, unter denen ich Grete, Gerda und Elly doch noch von Nutzen sein könnte? Durfte das große Gefühl der Schwäche, das Ruhebedürfnis den Ausschlag geben? Konnte ich nicht noch ausgleichend wirken? Oder als Besitzer von Felsenhagen doch noch später irgendwie wirksam werden? Ich glaube, ich erinnerte mich an die Stelle 2. Korinther 12, wo Paulus den Herrn um Hilfe bittet und er ihm im Geist antwortet ›Lass Dir an meiner Gnade genügen, denn meine Kraft ist in den Schwachen mächtig‹.« Es war dieses Bibelwort, das Marianne Hoppe im Gedächtnis geblieben war und das sie oft zitierte, wenn sie von ihrem Vater sprach. Auch für sie selbst sollte es in dieser dunklen Zeit ein Halt werden.

Von Felsenhagener Frauen erfuhr Gustav Hoppe am nächsten Morgen, dass seine Familie in Rapshagen bei einem Herrn Cichos untergebracht sei, wohin er sich sofort auf den Weg machte. Die Wiedersehensfreude war übergross, glaubte doch Grete, dass ihr Mann nicht mehr am Leben sei. Zwar konnten sich die Vertriebenen für kurze Zeit in Rapshagen erholen, denn noch war es friedlich hier. Doch schon nach kurzer Zeit waren die Russen auch hier, und wieder galt es, ums Überleben zu kämpfen. Gustav Hoppe wurde mehrfach in Gefängnisse gesteckt und von russischen Offizieren zusammengeschlagen. Als die Familie wieder nach Felsenhagen zurückbeordert wurde, trug ihr Zuhause inzwischen alle Zeichen der Verwahrlosung: »Das Gut war zur Versorgung für die Kommandantur bestimmt. Meine Eltern hatten sich im kleinen Nebenhaus einquartiert, das Haupthaus war unbewohnbar geworden, von Soldaten und durchziehenden Flüchtlingen belegt.«[181] Marianne Hoppe hatte Felsenhagen zum letztenmal am 9.8.1945 gesehen, als sie zum Geburtstag ihrer Mutter das zerbombte Berlin verließ, um auf einer zwei Tage dauernden Bahnfahrt ins ca. 130 Kilometer entfernte Felsenhagen zu fahren. Nichts war hier mehr wie früher, und ihr Besuch war überschattet von der Kontrolle der russischen Landwirtschaftsoffiziere. Sie blieb drei Tage lang und kehrte dann nach Berlin zurück. Schon im September flohen Schwägerin Elly und Helga Hoppe aus Angst vor Verschleppung von Felsenhagen zu Marianne Hoppe in die Stallupöner Allee. Am 2.10.1945 schließlich kamen auch Gustav und Grete Hoppe, die von den deutschen Behörden auf Anordnung der Russen aus Felsenhagen ausgewiesen wurden.

Ralph Izzard – eine Wiederbegegnung mit Folgen

Ebenfalls im August 1945 traf Marianne Hoppe einen alten Freund wieder: Ralph Izzard, der nach dem Krieg als Offizier des Britischen Marinegeheimdienstes nach Berlin entsandt wurde, wo er bis zum Ausbruch des Krieges Chefkorrespondent der Londoner Daily Mail und mit dem Ehepaar Gründgens gut bekannt gewesen war. Als Izzard, der mit der deutschen Generalstochter Ellen von Klewitz in erster Ehe verheiratet war, im August 1945 wieder nach Berlin kam, war Gründgens bereits seit zwei Monaten in Haft. Marianne Hoppe, deren Haus die Russen zunächst als Lazarett genutzt hatten, konnte immerhin einen Teil wieder bewohnen, als Izzard sie aufsuchte. Und aus der Freundschaft wurde eine Liebschaft. Als Marianne dann im Herbst 1945 von ihm schwanger wurde, hat sie das Izzard, der im Januar 1946 nach England zurückbeordert wurde, verschwiegen. Sein Brief vom 24. 2. 1946, in welchem er ihr mitteilt, dass er nach Indien beordert worden sei und seine Abreise unmittelbar bevorstehe, ist im Ton des besorgten Freundes geschrieben, der von Mariannes Schwangerschaft nichts ahnte. Weder Marianne Hoppe noch Ralph Izzard hatten eine Beziehung im Sinn, die über eine Liebesaffäre hinausgehen sollte. Doch wollte Izzard sie in Sicherheit wissen und hatte Marianne Hoppes späteren Erzählungen zufolge Vorkehrungen getroffen, wie sie nach Gründgens' Freilassung aus der sich in zwei Teile spaltenden Stadt fliehen konnte. In einer englischen Leutnantsuniform auf dem Rücksitz eines Militärwagens sollte sie zu einer Bekannten in den Westen gebracht werden. Schon im Oktober 1945 hatte Izzard dafür gesorgt, dass Mariannes Schwägerin Elly Hoppe und deren Tochter Helga, die wegen ihrer drohenden Verschleppung zu Marianne in die Stallupöner Allee geflohen waren, auf dieselbe Weise nach Braunschweig fliehen konnten.

Das Theaterspielen, der Filmruhm, der Glanz der Berühmtheit: das alles bedeutete Marianne Hoppe nach dem Krieg zunächst nichts mehr, obwohl sie im Mai 1945 von der Kammer für Kulturschaffende die Erlaubnis zur weiteren Ausübung ihres Berufes erhalten hatte. Ein von ihr sehr flapsig ausgefüllter Fragebogen der Reichsfachschaft Film, aus welchem hervorging, dass sie kein Parteimitglied war, ist dafür ausschlaggebend gewesen. Dieser Fragebogen, der sich im Bundesarchiv Berlin erhalten und in der Datierung nicht eindeutig zu identifizieren ist, ist tatsächlich sehr »unernst« abgehandelt worden – auf die Frage, welche besonderen Kenntnisse und Fähigkeiten sie besitze, antwortete sie z.B.: »garkeine«.[182] In ihrem Tagebuch aus jener Zeit, deren Eintragungen sich von Herbst 1945 bis ins Frühjahr 1946 erstrecken, spiegelt sich eindrucksvoll ihre Suche nach Halt im Glauben. Sie suchte neue Lebensaufgaben in einer Welt, die in Trümmern lag und in der sie bald ein Kind großzuziehen hatte. Und sie suchte Gott mit einer Inbrunst wie vermutlich nie wieder in ihrem Leben. Am 17. 10. 1945, Gründgens war bereits seit über vier Monaten inhaftiert, notierte sie unter dem Eindruck ihres Besuchs im Frauenbundhaus: »Ich habe Dich in meine Hände geschrie-

Ralph Izzard.

ben und die Mauern Deiner Heimstatt sind immer vor meinen Augen.« Der vorherrschende Tenor in ihren Aufzeichnungen ist der Gedanke der Buße, den sie auch auf sich persönlich bezog. Am 30.12.1945 notierte sie, dass überall dort, wo den Geboten Gottes nicht gefolgt wird, die Menschen scheitern werden, denn »sie sind nicht glücklich – hohl und leer und unerträglich.« Marianne Hoppe beschwor in ihren Aufzeichnungen einen gütigen und verzeihenden Gott, den es auch im praktischen Leben »in den Mittelpunkt [zu] stellen« gelte: »nur gutmütig sein genügt nicht«. Es stehe an, »Gott um Verzeihung [zu] bitten« und »sich wieder vor Gott [zu] beugen – sich selbst bewusst, als im Unrecht stehend.« Auf sich selbst bezogen hieß das: »Gott sei mir gnädig – ich will mich auch beugen ›um Gottes Willen‹«. Marianne Hoppe hatte ein großes Bedürfnis nach Buße und Sühne, vermutlich aus dem Bewußtsein heraus, dass sie selbst in einer Zeit Karriere gemacht hatte, in der Millionen von Menschen umgebracht wurden – für ihre Überzeugung, für ihre Konfession, für ihre Abstammung – für nichts. Es war ihr nun Bedürfnis, sich in Selbsteinkehr und aktivem Christentum zu üben. Statt Theater zu spielen – Karl Heinz Martin hatte ihr eine Rolle in Schnitzlers Stück *Der grüne Kakadu* angeboten, das er am Renaissance-Theater einstudierte –, arbeitete sie deshalb in einer von der Caritas geführten Waisenstation in der Putlitzstraße in Berlin-Moabit und kümmerte sich um Kinder, die durch Krieg und Deportation ihre Familien verloren hatten. Doch war es nicht zu dieser Zeit, sondern erst 1954, als sie schon einige Jahre in Bayern lebte, dass sie zum katholischen Glauben konvertierte – »aus Überzeugung«, wie sie dem zuständigen Pater schrieb. Unmittelbar nach dem Krieg handelte sie, unabhängig von irgendeiner Kirchenzugehörigkeit, jedenfalls einzig aus christlichem Glauben heraus und der Überzeugung, menschlich verpflichtet zu

Brief von Ralph Izzard an Marianne Hoppe, 24.2.1946.

sein, Halt und Hilfe zu geben und den »Blick für die Hilfsbedürftigkeit« zu schärfen. Der Welt des Spiels kehrte sie zugunsten des realen Lebens den Rücken. Mit dem Lesen von Nachrichten im Berliner Rundfunk verdiente sich sich damals etwas Geld.

Nach ihren Eintragungen vom 24.2.1946 hat sie in jenem erwähnten Tagebuch den Entwurf eines Briefes festgehalten, der sehr wahrscheinlich an Gründgens gerichtet und kurz nach dessen Freilassung am 9.3.1946 entstanden sein könnte. Ob sie diesen Brief, so wie sie ihn entworfen hatte, tatsächlich abschickte, ist unklar. Sie versuchte darin, zu begründen, warum sie so tat, »als seien es noch die alten Zauberlieder«, und meinte, »daß wir doch weiter, höher, tiefer gelangt sind. Du wartest – Du willst zurückhaben – aber wirst erkennen, daß es mehr ist, und auch hineingestellt in unsere Ordnung. – Fast kann ich es nicht erwarten, es Dir zu sagen – so sehr vertraue ich Dir. Habe ich auch von Dir aus geschlossen? ›Reich mir Deine Hand‹. Treten wir nicht doch in einen neuen Kreis unserer Liebe[?]«

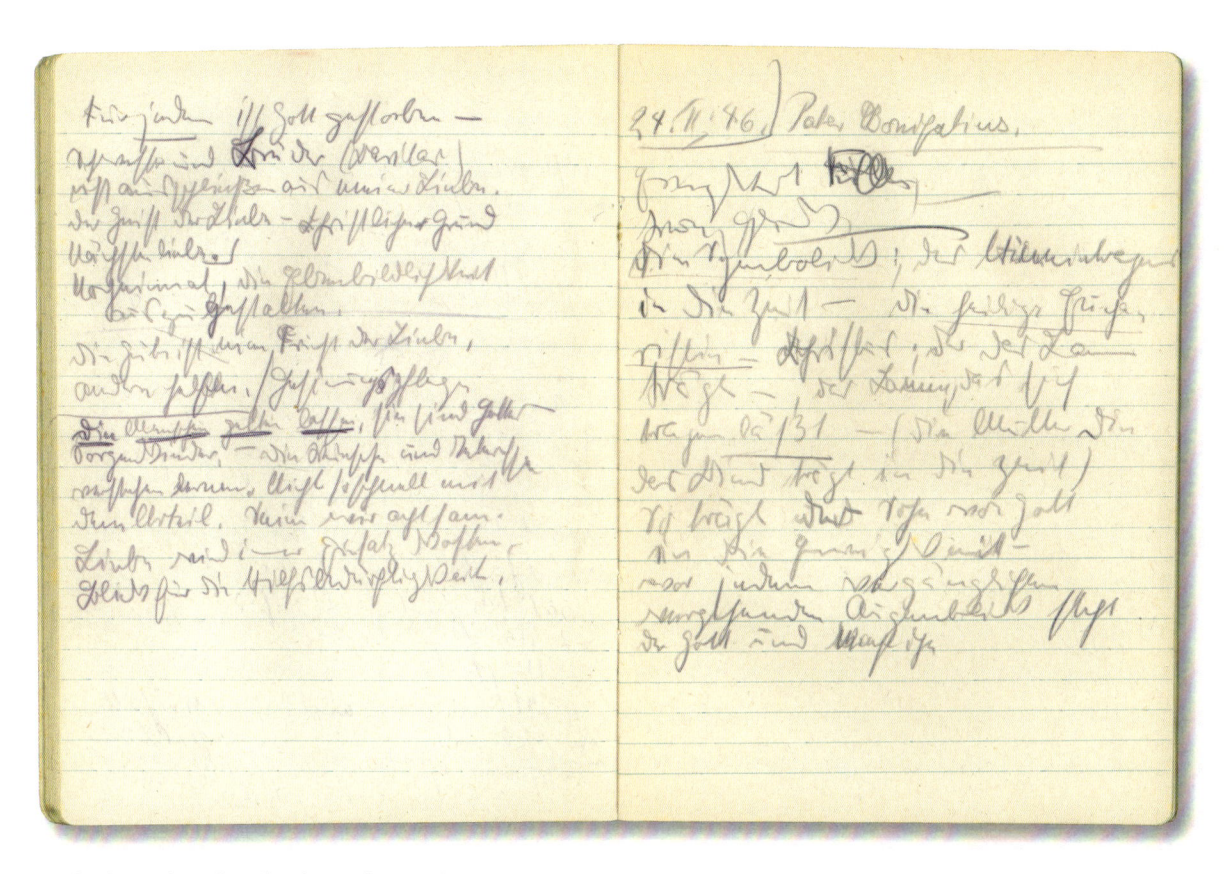

Tagebuch aus der Zeit nach Kriegsende, 1945/46.

Zusammenbruch und Neubeginn

Nach seiner Freilassung sollte Gründgens unter der Leitung von Gustav von Wangenheim, der damals das Deutsche Theater im Ostsektor der Stadt leitete, kulturelle Aufbau-Arbeit leisten. Nach seiner Entlassung wurde er daher nach Biesdorf in die dortige Wohnung Wangenheims gebracht. Marianne Hoppe, die ihn in Weißensee abgeholt hatte, stand nun vor der Frage, wie Gründgens auf das Kind, das sie erwartete, reagieren würde. Sie war im 5. Monat schwanger. Von den Strapazen der vergangenen Zeit waren beide mehr als erschöpft. Gustaf Gründgens, der das Wiedersehen mit Marianne während der vielen Monate im Lager sicherlich herbeigesehnt hatte, war tief enttäuscht und wollte die Scheidung. »Seine« Marianne, die immer für ihn dagewesen war und die in ihrer ganzen privaten und beruflichen Existenz ihr Leben mit dem seinen abgestimmt hatte, hat sich mit dieser Schwangerschaft und der Aufgabe, nun ein Kind, das nicht von ihm war, großziehen zu müssen, von ihm und seinem Leben wegbewegt. Nach zwei Tagen und zwei Nächten gingen sie auseinander.

Während Gründgens sich sofort wieder der Theaterarbeit zuwandte und unter der Regie von Fritz Wisten am Deutschen Theater seine Rolle als Christian Maske in Sternheims *Der Snob* probierte, flüchtete Marianne Hoppe in ein neues, ihr noch unbekanntes Leben; in eine ungewisse Zukunft, in der das Theater keinen Platz mehr zu haben schien. Unter abenteuerlichen Umständen gelangte sie über Dinkelsbühl nach Mönchsroth, wo sie von Alice Zickgraf (ehemalige Kühn), einer Freundin aus ihrer ersten Berliner Zeit als Filmkomparsin, aufgenommen wurde. Zu früh, am 5.5.1946, brachte Marianne Hoppe auf der Entbindungsstation in Dinkelsbühl ihren Sohn Johann Percy Benedikt als Siebenmonatskind zur Welt. »Das ist ja ein richtiger Bemper!«, soll Käthe

Heiratsurkunde von Marianne Hoppe und Gustaf Gründgens, mit Eintrag der Scheidung am 29.5.1946. Marianne Hoppe hat seit dem 6.7.1950 wieder ihren Mädchennamen angenommen.

Dorsch ausgerufen haben, als sie das schwarzhaarige Geschöpf zum erstenmal sah, ein Ausdruck, der im Fränkischen schwarze Kater bezeichnet und der Benedikts Spitzname blieb. Doch nur durch das besondere Bemühen der Hebamme Alina Scherzer, die das Kind nach seinem Klinikaufenthalt zu sich nach Hause nahm, überlebte »Bemper«. Marianne Hoppe selbst konnte sich um ihr Kind nicht kümmern. Nach allen körperlichen und psychischen Strapazen war sie zusammengebrochen und wurde in der Folge fast ein Jahr lang in verschiedenen Sanatorien behandelt. Am 25.5.1946 musste sie noch zum Gerichtstermin erscheinen und wurde »schuldhaft« geschieden. Sie, die sich ohnehin schämte und »schuldig« fühlte, bekam das jetzt auch noch schriftlich.[183] Marianne Hoppes psychotherapeutische Behandlungen in diversen Kliniken fanden vor allem in Wiesbaden statt. Gründgens kümmerte sich von Berlin aus um sie, schrieb ihr, ließ sich von ihren Ärzten berichten und kam sie besuchen. Freundinnen aus der Staatstheaterzeit – Hermine Körner und Käthe Dorsch, eine gewisse Maria Daelen sowie auch außerhalb der Klinik zusätzlich konsultierte Ärzte halfen ihr, innerlich wieder zur Ruhe zu kommen. Doch das dauerte. Sie war zutiefst verunsichert und glaubte, alles falsch gemacht zu haben. Am 15.10.

1946 schickte sie an Gründgens einen panisch klingenden telegrafischen Hilferuf aus Dinkelsbühl, er möge sie sofort abholen. Was in ihrem nervlich strapazierten Zustand so schwer auf ihr lastete, war die Ratlosigkeit darüber, wo und wie sie in Zukunft leben sollte. Kurz nach ihrem Telegramm an Gründgens war sie jedenfalls in einem Wiesbadener Sanatorium untergebracht. Von dort schrieb ein Bekannter an Gründgens, er wolle sie dazu bewegen, nach Würzburg zu gehen. Zunächst habe er sie zu einem Gespräch nach Heidelberg zu dem mit ihm befreundeten Professor Zutt gebracht, der sich mit ihr eine Stunde lang unterhalten habe.[184] »Ich habe Marianne gesagt, dass meine weise Mutter uns mit dem Motto ›never cry over spilt milk‹ aufgezogen hat, dass ich es ablehnen müsste, ihr Klagen über Alles, was verkehrt gemacht worden sei, anzuhören. Wir haben uns deshalb mehr über ihre Zukunftspläne unterhalten. Jeder Plan, der ihr vorgetragen wurde, erschien ihr besser, als nach Würzburg zu gehen. Jemand riet ihr, ein Haus in Wiesbaden zu nehmen (!), dann tauchte wieder der Stuttgarter Plan auf. Ich werde morgen Hermine Körner aufsuchen und auch sie bitten, auf Marianne einzuwirken, dass sie nach Würzburg geht. Vor allem verspreche ich mir viel von der so klugen Maria Daelen, die ich heute zu Marianne brachte und die mit Zutts sehr befreundet ist. Auch Dr. Pilling schien mit diesem Plan sehr einverstanden zu sein.« Gründgens solle jedenfalls überzeugt sein, »dass ich Alles tun werde, damit sie bald gesund wird. Auch die Frage des Aufenthaltes im Winter mit dem Kind werde ich mit meinem Vetter, dem Bruder von Gösta, der jetzt Oberarzt bei Bergmann ist, regeln. […]«

Ende Oktober 1946 schrieb Marianne Hoppe an Gründgens von der Klinik aus: »Dank für Deinen Brief, geht schon besser, noch schwankend manchmal.« Sie hoffte, dass er keine Wohnungsprobleme mehr habe und meinte über sich selbst: »Entschlüsse auf weiteres noch nicht gefaßt. Pamela bietet Unterkunft an. Soll vorher erst zu Prof. Zutt – ist aber alles sehr theoretisch. Muß eben Geduld lernen.«[185] Maria Daelen, von der sie Besuch bekommen hatte, fand sie »recht vernünftig«. Sie bemühte sich um Optimismus: »Es wird werden. Leben schön finden – mach im Moment noch zu viel verkehrt – Arzt ist nett. Heute abend 1 x Theater – Antigone, mal sehen –. Grüß Dich herzlich. M.« Erst nach einem Jahr war sie in der Lage, zusammen mit dem über die Caritas vermittelten Kindermädchen Marianne Sehr ihren Sohn zu sich zu holen. Zunächst wohnten die Drei im oberbayerischen Staudach im Hause einer Bekannten von Elisabeth Flickenschildt, Nana Czernin, der zweiten Frau des Atomphysikers Paul von Handel. Bei dessen erster Ehefrau konnten sie dann ab Juli 1947 in Oberscharam, einem paradiesischen Flecken Erde oberhalb Traunsteins in der Nähe der österreichischen Grenze, zwei Zimmer bewohnen. Von hier aus organisierte sie nun ihr neues Leben. Und das war karg. Man tauschte Lebensmittelmarken und versuchte, den Hunger des Tages irgendwie zu stillen. Nach der Währungsreform ging es langsam aufwärts.[186] Eines Abends im Sommer 1947 kam Rolf Badenhausen, bereits an den Preußischen Staatstheatern in Berlin und nach dem Krieg auch in Düsseldorf der Dramaturg von Gustaf Gründgens, unangemeldet zu Besuch. Badenhausen, der mit seiner Frau Elisabeth Flickenschildt ebenfalls in Scharam wohnte, schlug ihr in Gründgens' Auftrag vor, zusammen mit ihm am Neuen Theater in Düsseldorf in der Rolle der Elektra in Sartres *Fliegen* die neue Spielzeit zu eröffnen. Das Manuskript hatte Badenhausen schon dabei. Marianne Hoppe, der klar war, dass es an der Zeit war, in den Beruf zurückzukehren, überlegte nicht lange und nahm an. Schon zwei Jahre später hatte sie sich mit ihren Stückverträgen und ihrem ersten Film nach Kriegsende – *Das verlorene Gesicht* (1948, Regie Kurt Hoffmann) – bereits so viel Geld verdient, dass sie das schräg gegenüberliegende Bauernhaus in Scharam kaufen konnte. Sie richtete es sich mit viel Liebe ein und bezog es im Juni 1950. Zu Ralph Izzard, dem ahnungslosen Vater ihres Kindes, hatte sie in den nächsten Jahren vermutlich keinen oder nur wenig Kontakt.

Scharam – ein neues Zuhause

Scharam wurde der Ort, an dem sie sich vom Trubel ihres Berufes zurückziehen konnte. Ihrem Sohn Benedikt schuf sie rund um das Bauernhaus ein idyllisches Zuhause, um ihm ein bißchen von dem ländlichen Glück zu vermitteln, das sie selbst als Kind so genossen hatte – in Felsenhagen, wo der Ort ihrer Kindheit nun für immer zerstört war. »Meine Mutter hat mir in Scharam ein kleines Paradies geschaffen«, erzählt Benedikt Hoppe rückblickend.[187] »Ich konnte hier unbeschwert aufwachsen. Es gab Schafe, Hühner, einen Hund, auch eine Extra-Angestellte, die sich um diese Tiere und das Haus gekümmert hat. Und dann hatte ich eine Erzieherin natürlich – Mutter war ja oft weg – sie war ja in Düsseldorf.« Während ihrer Abwesenheiten von Scharam waren oft ihre Freundinnen und Freunde vom Theater da: »Da war zuallererst Therese Giehse, die recht oft von München oder Zürich, wo sie spielte, hier herauskam und sich auch um mich kümmerte; und die ganze Angelegenheit hier und meine Mutter unterstützt hat. Sie war oft zu Besuch. Und dann war die Gustl Mayer da, eine alte Freundin. Sie war die zweite Hand von Gründgens im Staatsschauspiel in Berlin gewesen, also Dramaturgin, und hat meine Mutter in fachlichen Dingen beraten, hat mit ihr Stücke ausgesucht und war hier. Sie hat mit sehr großem Wohlwollen mein Werden betrachtet. Dann ist mir Mathias Wieman als Vaterfigur mit sanfter Stimme und buschigen Augenbrauen gut in Erinnerung. Wir haben ihn in Wien getroffen, wo wir in einem Café waren, im vierten,

Marianne Hoppes Bauernhaus in Scharam.

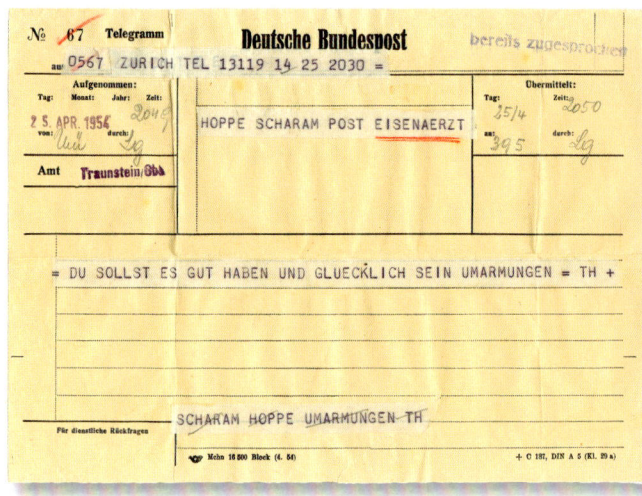

Telegramm von Therese Giehse an Marianne Hoppe, 25. 4. 1954.

fünften Stock, genau gegenüber dem Stephansdom. Da hat er mit seiner Leica kleine Portraits von mir gemacht.«

In Scharam konnte sich Marianne Hoppe in Ruhe auf neue Rollen vorbereiten. »Ja, sie war nach einer langen Spielzeit oder nach Filmaufnahmen doch erschöpft. Dann kam sie hier her und lag erst mal im Bett, hat die Fenster zum Balkon aufgemacht und rausgeschaut. Dann hat sie sich Fastentage auferlegt mit gekochtem Reis und Apfelmus. Wenn sie kurz vor einer Rolle stand, die die Stimme sehr beansprucht hat, hat sie auch ganze drei Tage Schweigen eingelegt. Überall im Haus ist man dann auf Zehenspitzen gegangen und sie hat einfach ihre Stimmbänder ausgeruht.«[188] Bei schönem Wetter ging sie zum Lernen manchmal in den großen Garten, der einen weiten Blick ins Gebirge und die untenliegenden Dörfer freigab. Benedikt Hoppe hat davon erzählt, dass sie dann in kurzen Hosen ihre Kreise durch den Garten drehte, mit einen Strohhut auf dem Kopf, damit die »Gedanken nicht wegfliegen«. In den Urlaub fuhr sie selten – und nie für länger, denn »das Auftanken ging ziemlich schnell, und dann ging es auch gleich wieder zur nächsten Arbeit.« Einer der wenigen, länger dauernden Urlaube war jener Frankreich-Urlaub im Sommer 1959, in welchem Benedikt Hoppe seinen Vater Ralph Izzard kennenlernen sollte. Seitdem hatte er nicht nur zu ihm, sondern auch zu dessen zweiter Frau und seinen vier Halbgeschwistern guten Kontakt. Jedes Jahr fuhr er für zwei Wochen zur Familie seines Vaters nach Kent, und auch Marianne Hoppe war manchmal dort zu Besuch.

Marianne Hoppe und ihr Sohn Benedikt, 1947 in Scharam.

Mutter und Sohn zuhause im ländlichen Scharam.

»Ferien-Tagebuch« von Benedikt Hoppe, 1954. Marianne Hoppe schrieb ihrem Sohn die Fragen nach seinen Unternehmungen in Wittdün auf.

Über seinen Vater erzählt Benedikt Hoppe: »Er war stationiert in Bahrain in den Sechzigern, hat von dort aus für Reuters und andere Agenturen, auch Zeitschriften und Zeitungen, gearbeitet. Dort habe ich ihn 1968 für drei Monate besucht. Und noch einmal zehn Jahre später. Er hatte mich eingeladen zu kommen, und ich habe dann von dort aus für Rundfunkanstalten und Zeitschriften berichtet. Ja, das war ein ganz gutes kollegiales und lustiges Zusammensein.« Benedikt Hoppe hat seinen Vater bewundert: »Er war ja auch Kriegsberichterstatter im Zweiten Weltkrieg, war im Kongo, hat über die Suezkrise berichtet, war in Korea, in Indien, im Himalaja… Ja, auch der Vater war zu bewundern. Er war etwas distanziert, er war nicht so nah, aber das ging auch gut.« Seine erste Begegnung mit seinem Vater im Sommer 1959 schildert Benedikt Hoppe wie folgt: »Meine Mutter und ich hatten im Sommer 1959 Ferien gemacht auf einer Halbinsel der

In dem Film *Das verlorene Gesicht* (1948, Kurt Hoffmann) war Marianne Hoppe in der Rolle der Johanna zu sehen, einer Frau, die unter Identitätsverlust leidet. Der Film beruhte auf neuen Erkenntnissen der psychologischen Forschung. Als Helga Dagerter in *Der Mann meines Lebens* (1954, Erich Engel) spielte sie eine Krankenschwester, die den Egoismus ihrer nach vielen Jahren zu ihr zurückgekehrten großen Liebe erkennt. Sie wendet sich von ihm ab und entscheidet sich für ein Leben, das ganz ihrem Beruf gewidmet ist.

Normandie, Cotentin, an der Atlantikküste, in einem kleinen verschlafenen Nest namens Coutainville. Das war wunderschön. Eine große Küste und so kleine Fachwerkhäuschen – wie in dem Film *Die Ferien des Monsieur Hulot*. Meine Mutter ging zum Zeitungskiosk und kaufte aus Sentimentalität mal die Daily Mail, schlug sie auf, sah das Impressum dort – Chef des Pariser Büros: Ralph Izzard. Sie hat sich sofort hingesetzt und an diese Rue du Sentier in Paris geschrieben. Es dauerte nicht lange, da kam ein Brief zurück: ›Marianne, my dearest …‹. Sie hatte geschrieben, dass wir in zwei Wochen durch Paris kommen würden und ob wir uns dann sehen könnten. In seinem Brief sagte er ›Ja!‹. Wir sind dort gewesen, und ich hab ihn mit Spannung erwartet. Er kam durch die Hotelhalle, so ein Ein-Meter-Fünfundneunzig-Mensch mit einem etwas leicht zerknitterten indischen, aber sehr feinen Seidenanzug, so locker und lässig, wie die Engländer damals aufgetreten sind. Ich habe ihm die Hand so nach oben gegeben und dann sind wir draußen auf der Champs-Élysées gesessen, und ich habe, glaube ich, das erste Mal an einem Whiskyglas genippt. Wir haben uns jeden Tag getroffen, obwohl er viel zu tun hatte. Zum Abschied dann, nach drei Tagen, hat er mir eine etwas geschmacklose indische Seidenkrawatte geschenkt. Die habe ich heute noch!«

Rückkehr zum Theater

Marianne Hoppes Zustand der Verzweiflung kurz nach Kriegsende muss der Seelenlage der innerlich zerrissenen Elektra in Sartes *Fliegen* sehr nahe gewesen sein. »[D]as menschliche Leben beginnt jenseits der Verzweiflung.«[189] Dieser Satz, von Gustaf Gründgens als Orest in der von ihm inszenierten deutschen Erstaufführung gesprochen, gehört zur Kernbotschaft des provokanten, von der Entscheidungsfreiheit des Menschen handelnden Dramas *Die Fliegen* von Jean-Paul Sartre und muss Marianne Hoppe in Hinblick auf ihre persönliche Situation besonders angesprochen haben. In der Rolle der Elektra spielte sie jenes verzweifelte Wesen, das nach vollzogener Blutrache in Reue und Selbstaufgabe vergeht. Ist sie beim ersten Mord an Ägisth noch dabei und feuert Orest dazu an, begleitet sie ihn nicht mehr, um die Mutter zu töten. Sie hatte sich das zwar sehnlichst gewünscht, »doch jetzt ist mein Herz wie in einen Schraubstock geklemmt.«[190] Im Vergleich zur inneren Entwicklung Elektras geht Orest den umgekehrten Weg: er, der seine Schwester anfangs aufforderte, die in Gewissensqualen liegende Stadt Argos, in der die Bürger den Mord an Agamemnon vor fünfzehn Jahren bewusst nicht verhindert hatten, an seiner Seite zu verlassen, ohne Rache zu nehmen, sieht wenig später im Rachemord an Ägisth und Klytämnestra die einzige Möglichkeit zur Bewältigung des Verbrechens. Trotz der inneren Kehrtwendung Elektras bleibt er von der Richtigkeit seiner Tat überzeugt und hält unbeirrt an der Idee, dass seine beiden Morde gerecht waren, fest. In der Selbstzerknirschung sieht er keine Lösung, was er Elektra allerdings nicht vermitteln kann. Indem sich diese Jupiter, dem Gott der Fliegen und des Todes, der das Volk aus Machtgier in Angst und Aberglauben hält, unterwirft, hat sie Orests »Heilsbotschaft« von der Entscheidungsfreiheit des Menschen nicht verstanden und das gemeinsame »schmerzliche Geheimnis« der Könige und Götter nicht durchschaut, wie es Jupiter formuliert: »daß nämlich die Menschen frei sind. Sie sind frei, Ägisth, Du weißt es, und sie wissen es nicht. [...] Wenn einmal die Freiheit in einer Menschenseele aufgebrochen ist, können die Götter nichts mehr gegen diese

Schauspielhaus, Düsseldorf.

Die Fliegen von Jean-Paul Sartre (1947/48).
Figurinen von Herta Boehm zu: Elektra (im weißen Kleid),
Das Volk, Erinnye, Fliegen und Klytämnestra.
Städtische Bühnen Düsseldorf/Neues Theater.

Menschen.«[191] Sartre, der sein Stück im Bezug auf die Niederlage der Franzosen im Jahr 1940 geschrieben hatte und seine Landsleute damit aufrufen wollte, nicht in Mutlosigkeit zu verharren, sondern aus der Situation »eine Zukunft der Besiegten« zu machen – also an die Möglichkeit des selbstbestimmenden Gestaltens der eigenen Zukunft zu glauben, stellte in seinem Vorwort zur deutschen Übersetzung des Stückes eine Beziehung zur Situation der Deutschen her: Er wollte keineswegs sagen, dass sie ihre Vergangenheit und die Fehler, die sie gemacht haben, verdrängen sollten. Die Entschuldigung der Welt sei dadurch ohnehin nicht zu erreichen; dazu würde nur eines verhelfen: »eine totale und aufrichtige Verpflichtung auf eine Zukunft in Freiheit und Arbeit, ein fester Wille, diese Zukunft aufzubauen und das Vorhandensein der größtmöglichen Zahl von Menschen guten Willens.«[192] Dass man mit der Inszenierung eines Stückes, in dem eine Gewalttat als gerecht verfochten wurde, »ein[en] Griff ins Wespennest philosophischer und religiös-sittlicher Anschauung« tat, war Gründgens sicherlich bewusst. Doch dadurch, dass es eine Persönlichkeit von seinem Format unternahm, sich zum »Reflektor des Dichter-Philosophen und des Meinungsstreits« zu machen, der heraufbeschworen wurde, bekam die Sache in den Augen der Presse das gebührende Niveau: »Sein Spiel war glasklar, eine Retorte, gefüllt mit giftigen Weisheiten, sammelt in Wort und Geste viel Grausames und Untergründiges und machte es verständlich. Seine Regie waltete über einem einmaligen Ensemble, in dem Marianne Hoppe die Elektra litt, die jugendliche Flamme des Glaubens, die allen Unrat der Welt verbrennen will. Sie war ganz Gefühl, ganz Herz, rührend mit einem Lächeln, bestrickend mit einem Wort, weiße Unschuld neben der roten Schuld Klytämnestras [d. i. Elisabeth Flickenschildt].«[193] In der Welt schrieb Gerhard Sander am 15. 11. 1947, dass Elektra drei Gestalten zu formen wusste, nämlich zuerst »keckes Mädchen«, dann die »spröd herausfordernde Heldenjungfrau«, die schließlich »in taumelnde Verworrenheit zurück[sinkt].« Die Bühne von Herta Boehm zeigte eine karge, steinige und bedrückend wirkende Architektur, eine in Graugrün gehaltene Atmosphäre der Erstarrung, in der eine blutverschmierte Jupiterstatue und ein schwerer dunkler Himmel die Unwirtlichkeit des Ortes sinnfällig unterstrichen. Während die ebenfalls von Herta Boehm entworfenen Kostüme fast durchgängig dunkel

Die Fliegen von Jean-Paul Sartre (1947/48).
Bühnenbildentwurf von Herta Boehm. Städtische Bühnen Düsseldorf/Neues Theater.

bzw. schwarz waren, strahlte Elektra in einem leuchtend weißen, figurbetonten Gewand – in welchem sie im 2. Akt, als sie in Gegenwart Ägisths das Volk zu Selbstbewußtsein und Abschütteln des Jochs aufrufen will – wie ein erlösender Hoffnungsschimmer durch diese Trübnis auftritt. Während sie in dieser Aufmachung als »Erscheinung« ihrer Antigone am Staatstheater glich, spiegelte im weiteren Handlungsverlauf das sackartige und formlose Kleid aus grobem Kattun das folgende innerliche Versinken in reuiger Unterwerfung unter den Willen des Fliegengottes.

Nicht nur in Düsseldorf, auch anlässlich des Gastspiels am Deutschen Schauspielhaus in Hamburg vom 24. bis 27. 2. 1948 wurden die Inszenierung und auch das Spiel von Marianne Hoppe stürmisch gefeiert, spielte sie doch »leicht wie eine Flamme«, wie es im Hamburger Echo am 27. 2. 1948 hieß. Und Gründgens wurde zum Bleiben aufgefordert. »Der beharrlich und im Chor alles übertönende Ruf ›Hierbleiben!‹, der sich an die Adresse des Chefs der Gäste richtete, entsprang zum nicht geringsten Teil gewiß der gegenwärtigen besonderen Situation des Hamburger Theaters. Es war der Ruf nach dem unbestritten großen Theatermann an der Spitze unserer repräsentativen Bühne, auf den wir warten.«[194] Das Gastspiel war so gefragt, dass sich die Menschen schon einen Tag und eine Nacht vorher schichtweise zum Kartenkauf anstellten und sich in der Nacht bei 20 Minusgraden ein Lagerfeuer errichteten, um sich zu wärmen. Die Einzelkarte soll im Schwarzhandel 800 RM gekostet haben.[195]

Die Rollenfotos, etwa von Rosemarie Clausen, die Sartres erschöpftes Geschwisterpaar Orest und Elektra nach vollbrachter Tat zeigen, lassen unweigerlich an die tatsächliche Entkräftung der beiden nach dem Krieg denken. Besonders Marianne Hoppe bedurfte noch der Schonung und psychischen Stabilisierung. Am 20.1.1948 schrieb sie an Gustaf Gründgens: »Ich muss leider morgen nach München – paar Tage in die Klinik – bin immer nicht g a n z in Ordnung, da[s] soll nun angegangen werden.«¹⁹⁶ Immerhin: ein Anfang war gemacht: Gustaf Gründgens und das Erfolgserlebnis mit den *Fliegen* hatten ihr Boden unter den Füßen zurückgegeben. Und das Weihnachtsfest 1947, das ihr kleiner Sohn zum erstenmal staunend wahrnahm, konnte sie genießen. In Worten, die innere Ruhe ausdrücken, schrieb sie aus ihrer kleinen Scharamer Behausung am 25.12.1947 an Gründgens: »Lieber Gustaf – möchte Dir am ersten ruhigen Abend einen herzlichen Gruß schicken und Dir zu diesen ominösen »neuen Jahren«, von denen nun wieder eines beginnt – doch und quand même alles Gute wünschen! Du wirst es auch nochmal genießen, in den nächsten Wochen nicht auf der Bahn sitzen zu müssen – das ist schon was – ich kam – völlig fertig am 20. hier an, ließ alles an der Bahn unten, hatte Mühe mich selbst hochzuschleppen – München blieb ich 1 ½ Tag – sah Pamela¹⁹⁷, holte ein Care Paket! Und fuhr dann von ½ 11 – 6ʰ von M. nach hier. ½ 1 mittags geht der Zug erst ab, aber du musst sonst stehen – Viehtransport! – Danke […]. Hier ist es nun hübsch. – […] Benedikt gab sich wirklich alle Mühe, uns nicht zu enttäuschen – wir hatten Krippe gebaut mit Lichtchen, das gefiel ihm sehr – auch der Hammel klappte, sodaß wir zu leben haben – war komisch! Und ab heut strahlt die Sonne – nach Regen u. Schneetagen – morgen will ich mir Ski borgen und bißchen herumrutschen. – Sonst lieg ich flach, wenns geht – es ist auch warm im Ofen und dieselbe Situation wünsche ich mir für Dich.« Den Brief schließt sie mit den Worten: »Du läßt mir sagen – wanns an der Zeit – vor 3. wär nicht so schön, komme dann mit full bemper – und dann freue ich mich auch schon wieder sehr – ich fand wir sind so zusammen immer ›besser‹ geworden, nicht? Und ich habe mich über die Arbeit und den Erfolg eben auch sehr gefreut und danke dir für die vergangenen 2 Monate.«¹⁹⁸

Am 3.11.1948 schickte er ihr das bearbeitete *Tasso*-Manuskript. Auch hatte er noch den Versuch unternommen, die *Iphigenie* einzurichten, die auch von einem Kollegen für die Goethe-Woche einstudiert worden war, aber »kein so bestürzender Erfolg« wurde. Eigentlich wollte er ihm »den Tasso aufschwätzen« und die *Iphigenie* mit Marianne machen; doch kam er zu der Einsicht, dass das »sehr unkameradschaftlich wäre, wenn wir beide das sozusagen den Kölnern vorspielten.« Im selben Brief teilte er ihr mit, dass der *Tasso* am 1. oder 2. Weihachtsfeiertag gespielt werden müsste, musste dann aber Bekanntschaft

Die Fliegen von Jean-Paul Sartre (1947/48). Marianne Hoppe (Elektra) und Gustaf Gründgens (Orest). Städtische Bühnen Düsseldorf/Neues Theater.

mit dem Mutterherzen von Marianne Hoppe machen. In dieser Rolle kannte er sie noch nicht. Unmißverständlich machte sie ihm klar, dass sie an den Weihnachtstagen bei ihrem Sohn in Scharam sein würde, »mit aller sich daraus ergebenden Konsequenz«.¹⁹⁹ Am Schluss des Briefes stellte sie fest, dass selbiger eine Absage geworden ist und er für die Rolle der Leonore von Este eine andere Besetzung suchen müsse. Kurz danach haben sich die Beiden aber geeinigt und Gründgens, der die »Weihnachtszäsur« akzeptierte und auch ein warmes Zimmer in der Nähe des Theaters für sie besorgen lassen wollte, schrieb ganz zahm am 28.11.1948 zurück, dass sie »arbeitsmässig nichts überhetzen« wollten und die Premiere »vermutlich erst nach Weihnachten« sein würde.«²⁰⁰

Als am 14.1.1949 die Premiere des *Torquato Tasso* herauskam, war das vor allem ein Erfolg für Marianne Hoppe. Gründgens selbst wurde in der Titelrolle, die er dann bald an Horst Caspar abgab, keine einhellige

Torquato Tasso von Johann Wolfgang von Goethe (1948/49).
Marianne Hoppe (Leonore von Este) und Gustaf Gründgens (Titelrolle). Städtische Bühnen Düsseldorf/Neues Theater.

Zustimmung zuteil. Während Marianne Hoppe eine überzeugende, vollkommen verinnerlichte, sich im stillen Verzicht übende Prinzessin abgegeben haben soll, legte Gründgens als Tasso seine Leidenschaft zu sehr nach außen und wurde zudem von einigen Kritikern als für die Rolle zu alt empfunden. In dieser Inszenierung, die von der Presse weniger als ein Schauspiel, denn als ein »Feier- und Weihespiel« wahrgenommen wurde, wusste nur Marianne Hoppe vollkommen zu genügen. In der Hamburger Allgemeinen vom 19. 1. 1949 hieß es: »Vor allem Marianne Hoppe profilierte in einer modernen Lebenserfahrungen nahen Charakterstudie die Lebensfremdheit und Todessehnsucht des Menschen, der der Härte der Welt nicht gewachsen ist und im Verzicht die Lösung finden will. Gründgens selbst als Tasso bemühte sich mit einer manchmal schon schmerzlich berührenden schauspielerischen Intensität, eine Figur im äußeren Erscheinungsbild zu verdeutlichen, die nur von innen her erlebt werden kann. Der somnambulen Unberührbarkeit der Fürstin, die von Marianne Hoppe so intuitiv erfaßt wurde, wie man es von dieser herben Darstellerin kaum erwarten konnte, wurde in einem Wirbeltanz von Effektsteigerungen ein Tasso gegenübergestellt, der die stumme Tragik seines Wesens in Dokumentation nach außen, in ein rasantes Feuerwerk der schauspielerischen Einfälle umwandeln wollte.« Werner Höfer schrieb zwar im Rheinischen Merkur am 22. 1. 1949 im positiven Sinn, dass hier der »verbissene Kampf zwischen einer großen Rolle und einem großen Schauspieler« zu sehen war – aber eben »verbissen«. Gründgens hat als »tollkühner Virtuose« wohl zuviel von jener schauspielerischen »Artistik«, zuviel »beständige Erregtheit« und »schöpferisch stimulierte Extase« in seinen Tasso gelegt, in dem das »Neurotische, das Monomanische, das Pathologische, das in Tasso rumort, die künstlerisch sublimierte Disposition zum Verfolgungswahn« zum »wesentlichen Element der Interpretation« wurde. Gründgens selbst fand Marianne Hoppe jedenfalls wunderbar in ihrer Rolle, und sie selbst hat sie »wahnsinnig gerne gespielt. Die ist so mit einer Traurigkeit ausgestattet, nimmt Abschied von den Dingen«.[201]

Auch wenn Marianne Hoppe am Düsseldorfer Theater nur Stückverträge abschloss, wollte Gründgens sie weitgehend an sein Theater binden. Nach ihrer Mitwirkung in *Torquato Tasso* bekam sie unter der Regie von Hans Schalla die Hauptrolle in Zuckmayers Volksstück *Barbara Blomberg*, einem weniger bedeutenden Stück dieses Autors, das am 4. 5. 1949 Premiere hatte und in welchem sie an der Seite von Günther Lüders, Gerhard Geisler, Peter Esser und Elisabeth Flickenschildt spielte. Am 10. 8. 1949 schrieb Gründgens an Marianne Hoppe, sie solle doch vom 22. September bis »zu Benedikts Weihnachtsbaum« [!] in Düsseldorf sein, denn »eine neue Rolle würde ich doch zu gern mit Dir hier haben.«[202] Der Weihnachtsbaum schien das einzige Stopschild zu sein, dass Gründgens in Bezug auf Benedikt im Bewusstsein hatte, zog er sie mit diesem Vorschlag doch für drei Monate von ihrem dreijährigen Sohn ab. Er ermunterte sie, ihm Stücke vorzuschlagen, frug auch die Iphigenie wieder an, von der er aber wusste, dass sie vor dieser Rolle zurückschreckte. »Weisst Du andere Stücke? Ich weiss sehr viele, aber schreibe bitte das Genre, mit dem Du jetzt nach der ›Blomberg‹ hier spielen möchtest.«[203] Die nächste Düsseldorfer Rolle spielte Marianne Hoppe aber erst im November 1950 unter der Regie von Ulrich Erfurth, und zwar die Titelrolle in dem historischen Schauspiel *Anna, Königin für 1000 Tage* von dem amerikanischen Autor Maxwell Anderson. Gründgens wollte das Stück wohl selbst inszenieren, in dem es um Anna Boleyn geht, jene schöne, stolze und schlagfertige Tochter eines Hofkämmerers, die von Heinrich VIII. heiß umworben wird, die er 1534 heiratet und noch nicht drei Jahre danach, ihrer überdrüssig geworden, unter falschen Anschuldigungen enthaupten lässt. Nachdem Marianne Hoppe wegen eines Wasserrohrbruchs zuhause in Scharam ihr verspätetes Eintreffen zur Probe ankündigte und diese Verspätung andertags telefonisch nochmals verlängern wollte, gab Gründgens entnervt die Regie an Ulrich Erfurth ab. Am 7. 10. 1950 telegrafierte er ihr verdrossen nach München: »Gebe ernsthaft zu bedenken, ob Kommen jetzt noch sinnvoll stop Dr. Badenhausen hat in Deinem Interesse statt gutem Zimmer ein besseres gefunden, also kein Grund, Reise nochmal aufzuschieben. stop Habe heute morgen nach Deinem zweiten Anruf Regie endgültig an Erfurth abgegeben, da mir wirklich erfreuliche Zusammenarbeit im Augenblick nicht denkbar. Erbitte umgehend Drahtantwort, ob [Du] trotzdem kommen willst.«

Die Verstimmung hatte sich aber bald wieder gelegt, und die Zusammenarbeit der Beiden setzte sich in der tödlichen Komödie *Die Cocktail Party* von T. S. Eliot fort, die am 9. 12. 1950 Premiere hatte. Nach der von Gustaf

Gründgens besorgten deutschen Erstaufführung besprach die Presse das Stück als ein tiefsinniges und subtiles Werk über den menschlichen Hang zur Selbsttäuschung in allen Lebensbereichen, in der Liebe, in der Ehe und im gesellschaftlichen Zusammenleben. Indem Eliot seine Personen, die er auf drei Cocktailpartys zusammenführt, auch unter Einbeziehung komödiantischer Elemente zur Selbsterkenntnis zwingt, lässt er ihre Lebensfassaden einstürzen. Gründgens, der kurz vorher Eliots *Familientag* in Szene gesetzt hatte, wurde in der Presse sowohl als Darsteller wie auch als Regisseur »eine ausgesprochene Neigung für die subtile Psychologie«[205] bescheinigt. Die Figur der Celia, gespielt von Marianne Hoppe, unterscheidet sich von den Übrigen durch ihren schonungslosen Wunsch zur Selbsterkenntnis und dem Suchen nach wahrer Liebe. Über sie hieß es an gleicher

Die Cocktail Party von T.S. Eliot (1950/51). Marianne Hoppe (Celia Coplestone) und Gustaf Gründgens (Sir Henry Harcourt-Reilly). Städtische Bühnen Düsseldorf/Opernhaus.

Stelle, sie habe hier nicht ihre »strahlende Natur« ausspielen können, »sondern muß die Sensibilität einer ungemein wachen jungen Frau geben. Sie weiß das mit sehr plastischen Gesten und mit einer Sprache gleichsam im Vierteltonsystem darzustellen.« Karl Heinz Ruppel machte darauf aufmerksam, dass dieses in seiner Gattung schwer auszumachende Stück entsprechend schwer zu inszenieren sei und sowohl vom Regisseur wie auch von den Schauspielern »höchste Intelligenz, feinstes Taktgefühl und konzentrierteste Intensität« verlange. Sowohl Gründgens in der Rolle des sich als Psychiater entpuppenden »Fremden« als auch Marianne Hoppe als Celia seien ihren Rollenaufgaben mehr als gerecht geworden: »Marianne Hoppe spielt die große Szene der ›Berufung‹ Celias mit einem Minimum an schauspielerischem Aufwand und einem Maximum an geistiger Konzentration: Das hatte die Kraft der Verzweiflung und den radikalen Ernst der Selbstprüfung, mit der der Weg einer Heiligen beginnt.«[206] Als das Düsseldorfer Theater mit diesem Stück am Schiller-Theater in Berlin anlässlich der dortigen Festspielwoche gastierte, wurde das Stück von der Presse mehrheitlich als zu gewollt tiefsinnig abgelehnt. »Hier waltet Geschwätz«, schrieb verärgert Montijo, der meinte, dass es sich hier um eine banale, mit christlichen Wahrheiten aufgehöhte Dreieckskomödie« handele.[207] »Höhlen sind dunkel, aber meistens leer. Und wenn nicht immer, so doch meistens ist es falsch, hinter dunklen Worten nach einem tiefen Sinn zu suchen.«, stieß Hans Ulrich Eylau in der Berliner Zeitung vom 26.9.1951 ins gleiche Horn. Walter Karsch im Tagesspiegel vom 26.9.1951, der über das Stück keine bessere Meinung hatte, war aber dennoch von Marianne Hoppe in der Rolle der Celia sehr angetan, eine Darbietung »von einer ätherischen Durchsichtigkeit, die vom ersten Wort an aufhorchen ließ. Das entscheidende Gespräch mit Sir Henry [d. i. Gustaf Gründgens] im zweiten Akt: ein Vögelchen, das ängstlich im Käfig flattert und sich schließlich in einem heroischen Entschluß mit aller Kraft gegen die todbringenden Gitterstäbe wirft. Wenn da der Ton erstirbt, wenn die Hände mit knappen Gesten das Ausgeliefertsein an das Schicksal unterstreichen, wenn die Stimme im Aufbäumen anschwillt und gleich wieder zerbricht, dann wird es still in dem sonst so unruhigen Hause…«

Marianne Hoppe hat zweifellos in Gustaf Gründgens ihren Idealpartner auf der Bühne gesehen – gleichermaßen war er ihr aber auch als Regisseur wichtig, was aus ihren Zeilen vom 4.12.1952 hervorgeht: »…und das ist mir so ungeheuer wichtig, Dir zu sagen, wenn ich nach Düsseldorf komme, muss ich mit Dir zu tun haben! Mit Dir ein Stück spielen oder unter Deiner Regie arbeiten, da möchte ich dann auch mal wieder wissen wo Gott wohnt und ich möchte, dass Du dies weißt!«[208] Als sie am 15.4.1953 die Titelrolle in der Premiere von Shaws *Candida* gab, worin Gustav Fröhlich als Pastor Morell ihren Ehemann spielte – eine Rolle bzw. ein Stück, das sie sich für Düsseldorf gewünscht hatte und das dann Willi Schmidt in Szene setzte –, musste sich Gustaf Gründgens aus gesundheitlichen Gründen für eine Weile vom Theater zurückziehen. Das Stück kam bestens an, und Marianne Hoppe versuchte, den Kranken dahingehend zu beruhigen, dass im Theater nichts schief gehen könnte. In ihrem Brief vom 18.4.1953 redete sie ihm eindringlich ins Gewissen, mehr auf seine Gesundheit zu achten:

»Lieber Gustaf,

langsam kann man sich wieder bewegen, es ist ein Kreuz – aber das wissen wir ja – aber – es war schön und die Leute waren sehr reizend und haben uns immer wieder gerufen und die ganze Arbeit mit Schmidt und dem Gustl, der ein Schatz ist! war so erfreulich und liebenswürdig, dass man sehr glücklich sein kann. Vielleicht wars ein bisschen zu lustig – mich hat es überhaupt nicht gestört und nach meiner Meinung kann es gar nicht amüsiert genug aufgenommen werden, denn sonst geht dies himmlische Stück in den Keller – und in die Feierlichkeit! Und ich habe manchmal gedacht was wohl Frau Dumont gesagt hätte, das soviel Vergnügen herrschte – das finde ich aber das Positive an der ganzen Sache.

Nun aber – wie geht es Dir?? Ich denke viel an Dich und hoffe, dass dieser Aufenthalt nun hübsch ist und Du, was ich so wesentlich fände, an einem Ort eine ganze Zeit lang bleiben könntest. – Mir sind allerlei Ideen durch den Kopf gegangen und eine davon, die absurdeste möchte ich Dir mitteilen – ich fände es eine gute Kur! Wenn Du Dich erholt fühlst, solltest Du, Du wirst jetzt lachen, aber ich meine es ernst – eine richtige grosse Wanderung machen – d.h. Dir ein Ziel nehmen, mit Landkarte – durchs Engadin, oder vom Tessin […] nach Genf, das Rhone Tal oder das vordere Rheintal – oder an den Lac D-Annecy – oder ins Engadin – querfeldein, bis zur ›Erschöpfung‹, wie Prof. Bansi mir mal sagte, laufen, nur

Erst die telefonische Bestätigung Berthold Viertels, dass er selbst die Regie übernehmen werde, brachte sie dazu, die Rolle anzunehmen. Am 16.2.1950 schrieb sie an Gründgens, Barlog habe sie angerufen, um ihr zu sagen, dass Berthold Viertel in der Komödie[215] sei, »ich sagte – d e r solle schreiben; – sobald Zusammensetzung mit B. in irgendeiner Form, bleibt es für mich abgesagt.«[216] Erst am 13.3.1950 schrieb sie an Gründgens, dass sie nach der Zusage Viertels, das Stück zu inszenieren, zugesagt habe.

Berthold Viertel hatte das Stück selbst übersetzt, und sowohl Gründgens als auch Marianne Hoppe hatten davon gehört. Am 10.8.1949 schrieb ihr Gründgens: »Ich hörte von Mr. Hahn, dass ›Street car named desire‹ von Viertel übersetzt wird und noch nicht fertig sei. Hast Du von Gustl über das Philadelphia-Stück etwas gehört?« Sie ließ es sich schicken und meinte, es sei »schon ein Möbel«, in das man mit »Haut und Haar« einsteigen müsse, wobei man selbst »nur nicht ›denken‹ oder sich ›verspannen‹« dürfe, wie sie an Gründgens am 7.12.1949 schrieb. Nur nicht denken – das war gewiss die Herausforderung dieser Rolle, handelt es sich bei der Blanche doch um eine Frau, die außer Hysterie, Exaltiertheit, Trunksucht und Verzweiflung auch Poesie, Innerlichkeit und ein hohes Maß an Phantasie und Bildung in sich vereinigt, wodurch sie sich über die langweiligen Alltagsfiguren um sich herum und deren enge Lebensgrenzen emporhebt und eine besondere Art von Kraft besitzt – die Kraft der Verzweiflung und die Kraft der Phantasie, die sie mehr und mehr gegen sich selbst richtet. Das Besondere an dieser »Knacksdame« ist, dass ihre seelische Entwicklung auf der Bühne sich nicht vom Normalzustand in den der Wahnsinnigen hineinbewegen muss, sondern dass sie von Beginn des Stückes an schon kurz davor steht, in den Wahnsinn abzugleiten. Die Spanne bis dahin ist nur noch ein Wimpernschlag, bis zur psychischen Zerstörtheit braucht es nur noch einen kleinen Schritt. Die Aufgabe der Schauspielerin ist es also, bereits zu Beginn ihr Scheitern durchschimmern zu lassen. Neu ist auch, dass es letztlich ein Scheitern ist, dessen Ursache in ihr selbst begründet liegt, an den Folgen eines Verhaltens, zu dem sie von niemandem gezwungen, zu dem sie von keiner Intrige verführt worden ist. Es ist nicht eigentlich ein Triumph der Verhältnisse über eine Schwache. In innerer Auswegslosigkeit, als heimliche Alkoholikerin, die wegen einer Liebesbeziehung mit einem Siebzehnjährigen in einer Kleinstadt in Mississippi ihre Anstellung als Lehrerin für englische Literatur verloren hat, und wegen ihres unsoliden Lebenswandels auch aus der Stadt verwiesen wurde, in die sie danach geflüchtet war, erscheint sie bei ihrer Schwester Stella »zu Besuch«, auf der Suche nach einem Rettungsanker. Doch den findet sie hier nicht. Im Gegenteil: Stan, Stellas Mann, enthüllt die Lügen seiner Schwägerin und hält sie ihr brutal vor. Das schlägt auch Mitch in die Flucht, seinen netten jungen Freund, der Blanche heiraten wollte und dem sie eine rührselige Geschichte von ihrer erfundenen, tragisch endenden Ehe erzählt hatte. Als sie Stan von einem Verehrer vorlügt – an den sie vermutlich selbst glaubt – der sie abholen komme, um mit ihr eine große Seereise zu unternehmen – fühlt sich Stan von ihrer Lügengeschichte provoziert und dreht durch. Für die morbiden Reize der »Verrückten« durchaus empfänglich, fällt er brutal über sie her. Blanche verliert sich vollends in ihren Ängsten und Sehnsüchten, das Hinüberkippen in den Wahnsinn ohne Wiederkehr ist vollzogen. Wenn am Schluss des Stückes eine Frau und ein Mann kommen, um sie in die Heilanstalt abzuholen, geht die Frau brutal zu Werke und will sie packen wie ein Stück Vieh, das zur Schlachtbank abgeholt wird. Doch wenn dann der Mann, freundlich den Hut lüftend, dazwischengeht, Blanche den Arm reicht und diese dann erhobenen Hauptes zur Tür hinaus schreitet, nimmt ihr die Wahnvorstellung, es handele sich um jenen frei erfundenen Verehrer, die Angst. In dieser wahnhaften Illusion kann Blanche ihren Stolz behalten. Marianne Hoppe hat diese Rolle sehr angestrengt, wie sie an Gründgens am 25.5.1950 schrieb.[217] Doch liefen die Vorstellungen »sehr gut«, was sie entsprechend motivierte. Auch stand ein schönes Ereignis bevor, nämlich der Einzug in ihr neues Haus auf dem Scharam. Es war geschafft: raus aus der Beengtheit einer kleinen Zweizimmerwohnung mit Küchenbenutzung! Aus eigener Kraft hatte sie für sich und ihren kleinen Sohn ein neues, großzügiges Zuhause geschaffen; und darauf war sie stolz: »Da steht dann plötzlich ein neues Haus für mich und ich schätze, ich werde sehr gerührt sein darüber.«[218]

Marianne Hoppes »Knacksdamen« haben durchaus nicht alle den gleichen Knacks, manchmal auch gar keinen. Schon die nächste nach der Blanche, Georgie Elgin, das »Mädchen vom Lande« in dem gleichnamigen Stück von Clifford Odetts, das im November 1951 Premiere hatte und von Petra Kohse nicht ganz zutreffend als

»Prototyp« dieser Spezies gesehen wurde, zeichnet sich gerade durch ihre Stabilität in einer äußerst schwierigen Lebenslage aus.[219] Georgie spielt den Sündenbock, indem sie sich von ihrem Mann, einem trunksüchtigen, einst erfolgreichen Schauspieler – gespielt von Ernst Deutsch – für alles, was in dessen Leben schiefgelaufen ist, geduldig und schweigend die Schuld geben lässt, während sie gegen alle Widerstände am Theater für bessere Arbeitsbedingungen für ihn kämpft – und erreicht. Eine Jeanne d'Arc der Ehehölle, von schier unglaublicher innerer Stärke, die an ihrem Trunkenbold festhält wie an dem Glückstreffer ihres Lebens. Nur ihrer Kraft und ihrer Geduld ist es schließlich zu verdanken, dass sich ihr Mann vom Alkohol lossagt und als Schauspieler wieder Erfolg hat. Marianne Hoppe entfaltete in dieser Rolle »ein Spiel der kleinen Gesten, tupft sich an die Stirn, ahnt, begreift und beginnt wieder zu glauben, daß nicht alles umsonst ist. Die Hoppe macht dies unvergeßlich schlicht, mit halben Worten und den Fingerspitzen – ein seltenes Erlebnis.«[220] Das war keine Blanche, doch kam in der Art ihrer Darstellung der Rolle wohl etwas davon über die Rampe, da sie für manchen Kritiker-Geschmack etwas zu »nervös kompliziert«[221], »etwas zu ätherisch, etwas zu versessen in der Rolle der femina dolorosa«[222] spielte. Dass es sich hier um keinen schwachen, sondern um einen starken Charakter handelte, wurde einhellig erkannt: »Marianne Hoppe, deren künstlerische Entwicklung zu dieser Reife zu den erfreulichsten Erscheinungen des deutschen Theaters von heute gehört, gab dem Mädchen Georgie eine schwebende Intensität, die man nicht so leicht vergessen wird. Hinter dem Wesen, das sich in einer freudlosen Ehe zu einer Pflegerin mit Brille und Hausschuhen gewandelt hat, hinter den abwehrenden Gesten einer abgrundtiefen Resignation war immer der Mut eines Menschen spürbar, der an eine echte Aufgabe glaubt.«[223] So war es nicht allein die Rolle, sondern auch das ätherische, feinnervige Spiel Marianne Hoppes, das eine Frauenfigur zur »Knacksdame« machte.

Die deutsche Presse reagierte zum Teil ablehnend auf die Darstellung pathologischer Figuren und lehnte diese als amerikanischen Bühnenimport ab.[224] Die mangelnde

Endstation Sehnsucht von Tennessee Williams (1949/50). Marianne Hoppe (Blanche) und Peter Mosbacher (Stanley). Schloßpark-Theater, Berlin.

Internationalität, die das deutsche Theater durch die Zeit der Abschottung während des Dritten Reichs erlitten hatte und die es nach dem Krieg aufzuholen galt, sowie der Mangel an neuen deutschen Bühnenstücken kennzeichneten das Bühnenrepertoire nach 1945. Eugene O'Neill, der erste bedeutende Bühnenautor der Amerikaner, der für sein Gesamtwerk bereits 1936 den Nobelpreis bekommen hatte, war schon vor der nationalsozialistischen Isolation neben Strindberg, Ibsen, Shaw und Wedekind im Repertoire der deutschen Bühnen verankert. In enger geistiger Verbindung mit der abendländischen Theaterkultur brachte er als erster unter den amerikanischen Bühnenautoren Erkenntnisse der modernen Psychologie mit dem Leben der Menschen in Amerika in Verbindung. Er führte die Menschen in ihrer psychischen Komplexität vor, leuchtete die geheimsten Winkel ihrer Seelen aus, zeigte ihre Triebhaftigkeit, ihre Eitelkeit, ihre Verwundbarkeit und Verlorenheit und ihre Neigung zur Ich- und Weltflucht. O'Neill besaß die Fähigkeit zur dramatischen Gestaltung traumatisierter Menschen, die in ihrer verzweifelten Suche nach Halt und Lebensglück an die Gottsuchenden in den Dramen Strindbergs erinnern und in ihrer Neigung zum Selbstbetrug an die Gestalten Ibsens. Als Oskar Fritz Schuh im Salzburger Festspielsommer des Jahres 1957 O'Neills *Fast ein Poet* in der deutschsprachigen Erstaufführung herausbrachte und einen »Sensationserfolg« erzielte, griff er damit eines von zwei erhalten gebliebenen Dramenwerken auf, das der Autor als Teil eines mehrteiligen Dramenzyklus' geschrieben hatte, an deren Handlungen und Figuren sich 150 Jahre amerikanischer Geschichte widerspiegeln sollten. O'Neill hat bis auf zwei Stücke alle zu diesem Zyklus gehörenden Werke vernichtet. Die Hauptperson in *Fast ein Poet* ist Cornelius Melody, der abgehalfterte und trunksüchtige Schankwirt eines herabgekommenen Gasthauses, ein Möchte-Gern-Poet, der seine besseren Tage als früherer irischer Dragoner-Offizier längst hinter sich hat. Er glaubt, zu gut zu sein für diese Welt und ergeht sich in Beleidigungen der ihn umgebenden Personen, wenn er nicht gerade Byron

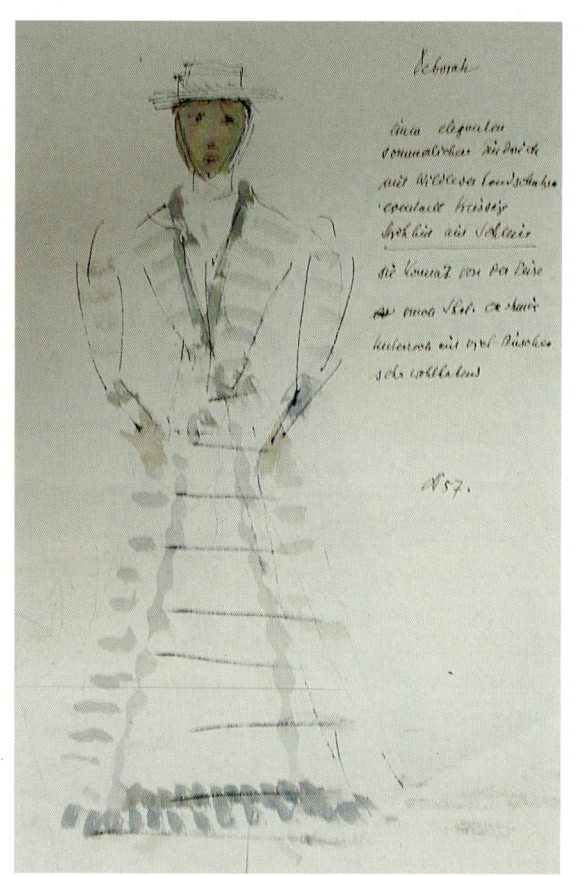

Fast ein Poet von Eugene O´Neill (1957). Salzburger Festspiele/Landestheater.

oben: Bühnenbildentwurf von Caspar Neher.

links: Figurine der Deborah Harford von Caspar Neher.

rechts: Marianne Hoppe als Deborah Harford.

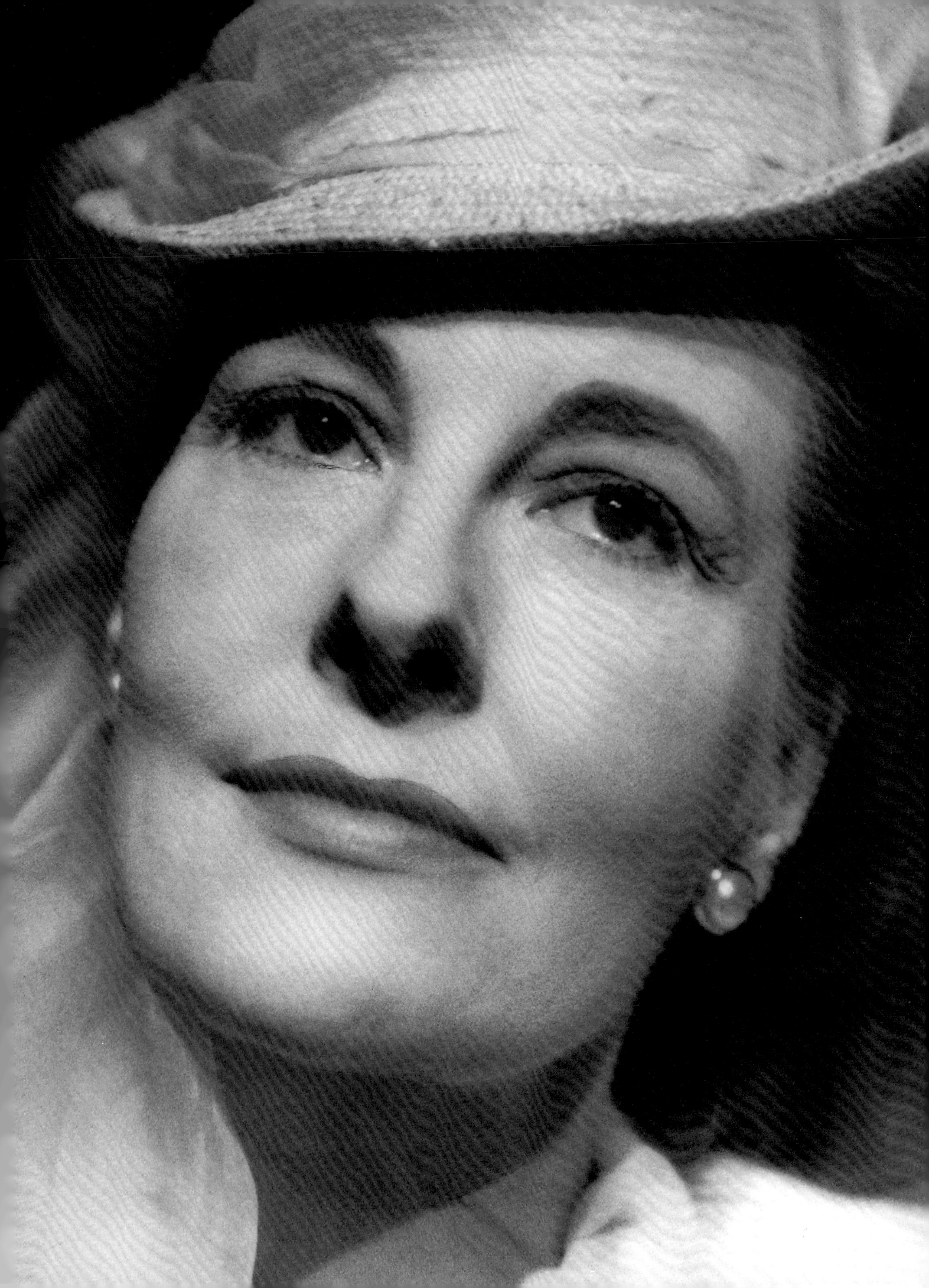

zitiert. Seine Frau Nora, gespielt von Adrienne Geßner, liebt ihn trotzdem in alles verzeihender Güte, dabei immer ängstlich den nächsten seiner hemmungslosen Ausfälle erwartend. Tochter Sara (Aglaja Schmid) ist da weniger seelenvoll. Zynisch und in nicht verhohlener Verachtung tritt sie dem jämmerlichen Abbild ihres Vaters (Attila Hörbiger) entgegen. Zärtlicher geht sie dagegen mit dem unbekannten Gast, jenem aus wohlhabender Familie stammenden Simon Harford um, auch ein Anhänger der Dichtkunst, der von einem schlichten Leben in der Natur träumt und sich von Sara im elterlichen Gasthaus gerade gesund pflegen läßt. In ihm sieht Sara die Rettung für sich selbst. Durch eine Heirat mit ihm, so glaubt sie, wird sie dem Elend ihres Zuhauses entweichen. Deborah Harford, Simons Mutter, gespielt von Marianne Hoppe, durchschaut diese Absicht sofort und versucht ihr klar zu machen, dass ihr Sohn vom einfachen Leben in der Natur schon bald genug haben würde. Sie ist die Gestalt, von dem das Stück seine Ironie erhält. Ganz in weiß, mit Schleierhütchen und weißem Stockschirm, betritt sie – einer elfenhaften Erscheinung gleich – in dem Moment die Szene, in welchem Melody in wieder ausgekramter Galauniform unrasiert, ungekämmt und selbstverliebt Lord Byron zitiert und eine Art tragikomisches Schmierentheater abzieht. Ihr Auftritt unterbricht die lächerliche Selbstvorstellung Melodys, dessen Zudringlichkeit sie mit einer Handbewegung abweist und zu dem sie sich sofort in ironischer Distanz befindet, weshalb Wolfgang Schneditz im Münchner 8 Uhr-Blatt vom 31. 7. 1957 schrieb: »Sozusagen ein Stück amerikanischer Geschichte in Gestalt einer symbolischen Lady Mayflower stellt Marianne Hoppe als Mrs. Harford auf die Bühne, überzeugend und ganz leise parodierend.« Die Art, wie sie dieses Gasthaus betritt, für dessen Szenerie Caspar Neher ein Bühnenbild schuf, »wo man vor dichter Atmosphäre sozusagen den Fusel riecht«, und auch die distanzierte Art, mit den hier lebenden Menschen mehr monolog- als dialogartig zu sprechen, macht klar, dass sich hier zwei unvereinbare Welten gegenüber stehen. Sara und sie sind bereits die zwei personifizierten Gegensätze, als die sie sich in dem Fortsetzungsstück *Alle Reichtümer dieser Welt* wiederbegegnen werden: die Animalisch-Triebhafte, zum Schluss Dominierende einerseits und die Ätherische, Gebildete und Zerbrechliche andererseits.

Auch Deborah Harford ist kein Mensch von dieser

Alle Reichtümer dieser Welt von Eugene O´Neill (1964/65).
Marianne Hoppe als Deborah Harford.
Übernahme in das Deutsche Schauspielhaus Hamburg, (1965/66).

Welt, denn sie hat sich in einen fernen verträumten Schlupfwinkel ihrer Seele verkrochen. Eine Verbindung zu ihrer Familie gibt es nicht, mit Ausnahme ihres Sohnes – und den will Sara für sich. Deborahs Welt schien immer schon ihr eigenes Innerstes zu sein und ihr betörend duftender Garten ihr vor der Welt schützendes Refugium. Friedrich Luft schrieb über Marianne Hoppe in der Süddeutschen Zeitung am 31. 7. 1957: »Marianne Hoppe hatte eine Art gealterte Ophelia zu sein, ein flirrendes, kühles, leidendes Wesen aus jener Welt, in die sich der träumende Schankwirt sehnt. Ihr sonderbar ziehender Sprachton, ihre springende, scheinbar geistesabwesende Diktion, brachte einen Zug heller Gespenstik in diesen stupenden Auftritt.«

Der Erfolg war ein derartiger, dass Schuh, der seit 1953 Intendant der Freien Volksbühne in Berlin war, dieses Stück als Abschiedsinszenierung nochmals in Szene setzte und sich nach dieser Premiere einen bravourösen Abgang verschuf. Neben Marianne Hoppe und Attila Hörbiger spielten hier Paula Wessely (Nora Melody) und Annemarie Düringer (Sara) mit. Für Marianne Hoppe gab es diese Rolle noch ein drittes Mal, nämlich in der Fernsehfassung von 1961, in der Hans Söhnker in der Rolle des Cornelius Melody zu sehen war.

Gespenstik – das ist auch das Stichwort für Strindbergs Ehe-Inferno *Totentanz*, in welchem Marianne Hoppe in der Spielzeit 1960/61 unter der Regie von Walter Henn die Rolle der gequälten und quälenden Alice spielte. Strindberg war der Autor des Geschlechterkampfes, der O'Neill Pate gestanden hatte. 25 Jahre Ehehölle, in der Alice und ihr Mann, ein Kapitän (Walter Franck) – in einem Turm auf einer Insel in hermetischer Abgeschlossenheit von der Außenwelt leben, verfeindet mit sich und der Umwelt. Nun haben sie nur noch einander, um ihrem Trieb zum Quälen freien Lauf zu lassen. Eigentlich auf der Suche nach Liebe peinigen sie sich gegenseitig bis aufs Blut, wobei Alice als Ehefrau ihrem Mann in nichts nachsteht. Der ehemalige Freund der beiden, gespielt von Carl Raddatz, kann diesen Zug in die Selbstzerstörung nicht aufhalten und nur noch entsetzt das Weite suchen. Walter Henn hat das Stück in seinen Exzessen zwar abgemildert, um den Charakter der Gespenstik zu dämpfen. Damit hat er jedoch Strindberg, wie Ilse Urbach in der Deutschen Zeitung vom 10. 1. 1961 meinte, teilweise »entpathologisiert«; Walter Franck habe sogar einen melancholischen Zug bekommen. Marianne Hoppe als Alice sei dagegen

Totentanz von August Strindberg (1960/61).
Marianne Hoppe (Alice) und Walter Franck (Ehemann).
Staatliche Bühnen Berlin/Schloßpark-Theater.

die Grausamkeit in Person gewesen und habe die pathologische Lust am Quälen besonders deutlich spüren lassen. Ilse Urbach beschrieb sie als Terroristin der Seele, die offensichtlich nichts von den sublimen Taktiken einer Deborah Harford hatte: »Marianne Hoppe, in der Exaltiertheit des Fin de Siècle korsettiert, bewegte sich wie eine Fackel der Rache, vulgär, verwundet und Wunden austeilend. Im Zusammenspiel mit Carl Raddatz (Kurt), dessen untertreibende Kraft immer mehr an Raum gewinnt, war die Kälte der Hoppe fast noch wirksamer als im Dialog mit Walter Franck.«

Das Thema der Ehehölle wird in O'Neills *Alle Reichtümer dieser Welt*, dem Nachfolgestück von *Fast ein Poet*, fortgesetzt, das Oskar Fritz Schuh, inzwischen Intendant in Hamburg, wiederum in deutschsprachiger Erstaufführung anlässlich der Salzburger Festspiele im August 1965 herausbrachte und es anschließend auch am Deutschen Schauspielhaus in Hamburg zeigte. Deborahs Sohn Simon, der sowohl das Dichterische als auch das Profane in sich trägt und letztlich ein knallharter Unternehmer wird, empfindet die Lust eines Voyeurs angesichts des Kampfes der beiden Frauen um ihn, den er nach Kräften noch anfeuert. Dass die instinkt- und triebgesteuerte Sara den Sieg davonträgt und Deborah unterliegt, wirkt wie die Erfüllung des Darwinschen Gesetzes vom Überleben des Stärkeren. Alle Beteiligten verlieren ihr Paradies: Deborah ihren poetischen Seelenwinkel und ihren Sohn; auch Sara verliert Simon, da sich dieser bis zur Unkenntlichkeit verändert und nichts mehr von jenem idealistischen Träumer hat, der einmal zur Pflege im Bett des elterlichen Gasthauses lag. Indem Simon seine innere Poesie verliert, erleidet er auf etwas andere Weise einen ähnlichen Verlust wie einst Cornelius Melody in *Fast ein Poet*. Wirklich gesiegt hat niemand, Sara hat nur einen jämmerlichen Triumph davon getragen, der ihr Leben an der Seite eines Mannes, der nicht (mehr) ist, was sie sich von ihm versprochen hatte, nicht bereichern, sondern lediglich ihre Gier nach Wohlstand stillen wird.

Nicht zum dramatischen Zyklus, aber zum gleichen Stoffkreis gehört auch O'Neills Drama *Eines langen Tages Reise in die Nacht*, dessen sich Willi Schmidt in der Spielzeit 1976/77 am Schiller-Theater in Berlin annahm. In das 1940 entstandene und am 10.2.1956 in Stockholm uraufgeführte autobiografische Stück hat der Autor in der Figur des Edmund eigenes Erleben einfließen lassen. Dass seine Stücke zumeist um Poesie und Theater kreisen, hat damit zu tun, dass O'Neill selbst – wie in diesem Stück die Figur des Edmund – Sohn eines herumreisenden Schauspielers war, den seine Frau auf seinen Tourneen begleitete und der in der immer gleichen Rolle des Grafen von Monte Christo gut verdiente. Er selbst kannte als Kind nur diese, auf ihn abstoßend wirkende Welt des Schmierentheaters. Erst seine Beschäftigung mit den Autoren Strindberg, Ibsen und Wedekind bot ihm ein geistiges Niveau, an dem er anknüpfen und eigene Stücke schreiben konnte. Wie Edmund war auch er als Seefahrer unterwegs und fühlte sich unter dem Pack abgehalfterter Schauspieler am wohlsten. Die Welt und die Charaktere, die er in diesem Stück spiegelt, waren ihm also bestens vertraut. Marianne Hoppe gab darin die Rolle der Morphinistin Mary Tyrone, die an der Ehe mit ihrem Mann, einem erfolgreichen Schauspieler, der in der immer gleichen Rolle durch die Lande reist und sehr viel Geld verdient, zerbrochen ist. Er ist egozentrisch, investiert alles Geld in Grundstücke und Whiskey und hat ansonsten für niemanden etwas übrig. Mary ist nach der Geburt ihres zweiten Kindes, das kurz danach starb, schwer krank geworden und seitdem morphiumsüchtig. Nach einer Entziehungskur, von der sie gerade zurückgekommen ist, verabreicht sie sich zuhause gleich die nächste Dosis, um der Unerträglichkeit ihres Seins zu entfliehen. Dass ihr jüngster Sohn Edmund, ein nervöser, zarter und sensibler Charakter, der sich für Nietzsche, Baudelaire und Dowson interessiert und auch selbst über dichterische Fähigkeiten verfügt, schwindsüchtig ist, will sie nicht wahrhaben und möchte in dessen Beschwerden nur eine Sommergrippe sehen. Edmund schwebt im luftleeren Raum, verdingte sich in verschiedenen Berufen, zuletzt als Seefahrer, doch zwang ihn seine schlechte Gesundheit zur Rückkehr. Marys ältester Sohn Jamie, vom Vater ebenfalls zum Schauspieler ausgebildet, der lustlos diesem Beruf nachgeht, sucht sein Vergnügen in Freudenhäusern. Eigentlich hatte er glänzende Anlagen, doch fing er bereits im Internat an zu trinken. Er leidet an seinem Beruf, an der Geschäftsmäßigkeit des Theaters und an dem Erfolg seines Vaters, den er im Grunde für einen Schmierenkomödianten hält. In diesem Panoptikum der Zerstörten versucht einzig Edmund, sich zu befreien: die Diagnose des Arztes, der ihm Schwindsucht bescheinigt, akzeptierend, geht er ins Sanatorium, um seine Krankheit behandeln zu lassen. Alle anderen verharren in ihrem Elend. Mary Tyrone driftet ähnlich wie Blanche in *Endstation Sehnsucht* in eine Welt des Wahns ab, in der sie nicht mehr zu erreichen ist. Am Schluss des Stückes hat sie ihr Brautkleid wieder angezogen und schwärmt im halluzinativen Morphiumrausch, wie glücklich sie mit James Tyrone einmal war.

Die verschiedenen pathologischen Schattierungen von gequälten und quälenden Ehefrauen gab Marianne Hoppe nicht nur in amerikanischen Stücken, wie etwa auch in Edward Albees *Empfindliches Gleichgewicht* an den Münchner Kammerspielen in der Spielzeit 1966/67, worin sie unter der Regie von August Everding als um den Familienfrieden krampfhaft bemühte Agnes zu sehen war. Diese Rollen begegneten ihr auch in dem dramatischen Zweiteiler *An Einzeltischen* von dem Briten

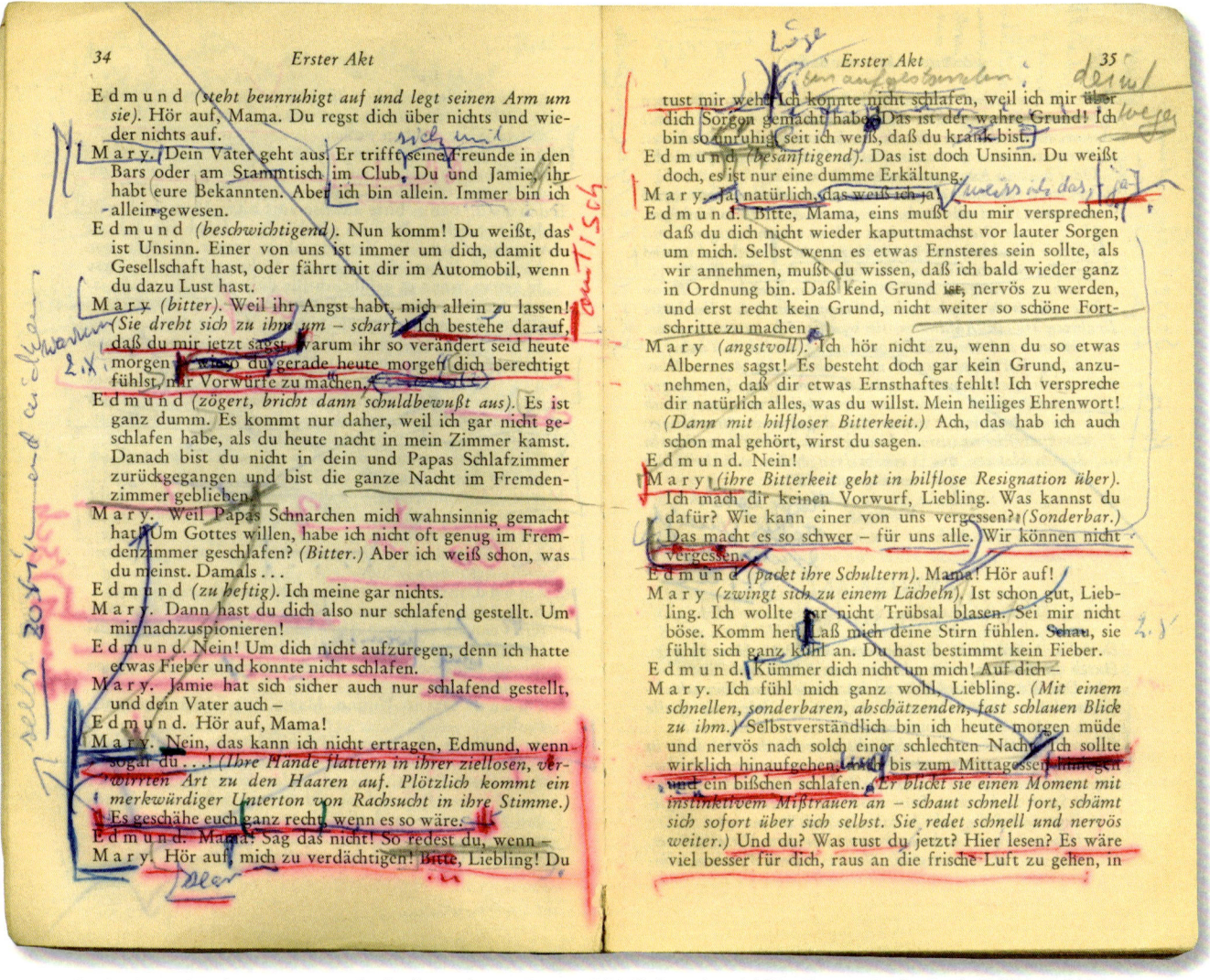

Rollenbuch zu *Eines langen Tages Reise in die Nacht* von Eugene O'Neill. (1976/77, Schiller-Theater, Berlin, Regie: Willi Schmidt).

Terence Rattigan, wo sie an einem Abend zwei unterschiedliche, nach ihrem Glück suchende, auf unterschiedliche Weise deformierte Charaktere vorzustellen hatte. Das Stück – Leonard Steckel inszenierte die deutsche Erstaufführung in der Spielzeit 1957/58 am Renaissancetheater in Berlin – ist ein im Vergleich zu Eugene O'Neill wenig tiefgründiger dramatischer Zweiteiler mit Happy-End, der in einem Speisesaal und in einem Salon eines altmodischen Hotels in einem kleinbürgerlichen englischen Ferienort spielt. An den dicht aneinander stehenden Tischen sitzen Dauergäste, essen, langweilen sich und warten auf ein Wunder, um ihrer seelischen Vereinsamung zu entkommen. In den beiden Stücken, in denen die gleichen Nebenfiguren spielen, wechseln lediglich Marianne Hoppe und Ernst Schröder die Rollen. Einmal agieren ein unbequem begabter, gewalttätig sich selbst schadender und dem Suff verfallener Journalist und dessen zum Lügen neigende, geschiedene Frau, die ihren Mann aus Angst vor dem Alleinsein hier aufgestöbert hat. Noch einmal durchlaufen sie in einer Art Zeitraffer ihre Konflikte, noch einmal wollen sie für immer auseinander gehen und bleiben schließlich doch zusammen. Im zweiten Teil des Stückes spielen Ernst Schröder und Marianne Hoppe einen sexuell verklemmten Offizier außer Diensten, der in dunklen Kinos fremde Frauen belästigt hatte und deshalb gerichtlich verurteilt worden ist; und ein von ihrer Mutter tyrannisiertes und ebenfalls verklemmtes ältliches Mädchen, eine Dreiunddreißigjährige, die alle Kraft ihrer etwas seltsam gestrickten Psyche mobilisiert und sich zu diesem Unhold hingezogen fühlt. Beiden gelingt es, ihre Hemmungen zu überwinden: der Offizier a. D. nimmt sich vor, sich der von Sybils Mutter verkörperten »guten Gesellschaft« zu stellen und trotz seines lädierten Rufs in der Pension zu bleiben; und Sybil schafft es erstmals, sich der Mutter entgegenzustellen. Lüge und Verstellung fallen ab, die Beiden haben sich gefunden. Im ersten Rollenpart war Marianne Hoppe überzeugend, in der Abendzeitung vom 17.10.1957 schrieb Karena Niehoff: »Die Hoppe hat für die Dame von 42 die mondäne, klirrend glasige und herrschsüchtig dekadente Verführung, bei der Jüngeren hingegen wirkt das Kränkliche, Altmädchenhaft-Hysterische ein wenig mühsam.« Das Stück wurde zum größten Teil von der Presse als »grob über die Elle gemessene psychologische Studie« verworfen, die zwar englischen Humor besitze, »aber nicht als Lehr- oder Problemstück Geltung beanspruchen« könne.[225] Die »Wiederbegegnung« mit Marianne Hoppe aber wurde als besonderes Ereignis gewürdigt. Ilse Urbach schrieb am 8.10.1957 im Kurier: »Das Ereignis des Abends: die Wiederbegegnung mit Marianne Hoppe. Sie war elegant und ›wie aus Eis gemeißelt‹, die einstige Angebetete, die nun vor dem Alleinsein zittert. Die glitze[r]nde Kühle, die sie umgab, wurde im zweiten Teil durch eine klinische Studie abgelöst: sie war das verzweifelte Nervenbündel, eine ältliche Tochter im Aufruhr.« Auch dass sie sich

Süßer Vogel Jugend von Tennessee Williams (1959/60).
Marianne Hoppe (Alexandra del Lago) und Klaus Kammer (Chance Wayne).
Staatliche Bühnen Berlin/Schiller-Theater.

nahtlos in zwei so unterschiedliche Charaktere finden konnte, fand lobende Erwähnung: »Wie wandlungsfähig Marianne Hoppe ist, bewies sie mit den beiden konträren Gestalten des ersten und des zweiten Stückes. Welch ein Unterschied zwischen der mondän morbiden, tablettenzerfressenen Mrs. Shankland des I. Teils und der mädchenhaften, eckig-englischen Jungfer des II. Teils!«[226]

Abgelehnt als banal und obszön, als unerträgliches Sammelsurium von Neurosen und Widerwärtigkeiten auf Courths-Mahler-Niveau, wurde Tennessee Williams' *Süßer Vogel Jugend*, worin Marianne Hoppe und Klaus

Süßer Vogel Jugend von Tennessee Williams (1959/60).
Probenfoto mit Klaus Kammer, Marianne Hoppe und dem Regisseur Hans Lietzau.
Staatliche Bühnen Berlin/Schiller-Theater.

Kammer ein ungleiches Paar abgaben: die alternde Filmdiva, der ihr Comeback versagt zu bleiben scheint, und ein junger Gigolo betäuben ihre Ängste und Frustrationen mit Haschisch, Sex und Alkohol, und der Gigolo hat keine Skrupel, sie mit Tonbandaufnahmen zu erpressen. Das Stück wurde einhellig als schlechtes Machwerk abgelehnt, da es »keine Lerche oder Nachtigall [sei], sondern ein gerupfter Spatz, der an den Leimruten der Psychoanalyse hängengeblieben ist und sich hilflos abzappelt.«[227] Wiederum wurde aber Marianne Hoppes schauspielerische Leistung gewürdigt: »mit den unheimlich hohlen Augen und dem zerfallenen Ausdruck der süchtigen Neurotikerin und dem irrlichternden Haschisch-Glück des Rausches im Gesicht, mit der verzweifelten, zerbrochenen Stimme des angstgejagten Menschen, aber immer das heimliche Raubtier ahnen lassend, das dann offen und rücksichtslos ausbricht, als sie wieder auf den Stufen der Erfolgsleiter steht.«[228]

Marianne Hoppe war meisterhaft darin, das Besondere in der pathologischen Struktur dieser Charaktere auszuloten und darzustellen. Immer suchte sie die Bühnenfiguren in sich selbst, bevor sie sie dann mit ihren künstlerischen Ausdrucksmöglichkeiten gestaltete. Gefragt, ob sie einen großen Unterschied zwischen den Arbeitsweisen der Regisseure der 30er Jahre und den heutigen empfinde, antwortete sie dem Journalisten Joachim Lux von der Kölnischen Rundschau vom 20. 4. 1988: »Ach Gott, das hat doch alles mit Phantasie zu tun. Der eine zaubert so, der andere anders. Die großen Leute haben eben auch große Phantasien und Visionen, ob das dem Abonnementpublikum gefällt oder nicht. Es muß doch immer wieder Neues ausprobiert werden. Experimente sind absolut notwendig. Dieses sogenannte Regietheater ist doch gar nichts Neues. Leopold Jessner hat schon lange vor den Nazis ›Hamlet‹ im Frack spielen lassen, oder den ›Wilhelm Tell‹ mit Albert Basserman sehr unkonventionell inszeniert. Da hat es auch viele Proteste gegeben. Das Theater kann doch nicht stets auf der ebenen Heerstraße entlanglaufen, es muß lebendig bleiben.« Während der Proben war Marianne Hoppe – und das gilt vermutlich schon für ihre Zeit am Preußischen Staatstheater – keine Ensemblespielerin; sie gerierte sich aber auch nicht als »Star«. Sie suchte Wahrhaftigkeit, und die suchte sie allein – im Zweikampf mit dem Text. Das Sich-Aneignen einer Rolle war bei ihr vermutlich eine sehr einsame Sache. Sie probte in i h r e m Stil, hatte dabei etwas Einzelgängerisches und machte es Kollegen damit schwer. Davon berichtete Ernst Schröder anlässlich Hans Lietzaus Inszenierung von Barlachs *Der blaue Boll* am Schiller-Theater im Frühjahr 1961.

Lietzau hatte die Herausforderung angenommen, mit seiner Regiearbeit gegenüber der legendären Fehling-Inszenierung in Berlin (mit Heinrich George als Boll) zu bestehen. Während aber damals das Publikum wie berauscht aus der Vorstellung gekommen sein soll, kam es für Lietzaus Inszenierung, wie es kommen musste: der Rausch blieb aus. »Das Herz bleibt ungetroffen, den Kopf hält man vielleicht neugierig und pflichtbewußt hin, um zerlegend und sortierend das Unbehauene sich näherzubringen. Auch das jedoch umsonst.«[229] Gleichwohl war Marianne Hoppe als die ständig besorgte und prüfende Ehefrau Bolls – »[s]o eindringlich und knapp sah man sie lange nicht«[230] – sprachlich besonders sicher und »ganz bei Barlach zu Hause«[231]. Doch diese Schauspielerin war grundsätzlich auf der Probe keine einfache Partnerin. Nicht nur, dass sie den Text permanent zergliederte und ihn sich in ständiger Wiederholung laut vorsprach, wie schon Lola Müthel berichtete; Mitspielende wussten oft nicht, wann sie mit ihrem Einsatz eigentlich gefragt waren: »Nun darf man sich nicht vorstellen, daß die Hoppe eine leicht zu nehmende Partnerin ist, im Gegenteil, sie ist besonders schwierig, weil sie es sich selbst so schwer macht. Sie fängt, wie alle richtigen Schauspieler, in jeder Rolle von vorn an. Sie zerbricht sich selbst in viele Einzelheiten und setzt sich neu zusammen. Sie zergliedert die Sätze und versucht Sprache zunächst einmal als Puzzlespiel zu betreiben. Sie spricht an manchen Vormittagen einen Satz acht bis zehnmal hintereinander, das kann darum enervierend sein, weil man nicht so schnell herausbekommt, wann man denn nun selber einzusetzen hat. Alles geschieht bei ihr ohne Präpotenz, ohne Nebenabsichten, sie dekliniert erst einmal die Gefühle des Satzes durch, sie setzt die Grammatik ihrer Seele in Bewegung, sucht in der Gegenwart, aber auch in der Vergangenheit nach dem richtigen Ausdruck. Und wenn sie ihn dann gefunden zu haben glaubt, kann es durchaus sein, daß sie ihn morgen wieder verwirft. Vielleicht machen diese Umwege sie zu der großen Sprechkünstlerin, die sie ist. Auf den Proben muß man bei ihr liebend auf der Hut sein. Abends beim Spiel strahlt sie die Sicherheit des Schlafwandlers aus und man ist in seiner Partnerposition durch nichts gestört: man erhält Antworten, die tatsächlich aus dem Augenblick kommen, frisch gefundene. Und das, denke ich, gibt die durch nichts zu verletzende Freiheit des Spiels, die spontane Produktion.«[232]

Marianne Hoppe ist es durch ihre besondere Art, sich Texte inhaltlich und dann künstlerisch zu erobern, auch gelungen, schwer zugängliche Rollen zu spielen. Dazu zählt zum Beispiel die Rolle von Saids Mutter in Genets anarchischem Stück *Die Wände* am Residenztheater in der Spielzeit 1967/68 unter Hans Lietzaus Regie. Das Stück erinnert stark an das Stationendrama *Nach Damaskus* von Strindberg, wobei Genet seinen Personen in diesem vielschichtigen, den Algerienkrieg in exemplarischen Bildern einbeziehenden Stück keine Seele geschenkt zu haben scheint. Said, der so arm ist, dass er sich nur die hässlichste Frau kaufen kann, treibt als ein arabischer Gesetzesloser durch das Stück, angestachelt von seiner Mutter, die ihn – und nicht nur ihn – beschimpfend und verhöhnend vor sich hertreibt. Irgendeine Art von innerer Entwicklung der Personen ist in diesem vielschichtigen, inhaltlich kaum zu beschrei-

Die Wände von Jean Genet (1967/68).
Figurinen der Mutter (Marianne Hoppe) und ihres Sohnes Said (Herbert Mensching) von Jürgen Rose.
Bayerisches Staatsschauspiel/Residenztheater.

Die zweite Karriere – »Knacksdamen« und Königinnen 149

Die Wände von
Jean Genet (1967/68).
Bayerisches Staats-
schauspiel/Residenz-
theater.

rechts:
Marianne Hoppe
(Mutter) und Christine
Ostermayer (Leila).

unten: Bühnenmodell
von Jürgen Rose.

benden Spektakel der Gewissenlosen nicht erkennbar. Dass nicht in plastischen Dekorationen, sondern vor bemalten Wänden gespielt wird, die hinter Spielpodesten in unterschiedlichen Höhen stehen, hat Jürgen Rose dem Willen des Autors entsprechend umgesetzt. In dieser Kulisse war Marianne Hoppe die böse Antriebsfeder des Abends: Walter Kiaulehn schrieb am 12.2.1968 im Münchner Merkur: »Die Hoppe hat man nicht oft so komödiantisch entfesselt gesehen wie hier. Sie ist hinreißend gut, obwohl eigentlich alles, was sie spricht und zeigt, sinnlos ist. […] Durch die Kunst der Hoppe wurde das Publikum gleich anfangs fasziniert und erhoben. Man erlebte wieder einmal, welch ein Segen es für das Theaterpublikum ist, daß Schauspieler die Kraft der echten Naivität haben, sich so in das Nichts zu stürzen, als ob es ein Ozean wäre. […] Das schlug das Publikum so in den Bann, daß es darüber fast den besonderen Fäkalton dieses Autors, diesen ordinären Abort-Slang vergaß oder sich zumindest dachte, es müßte ihn überhören, weil es sich ja wohl um Kunst handle.«

Die Königinnen

Obwohl sie Königinnen nicht so oft wie ihre »Knacksdamen« gespielt hat, waren es doch Rollen, die ihrer Persönlichkeit genauso entgegenkamen. Das Aristokratische lag ihr. In *Anna, Königin für 1000 Tage* von Maxwell Anderson spielte sie als Anna Boleyn eine der Frauen aus der Geköpften-Galerie des englischen Königs Heinrich VIII., eine leidenschaftliche Figur, die der bevorstehende Tod läutert und am Schluss ihrem Mörder und Gemahl »lächelnd« mit dem Antlitz einer Versöhnten erscheint. Herta Boehm hatte die 21 Szenen mit Licht und filmischen Projektionen in einem neutralen Raum ablaufen lassen und ihm dadurch Bewegung gegeben. Die Kritiker mokierten sich im Chor über die Trivialität des Stückes, das eigentlich als Versdrama geschrieben und von Friedrich Schreyvogel auch also solches übersetzt worden war. Hohle Dialoge und Monologe langweilten in dieser deutschen Erstaufführung. Fritz Heerwagen in der Frankfurter Zeitung vom 9.11.1950 kritisierte, dass durch die Aufhebung der gebundenen Sprache das Stück zur Parodie geriet. Alles in dem Stück war grob und aufdringlich, selbst Marianne Hoppe hätte etwas davon gehabt: »Einem König, der nichts ist als ein rüder, geiler Wüstling – im Stück wird ihm gerade die Vielgestaltigkeit seines Wesens nachgerühmt – kann eben nur eine exaltierte Frau ein hysterisches ›Jetzt liebe ich Dich!‹ ins Gesicht schreien.« Nur einer meinte, es würde hier nicht um historische Treue gehen, sondern um die poetische Stimmigkeit eines psychologischen Porträts, hinter dem alle historischen und politischen Fakten zurücktreten. »Das große Rätsel Mensch, das von seinen Leidenschaften getriebene, selbstherrliche, schrankenlose Individuum der Renaissancewelt steht im Mittelpunkt«, wie am 4.11.1950 in der Rheinischen Post zu lesen war. Die Königin erscheine hier wie eine Raubkatze, fordernd, gierig, leidenschaftlich und verletzend: »Die kühle Kraft und der klare Wille ihrer von widerstreitenden Gefühlen hin- und hergerissenen Empörernatur steigern sich zur zwingenden Intensität des Ausdrucks in der theatralisch zugespitzten Sarabandenszene. Ihre Anna trägt darin nicht nur Leopardenfell an ihrem aufreizenden gelben Kleid, sie wird aus ihrer verletzten Natur heraus zur Prankenschläge austeilenden großen Katze – gebändigt nur durch den Formenkanon des Tanzes.« Rolf Trouwborst im Rhein Echo vom 4.11.1950 war fasziniert von der Schönheit der Hoppe: »Sie sieht aus wie das Bild eines Praeraphaeliten: schlank, feingliedrig, stilisiert, mit der gleichsam schönen Blässe der Auserlesenheit.« Andere meinten, dass gegen solch ein schlechtes Stück einfach nicht anzuspielen sei und dass es unverständlich sei, dass dieses Machwerk mit derart hochkarätigen Schauspielern besetzt worden ist.

»Für eine Marianne Hoppe sollten andere Rollen zu finden sein als die mit Ausdauer Banalitäten redende Anna Boleyn.«[233] Auch Gerhard Geisler, der den König spielte, wurde bedauert, denn ihn »traf das harte Los, einen stark geschlechtsreif gewordenen königlichen Embryo spielen zu müssen.« Viele sahen in der Besetzung der guten Schauspieler eine Verschwendung der Kräfte. In dem Blatt Der Mittag vom 4. bis 5.11.1950 schrieb Schulze Vellinghausen: »Ist es nötig, die wunderbaren Qualitäten

Maria Stuart von Friedrich von Schiller (1951/52).
Marianne Hoppe (Maria Stuart) und Maria Becker (Königin Elisabeth). Deutsches Schauspielhaus, Hamburg.

dieser Schauspielerin, die wie keine andere die ›sperrige‹ Substanz einer großartigen Aufsässigkeit mit einer hauchzarten Binnenschrift zusammenzubringen versteht, auf solche Ramschware zu verschleifen?« Statt im Wort oder in der Handlung »das Abenteuer eines Gedankens verwirklichen« zu lassen, »werden mit marktschreierischer Beflissenheit Enthüllungen von klischeehafter Peinlichkeit serviert: gekrönte Bettaffären, der Brunstschrei nach dem Thronfolger, kurz, Nachwuchsprobleme langweiliger Art, garantiert mit gefolterten Liebhabern.«

Als Marianne Hoppe im September 1951 auf der Bühne des Deutschen Schauspielhauses in Hamburg in der Titelrolle von Schillers *Maria Stuart* auftrat, zusammen mit Maria Becker als ihre königliche Rivalin Elisa-beth, und die Regisseurin des Stücks auch noch Hermine Körner hieß, war der hohe assoziative Rückbezug des Publikums und der Rezensenten zum Preußischen Staatstheater und dessen künstlerischem Niveau vorprogrammiert. Hermine Körner gilt als legendäre Darstellerin von Königinnen-Rollen und war 1916 Max Reinhardts gefeierte Elisabeth am Deutschen Theater, wobei Maria Fein, die Mutter von Maria Becker, die Rolle der Königin Maria gab. In Müthels *Hamlet*-Inszenierung am Preußischen Staatstheater spielte sie die Königin Gertrude und in Gründgens' Einstudierung von Rehbergs *Königin Isabella* die Titelrolle – in beiden Stücken wirkte auch Marianne Hoppe mit. Zu Hermine Körners letzten Königinnen-Rollen gehörte 1958 die Hekuba in Lietzaus Inszenierung *Die Troerinnen* am Schiller-Theater, wie-

Die Troerinnen von Euripides/Mattias Braun (1957/58).
Hermine Körner (Königin Hekuba) und Marianne Hoppe (Kassandra). Staatliche Bühnen Berlin/Schiller-Theater.

Die Troerinnen von Euripides/Mattias Braun (1957/58).
Staatliche Bühnen Berlin/Schiller-Theater.
oben: Szenenentwurf von H. W. Lenneweit.
rechts: Figurine der Kassandra von H. W. Lenneweit.

derum mit Marianne Hoppe, diesmal als deren weissagende Tochter Kassandra. Hermine Körner war der schauspielerische Inbegriff einer Königin, und selbst als Bordellketten-Besitzerin Kitty Warren in Shaws *Frau Warrens Gewerbe* gab sie als besondere Spielart eine Königin der Huren. Hanns Braun schrieb über sie: »Die Rollen, die Frau Körner verkörpert, haben das Heroische, den Glanz, das Pompöse zur Voraussetzung, und die besondere Mitgift von Anmut, Beherrschtheit, Delikatesse, die Frau Körner ihnen beizufügen im Stande war, machten sie nach beiden Richtungen außerordentlich. Sie war mit ihrer, wenn sie wollte, metallisch harten, rauhen Stimme das gebieterische, das königliche Weib schlechthin und ihre Stellung auch dadurch einzigartig, daß dieses große Format von Frau heute auf den Bühnen immer seltener angetroffen wird, wo nicht in der komödiantisch hohlen und pathetischen Form zu unerträglichen Ausgeburten.«[234] Das Verhältnis zwischen Hermine Körner und Marianne Hoppe war seit ihrer gemeinsamen Zeit am Preußischen Staatstheater ein freundschaftliches. In Hermine Körner hat Marianne Hoppe ein unerreichtes Vorbild gesehen. Mit zwei anderen Schauspielerinnen an Hermine Körners Grab auf dem Waldfriedhof in Berlin-Zehlendorf stehend, sagte sie versonnen: »Großes Vorbild! Schaffen wir nicht!«[235] Hermine Körner wiederum muss sich Marianne Hoppe menschlich sehr nahe gefühlt haben, denn die um einundzwanzig Jahre Ältere ließ sich irgendwann von ihr versprechen, in der Stunde ihres Todes an ihr Sterbebett zu kommen. Die Jüngere versprach es und kam, als es an einem Abend im Dezember 1960 soweit war. »Sie wollte, dass ich sie auf dem Totenbett sehe […]. Das werde ich auch nie vergessen, wie sie um acht anrief – ich weiss nicht, wann sie gestorben ist – und ich sollte jetzt kommen. Es war furchtbar, aber ich hatte es versprochen. Ging natürlich hin. Da lag sie dann…«[236]

Hermine Körner wusste nicht nur um die Erfolge von Marianne Hoppe, die sie nach dem Krieg am Düsseldorfer Theater wieder traf und mit der sie 1948 in dem Kurt-Hoffmann-Film *Das verlorene Gesicht* gemeinsam vor der Kamera stand; sie hatte sie auch 1946 nach ihrem Zusammenbruch erlebt und ihr als Freundin beigestanden. Sie kannte zumindest zum Teil die Blessuren, die Marianne Hoppe zu verkraften hatte und die sie in ihrer Persönlichkeit reifen ließen. Die Verleihung des Hermine-Körner-Rings an Marianne Hoppe am 25. 5. 1975, welcher wiederum nach deren Tod an Gisela Stein[237] weitergereicht worden war, bedeutete der Trägerin sowohl in künstlerischer als auch in menschlicher Hinsicht sehr viel. Stolz trug sie diesen Ring, den die Körner anlässlich der Darstellung ihrer Atossa in *Die Perser* von Aischylos als Auszeichnung bekommen hatte und der auf vielen Fotos an der Hand Marianne Hoppes zu sehen ist. Der Ring fasst eine griechische Münze, die einst auf dem Schlachtfeld von Marathon gefunden wurde. Hermine Körner selbst stiftete diesen Ring als Ehrengabe für eine deutsche Schauspielerin »mit ernsthaftestem Streben« und übergab ihn selbst noch zu ihren Lebzeiten an Roma Bahn. Wesentlich an der Begründung dieser Verleihung war »die Unbedingheit des Anspruchs an künstlerische Qualität, die das ›Sich's-Leichtmachen‹, die öde Routine, verächtlich findet«, wie Laudator Willi Schmidt ausführte, der darin auch Marianne Hoppes Wesensähnlichkeit mit der Stifterin des Ringes sah.[238] Was Marianne Hoppe ferner auszeichne, sei ihre »Liebe zum Kniffligen, ihr »darstellerisches Ingenium mit ihrer spezifischen Begabung, einen Text auf seinen geistigen Gehalt zu prüfen und eben diese Essention in Bühnenexistenz zu verwandeln.«

Mit der Weitergabe der Rolle der Elisabeth an Maria Becker hat Hermine Körner mit der Inszenierung der *Maria Stuart* ihr künstlerisches Vermächtnis auch an diese Schauspielerin übergeben. Das empfand auch Maria Becker: »Im Gegensatz zu seiner [d.i. Max Reinhardt] Regie könnte ich die Arbeit mit Frau Körner eine mütterliche Führung nennen. Sie selbst ist mit dieser Rolle so vertraut, daß es ist, als übergäbe sie mir ein geliebtes Erbe.«[239] Hermine Körner sah wie in Marianne Hoppe auch in dieser Schauspielerin eine außergewöhnliche Persönlichkeit und Begabung. Am 14.12.1950, also ein ¾ Jahr vor der Premiere der *Maria Stuart* und offensichtlich noch ohne den Plan zu dieser Inszenierung, schrieb sie an Marianne Hoppe: »Dann also lernte ich die Maria Becker kennen! Über sie liesse sich viel sagen! Jedenfalls eine enorme Begabung! Ein ganz reiner Verstandesmensch! Ich habe so etwas noch nicht gesehen – sehr seltsam – das hat natürlich Vorteile und Nachteile. – Menschlich ein grossartiger Charakter – ganz offen und aufrichtig! Sie fühlt sich sehr zu mir hingezogen! Auf jeden Fall nichts Alltägliches.« Hermine Körner sah es wie der oben zitierte Hanns Braun als Problem ihrer Zeit an, dass es kaum Schauspielerinnen gab, die fähig waren, Königinnen-Rollen zu spielen. Eva-Maria Merck berichtete im Hamburger Echo vom 12.9.1951 von ihrem zurückliegenden Interview mit Hermine Körner, die sich »über den Mangel an einer nicht nur im Äußerlichen bedingten, sondern vielmehr im Seelischen verankerten ›weiblichen Haltung‹ in der heutigen Frauengeneration« beklagt habe, »der es fast ausschließt, daß junge Schauspielerinnen noch imstande sind, Königinnen darzustellen. Unter den wenigen, die sie für fähig erklärte, dieses Rollenfach zu erfüllen, war Marianne Hoppe. Am Berliner Staatstheater hatte sie erlebt, wie die jüngere Kollegin Jahr um Jahr neben ihr heranreifte.«[240] Sie erlebte, wie diese den Radius ihrer Rollen immer weiter spannte, von den Frauenfiguren in Shakespeares Komödien über die großen klassischen tragischen Rollen wie Gretchen, Emilia Galotti, die Jungfrau von Orleans bis zu Vivie in Shaws *Frau Warrens Gewerbe* und Rollen in modernen und klassischen Lustspielen. Dazu kamen ihre Rollenaufgaben im Film, die sie in ihrer Darstellungskunst zusätzlich forderten und formten. Marianne Hoppe war für sie nun menschlich und künstlerisch reif genug, den Part der Königin zu übernehmen. Sie verfügte neben ihrem schönen Äußeren über eine Persönlichkeit, die unbedingte Voraussetzung für diese – und nicht nur für diese – Königinnen-Rolle war. In ihrem Artikel vom 12.9.1951 unter der Überschrift »Zwei königliche Künstlerinnen« fragte Eva-Maria Merck Marianne Hoppe nach ihrer Rollenauffassung der Maria Stuart, und es wurde klar, dass es ihr wie in etlichen anderen tragischen Rollen, die sie am Staatstheater gespielt hatte, etwa die Antigone oder Johanna von Orleans, um die Darstellung der Figur in ihrer unerschütterlichen inneren Konsequenz ging. Dabei wurde in Marianne Hoppes Antwort deutlich, dass diese innere Konsequenz auch ein Credo für sie persönlich als Mensch und als Künstlerin war: »Das ist es, was ich mich bemühen will, zu zeigen […], die innere Entwicklung, die in dem: Ich fordere, ich flehe, ich bekenne! liegt. Sie nimmt das besondere Schicksal ihres Königtums mit einer Konsequenz auf sich, die schon an Starrsinn grenzt. So kann man das nicht ins Leben übertragen, natürlich nicht […] – aber trotzdem soll man jeden ein-

Ein Glas Wasser von Eugène Scribe (1959/60).
Marianne Hoppe als Herzogin von Marlborough.
Bühnen der Stadt Köln/Kammerspiele.

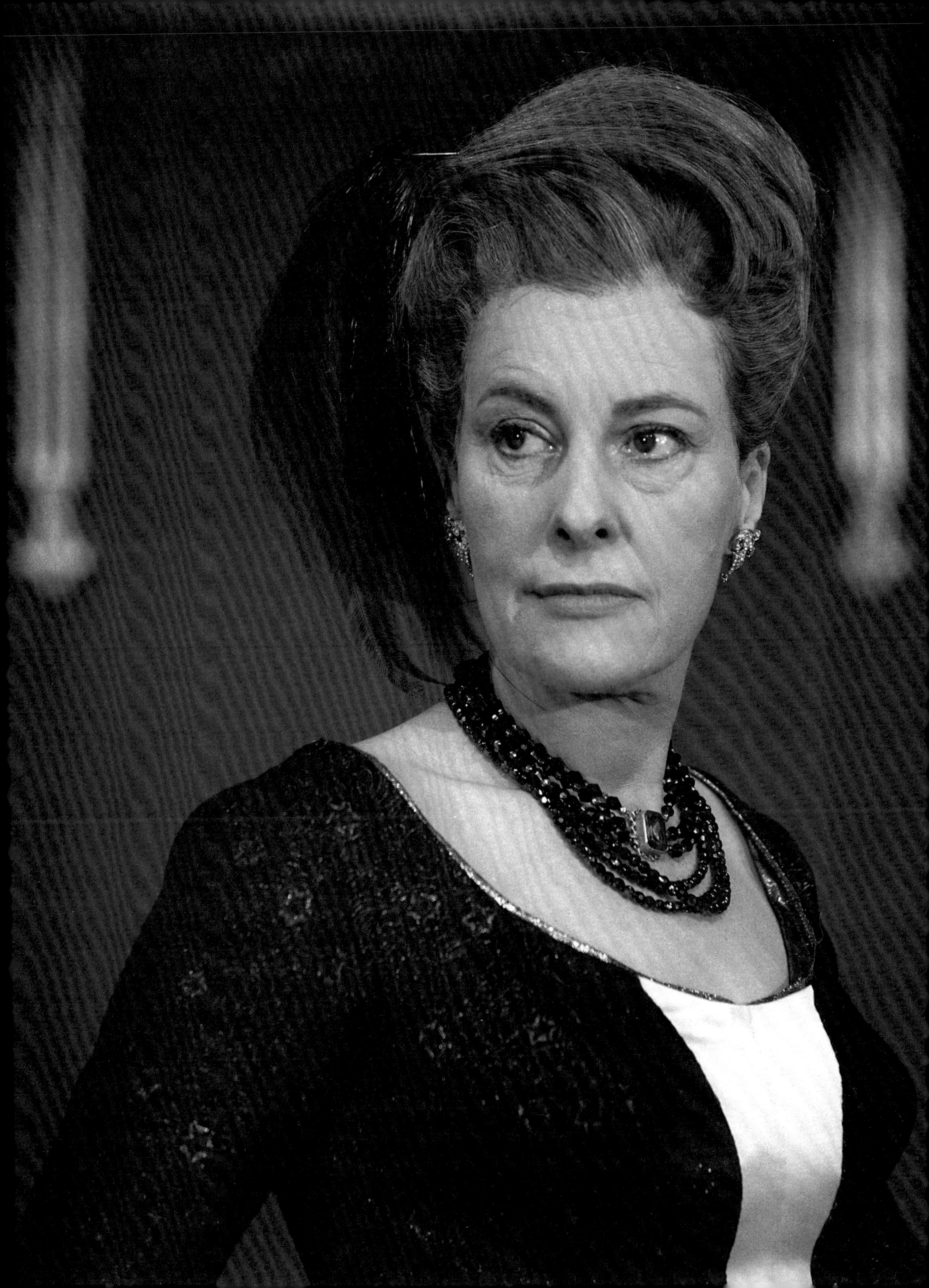

zubeziehen suchen in das, was an diesem Schicksal allgültig ist: die Forderung auf sich nehmen – sie bis zur bestmöglichen Vollendung erfüllen – darauf kommt es schließlich an – immer noch – immer wieder…« Es ist dies die Quelle für das Königliche in ihrer Persönlichkeit: den höchsten Anspruch an sich selbst stellen und ihn mit höchster Konsequenz erfüllen – das war es, was ihre »Haltung«, die durch ihre Rollen durchschien, ausmachte.

Die Inszenierung selbst wurde, bei allem Respekt vor den beiden Darstellerinnen und vor Hermine Körner, als antiquiert empfunden, besonders die Abschieds- und Sterbeszene war dem Großteil der Presse zu sehr mit rührseligem Pathos angefüllt. Rezensenten wie K. H. Rücke empfanden es sogar »fast an der Grenze der Oper, feierlich zelebrierend«.[241] Ein weiterer wesentlicher Kritikpunkt war, dass hier drei Frauen zwar »großes Theater« machten, allerdings keines, das auch nur annähernd etwas mit Ensemblespiel zu tun hatte. Was man sah, war faszinierendes Frauentheater, in welchem die männlichen Darsteller, darunter Werner Dahm als Mortimer und der Intendant Albert Lippert als Leicester, als »beiläufige Stichwortgeber« dienten. Die darstellerischen Leistungen der beiden königlichen Kontrahentinnen wurden dennoch gefeiert. Es klingt nach dem Gelungensein eines psychologisch fundierten Rollenporträts, das Marianne Hoppe schuf, indem sie »modern« – und das bedeutete in dieser Rolle »übernervös« und »reizbar« – spielte. Doch fühlt man sich bei diesen Vokabeln auch an die Art ihrer Darstellung einer übernervösen, in sich selbst gefangenen Blanche erinnert, wenn man liest: »Frau Hoppes Interpretation der Maria ist von höchster Modernität, sozusagen um alle Einsichten vermehrt, die das 20. Jahrhundert von Menschen in der Gefangenschaft hat. In übernervöser Reizbarkeit flieht sie aus dem Kerker ihrer Existenz: in scharf gespannte Intellektualität, in skeptische Koketterie oder in Ausbrüche qualvoller Lebensgier.« Und der Rezensent bemerkt richtig, dass Hermine Körner die beiden Rivalinnen als personifizierte Kontrastfiguren – die maskenhafte, machtausübende Elisabeth einerseits und die menschlich-empfindende, seelenvolle Maria andererseits – agieren ließ: »Gegenüber der Maskenhaftigkeit ist hier ein Mensch, der Empfindungen lebt und erweckt, was zu einer mitrei-

Ein Glas Wasser von Eugène Scribe (1959/60). Bühnenbildentwurf von Ernst Schütte. Bühnen der Stadt Köln/Kammerspiele.

ßenden Intensität sich steigert, wenn die Königinnen im Park sich begegnen.«²⁴² Die Maskenhaftigkeit der Maria Becker als Elisabeth wurde in jeder Kritik begeistert besprochen. Dagegen war es in Bezug auf Marianne Hoppe das ausgespielte Seelen- und Gefühlsleben, das erschütterte und die Rezensenten zu Lobeshymnen veranlasste. In den erschienenen Besprechungen fällt auf, dass Marianne Hoppes Darstellungsweise einerseits als etwas Modernes aufgenommen wurde, andererseits aber auch als etwas, das in seinem künstlerischen Niveau aus der Schmiede des Preußischen Staatstheaters kam. Modernität in Form von »Schlichtheit« war jedenfalls das künstlerische Gebot der Stunde, dem es nach Auffassung der Theaterkritik insbesondere klassische Werke zu unterwerfen galt; denn das Zündende in Schillers Drama liege letztlich »im Menschlichen, im Kampf der beiden Königinnen, sofern sie keine Königinnen sind«, im Mittelpunkt stünde doch »in erster Linie der Kampf der Menschen in ihrer seelischen Nacktheit.«²⁴³ Es ist bezeichnend für Marianne Hoppes Darstellung auch der Königinnen, dass sie sie von ihrer Psyche her aufrollte und damit wie in den Rollen ihrer »Knacksdamen« das Psychopathologische herausarbeitete, wo immer sie es finden konnte. Auch in der Rolle der Kassandra, der Tochter von Königin Hekuba in den *Troerinnen*, gab sie im Juni 1958 am Schiller-Theater die Figur von diesem Ansatz her: »Wie höchst individuell meisterte, bei aller Nachsicht für überspitzt-psychoanalytische Kehrtwendungen der Kassandra, Marianne Hoppe die Seherin. Scharfe Töne, schrille Schreie, taumelnd tänzerische Gesten, plötzliches unbelebtes In-sich-Zusammenfallen: eine Kassandra aus Qual und Neurosen.«²⁴⁴

Erst neun Jahre nach der Maria Stuart spielte Marianne Hoppe wieder eine Königin, die »Knacksdamen« hatten bis dahin eindeutig die Oberhand in ihrem Repertoire. Als sie in Rudolf Sellners Inszenierung des *Egmont* die Rolle der Regentin Margarethe von Parma übernahm, war diese Premiere am 23. 9. 1960 die Eröffnungsvorstellung der Berliner Festwochen. Rudolf Sellner hatte in seiner Inszenierung den politischen Charakter des Stückes unter Zurückdrängung der bunten Volksszenen stärker herausgearbeitet, was auf Kosten der Theaterwirksamkeit ging. Der politischen Situation in Berlin war diese Art der Bearbeitung aber durchaus angemessen, das betonte auch Willy Brandt, der damalige Regierende Bürgermeister von Berlin, in seiner Eröffnungsrede: »Freiheit! Ein schönes Wort, wer's recht verstünde« – mit diesem Zitat aus dem Gespräch zwischen Herzog Alba und Egmont eröffnete er diese Berliner Festwochen und betonte, es müsse klar werden, »daß von uns die Rede ist«. Zumindest in Westberlin sollte über den Begriff »Freiheit« nur eine einzige Deutung möglich sein. Ein Stück bzw. eine Inszenierung mit hoch aktuellem politischen Bezug also. H. U. Kestern schrieb in der Nürnberger Zeitung vom 23. 9. 1960: »Im heutigen, in seiner Freiheit bedrohten Berlin ist der ›Egmont‹ etwas anderes als etwa in Darmstadt oder gar in Kötschenbroda.«

Wenn Sellner das Psychologische besonders betonte, entsprach er damit voll dem Trend der Zeit. Neben Erich Schellow als Egmont, Günther Hadank als Alba und Wolfgang Kühne, der als Macchiavelli besonders für seine darstellerische Leistung herausgestellt wurde, habe

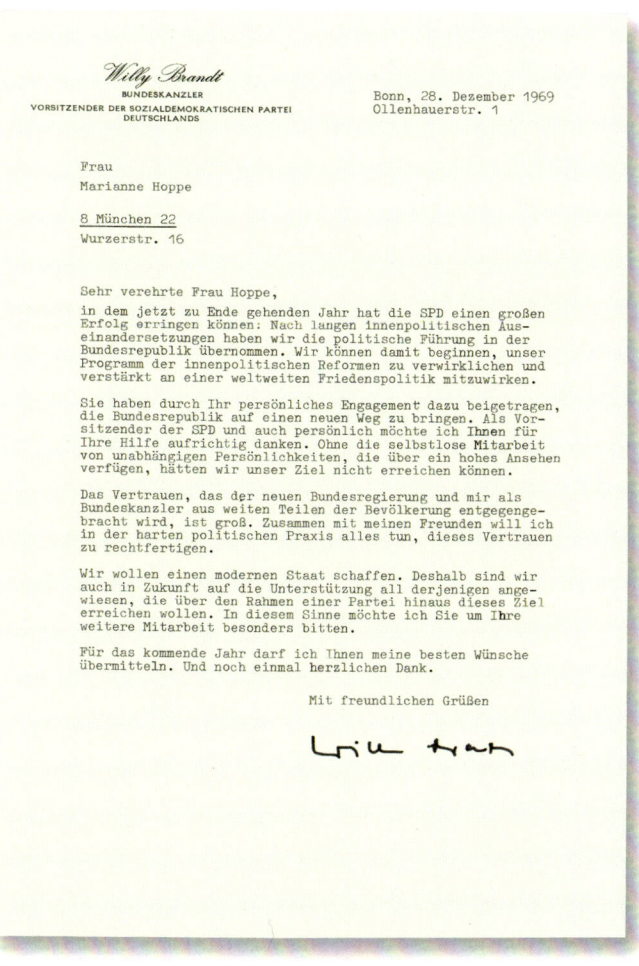

Brief von Willy Brandt an Marianne Hoppe, 28. 12. 1969.

Egmont von Johann Wolfgang von Goethe (1960/61).
Marianne Hoppe als Margarethe von Parma. Staatliche Bühnen Berlin/Schiller-Theater.

Marianne Hoppe das politische Seitenthema besonders eindrucksvoll moduliert und habe mit ihren Monologen die »schauspielerisch leuchtendste Leistung des Abends« gegeben, wie der Kritiker Johannes Jacobi meinte.[245] Über das – wiederum kunstvoll nervöse – Spiel von Marianne Hoppe schrieb Rezensentin Ethel Schwirten: »Von den übrigen Darstellern ragte Marianne Hoppe als Regentin hervor. Mit vollendeter Noblesse und nervösem Unbehagen machte sie politische Ohnmacht und weibliche Klarsicht deutlich, mit Stille gerüstet gegenüber grober Stimmgewalt«.[246] Und Hellmuth Kotschenreuther schwärmte: »Weib, Fürstin und Politikerin in einem: Marianne Hoppe als Regentin. Immer wenn sie auf der Bühne stand, merkte man, daß Goethes ›Egmont‹ mehr ist als edle Bildungsdramatik«.[247]

Gründgens' Hamburger Inszenierung des *Hamlet* im April 1963 wurde kein krönender Abschluss seiner Intendantenlaufbahn. Zwar waren die Erwartungen hochgespannt, doch gingen die Meinungen der Rezensenten darüber auseinander: »Das Ereignis blieb aus«, schrieb etwa Carl Dahlhaus, der die Konzeption der Regie nur ahnen konnte.[248] Gründgens habe einen sehr im Diesseits verhafteten Hamlet gezeigt, und ob die Bühne Teo Ottos – grellbunte Rechtecke, die einzig durch wechselnde Farben und Dispositionen die Veränderungen des Schauplatzes anzeigten und aus einem schwarz ausgeschlagenen Hintergrund hervorleuchteten – nur dekorativ oder symbolisch gemeint war, wurde Dahlhaus nicht deutlich. Auch Joachim Kaiser vermisste die »Auffassung« des Regisseurs von diesem Stück und schrieb in Bezug auf das Bühnenbild: »Das war kein Raum, der zugleich Helsingör, Dänemark und die Welt ist, sondern vielmehr ein von Scheinwerfern angeleuchtetes Dekorationslaboratorium.«[249] Dahlhaus und Kaiser fanden diesen Hamlet kühl und karg, sahen in ihm einen, der zwar noch denken, aber nicht mehr fühlen könne. Überhaupt habe Gründgens eine Welt gezeigt, in der die Gefühle erloschen sind und alles Handeln sinnlos geworden ist. Vor diesem Hintergrund wirkte Marianne Hoppes lange unterdrückter, sich dann aber – vermutlich im 3. Akt, 4. Szene – entladender Gefühlsausbruch auf Dahlhaus zu heftig: »Marianne Hoppes Königin mit gläsernem Blick, besessen von einer unterdrückten Angst, die dann in kreischende Hysterie ausbricht, war abstoßend, ohne einen Rest von Würde.« Andere Rezensenten dagegen waren sehr angetan von ihr, etwa Willy Haas, der eine

Hamlet von William Shakespeare (1962/63).
Marianne Hoppe als Königin Gertrude.
Deutsches Schauspielhaus, Hamburg.

»Glanzrolle« für Marianne Hoppe in dieser Königin sah: »In mancher Hinsicht an der Spitze steht Marianne Hoppe als Königin: durchaus nicht eine alternde sündhafte Dame, sondern in den pompösen Roben von Erwin W. Zimmer, die sie großartig zu tragen versteht, eine wahrhaft tragische Schönheit von über Vierzig (so alt etwa müßte sie im Drama sein), vielleicht begehrens-

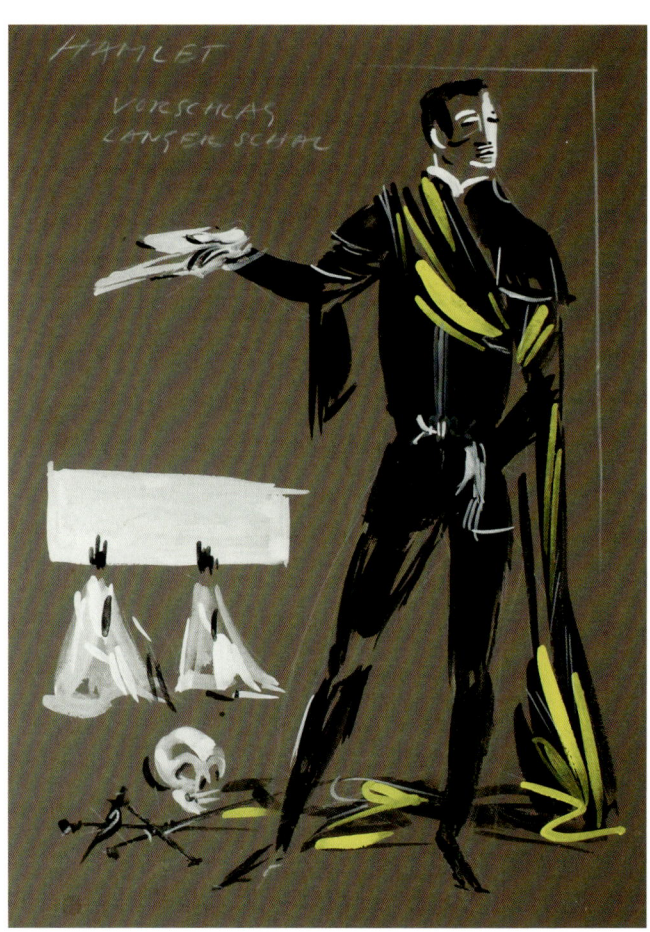

Hamlet von William Shakespeare (1962/63). Deutsches Schauspielhaus, Hamburg.
links: Figurine zu Königin Gertrude (Marianne Hoppe) von Erwin W. Zimmer.
rechts: Figurine zu Hamlet (Maximilian Schell) von Erwin W. Zimmer.

werter als je vorher in ihrer Jugend. Sie erinnert geradezu an die alten Gemälde bewunderter Shakespeare-Schauspielerinnen in ferner Vergangenheit, etwa an Sarah Siddons oder Charlotte Wolter, in den Epochen des großen Bühnenstils.«[250]

Der Theaterkritiker Johannes Jacobi unternahm einen interessanten Vergleich jener drei *Hamlet*-Inszenierungen, in denen Gründgens entweder als Schauspieler oder als Regisseur mitwirkte. Als Gründgens unter Müthels Regie am Preußischen Staatstheater 1936 den Hamlet spielte, sei diese Figur eine »unchristliche« und »ungezähmte« Natur gewesen; ein Hamlet, der mit der Rache nur deshalb so lange wartete, damit sie später um so süßer sei. Dieser Hamlet war einer, der reuelos, einer, der aktiv war. Als Gründgens 1949 in Düsseldorf das Stück dann neu konzipierte, unter offizieller Regie von Ulrich Erfurth, fand das Wesentliche auf der Vorbühne statt. Auge in Auge mit dem Publikum sprach er die Hamlet-Monologe. »Hier wurden mit der Reife eines Mannes, der die Welt erlitten hat, die Schleier hamletischer Meditation gelüftet. Auf der Hauptbühne wurde dann die notwendige Handlung eines tapferen Geistes vollzogen.«[251] In seiner eigenen Inszenierung von 1963, in der er die Titelrolle dem gerade mit einem Oskar ausgezeichneten Maximilian Schell übertrug, hat er die doch eigentlich sinnvollen Textstreichungen Müthels rückgängig gemacht und den Schlegel-Text fast ungekürzt – 3 ½ Stunden lang – spielen lassen. Völlig unbehauen könne man dieses Stück aber nicht mehr geben, und Gründgens sei die neue Sicht des Klassikers schuldig geblieben. So sei zum Beispiel auf den »Motivschwund« in diesem Klassiker in Bezug auf die Ehe von König Claudius und Gertrude zu achten. Hamlet habe kein Doppelmotiv für seine Rache mehr: »Dass ein Mann die Witwe seines Bruders heiratet, gilt niemandem im Theater mehr als ›Inzest‹. Dieses ›blutschänderische‹ Verbrechen der Mutter ist bei Shakespeare jedoch nicht minder gravierend für Hamlet als der Mord am Vater.« Somit sei die Königin keine wirklich Schuldige mehr, man könne sie allenfalls undankbar nennen. Über diesen »Motivschwund« habe Marianne Hoppe, die »als Königin die stupendeste Kunstleistung des Abends« vollbrachte, durch ihr Spiel allerdings hinweggeholfen. Ohne hier auf die einzelnen Punkte näher einzugehen, die nach Meinung Jacobis die Unstimmigkeiten dieser Inszenierung ausgemacht haben, war jedenfalls sein Fazit, dass Gründgens darin zum Teil auch gegen die Überzeugungen, die er selbst zusammen mit einigen Gleichgesinnten – darunter der Kritiker Karl Heinz Ruppel und der Dramaturg Kurt Hirschfeld – in seinem »Düsseldorfer Manifest« als verbindliche Gebote einer angemessenen Regieführung im Sinne der Werktreue niedergeschrieben hatte, verstieß.

Nach Meinung vieler Rezensenten war Maximilian Schell, dessen Talent zwar gewürdigt wurde, künstlerisch für diese Rolle aber noch nicht reif genug, weshalb, so Jacobi, die »Übertragung einer Gründgens-Rolle an den Vertreter der nächsten Generation« nicht stattgefunden habe. Was Hermine Körner 1951 auf der gleichen Bühne mit ihrer *Maria Stuart*-Inszenierung also geglückt war, nämlich die Weitergabe eines Rollen-Erbes an die jüngere Generation, war Gründgens fehlgeschlagen. Doch gab es auch gegenläufige Meinungen, etwa von Jürgen Althoff in der Frankfurter Abendpost vom 17. 4. 1963. Er berichtete von der stürmisch bejubelten Inszenierung: »Gründgens, aus eigener Darstellung mit der Figur des zögernden Dänenprinzen bestens vertraut, drang auf Klarheit des Wortes, inszenierte den stets respektvoll behandelten klassischen Text mit so viel geistiger Gespanntheit, daß man oft meinte, ihn zum ersten Mal zu hören, und machte in einer unaufdringlich um Klärung und Erhellung bemühten Regiekonzeption Stückzusammenhänge und Bezüge sichtbar, die in anderen Aufführungen meist verborgen bleiben.« Als einer unter wenigen fand er die Darstellung Schells ohne Mangel und Marianne Hoppe spielte »gescheit, überzeugend und taktvoll«. Er und auch Klaus Wagner in der Frankfurter Allgemeinen Zeitung vom 16. 4. 1963 wiesen auf den wehmütigen Abschiedsschmerz hin, der über dem Ganzen lag. Wagner, der die Inszenierung ebenfalls positiv besprach, schrieb: »Es war ein Abschied. Über dem glanzvoll besetzten Hause lag spürbar stimulierend das Bewußtsein von einem unwiderruflichen Vorbei. Der stürmische Beifall nach dem großen Bühnensterben, diese allgemeine Danksagung für die österliche ›Hamlet‹-Inszenierung von Gustaf Gründgens in Hamburg markierte vollends einen Schlußpunkt, das Ende einer Ära.« Auch Marianne Hoppe selbst zählte sicherlich nicht zu jenen, die mit dem Regiekonzept von Gustaf Gründgens nicht einverstanden gewesen wären. Obgleich die Neuinszenierung des *Hamlet* von Karl Heinz Stroux in Düsseldorf im Jahr 1970 insgesamt als zeitgemäßer aufgenommen wurde, worin ein wahrhaft moderner Hamlet – gespielt von Helmut Lohner neben Marianne Hoppe als Königin Gertrude – und »ein politisches Spiel, anwendbar auf alle Zeiten« gezeigt wurde, war die Inszenierung von Gustaf Gründgens für Marianne Hoppe schon aus emotionalen Gründen ein unvergessliches Erlebnis. Schon während der Probenarbeit war für sie ein Gefühl von Abschied spürbar, auch wenn sie und Gustaf Gründgens durchaus noch gemeinsame Theaterpläne hatten. Anlässlich der Feier zu Gründgens' 80. Geburtstag im Hamburger Schauspielhaus erinnerte sie sich 1984: »Es war eine freundliche Geste des Schicksals, dass ich 1963 in seiner ›Hamlet‹-Inszenierung die Königin Gertrude spielte. Nie werde ich den Probentag vergessen: der dritte Akt war angesetzt, auch die vierte Szene, die große Szene Hamlet – Königin, Maximilian Schell konnte nicht auf der Probe sein, wie Gustaf von unten vom Regiepult die Treppe zur Bühne hinaufkam, hinter die Kulissen stürzte und nach den drei Anrufen ›Mutter, Mutter, Mutter‹ auf der Szene stand, sie mit mir spielte. Noch einmal, mit seinem ganzen Einsatz, mit aller verbliebenen Kraft. ›Oh Hamlet, du zerspaltest mir das Herz.‹ Er wird Hermine Körner gehört haben, die die Königin mit ihm spielte. Es waren die Stimmen um uns. Von Käthe Gold, von Maria Koppenhöfer, Walter Franck, Aribert Wäscher, Paul Bildt. Es war wie ein einziger Abschied von allen, allen. Sein Gesicht, mir ganz nah, vom Ende gezeichnet, ließ sie alle lebendig werden.«[252]

Marianne Hoppe hatte sich künstlerisch auf eigene Füsse gestellt und lange nicht mehr mit Gründgens gearbeitet, seitdem dieser nach Hamburg gegangen war. Sie spielte seitdem vorwiegend in Berlin bei Barlog am Schiller- oder Schloßpark-Theater und hatte ernsthaft vor,

König Ödipus von Sophokles (1962/63).
Marianne Hoppe (Iokaste) und Thomas Holtzmann (König Ödipus). Bayerisches Staatsschauspiel/Residenztheater.

der sich selbst mit anmutiger Selbstironie, aber auch mit stummer, tiefer Angst altern sieht und der den Casanova nur noch ganz routinemäßig weiterspielt, um sich immer wieder zu beweisen, daß er noch kein alter Mann ist.«[256] Schon vor der Premiere war in der Presse zu lesen, dass sich für das »Lustspiel-Ehepaar« Albert und Marie Heink »die Wege des einstigen Ehepaares Marianne Hoppe – Gustaf Gründgens nun auf Hamburgischen Bühnenbrettern« wieder kreuzen. Die Schauspieler seien dann über die »Hürde« ihrer einstigen ehelichen Verbindung aber hinweggekommen und Marianne Hoppe habe in ihrem Spiel »eine tiefweibliche Faszination« an den Tag gelegt.[257] Mit stürmischem Beifall war die Schauspielerin vom Hamburger Publikum empfangen worden. Im Hamburger Abendblatt vom 10. 5. 1962 schwärmte etwa Eberhard von Wiese: »Wie schön dieses Wiedersehen mit einer ach so lange in Hamburg vermißten Künstlerin. Wie jung ist sie geblieben. Im Spiel, im Ausdruck, in dieser so herzhaft zupackenden, ungeschminkten Art sich zu geben. Idealpartnerin für Gründgens. Es mußte jeder im enthusiasmierten Haus merken, wie aus dem harmonischen Zusammenklang der beiden die ganze Aufführung Schwingen bekam.«

Doch obwohl allseits als Idealpaar des Theaters gefeiert, kam es zwischen Gründgens und Marianne Hoppe beruflich zuweilen auch zu Verstimmungen. So hatte Marianne Hoppe, wie seinerzeit während der Probenphase zu *Anna, Königin für 1000 Tage*, auch während der *Hamlet*-Proben für Verärgerung gesorgt. Diesmal konnte Gründgens die Regie allerdings nicht wie damals an einen anderen Regisseur abgeben, schließlich war der *Hamlet* seine Abschiedsinszenierung. Marianne Hoppe hatte vom Residenztheater in München ebenfalls ein Rollenangebot erhalten, nämlich von Rudolf Noelte, der sie bat, die Iokaste in dem Stück *König Ödipus* neben Thomas Holtzmann in der Titelrolle zu spielen. Sie schloss auch hier einen Vertrag ab und war der Meinung, die Theaterbüros in Hamburg und München würden das Terminliche schon regeln. Die im Nachlass vorliegende Korrespondenz zeigt zudem, dass sie sowohl in Hamburg als auch in München mit durchaus harten Bandagen um die Höhe ihrer Gage kämpfte. In ihrem Brief vom 16.7.1962 an Gustaf Gründgens schrieb sie zum Beispiel im Zusammenhang mit ihrem *Hamlet*- und auch *Konzert*-Vertrag – sie planten mit den Stücken eine Gastspieltournee: »Darf ich Dich noch bitten, sowohl am Hamlet wie am Konzert-Vertrag bei der betr. Gage, bezw. Honorar, hinzuzufügen, dass — selbstverständlich Du ausgenommen — am Schauspielhaus niemand sonst höhere Bezüge hat.«[258] Vermutlich wollte sie auch für die geplante Gastspielreise nach Gustaf Gründgens' Rückkehr von seiner Weltreise durch seine Vermittlung eine

Zwiesprache von Fritz Kortner (1963/64). Probenfoto mit dem Regisseur Fritz Kortner und Marianne Hoppe (Julia Mehnert). Münchner Kammerspiele.

besonders gute Gage erzielen. Gründgens antwortete ihr am 29.11.1962: »Morgen, Freitag, den 30.11., abends um 19 Uhr, kommt Herr Günther Vogt, der Manager der Schauspieltruppe Becker-Quadflieg-Freitag zu mir. Ich habe mir inzwischen genau überlegt, was ich machen will, nämlich einen Vertrag strikt für meine Person, ohne irgendwelche prozentuale Beteiligungsansprüche, nur mit einem Einspruchsrecht, was die Besetzung angeht. Ich lege schließlich nicht die Intendanz des Schauspiel-

Der König stirbt von Eugène Ionesco (1963/64).
Marianne Hoppe als Königin Margarete.
Schauspielhaus am Pfauen, Zürich.

hauses nieder, um mich mit irgendwelchem Verwaltungskram einer Tournée zu befassen. Ich will auch über Gagen, die sie mit den Mitwirkenden aushandeln, nichts wissen. Du selbst weißt ja sehr gut, was Du zu verlangen hast und hast ja auch Präzedenzfälle durch andere Gastspiele.«[259] Marianne Hoppe hatte mit ihrem Münchner Vertrag Engagement-Vereinbarungen mit Hamburg verletzt und dadurch für terminliche Überschneidungen und Ärger gesorgt.[260] Die Atmosphäre war während der *Hamlet*-Proben entsprechend angespannt, und Günther Penzoldt ließ Marianne Hoppe am 7.3.1963 wissen: »Sehr geehrte Frau Hoppe! Herr Prof. Gründgens läßt sie ersuchen, weder während der heutigen Abendvorstellung von ›Konzert‹ noch während der morgigen ›Hamlet‹-Probe – falls Sie an ihr teilnehmen sollten –, das Thema Ihres Vertragsbruchs zu berühren.«[261] Gleich am nächsten Tag entschuldigte sie sich einsichtig: »Lieber Gustaf – es tut mir schrecklich leid, daß der Anfang der Proben durch mich diesen Mißklang bekommen hat – ich bitte Dich persönlich sowie formell sehr herzlich und aufrichtig um Entschuldigung. Marianne«[262]

Ein halbes Jahr nach der *Hamlet*-Premiere brach Gründgens in Begleitung eines Freundes zu einer Weltreise auf und starb am 7.10.1963 in Manila an einer durch eine Überdosis Schlaftabletten verursachten Magenblutung. Nichts Böses ahnend rief Marianne Hoppe am 8. Oktober Kurt Hirschfeld vom Schauspielhaus in Zürich an, um über ihr dortiges bevorstehendes Engagement in einem Ionesco-Stück mit ihm zu sprechen und sich auch terminlich wegen der gemeinsam mit Gründgens geplanten Tournee mit ihm abzustimmen. »Und Hirschfeld sagt: Weißt du nicht, daß Gustaf tot ist? Und ich: Ach, das ist doch eine Zeitungsente. Das kann nicht wahr sein! Und rede weiter. Ich hab' es nicht geglaubt … bis die Nachricht im Rundfunk gebracht wurde …«[263] Tagelang zog sie sich in ihr Bauernhaus in Scharam zurück. Der Tod von Gustaf Gründgens, dem »größten Gewicht«[264] in ihrem Leben, war zwar irgendwann begriffen, blieb letztlich aber eine sich nie schließende Wunde in ihrem Leben. In ihrem Herzen und in ihrem künstlerischen Bewusstsein war er bis zu ihrem eigenen Lebensende fest verankert, und auch für das Theater sah sie in seinem Tod einen eminenten Verlust: »Ich glaube schon, dass mit Gründgens dem Theater etwas verloren ging, eine Art von Moral, die Weise, wie von ihm Menschen behandelt, nicht verhandelt wurden, wie er zum Beispiel Verträge machte und so…«[265]

Jenes Stück, über das Marianne Hoppe mit Kurt Hirschfeld einen Tag nach Gründgens' Tod telefonierte, war das an ein Mysterienspiel erinnernde Drama *Der König stirbt* von dem damals populären rumänischen Autor Eugène Ionesco. Am 28.11.1963 hatte es unter der Regie von Kurt Hirschfeld am Schauspielhaus am Pfauen in Zürich Premiere. Marianne Hoppe und Antje Weisgerber, die beide das erste Mal in Zürich auftraten, waren von der Tagespresse als Gäste dieser Bühne feierlich angekündigt worden.[266] Ionescos Stück ist eine Spielart des *Jedermann* – ein Spiel vom Sterben, in welchem Marianne Hoppe als die personifizierte, emotionslose und unerbittliche Unabwendbarkeit des Todes König Bérenger, gespielt von Mathias Wieman, aus dem Leben führt. Sie eröffnet dem König – den man bereits aus Ionescos *Die Nashörner* und *Fußgänger der Luft* kennt, zu Beginn des Stückes: »Du stirbst in anderthalb Stunden. Am Ende der Vorstellung bist Du tot«. Darauf erwidert er: »Was sagen Sie, meine Liebe? Ich finde das gar nicht komisch.« Doch wie sehr sich Bérenger auch an das Leben klammert – ständig fallen ihm neue Dinge ein, die er noch zu tun hätte: es nützt ihm nichts, und er muss alle Stadien der Todesangst und vergeblicher Versuche, dem Tod doch noch zu entkommen, durchlaufen. Während des Stückes muss er sich von Margarete regelrecht »abrüsten« lassen, muss sein Zepter und seine Krone ablegen, bis sie schließlich auch seine Gliedmaßen einfordert – Margarete i s t der Tod. Auch Königin Maria, Bérengers zweite Gemahlin, gespielt von Antje Weisgerber, die ihn permanent zum Weiterleben ermuntert, ist machtlos. Der Tod lässt sich nicht aufhalten, und Margarete beendet des Königs Leben mit den Worten: »So. Siehst du, du kannst nicht mehr sprechen. Dein Herz braucht nicht mehr zu schlagen. Es lohnt sich nicht mehr zu atmen. Wozu so viel Unruhe, nicht wahr? Du kannst dich setzen.«[267] Was wird in ihr vorgegangen sein, als sie diese Rolle wenige Woche nach Gründgens' Tod gespielt hat? Das Ereignis hatte sie sicherlich noch nicht bewältigt und in dieser Situation die Todesbotin in einem Stück über das Sterben eines Königs zu spielen – und das war Gustaf Gründgens als Mensch und Künstler in gewisser Weise ja für sie –, war sicherlich eine schwere Aufgabe.

In den Schweizer Tageszeitungen erschienen glanzvolle Kritiken zu ihrer Darstellung der Todes-Königin. In der Zürcher Zeitung vom 1. 12. 1963 etwa war zu lesen: »In schauspielerischer Hinsicht ragt über alle hinaus Marianne Hoppe als Königin Marguerite [sic], erste Gemahlin des Königs. Eine vorbehaltlos großartige Leistung: Königin Marguerite ist es, die das Geschehen diktiert und unter Kontrolle hält; sie erscheint als eine Art Botin des Todes, die mit der Uhr in der Hand fühllos die Zeremonien dirigiert, Spreu vom Weizen trennt, echt und falsch illusionsfrei unterscheidet und verächtlich ironisch den Zusammenbruch des Menschen und seiner Welt samt seinen Ordnungen und Werten kommentiert. Man bleibt im Bann der Schauspielerin, ob sie spreche oder stumm dastehe. Herzlos und unmenschlich schelten sie die Mitspieler im Stück. Daß sie es nicht aus

Der König stirbt von Eugène Ionesco (1963/64). Marianne Hoppe als Königin Margarete. Porträtzeichnung von Clément Moreau (eig. Joseph Karl Meffert). Schauspielhaus am Pfauen, Zürich.

Armut ist, sondern weil sie außerhalb des fluktuierenden Lebens steht, wird in der Darstellung Marianne Hoppes jeden Augenblick fühlbar: hinter den unerbittlich knappen Befehlen, hinter dem ironischen Tadel, den ein kleiner verächtlicher Zug um den Mund begleitet, wohnt das Vorauswissen der Eingeweihten, die durch die Gegenwart hindurch mit glasklarer Sicht die Zukunft erschaut. Das verleiht ihrem Spiel eine Dimension, welche sie in beklemmender Weise von allen trennt. Mit der Kraft ihres unergründlichen Blickens suggeriert sie ihre übermenschliche Gewalt.

Lebenshypothek: »Da wo ich bin, ist Mephisto!«

Anfang des Jahres 1983 lud der NDR Marianne Hoppe zu einer Fernseh-Diskussion über Klaus Manns autobiografischen Roman *Wendepunkt* ein. In einem im Januar 1983 auf Tonkassette aufgenommenen Selbstgespräch überlegte sie zwar zunächst, daran teilzunehmen, entschloss sich dann aber dagegen. »Da wo ich bin, ist Mephisto!«, sagte sie laut auf das Tonband und befürchtete, dass sich durch ihre Anwesenheit das Gespräch sehr bald auf Klaus Manns 1936 erstmals im Amsterdamer Exil erschienenen Roman *Mephisto*, der als Schlüsselroman über Gustaf Gründgens gilt, konzentrieren würde. Da sie nicht wollte, dass »die Mephisto-Welle wieder in Gang gesetzt« würde, wollte sie ihre Teilnahme absagen, denn mit ihrer »Anwesenheit ist sowieso schon *Mephisto* und Gründgens signalisiert, und deswegen werde ich mich daran nicht beteiligen.« Letztlich gab es aber vor der ständigen Präsenz ihrer Lebenshypothek kein Entrinnen. Die Vergangenheit ihrer ehelichen und beruflichen Verbindung mit Gustaf Gründgens während der Nazi-Zeit holte sie immer wieder ein. Die Aufführung des *Mephisto* als Theaterstück von Ariane Mnouchkine im Pariser Théâtre du Soleil – die Truppe gab seit 1981 auch Gastspiele in Deutschland – sowie die Verfilmung von István Szabó im Jahr 1980 mit Klaus Maria Brandauer sorgten erneut für Diskussionen um Gründgens. Indirekt fühlte sie sich sicherlich immer mitbetroffen, hielt sich mit ihren Kommentaren aber weitgehend zurück. Mit der Familie von Klaus und Erika Mann hatte Marianne Hoppe freundschaftlichen Kontakt. Schon als sie 1952 in München an der Kleinen Komödie in William Somerset Maughams *Finden Sie, dass Constanze sich richtig verhält?* gastierte, versprach ihr Thomas Mann, mit seiner Frau in die Vorstellung zu kommen. Marianne Hoppe liebte dieses leichte, aber nicht geistlose Stück über eine sich emanzipierende Frau, das sich »nett und liebenswürdig« spielen ließ und »endlich einmal, kein Schwergewicht [war], das man schon den ganzen Tag bis zum Abend mit sich herumträgt«, wie sie damals an Gründgens schrieb.[268] In ihrem Nachlass hat sich ein an sie gerichteter Brief von Thomas Mann erhalten, den er ihr am 25.10.1952 schrieb. Er war der Dank dafür, dass Marianne Hoppe ihm ein Exemplar der *Ollen Kamellen* von ihrem mecklenburgischen Lieblingsdichter Fritz Reuter geschickt hatte.

Um den freundlichen Ton dieses Kontakts, der zwischen Marianne Hoppe und dem Vater des *Mephisto*-Autors bestand, zu vermitteln, sei dieser Brief hier wiedergegeben:

»Liebe gnädige Frau,

was für eine liebenswürdige Aufmerksamkeit von Ihnen, mir den Band von ›Olle Kamellen‹ zu schicken! Ich hätte Ihnen schon früher dafür gedankt, wenn ich nicht gleich nach dem Münchner Besuch nach Bern hätte fahren müssen, um auch da auf dem Seil zu tanzen. Gottlob, daß ich nun vierzehn Tage Ruhe habe, bevor es nach Frankfurt geht – und dann nach Wien. Old Europe ist sehr anspruchsvoll.

Das Buch weckt viele Kindheitserinnerungen. Unsere Mutter, obgleich Brasilianerin, konnte sehr gut Plattdeutsch und las uns oft abends Fritz Reuter vor.

Schade, daß wir Ihnen diesmal in München nicht begegneten, weder auf der Bühne noch persönlich. Die Kammerspiele zogen uns an. Gleich nach unserer Ankunft haben wir dort jene merkwürdige italienische Theater-Improvisation mit der {familienfrommen} Prostituierten und noch am letzten Abend den Woyzek gesehen, ein Stück, das ich sehr liebe. Und dieser mir bis dahin ganz unbekannte Herr Bach [d.i. Hans Christian Blech] ist ja vorzüglich darin, man kann sagen: unübertrefflich. Es war ein starker Eindruck – aber Ihre Konstanze soll darum doch nicht vergessen sein! Ihr ergebener Thomas Mann«.

Marianne Hoppe muss das Ehepaar Mann auch zusammen mit seiner Tochter Erika getroffen haben, was Golo Mann offensichtlich lange nicht bekannt war. Am 10.10. 1984 schrieb er von Kilchberg am Zürichsee:

»Verehrte Gnädige Frau, nur ein Wort des Dankes um unsere ›Korrespondenz‹ abzuschliessen. In Ihrem Brief hat mich besonders der Passus gefreut, der von der Begegnung zwischen Ihnen und meinen Eltern und Erika handelt. Davon hatte ich tatsächlich nie gehört. Es ist ja doch ein bisschen ein happy end, wenigstens was Sie betrifft, und noch mehr, was Erika betrifft. Meine Eltern waren ja nicht so und ich bin überzeugt, dass sie sich auch über eine Begegnung mit Gustaf Gründgens gefreut hätten.

Ueber ›Schlüsselroman‹ oder keiner – darüber könnte man sich wohl endlos und unnütz streiten. Natürlich war der Roman einer, und auch nicht; ganz einfach, weil das Individuum als solches sich für einen Roman nicht lohnt; es muss sich ja immer um den Typus handeln. Das Individuum gibt die Anregung dazu … Mein Bruder war im Grunde gutmütig; genau das, was Erika bei all ihren Talenten so gar nicht war.

Mit herzlichen Grüßen Ihr Golo Mann«

Als das Dumont-Lindemann-Archiv Ende März 1981 eine Ausstellung im Berlin Museum in Kreuzberg über Gustaf Gründgens präsentierte, fand anlässlich der Eröffnung eine Diskussion statt, der sie sich nicht entzog.[269] Außer ihr kamen auch frühere Kollegen und Kolleginnen vom Preußischen Staatstheater, so Antje Weisgerber, Bernhard Minetti, Erich Schellow und Joana-Maria Gorvin, die Lebensgefährtin von Jürgen Fehling. In der Presse wurde von einer sehr erhitzten Diskussion berichtet, in welcher es um die Frage ging, ob Gründgens ein »Unpolitischer« war und ob ein Theaterintendant in Zeiten der Diktatur überhaupt »unpolitisch« sein könne. Besonders Joana-Maria Gorvin hat Gustaf Gründgens auf dieser Veranstaltung vehement verteidigt und sowohl sein schützendes Engagement für seine Mitarbeiter als auch die durch ihn möglich gewesene Bewahrung eines hohen künstlerischen Niveaus herausgestellt. Auch stellte sie die Frage in den Raum, »ob man in einer Diktatur kein Theater mehr machen und als Schauspieler nicht mehr arbeiten soll«.[270] Eine Antwort wurde an diesem Abend nicht gefunden. Es war aber Marianne Hoppe, die die geführte Diskussion als »überhöht« empfand und die angesichts all des Positiven, was von den anwesenden Schauspielern und Schauspielerinnen über Gustaf Gründgens und seine Verdienste gesagt wurde, einwand, man solle auch keinen »Vorzeigeschüler« aus ihm machen. Denn »Abenteuerlust und Leichtfertigkeit« seien ihm durchaus anzulasten. Im Laufe der Zeit waren ihm diese Eigenschaften allerdings abhanden gekommen, wie sie das am eigenen Leibe zu spüren bekam: »Ich habe mit angesehen, wie dieser Mensch von Jahr zu Jahr abbaute. Er war in dauernder Spannung. Er war dauernd gefordert.« Und den nachfolgenden Satz darf man besonders auf die letzte Zeit ihrer Ehe bzw. die Zeit, in der er als Soldat in Holland war, münzen: »Als Mensch gab er gar nichts, das war nicht drin, in der Zeit.«[271]

Davon, wie sehr sie vom Nazi- und *Mephisto*-Thema betroffen blieb, zeugt auch ein im Hoppe-Nachlass enthaltener Brief des Gründgens-Biografen Curt Riess. Mit den Worten »Es geht wieder los. Zwei oder drei Personen

Finden Sie, dass Constanze sich richtig verhält?
von William Somerset Maugham (1952/53).
Figurine der Constanze von Charlotte Flemming.
Kleine Komödie, München.

haben beschlossen, aus ›Mephisto‹ ein Theaterstück zu machen und damit auf Tournee zu gehen.«, informierte Riess sie am 10. 4. 1985 über ein weiteres Ereignis in dieser »Kette«. Riess berichtete ihr auch, dass keine dieser Personen vorher je ein Stück geschrieben habe und zudem die künstlerischen Qualitäten der Truppe, die damit auftreten wollte, zweifelhaft seien: »Es handelt sich um eine Dame, die ein Tourneeunternehmen leitet und im Rahmen dieses Unternehmens auftritt. Sie ist eine starke Persönlichkeit, wenn man sie sieht, aber sie ist überhaupt keine Schauspielerin. Sie hat nicht die geringsten Mittel. Der andere mir bekannte Mit-Autor ist irgendetwas in der chemischen Branche.« Auch heiße das Stück »natürlich ›Mephisto‹ und ist auf diesen Namen hin schon an viele Städte oder Kleinstädte verkauft worden, im Grunde genommen auf den Namen von Gustaf.« Es sei zu befürchten, dass wieder einmal versucht werden würde, Gründgens Namen »in den Dreck zu ziehen« – und das durch Personen, die ihn gar nicht gekannt haben und die nicht wissen, »wer Gustaf war, geschweige denn, was er alles getan hat, um wenigstens einigen die schlimmsten Schrecken des Naziregimes zu ersparen.« Überhaupt ging ihm die moralische Forderung nach der Auswanderung in Zeiten der Diktatur auf die Nerven, denn danach hätten ja a l l e Schauspieler damals auswandern müssen: »Nein, eine solche Massenauswanderung der Schauspielerschaft konnte kein vernünftiger Mensch fordern.« Auf diesen Brief antwortete Marianne Hoppe am 19. 4. 1985 relativ gelassen: »Was Du da von dem geplanten Gustaf Stück schreibst, ist eben nur vorstellbar, weils sich immer noch rentiert, selbst in zweitester Besetzung – ›auf Tournee‹ – und da Du die Leute zu kennen scheinst, den Regisseur, der die klassische Bezeichnung oder ›Äußerung‹ tat – ›er mache es davon abhängig, dass es kein Stück gegen Gustaf ist‹ – so wirst Du wissen, welches Gewicht Du der Unternehmung beimisst. Den Titel und dann damit G. G. nicht in Verbindung haben und das Geschäft damit machen – aber was ist schon ›fein‹.«

Gegen moralische Anschuldigungen insbesondere von Personen, die diese Zeit selbst nicht mitgemacht hatten und in Zeiten der Demokratie über das Verhalten Anderer richten, die in einer Diktatur lebten, hat sie Gründgens stets verteidigt. Wirklich negativ hat sie sich nie über ihn geäußert. Noch im Jahr 2001, ein Jahr vor ihrem Tod, muss es ein Interview gegeben haben, das von einem jener Journalisten geführt wurde, die ihren Artikeln durch Schuldzuweisungen gerne etwas Würze verleihen. In einem in ihrem Nachlass enthaltenen Brief von Rudolf Augstein vom 24.2.2001 heißt es: »Allerliebste Marianne Hoppe, ich bitte Sie herzlich, nie wieder solch einen unfähigen Interviewer an Sie heranzulassen. Nehmen Sie bitte lieber mich. Sie waren großartig! Dass Sie über Gustaf kein böses Wort gesagt haben, was Sie leicht hätten tun können, hat mich besonders gerührt. Ich liege Ihnen zu Füßen und hoffe, daß ich Sie noch einmal sehe, bevor ich mich zur großen Armee verfüge.«

Bernhard Minetti hat den moralischen Konflikt, in dem sich nicht nur Gustaf Gründgens, sondern alle, die während der Nazi-Zeit an der ersten Bühne des Reichs ihre Kunst ausgeübt haben, auf den Punkt gebracht: das eine Lager sagt, »wir hätten die Diktatur durch Kunst legitimiert und verklärt, hätten der politischen Unkultur ein kulturelles Gesicht gegeben.« Das andere Lager meint, »hier sei versucht worden, der Kunst in der Unkultur überhaupt noch Raum zu schaffen und auf die noch mögliche Weise zu opponieren.«[272] Zum ersten Lager gehört Jürgen Flimm. Als der Deutsche Bühnenverein in Köln 1987 einen Theaterpreis nach Gustaf Gründgens benennen wollte, erhob der Regisseur und damalige Intendant des Thalia Theaters in seiner Funktion als Präsident der Deutschen Akademie der Darstellenden Künste Frankfurt am Main in einem offenen Brief an den Bühnenvereinspräsidenten August Everding massiven Einspruch. Dieser Brief war abgedruckt in der Fachzeitschrift Theater heute[273]: »Es ist beschämend, daß sich ausgerechnet der Künstlerische Ausschluß [sic] des Deutschen Bühnenvereins jenem gefälligen Vergessen hingibt, das unser Nachkriegsdeutschland heute mehr denn je auszeichnet. Es kann doch nicht Ihr Ernst sein, daß Sie Verdienste um das deutschsprachige Theater ausgerechnet im Namen eines Mannes würdigen wollen, der sein ganzes Talent auf dubioseste Weise in den Dienst der fürchterlichsten Diktatur gestellt hat. Es ist – mindestens – eine unverzeihliche Gedankenlosigkeit, den Liebling Hermann Görings auf diese Weise zur Ikone de[s] Deutschen Theaterlebens zu stilisieren, und ein Schlag ins Gesicht all derer, die sich der aufklärerischen Tradition deutscher Kultur verpflichtet fühlen. (Wie wäre es zum Beispiel mit einem Kurt-Horwitz- oder Therese-Giehse-Preis?)« Jürgen Flimm hatte außerdem mit seinem Austritt aus dem Deutschen Bühnenverein gedroht für den

Fall, dass Gründgens der Namenspatron für den geplanten Preis werden würde. Daraufhin nahm der Deutsche Bühnenverein von dem Vorhaben dieses Preises Abstand. Im Folgeheft von Theater heute erschien mit Bezug auf Flimm noch der – allerdings kaum zu glaubende – Hinweis: »Seine Bedenken präzisierte er dahingehend, er habe kein moralisches Urteil über Gründgens fällen, sondern gegen die mögliche Ausgrenzung der exilierten Theaterkünstler protestieren wollen, die als Namensgeber für einen Preis eher in Erwägung gezogen werden sollten.«[274] Ein Sturm der Entrüstung ging durch die deutsche Presse. Nicht nur, dass viele Zeitgenossen von Gustaf Gründgens, von denen etliche wiederum von Gründgens während der Nazi-Zeit geschützt worden waren, diesen verteidigten. Auch Flimms Kollegen an anderen Theatern, von denen ihm einige grundsätzlich in seinem Vorbehalt gegen die Benennung eines Theaterpreises nach Gustaf Gründgens zugestimmt hätten, kritisierten öffentlich die Art und Weise seines Vorgehens. Hellmuth Matiasek etwa teilte ihm in einem offenen Brief mit: »Über einen Gustaf-Gründgens-Preis lässt sich streiten, über Deine Haltung dazu nicht (sie ist untadelig), über die Form Deiner Verlautbarung auch nicht, sie ist unmöglich und unfair zugleich. [...] Dein Alleingang ist allzu spektakulär, um nicht alle Zweifel daran auszuschließen, ob Dich Deine edle Gesinnung allein dazu getrieben hat. Publizität ist Dir sicher.«[275] Marianne Hoppe selbst war zu dieser Zeit im Ausland unterwegs und konnte sich daher erst einige Monate später in der Angelegenheit zu Wort melden. Und das tat sie in ungewöhnlich scharfem Ton. Hatte sie zwar selbst doch immer daran »zu knacken«, dass sie nicht emigriert war, so reagierte sie auf Angriffe vom Kaliber Flimms sehr empfindlich und sagte im Rahmen ihrer Thomas Bernhard-Lesung in Köln, Gründgens habe sich »mit der Macht nur so weit eingelassen, wie es notwendig war, um den Theaterkarren unter den Nazis weiterschieben zu können.«[276] Und dem Reporter der Kölnischen Rundschau teilte sie mit: »Das ist eine Unverschämtheit! Das muß ich einmal ganz laut und deutlich sagen. Herr Flimm hat nun wirklich überhaupt keine Ahnung. Seine Haltung in Bezug auf Gustaf Gründgens ist unglaublich. Wenn jemand die damalige Situation beurteilen kann, dann bin ich es. Denn ich habe damals an seiner Seite gestanden und weiß sehr genau, was es bedeutete, in Berlin unter den Nazis Theater zu spielen. Er hat damals zwischen den Mühlsteinen alles gegeben und eingesetzt. Er hat unter persönlichstem Einsatz und mit einer Zivilcourage sondergleichen den ganzen Theaterbetrieb zusammengehalten. Deshalb sind diese Vorwürfe von Jürgen Flimm, der es ablehnt, einen Theaterpreis nach Gustaf Gründgens zu benennen, falsch.«[277]

Zu den Protestierenden gegen Flimms Anschauungen gehörte auch der Schauspieler Kurt Weitkamp, der während der 40er Jahre am Preußischen Staatstheater engagiert war und der Ursache hatte, Gustaf Gründgens für seinen Schutz dankbar zu sein. Die in Marianne Hoppes Nachlass erhaltene Kopie seines Briefes an Jürgen Flimm vom 23.4.1988 lautet:

»Sehr geehrter Herr Flimm!

In der ›Berliner Morgenpost‹ vom 21. April lese ich mit Erstaunen und Empörung, daß Sie sich kritisch zur politischen Haltung von Gustaf Gründgens während der NS-Zeit geäußert haben. Ich muß lesen, daß Sie es ablehnen, einen Preis nach Gustaf Gründgens zu benennen.

Ich weiß nicht, was Sie veranlaßt hat, einen solchen falschen, der Wahrheit nicht entsprechenden Standpunkt, einzunehmen. Sie müssen sich fragen lassen, ob Sie überhaupt die damalige Situation beurteilen können?

Ab 1941 war ich Mitglied des Staatlichen Schauspielhauses am Gendarmenmarkt in Berlin. Ich habe Gustaf Gründgens zu verdanken, daß ich nicht zur Wehrmacht mußte. Vielleicht habe ich ihm mit meinem ausradierten Jahrgang 1914 sogar mein Leben zu verdanken. Das Schauspielhaus unter seiner Intendanz war ein Bollwerk gegen die Nazis. In seinen Mauern konnten Sie frei reden und denken. Sie fühlten sich vor den Nazis beschützt, nicht zuletzt die vielen jüdischen Ehen.

Da kommen Sie daher und lehnen es ab, einen Preis nach Gustaf Gründgens zu benennen. Wenn Sie urteilen wollen, dann müssen Sie sich mit denen unterhalten, die diese Zeit miterlebt haben. Wir sollten Gustaf Gründgens aufgrund seiner politischen Haltung g e g e n die Nazis ein Denkmal setzen, – auch Sie!

Mit freundlichen Grüßen Kurt Weitkamp«

Jürgen Flimm ließ sich von seinem Protest allerdings nicht abbringen und antwortete Weitkamp in drastischen Worten am 2.5.1988. Bedauerlicherweise hat Jürgen Flimm der Veröffentlichung seines Briefes im vorliegenden Buch, von dem sich im Nachlass von Marianne

Hoppe eine Kopie befindet, nicht zugestimmt. Tatsache ist, dass nicht nur Weitkamp, sondern auch andere Kollegen von Gustaf Gründgens und Marianne Hoppe über Jürgen Flimms Ansicht empört waren. Boleslaw Barlog, von dem ebenfalls Korrespondenz in dieser Angelegenheit in Marianne Hoppes Nachlass enthalten ist, mischte sich ein und veröffentlichte am 10. 5. 1988 einen Leserbrief in der Berliner Morgenpost, der an die Adresse der Bühnenbildnerin Susanne Thaler gerichtet war, die ihrerseits im gleichen Blatt am 1. 5. 1988 in einem Leserbrief die Meinung Flimms unterstützte: »Es ist tieftraurig, daß Frau Hoppe nach so vielen Jahren zu keiner Einsicht in die Zusammenhänge zwischen Karriere in der NS-Zeit und der daraus unter Umständen resultierenden moralischen Schuld gelangt ist. Auch noch nicht erkannt hat, daß sie und ihr Mann einem mörderischen System an hervorragender Stelle (Gustaf Gründgens war Generalintendant in Berlin im Range eines Staatsrates!) gedient haben, Privilegien genossen haben und dabei natürlich immer wieder öffentlich Kotau vor dem Regime machen mußten.« Barlog erboste sich unter Anführung von Beispielen für Gründgens' lebensrettende Interventionen für gefährdete Personen (darunter auch Ernst Busch): sowohl Frau Thaler, die er als Bühnenbildnerin schätze, als auch Herr Flimm, den er als Theatermann achte, hätten »vom großen Gustaf Gründgens […] beide keine Ahnung. Sie kennen nur die Oberfläche dieses ›Falles‹, nicht mehr. Ich habe neben ihm gelebt und ihn beobachtet im Dritten Reich. Er war ein Erzantifaschist.«

Marianne Hoppe und Thomas Bernhard – »Es sind alles Einmaligkeiten gewesen!«

Dass Thomas Bernhard von Schauspielern eine schlechte Meinung hatte, wusste Bernhard Minetti, einer der wenigen von Bernhard Hochgeschätzten seiner Zunft. In sein Geburtstagsbuch – es war der 75. Geburtstag Minettis – hatte ihm das Enfant terrible der österreichischen Literatur hineingeschrieben, was er von Schauspielern hielt: »Ich verachte Schauspieler, ja ich hasse sie, denn sie verbünden sich bei der geringsten Gefahr mit dem Publikum und verraten den Schriftsteller und machen sich hemmungslos mit dem Schwach- und Stumpfsinn gemein. Die Schauspieler sind die Zerstörer und die Vernichter der Phantasie, nicht ihre Lebendigmacher und sie sind die eigentlichen Totengräber der Dichtung. Minetti ist die Ausnahme, und ich verehre und liebe ihn und also, wenn er spielt, in ihm die Schauspielkunst.«[278] Diese Haltung Schauspielern gegenüber mag der Hauptgrund dafür gewesen sein, dass Thomas Bernhard seine Rollen auf vertrauenswürdige Persönlichkeiten zuschrieb, zu denen neben Minetti, nach dem er auch ein Stück benannte, später aus der jüngeren Generation noch Ilse Ritter, Kirsten Dene und Gerd Voss hinzukamen. Vorher aber war es Marianne Hoppe, die in gleichem Maße wie Minetti des Dichters Zuneigung und Hochachtung gewann. Die Inszenierung seines Stückes *Die Jagdgesellschaft*, in welchem sie 1974 am Schiller-Theater unter der Regie von Dieter Dorn die Rolle der Generalin spielte – neben Bernhard Minetti und Rolf Boysen –, war der Beginn einer tiefen Freundschaft zwischen dem Autor und der Schauspielerin. Bernhard konnte sich erst die dritte Aufführung nach der Premiere anschauen und schrieb am 2.7.1974 an Hilde Spiel: »… und bin, über Berlin, wo ich die Jagdgesellschaft in Augenschein genommen habe, nachhause zurück. Die Berliner spielen das Stück sehr oft und wahrscheinlich noch im Herbst und im Winter und vielleicht haben Sie Gelegenheit, die Marianne Hoppe und Minetti zu sehen, die ganz hervorragend spielen und hinter der [ ] nicht angenehmen Sache stehen, [und] sich niemals in theatralische Angsthasen verwandeln würden, wie ich das in Wien einmal erleben habe müssen.«[279] Einige Monate vorher hatte Marianne Hoppe dem mit ihr befreundeten Schriftsteller Carl Zuckmayer das Manuskript zur Lektüre geschickt. Offensichtlich war ihr seine Meinung wichtig. Begeistert schrieb er ihr am 9.8.1973 nach Kent, wo sie gerade bei Ralph Izzard zu Besuch weilte:

»Liebe Marianne,
  das Stück ist außerordentlich, die Rolle der ›Generalin‹ einfach grandios. Allein dieser zweite Akt mit dem Kartenspiel, – da kann ja eine Schauspielerin wie Du alle Minen springen lassen, ohne irgendwelches ›Theater‹ zu machen, – denn das i s t einfach so, wie es geschrieben ist, echtes Theater, dramatisch, in jeder Geste, in jedem Wort. Natürlich geht es bei Bernhard mit geradezu Strindbergischer Manier immer um sein Thema – Pathologie des Lebens –, hier aber auch mit Strindbergischer Intensität, Gestaltungskraft, Eigenart, Begabung. Ganz ohne Manierismen – ein richtiges Stück, wobei Borkenkäfer, Star, Nierenkrebs genauso wie Holznachlegen und Kartenspiel alle dramatischen Funktionen haben, Exposition, enharmonische Verwechslung (denn er ist Komponist), Katastrophe – fast eine klassische Tragödie mit drei phantastischen Rollen, (wer spielt den General und den Schriftsteller? das besetzt man, lesend, mit Toten.) Dass die andren Gestalten Marionetten bleiben, ist hier ein künstlerisches Prinzip, vom Autor durch den vorangestellten Kleist-Satz betont. Sehen und hören möchten wir Dich in dieser Rolle! Wann soll Premiere sein?
  Das MS ist schon Montag 6. August an Dich abgegangen – hoffentlich rechtzeitig eingetroffen. Alles Beste und Schönste für Dich. Sei umarmt Dein Zuck«

Die Premiere am 15.5.1974 am Schiller-Theater folgte der Uraufführung vom 4.5.1974 in der Inszenierung von Claus Peymann am Burgtheater bereits elf Tage später. Was Marianne Hoppe bei der Lektüre des Manuskripts sofort ansprach, waren die ersten Worte der Generalin zu Beginn des Stückes: »Da standen zwei Worte: ›Es

Die Jagdgesellschaft von Thomas Bernhard (1973/74).
Probenfoto mit Regisseur Dieter Dorn, Marianne Hoppe (Generalin) und Bernhard Minetti (General).
Staatliche Bühnen Berlin/Schiller-Theater.

schneit!‹ und da war ich entschlossen, die Sache zu spielen.« Für Marianne Hoppe standen diese zwei Worte »so genau im Zentrum« und waren »so genau auf dem Punkt« – das hat sie bei Bernhard so fasziniert: »dass, wenn er etwas gesagt hat oder geschrieben hat […], ist eben der kürzeste Weg gewählt, um zum Zentrum zu kommen.«[280] Wort- oder Satzwiederholungen in Bernhards Texten, in denen sie ein musikalisches Grundprinzip erkannte, waren für sie keine einfallslosen Wiederholungen, sondern Steigerungen, die zum Ziel der beabsichtigten Aussagen führten.[281] *Die Jagdgesellschaft*, das dritte Theaterstück Bernhards, zu dieser Zeit eher bekannt als Lyriker und Prosaschriftsteller, spielt in einem heruntergekommenen Jagdschloss mitten im Winter, irgendwo, vielleicht in Österreich. Die Kälte der Jahreszeit und der marode, vom Borkenkäfer zerfressene Wald versinnbildlichen die Todgeweihtheit der darin lebenden Menschen. Der Bühnenbildner Wilfried Minks hat in Dieter Dorns Inszenierung einen spärlich möblierten, an eine Bahnhofshalle erinnernden Wohnraum geschaffen. Durch die Ritzen der mit einer Überzahl von Hirschgeweihen behängten Wände scheint die Kälte in das Innere des Wohnraums zu dringen. Das Absterben des Waldes spiegelt den nahen Tod des Jagdschlossbesitzers, eines ehemaligen Generals (Bernhard Minetti), der in Stalingrad einen Arm verloren hat und der dabei ist, zu erblinden. Der Vorteil seines Augenleidens ist, dass er nicht sieht, dass sein geliebter Wald im Sterben liegt. Seine Frau, die personifizierte Gemütskälte, verbringt ihr Leben vor einem Ungetüm von Kanonenofen, im Lehnstuhl sitzend, kartenspielend und Wodka trinkend. Sie kennt die Diagnose der Ärzte: ihr Mann hat den Tod vor Augen. Zwar hofft sie, dass es ihm erspart bleiben wird, das bevorstehende Absterben seines Waldes zu entdecken, doch ist ihren Worten keine wirkliche Anteilnahme zu entnehmen. Zu ihrer Kurzweil lädt sie des öfteren einen redseligen Poeten (Rolf Boysen) zu sich ein, der in endlosen Monologen über den maroden Zustand der Welt schwafelt und von dem sie sich gerne bis zur völligen Erschöpfung zum Kartenspielen zwingen lässt. Dabei wird dieses unermüdliche Siebzehnundvier-Spielen theatralischer Ausdruck der geistigen Erstarrung, und es ist klar: Die hier abgebildete Welt ist beinah tot und auf einige wenige Rituale reduziert. Als gegen Ende zwei Herren aus dem Ministerium kommen, um den nicht mehr zu gebrauchenden General endgültig aus dem Dienst zu entlassen, zieht es dieser vor, sich zu erschießen. Mit diesem tödlichen Schlussakkord des Stückes setzt auch schon lautstark die Abholzung des Waldes ein.

Ein Erfolg wurde diese Inszenierung nicht. Zwar hatte sich Bernhard mit diesem Stück wieder als ein »Liebhaber des Moribunden« mit der für ihn typischen »Sucht nach Verfall« und »Lust am Untergang« erwiesen und als ein Autor, der »auf die Welt wie mit einem Leichenfinger« zeigt – so Friedrich Luft.«²⁸² Doch während Marianne Hoppe in ihrer »wunderbar flatternden Kälte« die Gefühlswelt dieser Gestalt zum Ausdruck brachte, war es Rolf Boysen nicht gegeben, »die Lust an der geradezu krankhaften Suada«, sein »pessimistische[s] Vergnügen an der Hoffnungslosigkeit« zu vermitteln. Nach Meinung von Sybille Wirsing lag der Grund für die laue Aufnahme des Stückes eher an der falschen Inszenierung und der falschen Behandlung der Sprache durch die Schauspieler. Boysen sei während seiner Sprech-Tiraden »als Zappelphilipp« der Inszenierung ständig von einem Ende zum anderen gerannt und habe der Sache damit eine unerträgliche Hektik aufgezwungen. Er und Marianne Hoppe hätten dem Gesprochenen mehr Zeit lassen sollen, doch sie »entledigen sich ihrer Sätze in so sportlicher Manier, daß die Aufführung streckenweise wie ein Match wirkt.« Durch dieses Überhetzen hätten die Zuschauer keine Möglichkeit zur Reflexion. Auch war ihr Marianne Hoppe zu steif und unweiblich: »Die Generalin Marianne Hoppe gibt sich durch und durch als harte Standesperson mit dem Stich ins bös Vulgäre, wie er Damen dieser Art eigen sein kann, die ein Leben lang nichts kultiviert haben, als ihren Dünkel. Sie ist das bei aller kompakten Körperlichkeit doch gewissermaßen abstrakte Steifweib, das an der Seite des prominenten Gatten nicht in Ehren grau geworden, sondern in zäher Disziplin blond geblieben ist, sozusagen das unverwüstliche Lebensgefährt des Gefährten, ein zeit- und alterloses Prachtexemplar weiblicher Unweiblichkeit.« Der Reiz des Stückes, dass es nämlich »keine wörtliche Wahrheit gibt, die sich nicht umkehren ließe, daß nichts ausgeschlossen und alles in allem enthalten ist, kann bei der ungeduldigen Wiedergabe nicht zum dramatischen Angelpunkt werden.«²⁸³

Es war gerade die Sprache, die Marianne Hoppe an Thomas Bernhards Stücken so reizte: »Thomas Bernhards Sprache hat eine Knappheit, Vollkommenheit und Genauigkeit, die selten zu finden ist. Das ist ein Ereignis! Und: Er schreibt kompromißlos die Wahrheit. Das ist heute, wo viele Leute ihre eigenen Nöte mit Sensationen und Fernsehkrimis zudecken, besonders wichtig.«²⁸⁴ Marianne Hoppe gefiel auch *Die Jagdgesellschaft* so sehr, dass sie etliche Jahre nach dieser Inszenierung, als sie in einer schlaflosen Nacht das Rollenbuch der *Jagdgesellschaft* wieder zur Hand nahm, sogar Lust verspürte, es noch einmal zu spielen. Ihre Zeichen aber, die sie damals in das Rollenbuch eingetragen hatte, konnte sie nun nicht mehr interpretieren, wie sie in einer im Nachlass enthaltenen Notiz am 10.1.1983 festhielt. »›Jagdgesellschaft‹ 1. Akt – sehe die Zeichen, die unleserlich zu Teil –; unverständlich für mich, das beschäftigt mich – es ist ein Arbeitsbuch und gibt ganz wenig heraus – entschlüsselt für mich ganz wenig mehr – d.h. man müsste neu anfangen mit der Arbeit und Vieles würde ganz anders werden – viel leichter – aber die Gewichte müssten wieder – und der Prozess mit sich[,] mit dem Material wäre der gleiche – Habe Lust es, das Stück – die Rolle nochmal zu machen – und denke an die {Längen} – die Chancen, unzählige Male + am Abend wiederholen zu können – andere Bedingungen – und doch das Gleiche – müsste man fragen. – Aber die Zeichen, die merkwürdigen, fast wie im unbekannten Text, das {regt} mich auf, ›dass‹ unbrauchbar geheimnisvoll – {…} mich darüber, dass dieser Weg (mit Wegweisern) kaum nachzuvollziehen. – Obwohl doch selbst einmal gegangen –. Neu zu machen – vielleicht! – –«

Nach Bernhards Besuch der Vorstellung in Berlin, wo es zunächst nur zu einer kurzen, freundlichen Begegnung kam, sahen sie sich zufällig in Wien wieder, und von diesem Zeitpunkt an entwickelte sich die Freundschaft. Sie besuchten sich gegenseitig – Bernhard sie in Scharam und Marianne Hoppe ihn auf seinem Vierkanthof bei Ohlsdorf in Oberösterreich. Auch ihren Geburtstag am 26. 4. 1976, also zwei Jahre nach besagter Premiere, hat sie mit ihrem Sohn Benedikt bei Thomas Bernhard verbracht, wie sie am 30. 4. 1976 an Boleslaw Barlog – noch unter diesem Eindruck stehend – schrieb.[285] »Mein Vater, Du kanntest ihn, sagte, als er 90 wurde: ›es ist alles ein Traum‹ – und dieser Traum ist es, der hinter uns[,] aber eben auch vor uns liegt, wer weiss, welche Träume uns noch erreichen, aber die Bindungen und es können nur ein paar Worte gewesen sein, die uns trafen, die Begegnungen, die halten und denen sind wir dann auch nah und treu! Verzeih, ich sitz in Scharam am Schreibtisch, um mich ist Ruhe und ich rede so vor mich hin und zu Dir und bei einem Glas Most, den ich von Thomas Bernhard am 26. mitbekommen hab, denn mit dem und meinem Jungen hab ich den Nachmittag und den Abend abgeschieden und fröhlich verbracht!«

Sieben Jahre sollten vergehen, bis sie 1981 wieder in einem Stück von Thomas Bernhard spielte. Die Rolle war diesmal von Anfang an für sie konzipiert, worüber Bernhard nie mit ihr gesprochen hatte.[286] Sie erkannte sich darin an etlichen Stellen wieder und musste, wie sie selbst erzählte, sich »an der Tischkante festhalten«, als sie bei der Lektüre ihre Ähnlichkeit mit der Figur – oder besser gesagt, mit d e n F i g u r e n feststellte. »Die Personen sprechen wie ich!«, sagte sie.[287] Eine schmeichelhafte Entdeckung war das allerdings nicht, könnte man doch auf die Idee kommen, sie gäbe zu, selbst etwas von der herrischen Hauptperson in dem Stück *Am Ziel* zu haben. Das war aber sicherlich nicht deren Lieblosigkeit, war Marianne Hoppe selbst doch ein Mensch, für den die »Zärtlichkeit« mit zum Wichtigsten im Leben zählte, wie einer ihrer Bekannten aus dem privaten Umfeld, Klaus Köhn, erzählte.[288] Aber jener in dem Stück vorkommende Satz »Das Theater ist eine von vielen Möglichkeiten, es auszuhalten«, den ihr Thomas Bernhard neben vielen anderen zum Thema Theater und Schriftstellerei in den Mund gelegt hat, traf auf ihre persönliche Motivation als Künstlerin zu. Es trifft aber auch zu, dass sie nicht nur das Positive, sondern auch das, was der Autor an Menschen kritisierte und decouvrierte, auf sich bezog. Sie nahm sich nicht aus. »Tja, man muss Bernhard lesen. So sind wir eben!« – sagte sie zum Beispiel in der Sendung *Erinnern für die Zukunft* auf die Frage, warum sie nicht emigrierte.

Am Ziel – erneut ein handlungsarmes Stück, eine marode Welt mit innerlich maroden Menschen, von denen Marianne Hoppe in der Rolle der Mutter, Industriellen-Witwe und Theaterliebhaberin einen fast vierstündigen, beinah ununterbrochenen Monolog zu führen hatte, der im Rahmen der Salzburger Festspiele am 18. 8. 1981 uraufgeführt wurde. Claus Peymann erin-

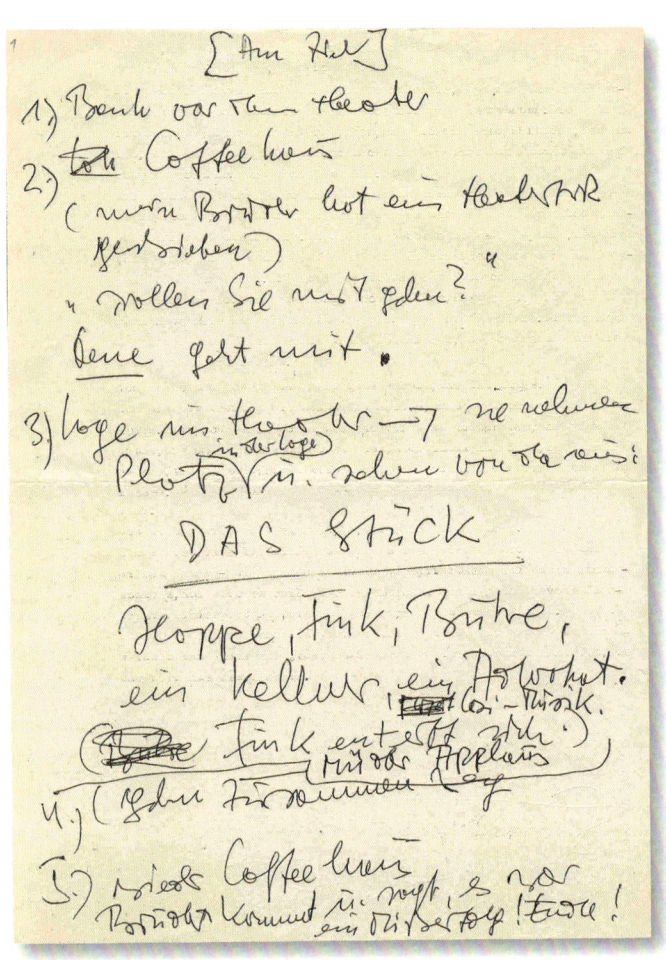

Original-handschriftliche Manuskriptseite von Thomas Bernhard zu seinem Stück *Am Ziel*.

nerte sich an die legendäre Generalprobe in Salzburg, »wo wir, glaube ich, so gut waren, wie überhaupt nie wieder. Es war eine legendäre Aufführung, wo der Bernhard dann im Parkett gesessen und geweint hat und er sich gar nicht gefaßt hat, also diese Begegnung von höchster Sentimentalität, und wirklich wie der verlorene Sohn, der plötzlich wieder ans Theater glaubt, das er so oft so verachtet und angegriffen hat, das Hohle und das Leere und überhaupt das Theater, natürlich auch meins …«[289] Nach Meinung Claus Peymanns hatte Thomas Bernhard mit diesem Stück »einen richtig klassischen Theatercoup« gelandet, denn der Autor läßt die »Industriewitwe in einer besoffenen Gardinenpredigt einen total anarchischen Standpunkt einnehmen. S i e liest dem jungen Dichter die Leviten, sagt ihm, der seinen Erfolg genießt, es genüge nicht, wenn man mal jemand umbringt, man muß alle umbringen, alles wegwischen. Sie spielt, besoffen und alt wie sie ist, die Revolutionärin, er sitzt da. Sehr ironisch wird in diesem dritten Salzburg-Stück von Bernhard wieder eine festival- und kunstbezogene Thematik aufgestellt, wird der politische Stellenwert von Kunst diskutiert.«[290]

Mit diesem Stück, in welchem wieder einmal eine von einem eisigen Wind durchwehte Welt mit psychisch deformierten Menschen zu sehen ist, hat Marianne Hoppe in der Rolle der diktatorischen Mutter ihr Rollenarsenal um jene »Revolutionärin«, um Peymanns Ausdruck aufzunehmen, erweitert, die in ihrer Herzenskälte und Herrschsucht alles hinter sich ließ, was die Schauspielerin bis dahin gespielt hatte. Die Szene zeigte zunächst ein Stadthaus in Holland: Der Bühnen- und Kostümbildner Karl-Ernst Herrmann schuf dafür eine große, nur spärlich möblierte Wohnhalle, in der der Stuck von der Decke zu bröckeln schien. Die einstmals

Am Ziel von Thomas Bernhard (1981).
Marianne Hoppe (Mutter), Kirsten Dene (Tochter), Branko Samarovski (Schriftsteller). Salzburger Festspiele (im Landestheater).

Am Ziel von Thomas Bernhard (1981).
Drei Figurinen zur Tochter, der Mutter und dem Schriftsteller von Karl-Ernst Herrmann.
Salzburger Festspiele (im Landestheater).

vornehme Tapete war stockfleckig geworden. Durch das Fenster im Hintergrund sah man auf den Schornstein einer Fabrik, ein Gußwerk, das die Witwe vor zwanzig Jahren von ihrem verstorbenen Mann geerbt hatte. Auch der zweite Teil des Stückes, ein Wohnraum in einem Haus in Katwijk, war kahl ausgestattet, die Aussicht auf Sandhügel und Meer wirkten erschreckend wenig einladend. Die mitgebrachten, von der verhuschten Tochter sinnlos vollgestopften Riesenkoffer stehen in dem kahlen Raum als Sinnbilder einer Lebensflucht. Seit zwanzig Jahren fahren Mutter und Tochter, ein unterwürfiges, zwei große Haarschnecken tragendes, ältliches Mädchen, das in leidvoller stummer Mimik den Befehlen der Mutter Folge leistet, an diesen Ort. Während die Tochter, gespielt von Kirsten Dene, im ersten Teil des Stückes eine unsinnige Anzahl von Kleidungsstücken in den Koffer stopft, packt sie diese im zweiten, kürzeren Teil wieder aus und verräumt ohne Mithilfe der Mutter und gleich einer Dienstmagd alles in Schränke. Zwischendurch trinkt sie Tee mit ihrer »Befehlshaberin«, die ihr, wenn sie es für nötig hält, entgegenschreit: »Du gehörst mir!« Es ist klar: ein Entrinnen gibt es nicht, auch nicht durch jenen dramatischen Schriftsteller, der gerade seinen ersten großen Erfolg mit seinem Theaterstück *Rette sich wer kann!* verbuchen konnte und den die Mutter, warum auch immer, eingeladen hat, mit ihnen ans Meer zu fahren. Ehern wie das Gußstahlwerk ihres Verblichenen sind Herz und Gemüt dieser Witwe, die ihren Mann damals nur heiratete, um sich aus ihren engen materiellen Verhältnissen zu befreien – also der Fabrik und des Hauses am Meer wegen. Durchdrungen von Egomanie und Sadismus ließ sie ihn büßen, dass sie ihn nie liebte und demütigte ihn, bis er starb. Dem gemeinsamen, viel zu häßlichen Sohn, den sie damals bekamen, hat sie so lange den Tod gewünscht, bis dieser den Zweijährigen tatsächlich holte. Nun, zwanzig Jahre später, hat sie nur noch die Tochter, ein »Vaterkind«, das sie sich mit aller in ihr wohnenden Hassliebe wie eine Sklavin hält. Mit hochgesteckter Kammfrisur, zumeist in einem übergroßen Ohrensessel thronend, monologisiert sie wie eine bösartige

Sibylle über die Trostlosigkeit ihres Lebens und der Welt. Dabei entfaltet sie ein ungeheueres Maß an böser, alles niederwalzender Vitalität, die etwas Faszinierendes hat und mit der es ihr gelingt, die Zuwendung des dramatischen Schriftstellers, gespielt von Branko Samarovski, von der Tochter auf sich selbst zu lenken. Das Stück – und dafür ist es ein Stück von Thomas Bernhard – ist zugleich eine Riesenohrfeige an das Theaterpublikum, das durch das gesamte Stück von dieser teetrinkenden, kulturbeflissenen Herrschermutter abgewatscht wird mit Sätzen wie diesen: »Die Leute verstehen nichts … Sie beklatschen jede Ohrfeige … Sie werden von der Rampe herunter geohrfeigt / und beklatschen das / es gibt keine größere Perversität / als die Perversität des Theaterpublikums.« Eine Publikumsbeschimpferin oder –hasserin war Marianne Hoppe selbst nicht, darin war sie Bernhards »Instrument«. Sie selbst liebte das Publikum, wollte es »bewegen«[291], ihm etwas »geben« für die Länge eines Theaterabends. »Das Theater« – und hier spricht die Mutter am Schluss des ersten Teils nicht aus der Sicht der Schauspielerin Marianne Hoppe, für die dieser Satz zu einem Credo wurde, sondern aus der Sicht der Kunstkonsumentin – »ist eine von vielen Möglichkeiten, es auszuhalten.« Gerade durch die unterschiedlichen Perspektiven, aus denen dieser Satz Bedeutung gewinnt, hat Thomas Bernhard sowohl den Kulturzuständigen, als auch den Künstlern und Literaten sowie dem Publikum eine gesellschaftspolitische Aufgabe gestellt.

Hilde Spiel schrieb anlässlich der Uraufführung in der Frankfurter Allgemeinen Zeitung vom 20. 8. 1981, dass die Hauptdarstellerin die Brillanz ihrer schauspielerischen Darbietung nicht für die gesamte Länge des Stücks durchgehalten habe – eine Meinung, die auch Joachim Kaiser in der Süddeutschen Zeitung vom 20. 8. 1981 teilte. Passagenweise habe sie, so Hilde Spiel, den Text »ohne dessen Tiefgang« gegeben; den ersten Teil aber soll sie »mit Bravour« gemeistert haben, »eine wahre Diva des gesprochenen Wortes, die gleichwohl die Musikalität ihres Textes, mit gestochener Rhythmik, mit stetem Wechsel zum Pianissimo bis zum Forte, zu modulieren und zu akzentuieren weiß.« Nicht nur vom Stück, sondern auch von Marianne Hoppe vollends überzeugt war C. Bernd Sucher, der eines der interessanten schauspielerischen Details in der Gestik der Hauptdarstellerin beobachtete, mit der sie ihre stundenlange Sitzorgie künstlerisch umsetzte: »… wenn die Hoppe also ihr Kind bittet, gleich nach der Ankunft am Meer […] etwas auf dem Klavier zu spielen, so spricht sie dieses ›Spielst Du uns etwas vor?‹ keineswegs fordernd, sondern eher bittend. Doch hinter dem [seitlich zum Zuschauerraum stehenden] Korbstuhl schickt die linke Hand das Mädchen an das verstimmte Klavier wie eine Magd an den Ofen: ›Troll dich gefälligst!‹, sagen die fünf Finger.«[292] Insgesamt wertete die Presse Marianne Hoppe – wie vorher Bernhard Minetti – als Glücksfall für Thomas Bernhard, der sich am Premierenabend nicht vor dem Publikum zum Schlussapplaus zeigte, sondern durch den Hinterausgang des Theaters entschwand.

Bernhard konnte, oder besser gesagt, wollte mit klassischer Literatur nichts anfangen. Er hatte etwas gegen die geistige Behäbigkeit, mit der es sich das Publikum von Klassikern in den Stücken wie in einem Plüschsofa gemütlich macht. Marianne Hoppe sah in Bernhards Leitsatz »Widerstand ist Material« etwas für diesen Autor sehr Treffendes, der mit seinen Werken »immer dagegenhalten« und vom Publikum nicht »umarmt« werden wollte.[293] Widerstand von Seiten des Publikums und der Öffentlichkeit gab es zu Genüge anlässlich der nächsten Uraufführung eines Thomas Bernhard-Stückes, in der Marianne Hoppe mitspielte. *Heldenplatz*, nicht nur eine Publikumsbeschimpfung, sondern auch eine Österreich-Beschimpfung par exellence, die den Autor zum Paradebeispiel eines »Nestbeschmutzers« machte. Bernhard liebte das und schien «in dem Skandal zu baden wie in einer Verjüngungskur«.[294] Schon Wochen vorher hatte es massive Proteste gegen dieses Stück aus allen Lagern und aus den obersten Etagen von Politik und Gesellschaft gegeben, nachdem einige Passagen aus dem Stück schon vorher in der Zeitung veröffentlich worden waren. Wenige Stunden vor der Uraufführung versuchten Gegner, die Premiere gerichtlich zu stoppen, die Regisseur und Burgtheater-Intendant Claus Peymann, von Politikern zum Rücktritt aufgefordert, dann aber doch durchsetzen konnte. Wegen Bombendrohung war das Theater ringsum von Polizei umstellt, der Platz bot ein bizarres Bild: Scheinwerferlicht der Fernsehleute, viele Neugierige, die sich der Gruppe von rechtsorientierten Protestlern, die vor dem Theater eine Fuhre Mist abluden, hinzugesellten; Demonstranten, die Sprechchöre anstimmten und Flugblätter verteilten.

Marianne Hoppe, Claus Peymann, Bernhard Minetti und Thomas Bernhard hielten sich kurz vor und wäh-

Heldenplatz von Thomas Bernhard (1988/89).
Szenenfoto mit Marianne Hoppe (Hedwig Schuster) am Kopf des Tisches. Burgtheater, Wien.

rend der ersten beiden Szenen gemeinsam in einem kleinen Raum des Theaters auf, und als Bernhard von oben auf den Riesentumult schaute, sagte er: »Das geht schief!« »Abwarten«, beruhigte ihn die Freundin.295 Sehr ausgefallen war Thomas Bernhards Wunsch, dass sein Halbbruder, der Mediziner Dr. Peter Fabjan, einen geistig Behinderten mit in die Uraufführung nehmen sollte. Es war ihm wichtig, diesen Mann, der geistig auf dem Stand eines Zehnjährigen war und der für ihn offensichtlich etwas wohltuend Kindlich-Unverbogenes hatte, dabeizuhaben, denn »der sagt manchmal viel gescheitere Dinge als irgend jemand, der sich als gebildet oder intellektuell oder sich auf der Höhe seines Alters fühlt«, wie Bernhard dem Bericht Fabjans zufolge meinte. »Ich hab' ihn dann am Westbahnhof abgeholt und mit einem ungutem Gefühl in ein Hotel gebracht und bin dann in der Aufführung mit ihm dort ziemlich weit vorne gesessen und hab' also einerseits immer wieder aufpassen müssen, dass der Mann nicht aus der Rolle fällt und daneben eben diesen ganzen Tumult und alles das miterlebt.«296 Über Marianne Hoppe als Hedwig meinte Fabjan, sie sei »sicher einer der schönen Momente« der Aufführung gewesen und »hat diese Rolle voll und ganz beherrscht und sicher so ausgefüllt, wie sie sich Thomas Bernhard selber vorgestellt hat.«

Das Stück beginnt in der Wohnung des jüdischen Mathematikprofessors Josef Schuster, der sich ein paar Tage vorher, am 15. 3. 1988, am 50. Jahrestag des Österreich-»Anschlusses« und der jubelnd aufgenommenen Rede Adolf Hitlers am Heldenplatz, aus dem Fenster sei-

BURGTHEATER
SPIELZEIT 1988/89

Anfang 19 Uhr Samstag **5.** November Ende 22.45 Uhr

Kasseneröffnung eine Stunde vor Vorstellungsbeginn
Eingeschränktes Wahlabonnement – eingeschränkter Verkauf

HELDENPLATZ
von Thomas Bernhard

Robert Schuster, Professor,
*Bruder des verstorbenen
Professors Josef Schuster* . . . . . Wolfgang Gasser
Anna *und* . . . . Kirsten Dene
Olga, *Töchter* . . . . Elisabeth Rath
Lukas, *Sohn* . . . . Karlheinz Hackl
Hedwig, *genannt Frau Professor,
die Frau des Verstorbenen* . . . . . Marianne Hoppe
Professor Liebig, *ein Kollege* . . . Frank Hoffmann
Frau Liebig . . . . Bibiana Zeller
Herr Landauer, *ein Verehrer* . . . Detlev Eckstein
Frau Zittel, *die Wirtschafterin
des Verstorbenen* . . . . Anneliese Römer
Herta, *sein Hausmädchen* . . . . Therese Affolter

Inszenierung: Claus Peymann
Bühnenbild und Kostüme: Karl-Ernst Herrmann
Dramaturgie: Hermann Beil, Jutta Ferbers
Regieassistenz: Walter Delazer
Bühnenbild- und Kostümassistenz: Matthias Karch
Akustische Einrichtung: Christian Venghaus
Technische Einrichtung: Herbert Kratochvil

Pause nach der 2. Szene

20 Uhr, Lusterboden, Eingang Bühnenportier Volksgartenseite
Julia von Sell liest aus dem „Tagebuch der Anne Frank"

ner Wohnung gestürzt hat. In diese Wohnung, die ebenfalls am Heldenplatz gelegen ist, war er aus seinem Exil in Oxford zurückgekehrt, nachdem Österreich schon einige Zeit befreit war. Während die Wirtschafterin, die alte Zittel (Anneliese Römer), in dieser Wohnung nun die Hemden des Verblichenen bügelt, erfahren die Zuschauer aus ihrem Dialog mit dem sehnsüchtig aus dem Fenster schauenden Hausmädchen (Therese Affolter) die Lebensgeschichte des Professors. Dieser wollte wieder nach Oxford zurück, weil es in Wien noch viel schlimmer geworden sei, als es vor fünfzig Jahren war, und ganz Österreich »ein Volk von Nationalsozialisten« sei. Selbstmordgefährdet seit langer Zeit ist Schusters Frau Hedwig, gespielt von Marianne Hoppe, die trotz vieler Therapien in der Nervenheilanstalt Steinhof den schlimmen Sprechchor der Sieg-Heil-Rufe vom Heldenplatz nicht aus dem Kopf bekommt. Schuster sah in dem Leiden seiner Frau aber nie einen Grund, die Wohnung am Heldenplatz zu verlassen, denn das hieße für ihn, sich von Hitler zum zweitenmal aus seiner Wohnung vertreiben zu lassen. Der erste Akt ist mit dem rekapitulierenden Monolog der Zittel angefüllt und zeigt den Blick auf ein großes kahles Zimmer, aufgerissene leere Schränke und gepackte Koffer, die die Aufschrift ›Oxford‹ tragen. Der zweite Akt spielt im Volksgarten, nahe dem Burgtheater. Gerade kommen die Töchter des Verblichenen, Anna (Kirsten Dene) und Olga (Elisabeth Rath) von der Beerdigung, kurz darauf auch Robert Schuster (Wolfgang Gasser), Josefs Bruder und des Dichters Sprachrohr. Wie Josef ist auch Robert Schuster ein hochgebildeter Mann, ein Philosophieprofessor, der 1938 nach Cambridge ging, wieder immigrierte und nun zu müde ist, gegen den Bau einer Straße mitten durch seinen Garten in Neuhaus zu protestieren. In seinen Hasstiraden ist er allerdings kein bißchen müde. Als Masse seien die Österreicher »ein brutales und dummes Volk« und das ganze Land »ein

Hort der Verlogenheit«. Österreich, ein Volk von Judenhassern, Nationalsozialisten und Korrupten – bis in die oberste politische Spitze. Hohe politische Amtsinhaber und Würdenträger – egal welcher Partei und Konfession – sie alle werden ausnahmslos über ein- und denselben antisemitischen Kamm geschert: »Am liebsten würden sie / wenn sie ehrlich sind / uns auch heute genauso wie vor 50 Jahren vergasen«. Wenn sich die schwarzgewandeten Hinterbliebenen und ein befreundetes jüdisches Professorenpaar im dritten Akt zum letzten Essen in dieser Wohnung treffen, kommt auch Hedwig, die Witwe von Josef Schuster, hinzu. Fast hat die Psychose-Geplagte zu Beginn des Leichenschmauses etwas Triumphierendes, »wie eine Königin thront sie am Kopfende der Tafel«, schrieb nach der Premiere Wolfgang Höbel.[297] Hediwg hat Pläne, nämlich vorübergehend zu ihrem Schwager Robert nach Neuhaus zu ziehen, ein ihr verhasster langweiliger Kurort, um sich von dort aus eine zentral gelegene Wohnung zu suchen, möglichst zwischen Kohlmarkt und Graben. Mit ihren Empfindungen und Wünschen hatte sie sich immer schon im Gegensatz zu Josef befunden, immer schon war bei ihr alles entgegengesetzt. Josef, den Egoisten, Schuhfetischisten und Bügelfalten-Fanatiker, hat das aber weiter nicht gekümmert. Wenn es nach Hedwig gegangen wäre, wären sie damals in Oxford geblieben. Durch die Rückkehr nach Wien, die bereits zwanzig Jahre zurückliegt, war die Familie nun dem Dilemma ausgesetzt, dass Wien einerseits ein Hort des Nationalsozialismus geblieben war, dass sich andererseits aber in Oxford, diesem »Geistesnest«, nach Meinung Josef Schusters auch der Antisemitismus breit gemacht hatte. Während Lukas, der Sohn von Hedwig und Josef Schuster, seine Abneigung gegen deutsche Klassiker einflicht, setzt Robert Schuster die Antisemitismus-Schelte Bernhards fort; wo immer man innerhalb Europas auch hingehen würde, die Diskriminierung der Juden fände überall statt. Während der sich dann wieder auf Österreich konzentrierenden Beschimpfungen Roberts steigt in Hedwigs Kopf – für das Theaterpublikum vernehmbar – wieder das Sieg-Heil-Gegröle vom Heldenplatz herauf, das immer lauter wird – so laut und quälend, dass ihr schließlich der Kopf vornüber auf die Tischplatte knallt und sie stirbt. Schauspielerisch war die emotionale Spanne, die Marianne Hoppe als Hedwig durchzumachen hatte – meisterhaft umgesetzt: »Marianne Hoppe spielt nicht die arme Verrückte, sondern die wahre Königin des Familienclans. Sie hat eine beinahe triumphierende Heiterkeit, wenn sie von ihren neuen Plänen redet. Sie hat ein steinernes Schreckens-Antlitz, wenn die alten Ängste sie überfallen. Mit einer wahren Tragödienwucht macht sie Schluß mit Bernhards ewigem Getändel zwischen Scherz und Schrecken. Es ist ein grandioser Schlußauftritt – aus einem größeren Stück allerdings, als Thomas Bernhard es geschrieben hat. [...] Vorhang. Unendlicher Jubel, wütender Protest. Nach etwa zwanzig Minuten Tumult verbeugt sich auch der Dichter. Die vielleicht verrückteste Machtergreifung der Theatergeschichte war vollzogen: In dieser Minute war Thomas Bernhard der Burgtheaterkönig geworden.«[298] Nachdem der Tumult sich gelegt und das Theater wie leergefegt war, wollten Thomas Bernhard und Marianne Hoppe eigentlich zusammen noch etwas essen gehen. Es war ihr besonders in Erinnerung geblieben, wie befremdlich die plötzliche Ruhe nach dem Sturm in dieser kalten Novembernacht auf sie gewirkt hat. »Und dann hat er sich verkühlt bestimmt, nachher haben wir lange auf ein Taxi gewartet da draußen und es war so feuchtiglich und alles war weg. Wir standen mutterwindallein eigentlich da auf diesem Platz. Wie sowas möglich ist! Und dann wollten wir noch essen. Das taten wir dann nicht. Ich ging dann in mein Zimmer – er fuhr nach Hause und dann rief er an und sagte: ›So sieht das dann aus. Ich habe mir gerade einen Kamillentee aufgebrüht.‹ Ich sagte: ›Ich auch!‹«[299]

Marianne Hoppe hatte Humor – wie auch Thomas Bernhard, von dem man das nicht auf den ersten Blick meinen sollte. Was sie bewegte, ansprach oder erheiterte, teilte sie ihm oft mit. Ob es ein kleiner Kalenderblattwitz war, den sie ihm schickte, oder eine geistreiche Bemerkung von Camus aus dem *Mythos des Sisyphos*, die sie sich einmal auf einen Zettel notiert und beim Kramen in ihrer Handtasche wiedergefunden hatte: »›Von allen Schulen der Geduld und der Klarheit ist das Schaffen die wirksamste ...‹ Th. B. zeigen«[300]. Ein literarischer Ratgeber war er für sie allerdings nicht. Ausnahmsweise hatte sie ihm einmal etwas vorgelesen, was sie über ihre Kindheit geschrieben hatte, als sie gerade von Felsenhagen zurückkehrte. Sie hatte soeben zwei Seiten getippt, als Bernhard anrief und sie fragte, wie es gewesen sei. »Weil er fragte ›Wie wars?‹«, las sie ihm diese zwei Seiten vor. »Und da war er so einverstanden und hat nur einen Satz korrigiert (lacht) – jaja! Das war ganz schön. Aber sonst hatten wir nie literarische Gespräche oder sowas, das konnte er gar nicht haben.«[301] In dieser Freundschaft wiederholte sich nichts, wie sie selbst erzählte. Alles geschah nur einmal: »Das waren alles Spotlights […]. Es war ein einziges Mal, daß ich sowas gemacht habe. Er sagte ›Ich habe mir einen Anzug gekauft in Wels auf dem Markt‹ – das war ein sehr schöner Kordelsamtanzug – ›nur die Knöpfe stimmen nicht, da werd ich mir andre‹ … Und da sagte ich ›Das mache ich‹. […] wenn man es genau betrachtet, sind es alles eigentlich Einmaligkeiten gewesen … Ja, es hat sich nichts wiederholt.«[302]

Briefwechsel im eigentlichen Sinne gab es zwischen den Beiden nicht, eher kleine Notizen, die ankamen, wenn sie in der Nähe war, oder auch einmal eine Postkarte von irgendwo her. Etwa aus dem Sacher die kurze Nachricht: »Könnten wir drüber sprechen?« Mit Thomas Bernhard konnte man, wie es Minetti ausdrückte, »Schweigegespräche« führen. Bernhard durchschaute Menschen, hatte, so Minetti, eine Art sechsten Sinn. Trotz der eher seltenen Gespräche war es so, »dass er unheimlich viel von mir wußte […] und ich spürte auch, dass ich ihm sehr nahe war«. Ihre Gespräche waren »eine Art ganz banaler Philosophie. Wir waren auch gar nicht bewußt, zu philosophieren, es waren nur Anmerkungen eigentlich oder Bemerkungen und natürlich waren sie nicht stumm – aber sie waren eigentlich Schweigegespräche.«[303] Darin pflichtete ihm Marianne Hoppe, die bei dieser Gesprächsrunde zugegen war, bei, und bezeichnete ihre Beziehung zu Bernhard als »geschwisterlich«, als »das Höchste eigentlich, was es an Verbindung gab.« Auch sie habe mit ihm nicht nur über »Tiefschürfendes« gesprochen, sondern auch einfach nur Banales.[304] Was sie an Bernhard schätzte war, dass er Menschen nicht okkupierte und er jene Distanz hielt, die ihr wohltat und die er auch selbst brauchte. So empfand es Marianne Hoppe, die anlässliches ihres Besuchs in Torremolinos, wohin sie ihm am 24.12.1988 nachflog, sagte: »Er, der so wenig Menschen überhaupt in seiner Nähe hatte … oder haben

Marianne Hoppe und Thomas Bernhard in angeregtem Gespräch in einem Restaurant während ihres gemeinsamen Urlaubs in Torremolinos. Um Weihnachten 1988.

konnte … oder wollte … Obwohl, er war sehr mitteilsam, sehr lustig. Es war ja herrlich mit ihm, Spaß zu haben. *(lacht)* Viel gelacht wurde … Aber es war immer … eine sehr schöne Selbständigkeit, die man behielt.«[305] Und was sie als Freundin kannte, war eben auch »seine Weichheit, seine Schutzlosigkeit, seine Verletzlichkeit – sein Leiden.«[306] Da gab es außer der großen Sympathie auch eine Wesensverwandtschaft, und es ist gewiss kein Zufall, dass sie diejenige war, die dem Todkranken auf dessen letzter Urlaubsreise, einer Reise nach Torremolinos, Gesellschaft leistete. An einem dieser Tage unternahmen sie auch einen Ausflug nach Ronda, wo sie zuerst in das ehemals sehr feine, englische Hotel »Reina Victoria« fuhren, wo einst auch Rilke, dessen Bronzestatue im Garten steht, weilte. Die Aussicht war zwar immer noch so herrlich wie eh und je, das Hotel machte aber einen sehr mitgenommenen Eindruck. Darüber waren beide so entsetzt, dass sie gleich wieder wegfuhren. Auf der Fahrt in ein Lokal war Marianne Hoppe im Auto eingeschlafen; »da sagte er ›Gar nichts versäumt‹, wie ich aufwachte *(lacht laut heraus)* – ist zu schön, nicht? Wer sagt einem das? ›Nichts versäumt‹!«[307]

Er hatte sich gewünscht, dass sie nach Torremolinos nachkommt. Obwohl er ein Jahr vor seinem Tod die meisten Kontakte mit Menschen, die ihm wichtig waren oder mit denen sogar eine lebenslange Freundschaft bestand, abgebrochen hatte. Doch auf Marianne Hoppes Nähe wollte er nicht verzichten, für ihn war sie eben auch das Theater, das ihn zeitlebens fasziniert hatte. Sie war es in der Gesamtheit ihrer Persönlichkeit: in ihrem Wesen, in ihrer künstlerischen Bedeutung und in der Intensität, mit der sie sieben Jahrzehnte in enger Verbindung mit niveauvollem Theater stand – und natürlich der Zeithintergrund des Dritten Reichs. So müssen sie sich durchaus auch über Theater und Literatur unterhalten haben; zumindest Peter Fabjan, der seinen Halbbruder ärztlich betreute und an der Reise nach Torremolinos, wenige Wochen vor Bernhards Tod am 12. 2. 1989, teilgenommen hat, schilderte das so: »Im letzten Jahr hat er all diese Kontakte abgebrochen, aber ein Gespräch mit jemandem wie Frau Hoppe, wo diese Theaterwelt in ihr vorhanden war, das hat ihn natürlich … wieder aufleben lassen. Da konnte er sich noch so schlecht fühlen, da war er im Nu abgelenkt, da war er ganz er selber, ganz leidenschaftlich eben, Literatur und Theater – mit ihr zusammen.«[308] Als sie in Ronda waren, war es ihr Wunsch, sich die Stierkampfarena anzusehen. Dort angekommen, bat sie Fabjan, sie allein zu lassen. Allein wollte sie dort drinnen eine Runde gehen. »Da muss sie eine besondere Erinnerung daran gehabt haben, und da habe ich sie allein gelassen.« Während Fabjan mit Bernhard, der schon sehr schwach war, ein Restaurant suchte: »Wenn es ein bisschen bergauf gegangen ist, dann hat er schon die größten Schwierigkeiten gehabt, das überhaupt durchzustehen. Aber dort sitzend dann und mit ihr sprechend, ist er in einer Weise mit seinem Charme …, aber eben auch in einer gemeinsamen Welt sind sie da in Fahrt gekommen. Das war für mich sehr schön zu beobachten. Andererseits habe ich natürlich mein Handikap gespürt, als praktisch ›Nur-Mediziner‹ da nicht teilnehmen zu können.« Auf die Frage, ob sie geahnt haben, dass sie sich in Torremolinos zum letzten Mal sehen würden: »Das nehme ich sehr an. Nicht nur Frau Hoppe hat gewusst, dass sie zum letzten Mal dort in dieser Stierkampfarena die Runde geht, sondern sie hat ja auch gesehen, wie er gehandicapt ist und keine Reserven mehr hat und kaum mehr ein paar Schritte schneller gehen kann.« Und was hat er besonders an ihr geschätzt? »Er hat offenbar ihre Weltläufigkeit, was sie alles erlebt und was sie repräsentiert hat, [geschätzt]. Auch diese ganze Kriegszeit; das war ja auch bei Minetti vorhanden, bei ihr aber doch in einer besonders spektakulären Weise. Das hat ihn alles sehr fasziniert. Und sie war natürlich in keiner Weise gewöhnlich, sie war, so wie er selber, eine überaus ungewöhnliche Erscheinung. Auch, wenn sie privat persönlich aufgetreten ist, hat man eine grandiose Theaterfigur erlebt. Das war ja bei Thomas Bernhard nicht ganz unähnlich, weil er ja doch auch als Künstler eigentlich jeden Tag inszeniert hatte … gewöhnlich war an ihm wirklich nichts.«[309]

Marianne Hoppe als Literatur-Vermittlerin in den USA

Marianne Hoppe hat im organisatorischen Rahmen von Theatern, Akademien, Universitäten und literarischen Gesellschaften Lesungen quer durch die deutsche und europäische moderne und klassische Literatur abgehalten. Auf Einladung des Goethe-Instituts begab sie sich mehrfach auf Lese- und Vortragsreisen ins Ausland, so zum Beispiel im September 1968 nach Nordamerika. Wenn sie »nur« Goethes *Märchen* im Gepäck hatte, trug sie dies ohne Textbuch vor, wie sie dem Vorsitzenden eines Literaturkreises in Wolfsburg am 21. 5. 1968 mitteilte: »Ich spreche das Märchen frei – Dauer gut eine Stunde 45 Min. ca – ohne Pause – das ist ausprobiert – das erste Mal hatte ich den Abend in der Akademie der Künste in Berlin, dann im Schauspielhaus, Düsseldorf. Ich werte diesen Abend als Solisten-Abend, habe 1000 DM Honorar als Gage, zuzüglich Reise.«[310] Sie war nicht nur eine begnadete Schauspielerin, die mit ihrem persönlichen Rollenrepertoire ein breites Spektrum der deutschen und ausländischen Dramenliteratur repräsentierte; allein ihre Stimme zu hören, die mit fortschreitenden Jahren immer ausdrucksstärker, weicher und »satter« wurde, war ein klangliches Erlebnis, und so sah das Goethe-Institut in ihr eine ideale »Literaturbotschafterin«. Als sie auch 1976 von Januar bis Mitte April mit den Werken der Dichterin Ingeborg Bachmann in Nordamerika auf Reisen war, um dort an den Universitäten der Ost- und Westküste der USA sowie im kanadischen Montreal, Ottawa und Toronto zu lesen, hielt sie ihr Programm durchaus für die literarischen Interessen der Professoren und Studierenden offen. So suchte sie in der jeweiligen Bibliothek des Goethe-Instituts das Gewünschte – etwa Exilliteratur – heraus und übte es kurzfristig ein.

Ihrer Lebenspartnerin, der Schauspielerin Anni Mewes, der einstigen langjährigen Freundin von Rainer Maria Rilke, hat sie von dieser Reise Briefe oder Postkarten geschrieben, die von ihren Eindrücken, Begegnungen und Unternehmungen in Nordamerika sprechen, aber auch von der persönlichen Beziehung, die die beiden Schauspielerinnen zueinander hatten. Zwar müssen sie sich schon in Berlin am Deutschen Theater begegnet sein – Anni Mewes war hier nach ihrer Zeit bei Falckenberg an den Münchener Kammerspielen engagiert und trat mit Gustaf Gründgens z.B. 1928/29 gemeinsam in Frederic Lonsdales burlesker Komödie *Zur gefälligen Ansicht* an den Kammerspielen des Deutschen Theaters auf. Zu Marianne Hoppes Anfängerzeiten war sie schon eine geschätzte und bekannte Theaterschauspielerin, die nicht selten auch für Modeaufnahmen posierte. Doch erst seit Anfang der Siebziger Jahre, zu Beginn ihrer gemeinsamen Arbeit beim Tourneetheater »Der grüne Wagen«, haben Marianne Hoppe und Anni Mewes einander näher kennen gelernt, und es entstand eine innige Beziehung, die etwa zehn Jahre dauerte – also genauso lang wie die Ehe mit Gustaf Gründgens.

Anni Mewes, die in dritter Ehe mit Edwin Krutina (gest. 1953) verheiratet war und aus deren erster Ehe mit dem Bankdirektor Otto Grantke die gemeinsame Tochter Annemarie (verh. Herald) stammt, war Marianne Hoppes Ruhepol und Haltepunkt. Auch nach dem Tod Krutinas blieb Anni Mewes in ihrem Haus in Badenweiler wohnen. Beide, Marianne Hoppe und Anni Mewes, wahrten trotz enger Freundschaft auch die Distanz, die sie zum Leben brauchten. Anni Mewes half ihrer Freundin dabei, auf innere und äußere Ausgewogenheit zu achten, auf ein Gleichgewicht zwischen Aktivität und Passivität. Auch einmal nichts zu tun – dazu musste Marianne Hoppe, die dazu neigte, sich mit Arbeit und Aktivitäten zu überhäufen, offensichtlich immer wieder angehalten werden. Der Einfluss der zehn Jahre Älteren wirkte ausgleichend auf Marianne Hoppe, auch brieflich. »Schreib mal wieder – das ist so hübsch und genau«, notierte sie in einem Brief an »Anneken« vom 17. 11. 1975 aus Dortmund. Vermutlich war es »Anneken«, die ihr jenen in ihrem Nachlass befindlichen kleinen grünen »Schmeichelstein« schenkte, der sich einfach nur gut anfühlte und den Marianne Hoppe stets in einer Jackentasche trug. Am 23. 4. 1978 schrieb Anni Mewes an Marianne Hoppe:

»Liebste – liebe Janni! –

Immer suche ich etwas für Dich, das Dir Freude macht, das Du gern anfasst. Das Du gern ansiehst und das Dich nicht belastet. Es darf auch nicht notwendig sein – es soll nur dazu da sein, Dich zu erfreuen und Dir ein Lächeln abzugewinnen, und dass Du es gern in der Hand hast.

Ich wünsche Dir viel Ruhe und Lebendigkeit in diesem Jahr! F ü r Dich und nicht g e g e n Dich. Wer weiss, was uns noch Alles bevorsteht – – – Vielleicht ist Alles, was jetzt ist, noch herrlich, gegen das, was kommt.

Du fährst in die Baumblüte hinein – geniesse sie, wo immer Du sie findest.

Nimm alle meine guten Wünsche u. liebevollen Gedanken in Dich auf. –

Dies Leben ist eines der schönsten –

        Ich freue mich auf Dich –

            Dein

                Anneken

Marianne Hoppe mit ihrer Lebensgefährtin Anni Mewes und deren Hund. Vermutlich zweite Hälfte der siebziger Jahre.

Die USA und Kanada faszinierten Marianne Hoppe. New York City, Boston, Vancouver, Los Angeles, Washington, San Francisco oder Toronto, Ottawa und Montreal – von überall schickte sie ihrer Freundin, die sie im geistigen Gepäck hatte, Briefe oder bunte Ansichtskarten. Über die Inhalte des Gelesenen oder Vorgetragenen bzw. über die Reaktionen ihres Lesepublikums schrieb sie allerdings nichts, davon wird sie ihr zuhause ausführlich berichtet haben. Dafür sandte sie ihr umfassende Beschreibungen ihrer Unternehmungen und Begegnungen und schrieb besonders ausführlich über das Faszinierende der nordamerikanischen Natur. Und immer wieder beteuerte sie, auch mal nichts zu tun, im Bett liegen zu bleiben, ausführlich zu frühstücken, eine »halbe Wanne« zu nehmen oder einfach nur an sie zu denken. Am 11. 2. 1976 schrieb sie ihr aus New York:

»Mein Liebes! Es wird Zeit, dass ich nicht nur gekritzelte Karten an Dich abschicke! Du wirst ja wissen, dass dies unbedingt sein muss – ich möchte, dass Du mit-siehst und es sind mehr als so Augenblicks-›falter‹ (oder sowas) ich freu mich derart und so weiter – Dein Brief neben mir im Bett, ist so deutlich und so schön geschrieben (ich meine, Deine Schrift ist so gut), dass ich mein Gekritzel gar nicht mag – wenn ich das so sehe – na, Du kannst es ja lesen. – Heute ist ein Morgen nach Deinem Sinn – ich habe nichts vor! Liege im Bett, mein Zimmer ist geräumig – Bad – Kochnische nebenan – kann also Thee machen (habe es schon), ›halbe Badewanne‹ – und lese von Werfel ›Die Hoteltreppe‹, eine Kurzgeschichte, die ich in dem Fischer Taschenb[uch] fand, das ich ›so mitnahm‹ und das mir schon sehr geholfen hat. – Den Werfel werde ich mit Th. Mann, Heinr. Mann, Feuchtwanger lesen – (habe gestern in der Bibliothek im Goethe Institut Material herausgesucht –), da in Los Angeles in Universität der Prof. des Departments diese Schriftsteller für seine Studenten wichtig fand und auf dem Programm hat. – Der Werfel – meine ›Entdeckung‹ – ist fabelhaft.

Dann will ich jetzt mein Bachmann Progr. für morgen durchsehen.

Gestern, eine Einladung bei Goethe Chef, für mich war auch der dtsch. General-Konsul (erst kurz in N. Y.) da und aus der Wissenschaft kommend, wir haben uns sehr lebhaft und lang gesprochen, war erfrischend – dann Victor Lange mit Frau Francis aus Princeton! herübergekommen! (Fahre So., wenn Wetter gut, mit Bus zu ihnen, sind zu nette und höchst interessante Leute.) Gretchen Mosheim, der Direktor des Opera-Houses Lincoln Center, Frau Piscator (kenne ich nicht), und noch paar – ja Christine Zimmer, die Hofmannsthal Tochter«.

Da es der Freundin gesundheitlich nicht besonders gut ging, drückte sie ein bißchen das schlechte Gewissen, sie allein gelassen zu haben, und sie fand, »dass d e r Preis zu hoch [ist] für die Braunbären im Eis in Canada – od. diese Stadt zu sehen, oder paar Palmen in Californien, wenn es Dir nicht wohl ist, Dir nicht so gut ist, und ich eben richtiger in der Nähe – das alles zu sagen, zu schreiben ist Blödsinn, denn Du – wie solltest Du auch – sagst es nicht – und ich – – – treibe mich hier rum.« (New York, 14. 2. 1976) Im gleichen Brief berichtete sie ihr von einem üppigen Essen in einem noblen Restaurant in New York, wo sie sich mit drei Damen getroffen habe; eine war vom Generalkonsulat in Sachen Kultur und Wissenschaft, seit 22 Jahren in New York lebend und eine »schicke, sicher reiche, aber eben reizende Frau«; die andere war Diplomatin und die dritte eine Mecklenburgerin, die »irgendwie Unterricht gibt.« Außerdem traf sie sich zum Lunch mit der Tochter von Hugo von Hofmannsthal, mit der sie auch am Haus der Schriftstellerin Djuna Barnes vorbeischlenderte. Und vor ihrer Weiterfahrt nach Princeton beabsichtigte sie, mit Grete Mosheim in einer Matinée Audrey Hepburn zu bewundern und freute sich darauf, sie einmal in ›Fleisch und Blut‹ vor sich zu haben. Am 27. 3. 1976 las sie am Nachmittag in der Southern University of California in Los Angeles – in Anwesenheit von Martha Feuchtwanger, u. a. aus Feuchtwangers historischen Romanen *Die häßliche Herzogin Margarete Maultasch* und *Goya* sowie aus Werfels Erzählungen *Die Hoteltreppe*. Auch traf sie dort den Musikkritiker, – wissenschaftler und Komponisten Hans Heinz Stuckenschmidt, der zum engen Kreis um den mit ihr befreundeten Komponisten Boris Blacher gehörte. Auch von Stuckenschmidt, der in Los Angeles wiederum mit dem 1938 in die USA emigrierten Komponisten Ernst Krenek zu einer Diskussion zusammentraf, hatte sie einen Aufsatz über die Krolloper zum Vorlesen dabei. Und Stuckenschmidt, der sich gleich nach ihr erkundigt hatte, folgte ein paar Tage später mit ihr zusammen einer Einladung vom Sohn des Komponisten Arnold Schönberg. »Vielleicht ist er [Stuckenschmidt] auch bei meiner Sache – ich muss also fleissig sein! Denn auf Wunsch, muss ich ja meine Bachmann lassen und ich lese diese 3 Dichter, Schriftsteller, (Heinrich Mann und auch dieser Werfel sind wundervoll) auch das musst Du lesen! – Ich ›fand‹ das im Goethe House in N. Y. Du weißt ja, wie ich das mache.« (23. 7. 1976, Palm Springs) Und inmitten aller Unternehmungen freute sich Marianne Hoppe über die Briefe der Freundin: »Du schreibst so schön – ›aus der Ruhe‹ – und das ist Genuss – und ich freu mich – Heut 3^h meine Lesung Werfel und so – liegt bißchen im Magen – ja – sonst aber: ohne Druck – od. ›Geld-Depressionen‹ – ich weiss, was Du denkst, wenn ich diesen Dingen ›nachgehe‹ und glaube nachgehen zu müssen – war geplagt – und sage es – aber trotzdem bleibt diese Reise unbeschwert und Dein ›Lass es sausen‹.« (27. 3. 1976, Los Angeles)

Nach ihrer Rückkehr nach Deutschland vom 17. auf den 18. 4. 1976 wollte sie erst einmal »ankommen«: »Will durchfahren – fliegen u. mit Zug gleich weiter bis Scharam – Haus jetzt schon leer! Die ›Umstellung‹ der inneren Uhr, die von hier nach Europa spürbar noch, da abmachen – ich werde Dich anrufen!! Gleich –; habe Anfg. Mai Abend in Leverkusen – nehme den Wagen, den neuen, dahin mit – will und muss nach den 3 Mon. abladen – umschauen – Post sehen – ich finde und bitte Du auch, dass paar Tage mit dem USA Sack u. Pack – unbeweglich – einfach nicht in unsere ›Unendlichkeit‹ passen.« In Scharam angekommen, wartete dort schon ein lieber Gruß von ihrer Freundin, die ihr am 15. April aus Badenweiler bereits geschrieben hatte: »Janni – Da bist Du wieder zu Hause! Geniesse das Osterfest – in Sonne!!! Und schlafe viel und komm ganz ohne Eile. – Es ist schön hier u. wenn Du kommst, können wir sicher noch eine Blütenfahrt machen – wenn es nicht schon zu spät dafür ist. Anni Anneken Anneken«

Auch an ihren Problemen und »tiefsten Traurigkeiten« nahm die Freundin teil, sie haben einander ihr Herz ausgeschüttet, wenn es ihnen nicht gut ging oder sie etwas sehr belastete. An ihrem Tod – Anni Mewes starb am 27. 4. 1980, einen Tag nach Marianne Hoppes 71. Geburtstag – hatte sie lange zu tragen. Noch drei Jahre danach, am 31. 3. 1983, notierte sie folgenden Traum: »Ich ging zu Dir – hatte einen Radio-Cassetten-Recorder feldgrau – an feldgrauem Gurt über der rechten Schulter – auf dem Gang vor einer hohen Tür, nahm ich den

Gurt über den Kopf – so hing das Radio quer, das Trag-Band über der linken Schulter, ich versuchte abzustellen – erinnere mich nur an irgendeine Musik – es gelang nicht und ich drücke auf alle Knöpfe und kleine Hebel – ungeduldig – (da an der Län[g]sseite) – ich öffnete (jetzt denke ich, es könne die Tür zum Eingang in das Zimmer gewesen sein, nach Grösse und Format), aber rechts von dem kleinen Vorraum war noch eine andere in der gleichen Grösse – ich öffnete, Du lagst im fast Dunkelen – warfst – erschrocken, aufwachend, die Feder Decke zurück und ich sah als erstes die Beine in Strümpfen – irgendetwas von Laufmasche sagtest Du – war aber nicht zu bemerken – glatt war der Eindruck. – Ich kniete mich auf das Bett und sah Dein Gesicht und ich sah in die Augen – Ruhe, Glück, und ich sagte klar, deutlich ›Ich liebe Dich‹ – erleichtert schloss ich die Augen – Du sagtest etwas – ob es der gleiche Satz, das Gleiche war – ich weiss es nicht mehr – aber ganz verstanden und ruhig – hattest Du – war ein Schleier über Deinem Gesicht (als ich [es] ansah) – jetzt scheint es mir, als hätten wir uns noch gesprochen – fest überzeugt, es Dir noch einmal – noch ein Mal gesagt zu haben, es Dir noch ein Mal gesagt […] haben zu können, war ich schon im Traum noch und beim Aufwachen sehr befreit.«

Kontemplation in Griechenland:
»Den Mond am Himmel und den Retsina im Glas«

Talitha von Heyden, die Freundin aus ihren Schultagen am Königin-Luise-Stift – an ihr erlebte Marianne Hoppe »dies rätselhafte Phänomen der Freundschaft«, wie sie ihr in einem Brief zum Geburtstag – vermutlich im Jahr 1984 – einmal schrieb und dies rückblickend auf Tonkassette sprach. Eine Freundschaft, in der es lange Strecken des Sich-Nicht-Sehens gab und die sich dennoch durch das ganze Leben zog. Marianne Hoppe brachte auf jener in ihrem Nachlass befindlichen Tonkassette auch einen Brief in Erinnerung, den Talitha von Heyden am 18. 10. 1978 an sie geschrieben hatte und der, indem er zum Kauf ihres Hauses in Nomitsi auf der Peloponnes führte, für Marianne Hoppe und ihren Sohn Benedikt zu einem »Stück Lebensgeschichte« wurde. Talitha schrieb ihr damals:

»Also Janni, ich habe ein Haus für Dich, besser eine schöne alte Ruine mit Garten in Nomitsi. Ich denke, dass ich am Freitag, übermorgen, Bescheid sage an den {…}besitzer Georgios in Nomitsi, dass ich, respektive Du es nimmst und zahle dann fünfzigtausend Drachmen an. Der Blick ist zauberhaft. Du hast einen sehr großen,

In Griechenland: ein Blick über die Dächer.

Marianne Hoppe in Griechenland. Um 1980.

strotzend grünen Garten mit Bäumen, Kakteen, unglaublich vielen Iris und einer kleinen Kapelle ohne Dach, voll ausgemalt mit Ikonostase, auf der zwölf Apostelköpfe sind. Der Bogen in den Altarraum und Apsis ist voll ausgemalt dito die ganze Apsis und auch der Vorraum. Bezaubernd! Das Haus hat einen Toreingang, zur Zeit mit Steinen zugelegt, dort führt eine alte, jetzt verfallene Treppe nach oben, wo eine nicht sehr große Terrasse mit Blick in ein mittelgroßes Zimmer (verfallenes Dach) führt, mit großem Fenster und Meeresblick. Mauersubstanz sehr gut, Steine vermörtelt mit Marmorecken wie bei mir. Daneben ein zweiter, total verfallener Raum, Fußboden eingestürzt, wächst ein mittlerer Baum drin. […]«

Nach dieser auf Tonband festgehaltenen Lesung des Briefs, den sie nun der Freundin zitiert, schrieb Marianne Hoppe: »Ich telegrafierte meine Zusage und kurz darauf war ich dann bei Dir in Riglia, sah dieses wunderschöne Anwesen, dass Du für mich gefunden hast und ich sehe uns noch auf der herrlichen Ruine sitzend dem Christos die Geldscheine auf die Steine zählen. Die Jahre sind rum, unbegreiflich, aber nun sitzen wir in der Sala mit dem herrlichen von Antoni gebauten Dach mit Kamin und die Kapelle hat ein Dach und der Duschraum sogar eine Sitzbadewanne mit warmem und kaltem Wasser. Aber der Höhepunkt ist doch, wenn ich abends von Kalamata kommend bei Dir in Riglia Station mache vor der Weiterfahrt am nächsten Morgen dann nach Nomitsi – ja wenn ich neben dir ungestört unter den Reben sitze, den Mond am Himmel und den Retsina im Glas […]. Mit diesem Satz: ›steht ein mittlerer Baum drin‹ möchte ich schließen, denn er gab den Ausschlag und ich entschloß mich auf der Stelle zu einer Zusage […] und war in wenigen Tagen bei Dir in Riglia […]«

Dieses Domizil wurde für sie eine Art zweites Zuhause, ein zweiter Ort des Rückzugs und der Selbstbesinnung, den sie liebte und den sie so oft wie möglich aufsuchte. Hier hatte sie die Ruhe zum Lesen, wobei sie oft dieselben Bücher las, wie sie in ihrem Artikel *Mit einmal lesen ist nichts getan*[311] wissen ließ. Dazu gehörte von Iwan Gontscharow *Die Fregatte Pallas*, Aufzeichnungen und Berichte einer Weltreise zu Schiff, die Gontscharow 1852 als Marineoffizier im Auftrag des Zaren unternahm; dann ein Reclam-Heft, das sich der Epoche des Vormärz widmet und Texte von Heinrich Heine enthält, Ludwig Börnes Rede am Grab von Jean Paul sowie Texte von Adolf Glassbrenner, Ferdinand Raimund und Georg Büchner. Oder von Albert Camus *Der glückliche Tod*. »Ich kenne nichts Aufregenderes als diese Vorbereitung zur Tat: Der Gang des Mannes durch den eisklaren Frühlingsmorgen mit Sonnenstrahlen und Vogellauten, das Eintreten ins Zimmer, der Krüppel im Rollstuhl, das Geld in der Lade, der Revolver – wie eine Katze blank geputzt.«[312] Auch der Erstlingsroman *Frost* von Thomas Bernhard oder *Kein Ort. Nirgends* von Christa Wolf gehörten zu ihrer Griechenland-Lektüre. »Und da ist noch der Wunsch, manchmal gar nichts zu lesen, nur nach oben zu schauen, ins leichte Balkengehäuse – ich wünschte, ich wäre wieder dort: in Griechenland.«[313]

Talitha von Heyden, die Freundin aus der Zeit des Königin-Luise-Stifts in Berlin.

König Lear – »Ist der Mensch nicht mehr als das ...«

Kein König – ein Zustand

»Ist der Mensch nicht mehr als das...?« – diese Worte des Königs, der sich selbst entmachtet, das Liebste von sich stößt und dem selbstverschuldeten Untergang entgegengeht, die Marianne Hoppe als Dreh- und Angelpunkt des ganzen Stücks liebte – waren jene Worte, die sie wie die der Generalin in Thomas Bernhards *Jagdgesellschaft* – »Es schneit!« – zur Übernahme der Titelrolle veranlassten. Auf welches Abenteuer sich die fast Einundachtzigjährige eingelassen hatte, wurde ihr wohl erst während der Proben im Bockenheimer Depot, Spielstätte der Städtischen Bühnen in Frankfurt, klar. Sicher war es auch eine große Verlockung, den Lear als Frau zu spielen; das Experiment habe sie gereizt, wie sie in einem Stern-Interview versicherte: »Lear ist doch nicht nur eine Männerrolle. Lear ist vor allem ein Zustand. Eine wahnsinnige Herausforderung.«[314] Vor allem eine anstrengende Herausforderung, wie sie schon während der Probenzeit spürte. »Wilson, findet sie, läßt sie da oft ganz schön allein. Und dann der ganze Clan, der da dauernd um ihn herumschwirrt. Gräßlich. Und dass er immer noch nicht Deutsch spricht. Alles muß übersetzt werden.«[315] Die Wahrheit ist, dass die Realisierung der Inszenierung unter der künstlerischen Hand des amerikanischen Regisseurs Robert Wilson, die ein Abenteuer für sich war, beinahe nicht zustande gekommen wäre. Gravierend war die unterschiedliche Herangehensweise an die Rolle bzw. an das Stück. Während Marianne Hoppe sie »psychologisch und naturalistisch« darzustellen versuchte, schwebte Robert Wilson eher eine formal-ästhetische, antinaturalistische Auffassung vor. Bei aller Experimentierfreude hat sich Marianne Hoppe mit dieser Auffassung aber nicht anfreunden können, da diese gegen ihr grundsätzliches »Prinzip« ging. So hob sie sich in ihrer Spielweise von allen anderen Beteiligten ab. Auf der Pro-

Von Marianne Hoppe beschriebene Rückseite eines Manuskriptblattes aus ihrem Rollenbuch zu *König Lear* an den Städtischen Bühnen Frankfurt/Main, Spielzeit 1989/90 (Regie: Robert Wilson).

König Lear von William Shakespeare (1989/90).
Marianne Hoppe als König Lear.
Städtische Bühnen/Bockenheimer Depot, Frankfurt/Main.

bebühne zog sie sich völlig in sich selbst zurück und suchte »ihren« Lear. Robert Wilson und Marianne Hoppe haben sich dann zwar irgendwie verständigt, aber nicht unbedingt mit Worten. Manchmal war es tänzerisch, und sie spielte »dann während der Probe die besprochene Szene, murmelt sie, wiederholt sie, sagt alles, was in ihrem Kopf vor sich geht. Und dann tanzt sie ein paar Schritte, tanzt den irren Tanz vom irren König Lear. Wilson unterbricht. Den Tanz möchte er länger. Er nimmt die Hoppe an die Hand, dreht sich mit ihr, Wilson, der Riese mit der zarten, zerbrechlichen Person, die im nächsten Jahr achtzig wird, so alt wie Lear. Und ganz spielerisch, ganz versunken schwebt die Hoppe aus der Szene der Frankfurter Probebühne. Da jubelt Wilson, klatscht, oh good, sagt er, bravo, Marian, that's great.«[316]

Die von ihr vollgekritzelte Rückseite des Stück-Manuskripts zeugt noch heute davon, dass Marianne Hoppe sich geistig in einer völlig anderen Welt befand als Robert Wilson. Alles ging ihr durch den Kopf: die Nazi-Problematik, d. h. dass die Tatsache, dass sie damals nicht emigrierte, noch lange keine Nationalsozialistin aus ihr gemacht habe; dass Robert Wilson »seine eigene Sphinx« sei – er blieb ihr also rätselhaft – und auch, dass zwar schauspielerisch alle anderen besser wären als sie [!], dass aber sie – und da wird sie an Gustaf Gründgens gedacht haben – wisse, »wo Gott wohnt«. Tatsache ist, dass sie sich allein fühlte während dieser Inszenierung, während der Benedikt Hoppe ihr nicht von der Seite wich. Und Tatsache ist auch, dass in der Presse hauptsächlich sie als Lear gefeiert wurde. Rolf May schrieb in der TZ am 29. 5. 1990: »Die Hoppe, mit ihrer warm krächzenden, extrem ausdrucksstarken Stimme *spricht* einen gewaltigen, erschütternden Lear (Schallplatten sollte man ziehen davon), stellt mit sparsamster Gestik eine archaische Alters-Größe her. [...] Marianne Hoppe als ›weiblicher Lear‹ – im lässig ockerfarbenen Hosenanzug mit ziegelrotem Mantel, sie könnte so ohne weiteres auch im Publikum sitzen – erhöht die Künstlichkeit der Figur, stellt ›pures‹ Alter jenseits des Geschlechts her. An ihr, und nur an ihr, geht an diesem Abend Wilsons radikale Glaskasten-Ästhetisierung auf (vielleicht gerade weil sie sich ihr, mit durchbluteter Menschlichkeit, im Grunde wieder entzieht). Um sie herum lauter Marionetten (darunter so hochkarätige wie Jutta Hoffmann als Goneril), raffiniert seelen-farbig im Anzug und Schneiderkostüm: sie stellen, weil sie kaum *spielen* dürfen, meistens Theaterfotos. Hochglanz und lupenrein Bob Wilson. Aber über drei Stunden auch einigermaßen langweilig.« Leopold Schuwerack berichtete ähnlich: »Die puritanisch strenge Aufführung liefe Gefahr, langweilig zu wirken, wenn da nicht Marianne Hoppe wäre, die den Lear spielt. Ihr würdevoller Stolz, ihr hart gefaltetes Gesicht, der stolz und unbeirrt in den Nacken geworfene Charakterkopf, ihre knappe Diktion und ihre dramatisch sparsamen Gesten lassen um Marianne Hoppe ein archaisches Geheimnis erstehen, das mehr trägt als der technisch penibel organisierte Budenzauber. [...] Die letztlich unmenschlich überhöhte Inszenierung wird durch Marianne Hoppe davor bewahrt, zum seelenlosen Tableau zu werden. Ihr gelingt es, das scheinbar Unmögliche ins Spiel zu bringen: Monument zu sein, ohne leblos zu wirken.«[317]

Im Nachlass der Künstlerin zeugen zahlreiche bunte Postkarten und kurze Briefe von Robert Wilson an Marianne Hoppe von einer freundschaftlichen Verbindung nach der gemeinsamen Arbeit. Von überall auf der Welt schickte er ihr seine Grüße und lieben Gedanken. Auch ist er letztlich mit dem Ergebnis der Inszenierung zufrieden gewesen. Geradezu beglückt fühlte sich der damalige Intendant der Städtischen Bühnen, Günther Rühle. Aus seinem im Nachlass enthaltenen Brief an die Künstlerin, den er ihr aus Bad Soden-Altenhain am 30. 5. 1990 schrieb, lässt sich entnehmen, dass Robert Wilson die Auffassung und Spielweise der Rolle letztlich Marianne Hoppe überlassen hat:

»Verehrte liebe Frau Hoppe, darf ich mir denken, daß Sie zufrieden und glücklich mit dem sind, was Sie uns an und von Lear gezeigt haben? Der große Eindruck, den ich von Ihnen in der Premiere empfing, hat sich bis heute nicht nur nicht gemildert, er hat sich verstärkt, so groß war die Eindringlichkeit, die von Ihrem Spiel ausging. Plötzlich war alle Bangnis, die eine Lear-Darstellung immer begleitet – weg. Wir sahen Sie Schritt für Schritt in die Figur eindringen, die Einsamkeit, die Leere, die Ängste, das Tragen hervorholen und auch die Kraft, die einer braucht, den Jammer dieses Lebens zu durchstehen. Es war wunderbar zu sehen, wie Sie das Zentrum dieses eminenten Stückes, – das Zentrum, das Lear heißt –, ausfüllten, wie Sie alles an sich zogen in diesem stillen, fragenden Vollzug der Rolle. Wilson hat alles auf Sie hingeleitet, Sie haben es gefangen und doppelt zurückgegeben. Ich habe etliche Aufführungen des ›Lear‹ gesehen, immer ging unter den vielen Nebenhandlungen das Zentrum verloren. In Ihnen glühte es auf. Sie stimulierten noch die Trauer, die das ganze Spiel umgibt, mit ihrer persönlichen, die Person zur künstlerischen Erscheinung bringenden Leuchtkraft. So wurde alles zur strengen Phantasmagorie eines Menschenuntergangs, an dem sich der Zustand der Welt enthüllte.

Sie haben gewiß an Ihren Zuschauern gespürt, wie sehr Sie sie in Bann geschlagen haben. Wo immer in diesen Tagen über unser Theater gesprochen wird – und es ist im Augenblick ein viel beredetes Thema – wird über Sie, Ihre Arbeit, Ihre wunderbare Verkörperung der Shakespeareschen Gestalt gesprochen. Überall das eine: es wurde unwesentlich, daß eine Frau die Männerrolle spielte; herrlich die Kraft des Spiels und die Sprechkunst, die noch den Glanz der Gründgens-Schule trägt. Ich möchte Ihnen für all das danken, auch für das Durchstehen der Schwierigkeiten, der Mühen; Sie sind ja reich belohnt worden. Wir sind froh und stolz, daß Sie die große Aufgabe in unserem Theater angenommen haben. Ich wünsche Ihnen, daß alle kommenden Aufführungen Ihnen so viel Aufmerksamkeit und Zuspruch bringen, wie die bisherigen. In der langen Reihe der Darstellungen auf der Bühne ist der ›Lear‹ gewiß abermals ein Höhepunkt. Genießen Sie den Erfolg, der sich in der Erinnerung Ihrer Zuschauer als Erlebnis außerordentlicher Art erhalten wird.

Wir werden uns noch sehen und sprechen, wenn erst der Trubel der ›Experimenta‹ vorbei ist. Ich grüße Sie und sende Ihnen hier meine besten Wünsche Ihr Günther Rühle«

Marianne Hoppe. 1988.

Interview mit Robert Wilson von Birgit Pargner, April 2009[318]

BP In der filmischen Hommage *Die Königin* von Werner Schroeter sagten Sie in einem Interview: »Schauspieler sind erst sie selbst, und dann erst sind sie ihre Rolle. Wir gehen ins Theater, um eine Persönlichkeit zu sehen.« Haben Sie das Stück nach der Schauspielerin gewählt oder die Schauspielerin nach dem Stück bzw. der Rolle?

RW Ich stehe noch zu dem, was ich Werner Schroeter damals gesagt habe: »Wir gehen ins Kino nicht, um Cleopatra, sondern um Elizabeth Taylor als Cleopatra zu sehen«. Ich habe mich für Marianne Hoppe entschieden, weil ich meinte, sie sei unter allen deutschen SchauspielerInnen ihrer Generation, die ich kannte, jene, die den König Lear am besten verkörpern könnte. Als ich Michael Grübers Inszenierung mit Bernhard Minetti sah, wusste ich, dass ich einen ganz anderen König Lear inszenieren wollte. Ich hörte Marianne Hoppe zweimal im Schauspielhaus Köln aus Thomas Bernhard lesen – zwei verschiedene Lesungen. Mir gefiel ihre konkrete Sprechweise, die Färbung ihrer Stimme, ihre Diktion, wie sie ein Argument konsequent vorbringen konnte. Sie verfiel niemals in Sentimentalität. Da ich wusste, dass sie keine große klassische Schauspielerin war [sic], dachte ich mir, sie wäre für meine Inszenierung von *König Lear* ideal.

BP In welchen Rollen haben Sie sie vorher auf der Bühne gesehen?

RW Ich hatte nur ihre Lesungen von Thomas Bernhard-Texten gehört – ansonsten hatte ich sie nie auf der Bühne gesehen.

BP Wie hat sie reagiert, als Sie ihr die Rolle anboten? Marianne Hoppe war bereits 81 Jahre alt. Hat sie sich die Rolle spontan zugetraut?

RW Nachdem ich sie in Köln das zweite Mal Bernhard lesen gehört hatte, ging ich anschließend hinter die Bühne und gratulierte ihr. Sie wusste weder, was ich tat, noch wer ich war. Ich sagte ihr, ich sei Theaterregisseur und würde gerne mit ihr arbeiten. Wir tauschten Adressen aus und verabredeten uns sechs Wochen später in Berlin, um über verschiedene Projekte zu sprechen. Sie wollte darüber nachdenken, an welchem Stück sie gerne arbeiten würde, und ich versprach ihr, dasselbe zu tun. In der Zwischenzeit nahm sie mit einigen meiner Kollegen Kontakt auf und erfuhr mehr über meine Arbeit. Sechs Wochen später lud ich sie in Berlin zum Essen ein und fragte sie, an welchem Projekt wir gemeinsam arbeiten könnten. Sie sagte, sie hätte eine Idee, und ich versicherte ihr, ich hätte ebenfalls eine. Sie sagte, sie wolle Alice in *Alice im Wunderland* spielen. Ich fand das ziemlich komisch und sagte, ich hätte vielleicht sogar eine noch verrücktere, ziemlich überraschende Idee. Sie fragte mich, an was ich dachte. Ich sagte: »Sie sollten König Lear spielen«. Sie erwiderte: »Das ist lächerlich, nie im Leben werde ich König Lear spielen.« In den folgenden Wochen und Monaten tauschten wir uns regelmäßig aus. Sie fragte mich: »Warum ich, ich bin eine Frau?« und ich antwortete ihr »Ich sehe Lear nicht als männliches oder weibliches Wesen.« Widerwillig stimmte sie schließlich zu und meinte zu mir: »Ihr Amerikaner versteht nichts von Shakespeare und klassischem Theater.«

BP Marianne Hoppe hat so gut wie nie öffentlich über die Rollen, die sie spielte, reflektiert. Immerhin sagte sie einmal in einem Interview, dass Lear keine Rolle, sondern ein »Zustand« sei. Welchen meinte sie? Und sehen Sie Lear in seiner Verhaltensweise und in seinem selbst verursachten Leiden wirklich als geschlechtsneutrale Figur?

RW Ja, ich sehe das so, und das entspricht auch meiner Inszenierungsweise, die formal ist. Ich konnte sie mir als Zeugin der Ereignisse um sie herum vorstellen, die dem Publikum hilft, den Text zu verstehen. So wie sie Thomas Bernhard gelesen hatte. Ich bat sie natürlich, den Lear nicht naturalistisch, sondern formal zu spielen. Der stärkste Moment in dieser Inszenierung ist die Szene in der Heide, während des Sturms. Ich untermalte die Szene mit extrem lauter Musik für den Regen und Donner sowie mit Toneffekten. Plötzlich hielt alles inne, und es herrschte eine Totenstille. Leise und emotionslos sprach sie das Gebet. Das war ihr stärkster Auftritt. Sie war nie sentimental. Dennoch war dieser Moment zutiefst bewegend: keine nach aussen gerichtete Darstellung, sondern innerlich gefühlt.

BP Inwiefern kam die Individualität dieser Künstlerin Ihrer Rolleninterpretation und Inszenierungsweise des *Lear* entgegen?

RW Dank ihrer Distanz zu der Rolle konnten wir uns die Figur, ein König, der sein Königreich teilt, verrückt wird und schließlich stirbt, auch ohne jegliche psychologische Charakterisierung vorstellen. In den besten Momenten konnten wir die Musik, die Poesie des Shakespeareschen Textes regelrecht hören, da sie unverschönt wiedergegeben wurde.

BP In der Presse war zu lesen, dass Ihre Inszenierung des *Lear* an japanische, dem Formellen und Zeremoniellen verpflichtete Theaterformen erinnerte. Einige Kritiker vermissten an diesem fast rituellen Körpertheater, in dem sich die Figuren wie ferngesteuert bewegten, deren menschlich nachvollziehbare Motivation. Wie sah das Marianne Hoppe?

RW Das Problem der deutschen Kritik und des Publikums allgemein ist, dass sie nicht an formales Theater gewöhnt sind, wo sich Emotionen tief im Inneren vollziehen und dem Publikum nicht aufgedrängt werden. Im klassischen japanischen Theater wie bei meinen Arbeiten dominiert das Choreographische. Auch Buster Keaton ähnelt in den Stummfilmen einem Kabuki-Tänzer. Deutsche Kritiker betrachten diese Art der Darstellung häufig als emotionslos. Neunzig Prozent des deutschen Theaters ist naturalistisch: Emotionen werden nach außen getragen.

BP Inwieweit haben Sie ihr die schauspielerische Gestaltung der Rolle selbst überlassen, und an welchen Stellen haben Sie als Regisseur Vorgaben gemacht? Inwiefern konnte sie sich darauf einlassen?

Marianne Hoppe und Robert Wilson. Um 1989/90.

RW Ich mische mich nie bei der Interpretation einer Rolle durch den Schauspieler ein. Meine Anweisungen sind formaler Natur: Schnell, schneller, langsamer, den Text geschwungener, sich kurz fassen; und der Ton sollte mitten durch den Raum gehen oder um den Raum schwingen. Für die Rolleninterpretation sind weder ich noch der Schauspieler, sondern das Publikum verantwortlich.

Anfangs war es sehr schwer für sie. Zum ersten und einzigen Mal in meiner über dreißigjährigen Theaterkarriere wollte ich eine Produktion verlassen. Marianne Hoppe war sehr schwierig und machte mich ständig schlecht. Sie sagte in einem fort zu mir, ich verstünde weder Shakespeare noch König Lear. Und dies vor dem gesamten Ensemble.

So ging ich zu Günther Rühle, dem Intendanten des Schauspielhauses, und teilte ihm mit, dass ich meinen Freund Peter Sellars gebeten hatte, mich zu vertreten, und dieser zugestimmt hatte. Es war unmöglich, mit Marianne zu arbeiten. Nicht nur, dass sie ständig an mir herumnörgelte, sie spielte auch nie zusammen mit den anderen Schauspielern. Sie nuschelte ihren Text vor sich hin. Der Intendant bat mich inständig zu bleiben und sprach dann mit ihrem Sohn Benedikt, der wiederum mit Marianne sprach. Benedikt sagte zu ihr: »Mr. Wilson wird die Produktion verlassen, wenn Du Dein Verhalten nicht änderst.« Ich willigte daraufhin ein, es nochmals zu versuchen. Einige Tage lang lief die Arbeit besser, dann ging es jedoch wieder los. Eines Tages sagte sie zu mir auf der Probe: »Sie bilden sich ein, so viel über Regie und Schauspiel zu wissen. Warum spielen Sie den Lear denn nicht selbst?« Und im Beisein des gesamten Ensembles ging ich auf die Bühne und spielte eine Szene. Danach fühlte ich mich ziemlich seltsam und unsicher, als sie sagte: »Mein Gott, Sie sehen ja genau aus wie Gustaf.« Und dann lachte sie. Ab dem Moment war unser Verhältnis etwas entspannter, und sie bemühte sich so gut sie konnte, meinen Regieanweisungen zu folgen. Das war nicht leicht für sie, da sie psychologisch und naturalistisch denken wollte, aber das interessierte mich nicht.

BP Sie selbst kommen als Regisseur weniger von der Sprache als vom Bild und von der Bewegung. Wie ist Marianne Hoppe, die »Wort-Schauspielerin« der knappen Gesten, mit dieser Inszenierungsweise klargekommen?

RW Zunächst einmal ist es nicht wahr, dass ich größeres Interesse an Bildmaterial habe. Bei meiner Arbeit sind Bilder genauso wichtig wie Ton. Dies alles ist Text. In der Regel sehen wir eine Illustration eines Textes. Obwohl dies überhaupt nicht ihrer Ausbildung und Erfahrung entsprach, verstand sie es seltsamerweise. Eine unserer Gemeinsamkeiten war unsere Vorliebe für Minimalismus.

BP Haben Sie durch ihre gemeinsame Arbeit mit Marianne Hoppe etwas von ihr »gelernt«?

RW Einen Sinn für Humor: Über sich selbst und das Werk lachen. Ich habe sie kurz vor ihrem Tod angerufen. Ich war in Berlin, sie war in einem Heim in der Nähe von München. Man sagte mir, sie würde wahrscheinlich nicht mehr wissen, wer ich war, da ihr Gedächtnis sehr nachließ. Eines Nachmittags rief ich an, und man bat mich zu warten, man würde sie ans Telefon holen. Ich wartete fünfzehn Minuten, bis sie antwortete. Ich sagte: "Hallo Marianne, hier Bob. Wie geht es Ihnen?« Und sie antwortete mit kräftiger, tiefer Stimme: "Ich hätte den König Lear nie spielen sollen." Da lachte ich und sagte: "Es klingt, als ginge es Ihnen ganz gut." Sie lachte. Das war unser letztes Gespräch.

Wir verstanden beide, dass *König Lear* ohne Humor keine große Tragödie sein kann. Besonders in der letzten Szene, in der der König stirbt, sollten wir ein wenig lachen. Ich bin mir nicht sicher, ob uns das gelungen ist, wir haben es aber verstanden.

Letzte Rollen am Berliner Ensemble

Was schon während der Probenarbeit zu *König Lear* deutlich wurde, trat danach noch klarer hervor: Marianne Hoppe verkapselte sich künstlerisch zunehmend in sich selbst. Als Heiner Müller sie für die Spielzeit 1993/94 einlud, am Berliner Ensemble in seinem Stück *Quartett* die Rolle der Marquise de Merteuil zu spielen, soll sie diese für sich allein gespielt haben. Liest man die Beschreibung von Carola Stern, entsteht der Eindruck einer alten, zickigen Diva, die den Autor Heiner Müller und dessen gesamtes Team mit ihren Allüren düpierte und in Atem hielt. Oft soll sie gar nicht zur Probe erschienen sein. Dann tanzte das gesamte Team bei ihr in ihrer kleinen Wohnung an, um sie zurückzuholen oder um die Proben bei ihr weiterzuführen. In ihrer Wohnung, die sie sich seit ihrem Engagement in Berlin gemietet hatte, wurde ihr das dann zuviel, und das Theater quartierte sie ins vornehme Hotel Kempinski ein. Carola Stern hielt folgende, von dem Schauspieler Martin Wuttke berichtete Szene fest: »Marianne machte die Tür auf und warf sich aufs Sofa. Müller saß auf einem Hocker, eher einem Fußbänkchen, wie ein Oberprimaner, der bei einer Diva zu Gast ist. Sich auf dem Sofa räkelnd sagte Marianne zu mir: ›Hach, der Thomas Bernhard, das war ein Autor. Der war wunderbar, nicht, Wuttke? Der war wirklich toll! Das war ein Autor! Weißt du, Müller, ich versteh' überhaupt nicht, was das alles heißen soll.‹«[319] Wenn Müller frustriert antwortete, sie müssten die Inszenierung dann wohl bleiben lassen, schnurrte sie mühelos Text ab, um zu zeigen, dass sie »kein Lernproblem« hatte, sondern dass es sich um eine Frage der »Qualität der Literatur« handelte. Es ist anzunehmen, dass Marianne Hoppe der Text wirklich nicht eingängig war, und es wird sie sowohl ungehalten als auch unsicher gemacht haben, dass sie nicht verstand, was sie sprach. Ausgiebig und ungebremst hat sie alle Beteiligten an ihren Stimmungsschwankungen teilnehmen lassen. Mal sei sie »zerstreut«, »versponnen« oder »verwirrt« gewesen, um dann wieder absolut »konzentriert, entschlossen bis zum Zug ins Unbedingte« ihren Text zu meistern, wie Kollegen berichteten. »Von einem Augenblick zum anderen kann sie vom Lyrisch-Überspannten ins Nüchterne, Strenge, ja ins Grobe wechseln. Dann wieder gibt sie sich so witzig, heiter und charmant, dass ihr niemand widerstehen kann.«[320]

Vielleicht hat Heiner Müller sie aufgrund dieser Situation sogar mehr in den Mittelpunkt gestellt, als er das anfangs vor hatte. Zwar erzählte Martin Wuttke, der den Part des Valmont spielte, dass er von Müller gefragt worden sei, ob er bereit sei, sich in diesem Stück als »Sparringspartner«, also als Stichwortgeber zur Verfügung zu stellen. Dass die Probenarbeiten dann aber so schwierig verliefen, hatte vermutlich niemand geahnt. Die Vorgeschichte: Als 1993 das Schiller-Theater, an welchem Marianne Hoppe zusammen mit Bernhard Minetti und Martin Wuttke noch in Einar Schleefs nicht mehr abgeschlossener *Faust*-Inszenierung probte, aus Einsparungsgründen geschlossen wurde, befanden sich unter den Besuchern der letzten Vorstellung dieses Theaters u. a. auch Marianne Hoppe, Heiner Müller, Martin Wuttke, Einar Schleef und Walter Schmidinger. Gemeinsam kehrten sie anschließend in der »Schillerklause« ein, wo über Müllers Idee, *Quartett* mit Marianne Hoppe zu besetzen, gesprochen wurde. Marianne Hoppe hatte Lust, sich auf dieses Experiment und diesen Regisseur einzulassen. Von den infragekommenden männlichen Darstellern – darunter auch Bernhard Minetti oder Walter Schmidinger – fiel der Part dann, als das Vorhaben nach einigen Wochen konkret wurde, Martin Wuttke zu. Von Anfang an war nach dessen Bericht aber klar, dass es in dieser Inszenierung hauptsächlich um die dominante Marianne Hoppe gehen würde, von deren künstlerischer Potenz, aber auch spannender Biografie Heiner Müller fasziniert war. Heiner Müller hatte sein Stück *Quartett* nach dem Vorbild des 1783 erstmals in deutscher Übersetzung erschienenen französischen Briefromans *Les Liaisons dangereuses* (*Gefährliche Liebschaften*) von Choderlos de Laclos verfasst.[321] Der Rokoko-Roman thematisiert am Beispiel zweier intriganter, gewissenloser,

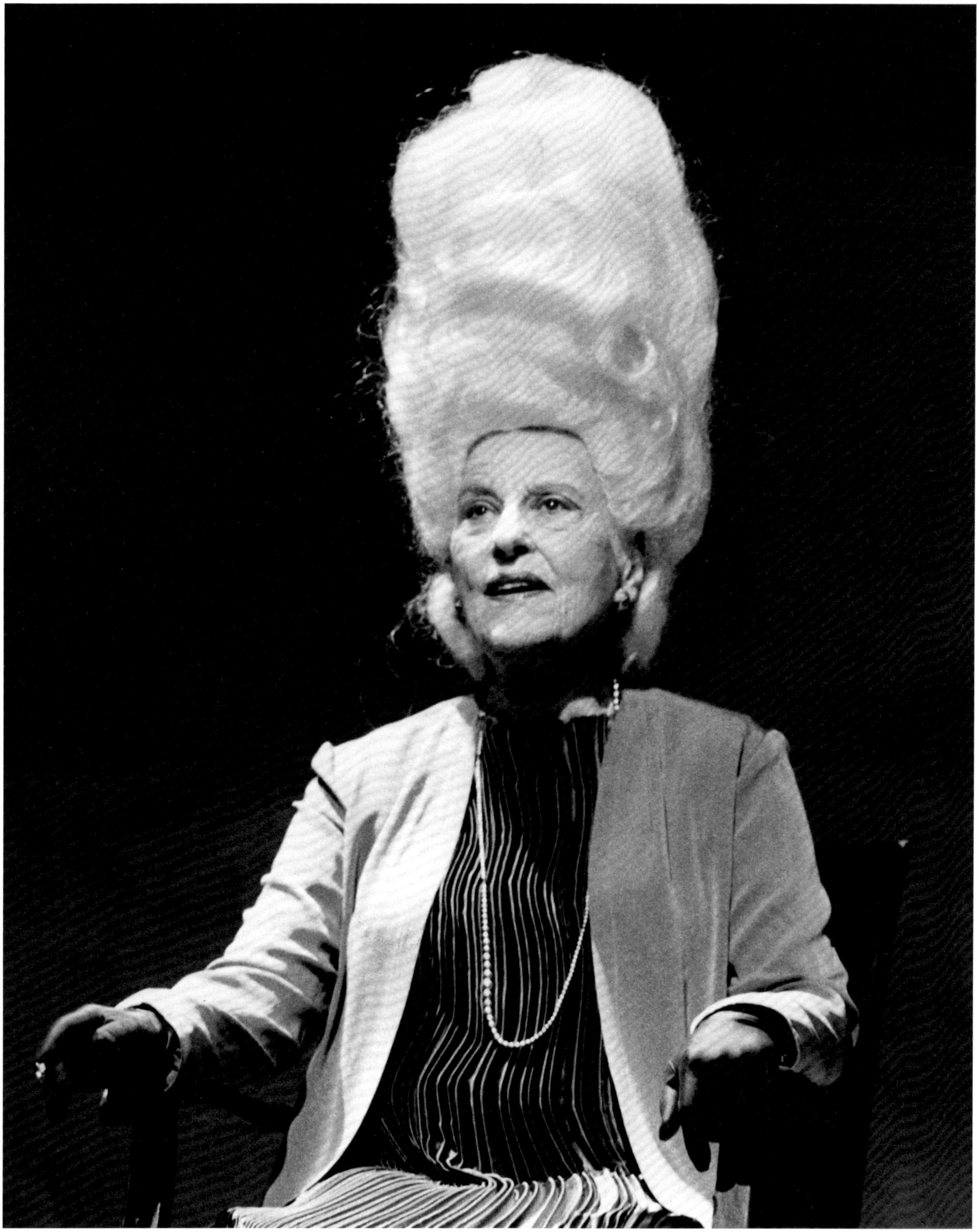

machtgeiler und erotischen Abenteuern frönender Adelspersonen, Marquise de Merteuil einerseits und Vicomte Sébastien de Valmont andererseits, die Nichtswürdigkeit des in Zersetzung begriffenen Ancien Régime. Nach dem Tod ihres Mannes hatte sich die reiche und junge Witwe zunächst auf ihre Schlösser zurückgezogen und sich dem Studium philosophischer Schriften gewidmet. Derart »gewappnet« kehrt sie dann in die Gesellschaft zurück und lebt mit stets wechselnden Liebhabern ein Leben ganz nach ihrer Façon. Nach Außen wahrt sie allerdings den Anschein einer ehrbaren Frau. Vicomte Sébastien de Valmont, einer ihrer früheren Liebhaber, hat den Ruf, der größte Verführer in der Pariser Gesellschaft zu sein. Aus persönlichen Racheabsichten an einem Mann, von dem sie wegen ihrer jungen Nichte, der jungfräulichen Klosterschülerin Cécile, gerade verlassen wurde, bittet die Merteuil Valmont darum, diese zu verführen. Valmont lehnt zunächst ab, da er zur Zeit Absichten auf die tugendhafte und religiöse Ehefrau Madame de Tourvel hat. Er erobert und verlässt schließlich beide, Cécile und Madame de Tourvel. Im Roman führen die von der Merteuil und Valmont eingefädelten Intrigen deren Opfer in den Tod. Doch auch Valmont, an dem sich Céciles Verlobter rächt, kommt um – nicht ohne allerdings vorher noch dafür gesorgt zu haben, dass der wahre Lebenswandel der Marquise, mit der er sich zerkriegt hat, auffliegt. Diese gesellschaftliche Entlarvung bringt die Merteuil, die auch noch an den Pocken erkrankt, um Gut und Besitz. Hässlich und verarmt verschwindet sie auf Nimmerwiedersehen.

Heiner Müller, der im Titel seines Stückes eigentlich ein Vierpersonenstück ankündigt, hatte *Quartett* bereits 1991 am Deutschen Theater innerhalb seines mehrteiligen *Mauser*-Projekts selbst inszeniert und als Zweipersonenstück, mit dem virtuosen Duo Dagmar Manzel und Jörg Gudzuhn, besetzt. Für die Fassung am Berliner Ensemble war, obgleich Müller noch drei Nebenpersonen eingefügt hatte, die gesamte Inszenierung auf Marianne Hoppe, die Darstellerin der Marquise de Merteuil, ausgerichtet. In Müllers dramatischer Bearbeitung zerfleischen sich die Personen noch erbarmungsloser als in Laclos' Roman. Zu Beginn thront Marianne Hoppe in einem langen, blauen und plissierten Abendkleid, perlenkettenbehängt und dunkle Seidenhandschuhe tragend, majestätisch auf einem harten Stuhl, mit einer viel zu hohen Allonge-Perücke auf dem Kopf als haarig aufgetürmtes Symbol für die Absurdität des nun einsetzenden Geschlechterkampfes, den keiner gewinnt. Bühnenbildner Hans Joachim Schlieker hat zwei trostlose, mit Metallplatten ausgestattete Schauplätze realisiert: den »Salon der Französischen Revolution« und einen »Bunker aus dem zweiten Weltkrieg«. Während im Briefroman deutliche zeitbezogene politische Bezüge hergestellt werden, dreht sich in Müllers Fassung der Kampf seines infernalischen Duos aber trotz dieser Schauplatz-Informationen nur um das zeitlos Geschlechtliche, um die Lust an der Grausamkeit und den Schmerz des Alterns. Seinem artifiziellen Wortgebäude sollte das Spiel im Spiel, d. h. mehrfacher Rollentausch der Figuren, vermutlich die fehlende Handlung ersetzen: so schlüpft Marquise de Merteuil in die Rolle Valmonts und dieser in die Rolle der Tourvel, um dann deren Verführung vorzuspielen. Immer wieder lassen sie dabei auch ihre eigene vergangene Passion einfließen, nicht ohne sich immer noch Verletzungen zuzufügen – sich an die eiskalte Philosophie der Merteuil haltend, dass die Seele des Menschen ohnehin nur ein »Muskel oder eine Schleimhaut« ist. Der Mensch ist hier ganz auf seine Fleischeslust reduziert. Dann wieder übernimmt die Merteuil die Rolle ihrer jungen Nichte Cécile, die sich Valmont hingibt, um anschließend als Valmont der Madame de Tourvel, gespielt von Valmont, ein Glas mit vergiftetem Wein zu reichen. Wenn diese dann daran stirbt, stirbt mit ihr auch Valmont. Am Ende dieser Kette tödlicher Verführungen liegt der große Schürzenjäger von Paris tot am Boden, während die krebskranke Madame de Merteuil mit erstarrter Miene am Rande eines Flammenmeeres ihre trostlose Situation umreißt: »Jetzt sind wir allein / Krebs mein Geliebter«.

Durch den enormen, ca. vierzig Jahre ausmachenden Altersunterschied zwischen Marianne Hoppe und Martin Wuttke hatte die gesamte Inszenierung eine wirksame morbide Atmosphäre bekommen. Die vielen theatralischen Effekte, die Müller eingebaut hatte, um das Ganze lebendig zu gestalten – wie das züngelnde Flammenmeer, die musikalischen Untermalungen, die zum Teil aus deutschem Volksliedgut stammten, oder auch Atmosphäre spendende Geräusche wie Rabenkrächzen und

Quartett von Heiner Müller (1993/94).
Marianne Hoppe als Marquise de Merteuil.
Berliner Ensemble.

Kanonenschüsse – das alles wurde von den Kritikern des Stückes nach der Premiere als Mätzchen-Macherei abgetan. Müller hätte sich darauf konzentrieren sollen, die Funken aus seinem »reinen Wortkunstwerk« zu schlagen.[322] In der Tatsache, dass der Mensch hier zum vollkommen amoralischen Wesen herabgesunken sei, wurde der Grund dafür gesehen, dass sich keine sinnvolle Handlung entwickeln konnte. Zu sehen war deshalb – obschon mit zwei hervorragenden Schauspielern besetzt – kein Drama, sondern »der Sprechgesang einer schwarzen Messe«.[323]

So schwierig sich die Zusammenarbeit mit Marianne Hoppe im Vorfeld auch gestaltete, nach dem Premierenabend wurde sie vom Publikum und der Presse als d a s künstlerische Erlebnis gefeiert. »Das Ereignis der Inszenierung und des Abends ist Marianne Hoppe.« Sie »spielt königlich, fast nur aus einer sitzenden Haltung heraus, die teuflisch-perverse, gelangweilte, menschenverachtende Marquise Merteuil. Eine winzige Handbewegung unterstreicht die boshafte Spitze einer Bemerkung. Die Hoppe bleibt immer Dame. Sie wahrt Haltung. Sie sagt die unglaublichsten obszönen, gemeinen und zynischen Dinge, als spräche sie Liebesworte. Sie spielt mit dem Müllerschen Text, genießt die Sprache, gliedert sie, läßt Pausen und Sätze schweben. Und sie bringt sie selbst ein: ihre Biografie – ein reiches, erfülltes Schauspielerleben. Professionalität und Persönlichkeit waren einen Abend lang zu bewundern.«[324] Man war sich allseits sicher: »Daß die Aufführung, so disparat sie in ihrer Effekthascherei wirkt, am Ende viel Beifall fand, verdankt Heiner Müller sicherlich vor allem der Autorität dieser großen alten Dame des deutschen Theaters.«[325] Der Regisseur selbst sagte in einem Interview über Marianne Hoppe, dass die Schauspielerin gewisse Dinge, insbesondere obszöne Worte nicht habe sagen wollen. Heiner Müller hatte Verständnis für diese Blockaden: »Sie kommt aus einer gewissen Theatertradition, und es gibt Worte, die kann sie oder will sie nicht aussprechen. Da gibt's aber

Der unaufhaltsame Aufstieg des Arturo Ui von Bertolt Brecht (1994/95). Martin Wuttke (Arturo Ui) und Marianne Hoppe als Zweitbesetzung für Bernhard Minetti (SchauspielerIn). Berliner Ensemble.

rechte Seite: *Der Auftrag* von Heiner Müller (1995/96). Marianne Hoppe als Antoine. Berliner Ensemble.

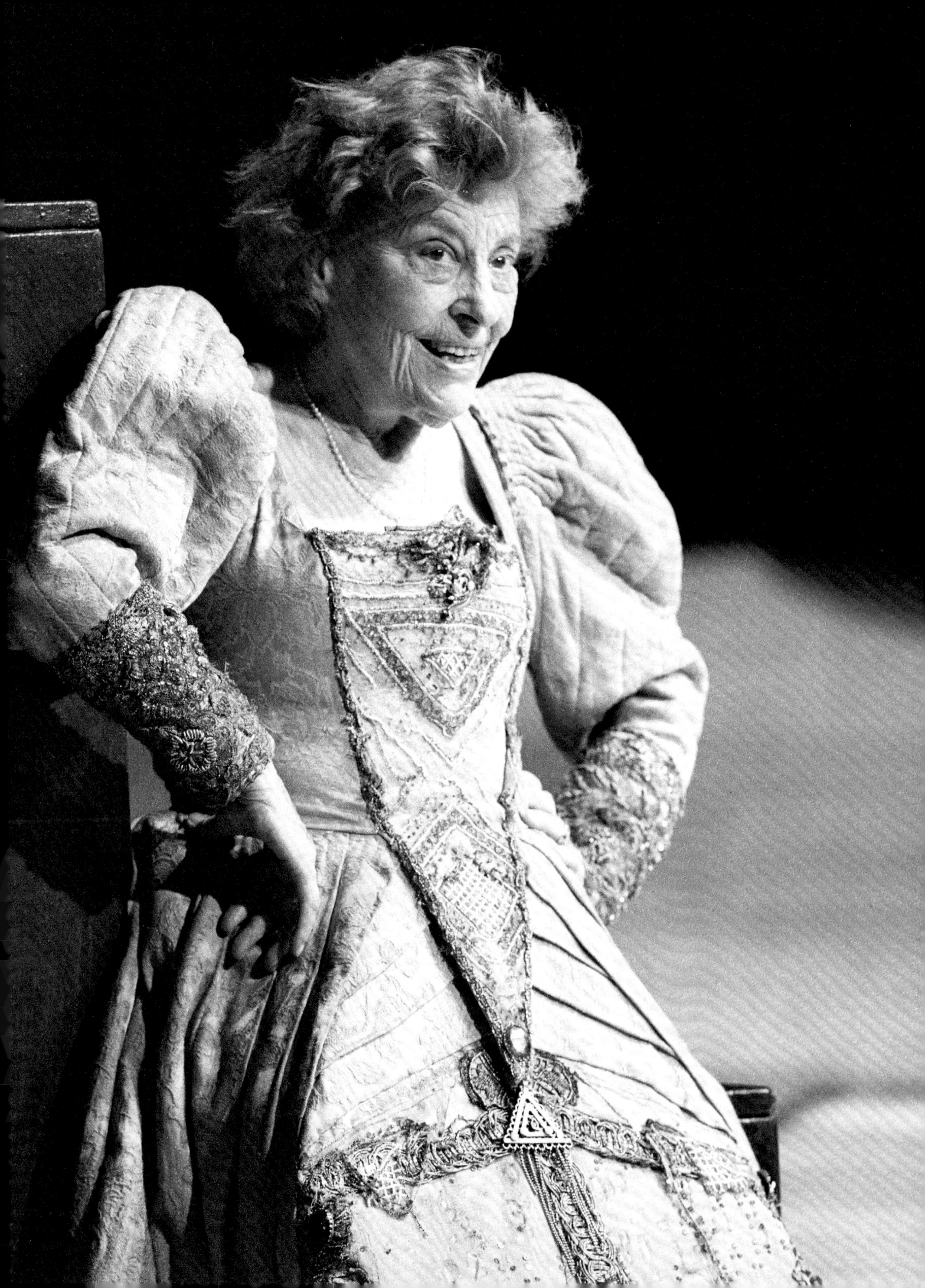

immer Wege, man kann das streichen, und sie hat dann auch eine sehr geschickte Art, mit den Lücken umzugehen. Ich find' das in Ordnung.«[326] Eine Nebendarstellerin soll geschildert haben, dass Marianne Hoppe in sechswöchiger Probenzeit ca. dreißig Mal ausgestiegen sei. Dann sei Müller mit einigen Auserwählten jedesmal zu ihr hingegangen, um sie bei Laune zu halten. Man hatte sich also mit ihr abgemüht – offensichtlich aber nicht vergebens. Zwar soll es bei der Premiere einige Textunsicherheiten gegeben haben, die zweite Vorstellung aber soll sie glänzend gemeistert haben.

Auch in Heiner Müllers größtem Erfolg als Regisseur, seiner heute noch gespielten, aus dem Jahr 1995 stammenden Inszenierung des Brecht-Stücks *Der unaufhaltsame Aufstieg des Arturo Ui* – mit Martin Wuttke in der Titelrolle – war Marianne Hoppe mit von der Partie. Sie war die Zweitbesetzung für Bernhard Minetti, der in diesem Stück jenen Schauspiellehrer spielte, der dem als lechzenden Hund auftretenden Arturo Ui zeigen soll, wie man möglichst wirksam geht, steht, sitzt und – am Beispiel der Antonius-Rede aus *Julius Caesar* – spricht. Nach Minettis Tod übernahm Marianne Hoppe die Rolle des Schauspiellehrers ganz. In einer Videoaufnahme des Theaters ist zwar deutlich zu hören, dass ihr Gedächtnis den Text ohne Souffleuse einfach nicht mehr bewältigen konnte; dennoch waren Sprache und Spiel so faszinierend, dass man ihre Texthänger noch für etliche Spielzeiten in Kauf genommen hat. Noch Frank Castorfs Inszenierung von Heiner Müllers Stück *Der Auftrag* in der Spielzeit 1995/96, worin sie die Rolle des Antoine spielte, sowie in Werner Schroeters dramatischer Adaption des um einen Hochstapler und Sexualmörder drehenden Films *Monsieur Verdoux* in der darauf folgenden Spielzeit, war die Kunst der Hochbetagten trotz ihrer textlichen Schwierigkeiten von bestechender Wirkung. In beiden Fällen waren die Rezensenten überzeugt, dass diese große Dame des deutschen Theaters die Stücke gerettet hatte. Dennoch amüsiert es, wenn man Kritiken liest wie diese von Benjamin Henrichs nach der Premiere von *Monsieur Verdoux*: »Daß die Seele, nur halb verzweifelt, leben bleibt, ist einem Kuriosum der Aufführung zu verdanken: Die heißgeliebte, hochbetagte Marianne Hoppe spielt Verdoux' und Wuttkes älteste Braut. Sie hat nur wenig Text, aber auch den (von der Souffleuse schreiend angeboten) weist sie majestätisch zurück. Sie hat Hänger, sie hängt ohne Ende – dies aber mit aller Grandezza und ohne sich je zu genieren.«[327]

Marianne Hoppe hat nie bewusst Abschied von der Bühne genommen. »Das hat sich einfach so ergeben«, erzählt Benedikt Hoppe rückblickend.[328] »Die letzte Rolle war in der Spielzeit 1997/98 am Berliner Ensemble – *Monsieur Verdoux*. Da hat sie noch recht brav und wacker gespielt, durchaus schon mit ein paar charmanten Texthängern. Und dann wurde es ihr eben einfach zuviel, über die kalte, zugige Hinterbühne zur Garderobe zu gehen und sich dort in diesen primitiven Verhältnissen zu schminken. Und das grelle Licht…Das war nicht mehr zuzumuten. Das hat sich dann von alleine so ergeben, aber sie hat natürlich das Nächste gemacht und Lesungen gegeben. Und als das nicht mehr ging, hat sie immer noch auf Band gesprochen.«

Monsieur Verdoux von Werner Schroeter nach dem Film von Charles Chaplin (1996/97). Martin Wuttke in der Titelrolle und Marianne Hoppe als Madame Groneille. Berliner Ensemble.

Die Königin und Werner Schroeter

Der Theater- und Filmregisseur Werner Schroeter gab Marianne Hoppe mit der Rolle der Madame Groneille in seiner Bearbeitung von Charles Chaplins *Monsieur Verdoux* nicht nur die letzte Theaterrolle ihres Lebens, sondern schuf mit seiner biografischen Hommage *Die Königin* auch ein filmisches Denkmal, das im Jahr 2000 in die Kinos kam. Einfühlsam und in poetischen, musikalisch untermalten Bildern spürte der Regisseur dem langen Lebens- und Berufsweg der Schauspielerin nach. Er ließ sie darin zusammen mit jungen Schauspielerinnen Rollen lesen aus Stücken, in denen sie selbst einmal gespielt hatte – etwa die Blanche in *Endstation Sehnsucht*, Lessings Emilia Galotti oder Madeleine in *Savannah Bay* von Marguerite Duras. In den »inszenierten« Unterhaltungen Marianne Hoppes mit Freundinnen und ehemaligen Kolleginnen – Lola Müthel, Evelyn Künneke, Elisabeth Minetti und Gerty Herzog-Blacher –, in Interviews mit den Regisseuren Einar Schleef und Robert Wilson oder auch mit dem Schauspieler Martin Wuttke – entstand ein facettenreiches Porträt, in das er viele persönliche Erinnerungen aus dem Munde Marianne Hoppes eingeflochten hat. Wenn sie zusammen mit ihrem Sohn Benedikt in ihrem großen roten Erinnerungs-Album mit den vielen Filmfotos blätterte und völlig erschüttert darüber war, »wie man das alles v e r g i s s t!«, oder von Schroeter zu dem inzwischen völlig verfallenen Gutshaus nach Zeesen geführt wurde, wo auch einige Szenen des Films *Der Schritt vom Wege* gedreht worden sind, wurde spürbar, dass es Marianne Hoppe selbst angesichts ihrer vielen aufregenden Lebensstationen den Atem verschlug.

Interview mit Werner Schroeter und Benedikt Hoppe von Birgit Pargner, 3. August 2008

BP Wie haben Sie Marianne Hoppe kennen gelernt?

WS Das war 1958, im Todesjahr meiner Großmutter, die ich so sehr liebte. Das war eine prekäre Zeit für mich, ich ging auf eine ungeliebte Schule in Bielefeld in Westfalen, und allmählich durfte ich ins Theater gehen. Die zweite oder dritte Aufführung, die ich sehen durfte, war im Schauspielhaus in Bielefeld ein Gastspiel des Wiener Burgtheaters mit dem Stück *Fast ein Poet* von Eugene O'Neill. Und dabei tauchte Marianne zum ersten Mal in meinem Leben auf. Das war eine Inszenierung, die mir schon damals, mit meiner Kaum-Erfahrung, was Theater anlangt, überhaupt nicht gefallen hat; mit den Reisekulissen des Gastspieltheaters, gemalte Kulissen, ziemlich schauerliche, melodramatische Äußerungen der anderen Schauspieler; etwa von Paula Wessely oder Attila Hörbiger, was mir gar nicht lag. Und auf einmal kommt dieses fremde Wesen von rechts hinten diagonal über die Bühne, in weiß, mit einem weißen Hut, weißem Kleid, weißem Sonnenschirm, die Figur heißt Deborah, das ist die Frau aus der Vergangenheit des Kneipenbesitzers [sic], der fast ein Poet sein möchte oder sich als Poet fühlt. Und da betritt eine andere Welt den Raum. Und diese Welt, die den Raum betritt, das ist die eigene Hoppe-Welt, das ist etwas ganz anderes, was sich absetzt von dem anderen. Was da zu sehen war, das hat mich fasziniert. Ich habe damals, in jenem Moment etwas empfunden, was auf einer ganz anderen Ebene noch mal ein Jahr später passierte, als ich zum ersten Mal Maria Callas hörte. Es war ein Gefühl von Fremdheit, Anderssein, das mich stark berührte, wobei es große Unterschiede in den zwei Begegnungen gab. Gut, das war der Moment. Dann habe ich mir überlegt, ein Autogramm von Marianne Hoppe zu verlangen, und bin zum hinteren Bühneneingang gegangen. Es war ein seltsames Theater, ein Jugendstilbau, ein ganz kitschiger, mit Ritterburgtürmchen. Dann habe ich gewartet, und als ich sie dann kommen sah, bin ich weggegangen. Das war die erste Begegnung-Nichtbegegnung.

BP Marianne Hoppe hat seit ihrer Scheidung von Gustaf Gründgens offiziell nie einen Partner oder eine Partnerin an ihrer Seite gehabt. Sie ist sehr verschlossen mit diesem Thema umgegangen. Worin sehen Sie den Grund dafür?

WS Wieso? Man sieht doch in dem Film zum Beispiel auch die Frau Minetti.

BP Man sieht die Frau Minetti, man sieht die Lola Müthel …

WS Man sieht Frau Minetti, wie sie immer wieder von ihrer Liebe zu Marianne spricht. Es war ja eine Liebesbeziehung.

BP Ja gut, das muss man wissen, und das kann man vielleicht mutmaßen, aber Marianne Hoppe selbst ist nicht offen mit diesem Thema umgegangen.

WS Ich glaube, dass sie das nicht wichtig fand für andere. Ich fand das auch nicht so extrem wichtig, für mich sagt: »Woman in Between« alles; und ich glaube, Marianne hat das nicht so in den Vordergrund schieben wollen. Nicht aus Feigheit, dazu hatte diese Frau viel zu viel Chuzpe – sie war bestimmt nicht feige – aber das war nicht ihre Sache, Privates vor sich herzutragen.

Werner Schroeter und Marianne Hoppe bei den Dreharbeiten zu dem Film *Die Königin* von Werner Schroeter. 1999.

BH Durch meine Kindheit hat mich Therese Giehse begleitet, die konnte man schon als sehr nahe Freundin sehen; sehr nahe, sehr hilfreich, und sie hat sich auch um mich und meine Anliegen gekümmert. Mehr aber hat man nicht gesehen. Auch später nicht, mit Anni Mewes, das waren sehr enge freundschaftliche Bindungen, die auf gegenseitiger Hilfe und auf Verständnis beruhten. Ob es mehr gewesen ist – hat man nicht gesehen, sie hat es nicht gezeigt.

BP Sie haben sie »Otto« getauft – können Sie kurz erzählen, wie es dazu kam?

WS Ja, das war ein Spiel zwischen uns, sie nannte mich auch »mein oller Schroeter«. Man drehte ja Dinge um. Abgesehen davon finde ich die männliche Komponente bei Marianne wichtig. Otto – das klingt bukolisch, nicht? – Marianne sagte ja immer von sich »I am the Woman in Between«. Ich fand das süß, Otto (zitiert Marianne Hoppe mit veränderter Stimme) »Sach nich' immer Otto zu mir!« Dabei habe ich nicht immer »Otto« gesagt, ich habe viel öfter gesagt: »Ich hab' dich lieb, Marianne!« – Aber immerhin …

Dazu muss man auch bedenken, dass Marianne ein wunderbares Langzeitgedächtnis besaß, sie konnte erzählen, etwa bei der Premiere der *Dreigroschenoper*, wo Marlene Dietrich saß und in welcher Reihe sie selbst, und sie konnte das alles ausführlich beschreiben; aber ab einem bestimmten Alter hatte sie Probleme mit dem Kurzzeitgedächtnis, und sie fragte dann auch während der Proben: »Wo sitze ich denn hier? Ach so!« Das habe ich ihr jedoch nicht übel genommen, ich bin sowieso nicht jemand, der etwas nachträgt oder übel nimmt, aber das hat mich sicher mitinspiriert zu »Otto«.

BP Aber ich glaube, sie hat es auch mit Humor genommen.

WS Ja sicherlich, wenn Marianne keinen Humor gehabt hätte …

BP Wie kam es dann zu dem Film *Die Königin*? Und wie kam es auch zu diesem Titel? Ist sie für Sie eine Königin gewesen?

WS Das ist zu oberflächlich gegriffen, weil ich gerne mit Namen spielte; so zum Beispiel habe ich viele Schauspieler »Schauergurke« genannt. Oder eine andere berühmte Bühnenkünstlerin »Helmut« oder so, nein, *Die Königin*, das ist so eine Art Referenz, aber mit Humor, mit einer gewissen Ironie. Denn ich finde schon, dass sie unter allen Schauspielerinnen, Künstlerinnen in diesem Beruf, in Deutschland in der Nachkriegszeit auf der Bühne etwas ganz Besonderes war, das ist damit nur unterstrichen.

BP Können Sie sich vorstellen, dass Marianne Hoppe in Ihrer Inszenierung den Lear gespielt hätte?

WS Nein, ich bin kein großer Fan von Robert Wilson, aber ich muss sagen, dass Marianne Hoppe mit ihrer gebündelten Kraft, mit dem unauslöschlichen Ziel ihres Spiels, mit der wirklichen Tragödie, dieser Inszenierung, die sonst eine sehr modische Struktur hat, die eigentliche Kraft gibt.
Ich habe ja versucht, den Lear mehr als Trash-Tragic-Comedy zu spielen, und da wäre das gar nicht gegangen, denn meine Auffassung zu der Zeit vom *Lear* führte zum Versuch, Shakespeare in die Luft zu jagen, und zwar so rauh und so brutal, wie es geht, darum hat die Inszenierung sogar einen Preis gekriegt von der Shakespeare-Gesellschaft in London; hier wurde sie verrissen bis auf den Bauersnamen. Es war ein Versuch, in dem Marianne fehl am Platz gewesen wäre. Ne!

BP (Frage an Benedikt Hoppe) Sind Sie so eine Art künstlerischer Berater für Ihre Mutter gewesen. Haben Sie ihr auch mal von einer Rolle abgeraten?

BH Es kam schon vor, dass sie mich gefragt hat. Ich habe manchmal eine heilige Scheu gehabt vor dem, was sie machte, aber habe ihr trotzdem raten können, wenn sie unsicher war, ob sie etwas annehmen soll. Ich habe dann das Manuskript gelesen und habe versucht zu sehen, wie ihre Rolle darin ist. Aber sie hat mich nie »gebimst«, sozusagen, wie es vielen Schauspielerkindern geschieht, und zu diesem Beruf gezwungen oder gar hineingeleitet. Sie hat mich meinen eigenen Weg gehen lassen und den auch sehr verfolgt und mir auch Türen geöffnet. Ja, dafür bin ich dankbar.

BP (Frage an WS) Welche Rollen haben Sie ihr noch angeboten? Haben Sie ihr noch welche angeboten?

WS Immer irgendwie, wenn ich mich recht erinnere. Na ja, das letzte, was wir gemacht haben, war dieser *Monsieur Verdoux*, Marianne als jugendliche Verlobte von Martin Wuttke. Das war ja sehr komisch in jeder Hinsicht, das hat mir viel Freude gemacht, das war ein Eiertanz, das war absolut irre mit ihren Gedächtnisschwächen. Es war aber abgesehen davon, dass es rutschte und in alle Richtungen kippte, ein absolut amüsanter Abend. Und ein paar Jahre später, als wir den Film machten – *Monsieur Verdoux* am Berliner Ensemble war 1996, und der Film 4 bis 4 ½ Jahre später – da sagt sie eines Abends zu mir: »Sach mal Werner, was habe ich denn zuletzt noch gespielt?« Na, sage ich, *Monsieur Verdoux* am Berliner Ensemble hast Du gespielt.« »Was, das habe ich gespielt? Ach ja, das war ja fürchterlich, wer hat denn das verbrochen?« Sage ich: »Ja ich, Marianne!«, »Schäm' Dich, Werner!«

BP Sie beenden den Film *Die Königin* mit einem Zitat aus *Savannah Bay* von Marguerite Duras, und das hat natürlich starken Bezug auf Marianne Hoppe selbst: »Du weißt nicht mehr, was Du spielst. Du weißt nicht mehr, welche Rollen Du gespielt hast.« Das war ihre Situation. Eigentlich gehörte sie nicht mehr auf die Bühne …

WS Doch, ein sinnvoller Abschied kann auch auf der Bühne stattfinden. Nur das ist ja ein sinnvoller Abschied, nur das ist ja Vollendung. Wieso muss etwas perfekt unter Kontrolle sein? Ich finde übrigens, wie die beiden das gestalten, Marianne und Judith Engel, das hat eine große Intensität, und es stört mich überhaupt nicht, dass die das lesen, im Gegenteil, das geht so mitten hinein in die Geschichte, und das, was sie zeigen, das sind die Möglichkeiten, über die sie immer verfügt hat. Auch in diesem Film. Die Altersdemenz, in Anführungsstrichelchen, das Kurzzeitgedächtnis, dass was wegläuft, das sind ja keine Probleme. Der Film ist ein Abschied von etwas, und ich finde, das ist ein schöner Abschied. Jeder Abschied ist melancholisch, aber eben nicht sentimental. Damit müssen wir uns alle abfinden, mit diesem Abschied, ganz egal, in welchem Lebensalter er kommt, ob mit zwanzig oder hundert, es ist ein Abschied, der sich vorbereitet. Und je mehr er tatsächlicher Bestandteil des Lebens, der

Brücke des Lebens, des Bogens des Lebens ist, umso manifester ist die Wirklichkeit von Leben und Tod. Und das war für mich die Aufgabe dieses Films mit der neunzigjährigen Marianne.

BP Wenn sie jetzt vom Himmel fiele, welche Rolle würden Sie ihr geben? Welche würde sie spielen wollen?

WS Da würde ich ihr einen weißen und schwarzen Flügel anhängen und sagen »Flieg mal wieder zurück und lass es Dir gut gehen!«

BP Sie haben in dem Film etliche Ausschnitte aus der *Penthesilea*, so dass ich gedacht habe, vielleicht hätte sie diese Rolle gerne gespielt. Sie hat sie ja nie gespielt.

WS Sie hätte sie sehr gerne gespielt. Ich nehme aber bloß einen Ausschnitt, immer diesen Schlussmonolog der Penthesilea; einmal gespielt mit den Mitteln, die mir sehr gefallen, dieser jungen Schauspielerin, die das sehr toll macht; und dann versucht das mit melodramatischem Toben und Rasen die Lola Müthel zu spielen. Da lasse ich Jahrhunderte miteinander kämpfen, um – und das ist ganz schön – zu zeigen, wie die Zeit doch vergeht. Wobei für mich die Ähnlichkeit des Versuchs zu spielen, einer Wahrhaftigkeit – ich sage bewusst nicht Wahrheit – einer Wahrhaftigkeit des Ausdrucks nahe zu kommen, zwischen Judith Engel und Marianne Hoppe viel größer ist als die zwischen Lola Müthel und Marianne Hoppe, das ist evident. Insofern war Marianne in erster Hinsicht auch eine ganz moderne Schauspielerin, die mit sehr gedeckten Farben gespielt hat, und die Gefühle nicht so herausgepoltert hat wie Lola. Ich liebe Lola, aber das ist halt ein Versuch, der kommt aus einem anderen Jahrhundert, wirklich, wohingegen Mariannes Versuch zur Gestaltung immer, auch im heutigen Sinne, modern war. Wie man grandios sieht in *Heldenplatz*, wie man grandios sieht in all diesen letzten Stücken, die sie gemacht hat, *Heldenplatz*, *Lear*. Und ich fand's auch urkomisch in *Monsieur Verdoux* mit diesem abgedeckelten Humor, ganz egal, wie viel Text da schief ging. Mit anderen Worten: ich fand den Ansatz von Marianne sehr klarsichtig und trotzdem nicht geheimnislos! Marianne bewahrt das Geheimnis, entschlüsselt es nicht und verleiht ihm eine große Wirklichkeit, und das erinnert mich immer an den Satz von Thomas Mann, den er als Ende seines Vortrags in Berkeley, zum Abschied in Berkeley, gesagt hat, »Aber eines bleibt und das für alle Ewigkeit, das ist die Achtung vor dem Geheimnis des Menschen«, und diese Achtung vor dem Geheimnis hatte Marianne.

Das heißt nicht, dass man die Wirklichkeit weglügt, sondern dass man den wesentlichen Bestandteil der Wirklichkeit, das Unsichtbare, Unaussprechbare, als die tatsächliche Wirklichkeit bewahrt, wie ich vorhin sagte. Musik ist so eine Sprache, die Sprache der Liebe ist es in jedem Fall, wie Shakespeare sagt, aber es ist auch Kommunikation in einem Arbeitsraum, also auf einer Probe. Ich habe immer gerne Platten aufgelegt auf Theaterproben, und habe mich auch gefragt, was Marianne Spaß machen könnte, doch kaum jemand hat auf die Musik reagiert. Aber wenn Marianne in den Probenraum kam, dann sagte sie »Ah, das ist ja wunderbar, das ist ja die Jupiter-Symphonie, schön.« Also, das ist eine Kommunikationsform auf einer anderen Ebene. Ein Einverständnis über etwas Schönes zum Beispiel ist wesentlicher als dieses Federlesen. Und ‚das Geheimnis ist das Geheimnis ist das Geheimnis' und ist die Wirklichkeit zugleich. Darin besteht auch die Größe von Marianne; es gibt andere Menschen, die das auch haben, Künstler, Schriftsteller, aber Marianne ist auch ein Beispiel für diese starke Ausdrucksfähigkeit, die sich nicht prostituiert.

BP Erstaunlich finde ich auch, dass sie mit so vielen Regisseuren arbeiten konnte. Sie hatte nach dem Krieg ja keinen Lieblingsregisseur. Sie hat mit allen bekannten Regisseuren gearbeitet, auch mit den ganz schwierigen, mit Kortner, mit dem ja nicht jeder arbeiten konnte. Viele haben das Handtuch geworfen, die Rolle geschmissen. Und Marianne Hoppe hat in Kortners Stück *Zwiesprache* unter seiner Regie gespielt. Was glauben Sie, warum sie im Stande war, mit allen Regisseuren zu arbeiten?

WS Weil sie ein klares Profil vor Augen hatte, dem sie sich langsam annäherte. Sie hatte das, was sie gestalten wollte, vor Augen, und bei einem klugen, intelligenten Regisseur kann man das immer durchsetzen. Sie hatte ja keine dummen Ideen. Außerdem war Marianne nicht dickköpfig. Und ein wesentlicher Punkt war sicherlich, dass die Filme, die sie zu der Zeit spielte, grauenhaft waren. Grauenhaft! *13 kleene Schäfchen* oder *Schloß Dunkelpup*. Entwürdigend! Es ging auch darum, dass sie gut leben konnte. Und da war jedes Gegengewicht wirklich erwünscht. Das war eine Gnade. Stellen Sie sich vor, sie wäre auf diesen Filmen sitzen geblieben – ich weiß nicht, ob Sie die kennen, die sind ja wirklich abscheulich. Es ging nur ums Geld, damit man etwas zum Leben hat. Und als Gegengewicht war sie so disponibel mit ihrem eigenen Genie, dass sie mit allen guten Regisseuren hat arbeiten können, aber ich denke, das ist gar nicht so seltsam.

1992 hatte ich einen doppelten Abend mit der ekklesiastischen Aktion von Bernd Alois Zimmermann inszeniert, seine letzte Komposition vor seiner Selbsttötung, und das war der Titel *Ich wandte mich und sah an alles Unrecht, das geschah unter der Sonne*. Das ist nach einem Text von Dostojewski aus den *Brüdern Karamasow*. Die Auseinandersetzung zwischen dem Großinquisitor und Christus. Und das war gekoppelt mit der *Jakobsleiter* von Arnold Schönberg. In der Erstfassung hatte ich das mit Martha Mödl inszeniert, die sie ja auch kennen auf jeden Fall, wer nicht, die ich ja auch in meinem Film *Abfallprodukte der Liebe* verewigt habe, weil ich Martha so liebte. Und Marianne war ein Gegenbild, weil Marianne ja scheinbar wie ein Kristall, wie ein Stein, wie ein Diamant geschliffen war – und Martha Mödl, die war wie ein offenes Herz. Und diese beiden Frauen in ihrem Kontrast zueinander schienen mir beide möglich für die Rolle. Martha Mödl wollte das nicht in Los Angeles machen, und sie wollte auf gar keinen Fall fliegen. Und dann bin ich an einem Novemberabend 1991 nach Berlin geflogen und habe Marianne aufgesucht an der Akademie der Künste und habe sie gebeten, ob sie das nicht machen wollte. Sie wollte es sich noch überlegen. Und dann sagte sie aber noch: »Was die junge Kollegin kann, das werde ich wohl auch schaffen.« Die junge Kollegin war fünf Jahre jünger, die war 81, die andere 85, so in der Gegend – das war auch ihre Art von Humor. Und dann haben wir das parallel geprobt mit einer Oper, die ich in Frankfurt machte. Mit Marianne in der Rolle des Großinquisitors, die sie völlig anders gestaltet hat, so wie eine Basaltfläche, wie eine Granitfläche, wohingegen Martha Mödl die Brutalitäten des Großinquisitors kaum über die Lippen brachte. Also, diese Empfindsamkeiten, die verschlossenere, aber brillantere und die offengelegte und herzschlagende – beide waren ideal für diese Aufführungen. Und das war das Treffen, wo ich zum ersten Mal mit Marianne gearbeitet habe. Und da entstand auch in einem Gespräch mit dem Dramaturgen der Schaubühne die Idee, diesen Film zu machen – »Machen Sie den Film, es gibt ja praktisch nichts zum Thema Marianne Hoppe, es gibt keine wirkliche Hommage an sie, machen Sie das doch«. Und dann hat sich Monika Keppler eingefunden in dieses Projekt, und wir waren beide begeistert davon. Dann wurde es vorangetrieben, und die Filmgeschichte entstand.

BP Über diesem Film liegt eine gewisse Wehmut. Ich meine nicht Sentimentalität, sondern einen Schmerz, der mit dem Schmerz der Erinnerung vergleichbar ist – erinnern kann ja Schmerzen verursachen – das Bewusstwerden der eigenen Vergänglichkeit. Ich hatte, als ich diesen Film sah, das Gefühl, dass Marianne Hoppe auf der Suche nach sich selber war, dass sie versucht hat, sich zu erinnern, dass sie in diesem Film ihr Leben auch für sich Revue passieren lässt. Sie konnte sich an viele Sachen selber nicht mehr erinnern, und Sie haben ihr Texte gegeben, literarische Texte zum Lesen. Also war dieser Film auch eine Reise der Marianne Hoppe zu sich selbst?

WS Zunächst war Marianne gar nicht sichtlich begeistert von der Idee (lächelt). Da war schon Überzeugungsarbeit nötig; aber als wir's gemacht haben, dann war es wirklich eine ›hic et nunc‹-Situation, ›hier und jetzt‹, das war eine Lebensform. Wobei für mich die Grenze zwischen privatem und beruflichem Leben fließend ist, das ist für mich alles eine Freundschaftsgeschichte. Ähnlich ist für mich auch die Freundschaft mit Isabelle Huppert wichtiger als die Filme, die wir machen. Das mag komisch klingen, ist es aber nicht. Für mich ist die Freundschaft, das heißt, das hier und jetzt zusammen sein, erfinden und tun, Grundlage meiner Arbeit. Was ja auch mit dem Film *Abfallprodukte der Liebe* gemeint ist, wo es um die Suche nach etwas geht, nach Liebe, die jeder Mensch sucht, aber kaum je findet. Und in dieser Suche passiert die wirkliche Begegnung, und aus diesem wirklichen Begegnen auf der Suche entsteht auch Kunst. Das ist ein Punkt, aus dem Gestaltung, gestaltete Kunst entsteht.«

Selbstgespräche

Marianne Hoppe hatte sich angewöhnt, ihre Gedanken nicht nur aufzuschreiben, sondern auch auf Tonkassette zu sprechen – in jeder Lebenslage: während sie aß, im Bett lag, Wäsche mangelte oder telefonierte. Sie war bemüht, alles, was sie dachte und erlebte, festzuhalten, damit Material für ihre Autobiografie zusammenkam. Dabei entwickelte sie die Strategie einer schonungslosen Selbstbeobachtung – oder besser Selbstverfolgung – und beschwerte sich damit ihre Altersjahre. Es ist typisch für sie, dass sie den Maßstab für ihr Vorhaben ganz nach oben schraubte und keine geringere zum Vorbild hatte als Virginia Woolf und ihre Tagebücher – die sie selbstverständlich auf Englisch las. Im Januar 1983 – sie war zu Hause in Scharam – nahm sie sich laut ihren Tonbandäußerungen vor, wieder darin zu lesen: sie wollte sie auf sich wirken lassen und dann »sehen, wie mir danach ist.«[329] Ihr Fazit danach: »Alles Ablenkung! Alles Ablenkung!« Deprimiert stellte sie nach einer gelesenen Passage fest: »Siehste, das kann sie eben. Und ich? Lerne ich nie!« Dieses »Sich-Ablenken« erinnerte sie an ihre Rolle als Effi Briest, die in einer Szene des Films, wunderschön aussehend, auf dem Kanapee liegt und in einer Modezeitschrift blättert, um sich von ihrem Liebesabenteuer abzulenken. Immer wieder zitiert sie Virginia Woolf, die auch selbst über ihre schriftstellerischen Ausfallzeiten in ihren Tagebüchern lamentierte, etwa während der Enstehung von *Orlando*. Sich einen strengen Verweis gebend, nimmt sich Virginia Woolf darin vor, nun innerhalb einer Woche ein bestimmtes Quantum «hinzuhauen» (»dash it«), um dann einige Tage später voller Selbstvorwürfe zu notieren: »I have done nothing, nothing, nothing for a fourth night.« Marianne Hoppe las dies und sagte zu sich selbst: »Um Gottes willen – man muss sich die Zeiten lassen. Hab' ich die Zeit?« Sie hatte sie nicht und litt darunter, dass sie im permanenten zeitlichen Zwiespalt war zwischen dem Anspruch der Autobiografie und den Film- und Theaterangeboten, die sie ja dann ablehnen musste, wenn sie konsequent an ihrem Vorhaben arbeiten wollte. Das aufzubringende Maß an Selbstüberwindung wurde immer größer, doch konnte sie von ihrem geplanten Werk auch nicht ablassen, das ging ihr zutiefst gegen ihr Naturell und ihr inneres Preußentum. Denn: »Entschlüsse sind dazu da, sich überhaupt eine Lebensmöglichkeit zu geben. Der Entschluss ist gefasst, also habe ich eine Scholle – ich habe ja früher immer ›Schollenspringen‹ gesagt – […] also von einer Eisscholle auf die andere. Aber das ist was anderes. Es sollte ja ein Schritt auf einem möglichst festen Boden sein, wenn man diesen Entschluss gefasst hat. Jetzt kommen Lügen, Ausreden dazu. Wenn ich Annemie [d.i. Annemarie Herald, ihre Fernseh-Agentin] sage: ›Sag ab, ich bin mit der anderen Sache zu sehr beschäftigt‹ – vielleicht bin ich das auch – sage auch dem Verhoeven: ›Tut mir wahnsinnig leid, ich will nicht aufhalten!‹ Auf der anderen Seite weiß ich natürlich – oder möchte es ausprobieren, ob ich das kann, eine irgendwie sinnlose Sache zu etwas zu machen, auszuprobieren, mich selbst, den Arbeitsprozess, an den ich mein Leben lang gewöhnt war, den wirklich als Halt – denn es ist letztlich der einzige Halt, selbst wenn es alles noch so schief geht.«

Marianne Hoppe hatte – und das frappiert angesichts ihrer von großen Erfolgen gesäumten Karriere – immer das Gefühl, dass nichts, was sie erreicht hatte, ohne bitteren Beigeschmack erreicht wurde. »Denn bei mir ist ja immer eine ›Trauerhandlung‹, alle Sachen … ob das bei jedem Menschen so ist? Eine wirklich wahrhaftig geglückte Angelegenheit bei noch so viel Arbeit, bei noch so viel Einsatz gibt es ja nicht.« Sie zählte Beispiele auf. Etwa ihre Mitwirkung an einem Zirkusabend, der im Fernsehen übertragen wurde und an dem sie eine Dressurnummer mit Hunden vorführte. Auf diesen Abend hatte sie sich »wirklich gefreut«, und es wurde auch ein Abend, an dem alles »wirklich klappte, die Hunde waren reizend, die Leute waren begeistert.« Als sie dann den Mitschnitt der Sendung bekam, war sie zutiefst enttäuscht, denn ihre Nummer war wüst zusammengeschnitten. »Ich sehe: sie ist vollkommen verschnitten, ich bin nicht zu sehen, die Hauptnummern, die wirklich entzückend waren, sind rausgeschnitten!« Sie schlussfolgert: »Es kann ja eigentlich nur mit einer feindseligen Handlung zu tun haben«. Noch andere Beispiele fallen ihr ein, die sie zu dem Schluss kommen lassen: »Es ist in jedem ein Gram dabei! Suche ich das? Ich glaube nicht! Man kann sich fragen: Wo ist das reine Wasser? Das gibt's wahrscheinlich eben nicht.«

Marianne Hoppe liebte die Hausarbeit und nannte sie eine »schöne Beschäftigung«, denn »man sieht, was ist.« Außerdem »dachte« sie ja dabei, wie sie zu sich selbst sagte. Dieser Rhythmus, dieses Nachdenken bei alltäglicher Hausarbeit, wie sie es auf dem Scharam praktizierte, tat ihr gut. »Aber t u t es gut?«, fragte sie sich gleich wieder streng und meinte zu wissen, dass Virginia Woolf das so sicherlich nicht gemacht hätte; sie hätte ihr Schreiben gewiss nicht unterbrechen müssen, um sich erst einmal zu waschen oder ein Spiegelei zu braten.

Dass es ihr wichtig war, auch im hohen Alter noch zu spielen, hinterfragte sie selbst. »Will man sich immer selbst bestätigen?« Und die Antwort gab sie sich auch gleich selbst: »Nicht aus Eitelkeit, sondern: es ist noch da! ›Ja, Sie spielen noch, Sie arbeiten noch?‹ Das kommt mir immer ganz fremd vor, diese Frage, obwohl sie ja wohl berechtigt ist. Was treibt einen? Es treibt: ›Kannst Du's noch?‹ Es hat was mit Handwerksputzen, mit Handwerkszeug, das geputzt daliegen muss, damit hat es wahrscheinlich zu tun.« Es ging ihr auch nach, dass sie in ihrem Leben, wie sie fand, oft nicht spontan und positiv genug auf Rollenangebote zugegangen war. Etwa ein Angebot von Hans Lietzau für die Eröffnungsvorstellung am Schiller-Theater. Rückblickend betrachtet hätte sie es annehmen sollen, war aber unsicher und konnte sich nicht entscheiden. Auch Botho Strauß, der ihr zusammen mit Luc Bondy die Rolle der Mutter anbot, jener Frau in dem Theaterstück *Schlußchor*, die in ein Adlergehege des Zoos einbricht, sagte sie ab. »Die Rolle spielte dann die Gorvin – wir blieben also in der Gründgens-Ära.«[330] Der Kontakt war dennoch ein herzlicher. Botho Strauß schrieb ihr zum Beispiel am 29.8.1994: »Liebe, Verehrte, hab nichts Schöneres seit langem empfangen als Ihre unmittelbaren Worte zu und nach ›Gleichgewicht‹. Die Freude darüber hat manchen Gram verjagt. Ich danke von Herzen.«

»Woman in Between« – so hatte sie sich, wie Werner Schroeter im Interview vom August 2008 erzählte, bezeichnet. Dieses »Dazwischen« war ihr Leben – in der Liebe, im Beruf, in der gesamten Lebenshaltung. In diesem »Dazwischen« fühlte sie sich an die Schauspielerin Eleonora Duse erinnert: »Muss immer an die Duse denken, die gefragt wurde: Wo fühlen Sie sich eigentlich am wohlsten? Und die antwortete: ›Auf der Überfahrt!‹« Darauf Marianne Hoppe: »Also zwischen den Zielen! Zwischen den Zielen! Das ist so das Hin- und Hergerissensein. Das sind Belebungsversuche, der eine Pol zündet den anderen. So stelle ich mir das vor und dazwischen steht man nun.«

Als 88-Jährige machte sie im September 1997 noch einige Gastspiele des Berliner Ensembles mit Brechts *Arturo Ui* in Lissabon mit, die geplante Gastspiel-Tournee nach Südamerika im darauffolgenden Oktober aber nicht mehr. Die Zeit des Theaterspielens war endgültig vorbei, was sie allerdings nicht hinderte, noch weiter Lesungen zu machen. Nach ihrem Engagement am Berliner Ensemble blieb Marianne Hoppe zunächst in Berlin und zog 1998 in ein Altersheim am Kurfürstendamm. Lola Müthel wollte sie eines Tages dort besuchen, doch Marianne Hoppe blockte ab. »Komm nicht her, es ist scheußlich hier!«[331] Es war natürlich nicht n u r scheußlich. Sie fühlte sich zeitweilig auch wohl und liebte es zum Beispiel, aus dem Fenster zu schauen und sich unten auf der Straße die Autos anzuschauen. Für Autos hatte sie immer eine Schwäche gehabt und vielleicht hat sie beim Hinausblicken auf die unten stehenden Wagen auch an die flotten Autos gedacht, die sie selbst in ihrem Leben gefahren hat. Immer wieder ist das Verhältnis von künstlerisch veranlagten Menschen Autos bzw. dem Autofahren gegenüber interessant, oft amüsant. Der Regisseur Otto Falckenberg etwa konnte es gar nicht. Seine Unfälle oder auch sein Parken mitten auf dem Karlsplatz in München sind überliefert. Der Dirigent Herbert von Karajan sammelte zahllose Ferraris und kannte in dieser Autoleidenschaft keine Grenzen. Und Bernhard Minetti, vom Regisseur Michael Grüber einst befragt, ob er gerne Auto fahre, anwortete: »Ja… weil ich mich wundere, daß es fährt.«[332] Die Hoppe dagegen wunderte sich nicht, sondern gab Gas. Ihre Lieblingsautomarke war über dreißig Jahre lang BMW. Zu ihrem ersten wusste Benedikt Hoppe in der Biografie von Petra Kohse eine Anekdote zum Besten zu geben. Ihr Schauspieler-Kollege Heinz Rühmann fuhr ebenfalls BMW – er und Marianne Hoppe hatten sich beide 1937 das gleiche Modell – ein 326er Sportcabriolet – gekauft und fuhren es nun gleichzeitig an einem schönen Tag auf der Avus, der Berliner Stadtautobahn, ein. Rühmann hatte leider eine Montagsausgabe erwischt und blieb am Fahrbahnrand stehen. Und während er ratlos vor der geöffneten Motorhaube stand, fuhr Marianne Hoppe in ihrem mitternachtsblauen Flitzer, den Fahrtwind im Haar, auf und ab und rief ihm fröhlich winkend zu: »Es geht wunderbar!«[333]

Von ihrem Altersruhesitz aus hatte Marianne Hoppe einen wunderbaren Blick auf den Berliner Zoo. Mag auch die pflegerische Versorgung in diesem Ruhesitz nicht optimal gewesen sein, wie Benedikt Hoppe erzählte; der eigentliche Grund für ihr Sich-Nicht-Wohlfühlen lag in ihr selbst. Einerseits fühlte sie sich wohl, andererseits nicht. Einerseits wollte sie in Berlin bleiben, andererseits nicht. In Bayern war das nicht anders. Einerseits war es schön hier, andererseits nicht. Zuletzt war es immer da besser, wo sie gerade nicht war. Das Beste war es aber sicherlich, als sie Anfang des Jahres 2001 in ein sehr gut geführtes Altersheim nach Siegsdorf wechselte, nur zwei Kilometer weit weg von Scharam und ihrem Sohn. Benedikt Hoppe holte seine Mutter oft ab und fuhr mit ihr in der näheren Umgebung spazieren, mit Blick auf die Alpenkette – herrlichstes Panorama also. Sie pflegte es oft mit ihrer typisch wegwerfenden Handbewegung und den Worten: »Och, eigentlich bin ich ja Mecklenburgerin!« zu quittieren. Ihr geistiges Zuhause war Mecklenburg – Mecklenburg und der Mundart-Dichter Fritz Reuter, den sie liebte. Ihr Schauspieler-Kollege Ernst Schröder erinnerte sich, wie es ihm wohltat, wenn Marianne Hoppe ihm auf seine Bitte hin bei anstrengender Probenarbeit ein paar Sätze Mecklenburger Dialekt servierte: »Wie kommt es nur, daß dieser Dialekt an ihr so hinreißend wirkt? Das schöne großflächige, strenge Gesicht bekommt einen bäuerlichen Glanz wie vom Widerschein einer untergehenden Sonne.«[334] Als Marianne Hoppe nicht mehr imstande war, selbst zu lesen, las ihr Benedikt oft Fritz Reuters plattdeutsche Geschichten vor – auch er beherrscht Mecklenburger Platt. Mit den Gedanken an ihre mecklenburgischen Wurzeln, abgetaucht in die kraftvolle und bilderreiche Poesie Fritz Reuters, verbrachte sie ihre letzte Lebenszeit. Ihr Sterben hatte glücklicherweise nichts

Marianne und Benedikt Hoppe in Berlin. Um 2000.

von jener aufwühlenden und verzweifelten Suche eines mit dem Tode Ringenden nach einem entschwundenen Gott, wie sie diese Suche selbst in Thomas Bernhards oratoriumhaftem *In hora mortis* so eindringlich rezitiert hatte. Unter der Regie von Claus Peymann war es im Akademietheater in Wien am 10.2.1991 zum zweiten Todestag des Schriftstellers einstudiert worden.[335] Die CD-Aufnahme zeugt noch heute davon, dass die Interpretin dieses Textes selbst oft nach Gott gesucht haben muss.

Im Frühjahr 2002, ein halbes Jahr vor ihrem Tod, fand in ihrem Garten in Scharam die Tonaufnahme zu einem kurzen, von Moritz Rinke verfassten Text über den Schauspieler Ulrich Wildgruber statt. Ein letztes Mal ließ Marianne Hoppe für eine Lesung ihre wunderbar satte und dunkel-weiche Stimme erklingen, die einem das Herz berührt. Darin erzählt jemand einen Tag nach dem Selbstmord Ulrich Wildgrubers, wie er diesen noch vor vierzehn Tagen aus der Ferne gesehen habe und ihm eigentlich seine Bewunderung habe mitteilen wollen. Es kam nicht dazu, auch später nicht mehr – Ulrich Wildgruber hatte sich auf der Insel Sylt im Meer ertränkt. Marianne Hoppe las: »Ich fand ihn wie einen Berg, der plötzlich tanzen und fliegen kann. Oder wie einen großen, ungewöhnlichen Bären, der die Dichter tanzend und fliegend in den Himmel mitnimmt und dabei zärtlich aufisst.« Marianne Hoppe folgte am 23. Oktober 2002.

Über das Leben, genauer gesagt, über die Fähigkeit zu leben, schrieb ihr einmal Gustaf Gründgens: »Wenn man es doch lernen könnte wie eine Rolle«.[336] Im Gegensatz zu Gustaf Gründgens hat sich Marianne Hoppe, die im Theaterspielen auch eine Möglichkeit der Flucht vor sich selbst sah – auch als Akteurin auf der Bühne des Lebens verstanden; nicht als jemanden, der auf dem Beobachterposten saß. Deshalb verwahrte sie sich auch in Hajo Schedlichs Fernsehsendung *Zeugen des Jahrhunderts* dagegen, als Zeugin bezeichnet zu werden. Mit dem Begriff der »Zeugin« assoziierte sie zu viel eigene Distanziertheit, die ihr ihrer Meinung nach doch fehlte. »Ich bin kein Zeuge des Jahrhunderts, ich bin ein Kind meiner Zeit, wie meine Nachbarin: gebeutelt, durch den Fleischwolf gedreht und auch mit glücklichen Momenten.«[337] Ihre Neugierde auf die Vielfältigkeit des Lebens und auf die Menschen ist immer wach geblieben. Wohl aus diesem Grund lautete Marianne Hoppes Antwort auf die Frage nach ihrer Lieblingsfarbe: »Der Regenbogen!« Vielen Menschen, die ihr in ihrem Leben begegnet sind, hat Marianne Hoppe Wärme und Zuneigung gegeben. Für ihre originelle Art und Weise, auch in Briefen Symphatie zu bekunden, soll zum Abschluss dieses Buches ein Brief zitiert werden, den sie am 3.12.1993 an Peter Turrini schrieb:

»An Herrn Peter Turrini –
Ja, ich wusste ja garnicht, dass Sie eine so schöne Schrift haben,
ich wusste ja nicht, dass Sie so schöne Gedichte machen
und ich wusste natürlich auch nicht, dass Sie rote Krawatten lieben –
Und doch habe ich Ihnen eine rote Krawatte gekauft.
Also muss ich es doch gewusst haben,
dass Sie rote Krawatten lieben,
dass Sie eine so schöne Schrift haben
und dass Sie so schöne Gedichte machen –
          Grüsse herzlich
              Ihre
             Marianne Hoppe«

Marianne Hoppe.
Bronzebüste von
Fritz Klimsch.
Entstanden 1935.

Anhang

Vita

1909

26. April: Marianne Stephanie Paula Henni Gertrud Hoppe, »Janni« genannt, kommt in Rostock im Haus der Großeltern mütterlicherseits in der St.-Georg-Straße 21 zur Welt. Sie ist neben ihrem Bruder Ernst-Günther (geb. 1903) und Gerda (geb. 1904) das dritte und letzte Kind des Landwirts Gustav Hoppe und seiner Ehefrau Margarethe (»Pinchen«), geb. Küchenmeister. Kindheit und Jugend auf dem elterlichen Gut in Felsenhagen in der brandenburgischen Ost-Prignitz.

1924–1926

Besuch des Königin-Luise-Stifts in Berlin-Dahlem.
März 1926: Übergang auf ein Pensionat in Weimar, nach wenigen Wochen Wechsel auf die dortige Staatliche Handelsschule. Häufiger Besuch des Deutschen Nationaltheaters. Rezitationsstunden bei der Schauspielerin Erika Kristen (gest. 1953).

1927–1932

September 1927: nach Absolvierung der Handelsschule in Weimar Übersiedlung nach Berlin. Privater Schauspielunterricht bei Berthold Held am Deutschen Theater. Stunden auch bei Lucie Höflich, Ilka Grüning, Robert Müller und Irmgard Waldeck. Den regulären Schauspielunterricht der Schauspielschule des Deutschen Theaters besucht sie nicht.

4.3.1928: Debüt als Lucie in *Mörder für uns* von Willi Schäferdieck (Bühne der Jugend). Erste lobende Kritik über die Anfängerin durch den Theaterkritiker Herbert Ihering. Es folgen weitere kleine Rollen an diesem Theater, auch unter der Regie von Max Reinhardt. Zur Spielzeit 1928/29 erster Engagement-Vertrag am Deutschen Theater. Erste Mitwirkung unter der Regie von Gustaf Gründgens in der Spielzeit 1929/30: Marianne Hoppe übernimmt in dem Lustspiel *Die liebe Feindin* von A. P. Antoine die Rolle von Erika Mann.

Zur Spielzeit 1930/31: Wechsel an das Neue Theater in Frankfurt/Main. Sie spielt Rollen (oft Hauptrollen) in über dreißig Stücken hauptsächlich aus dem komödiantisch-unterhaltenden Genre.

Erste Liebesbeziehung zu dem Soziologen Carl Dreyfus, der sie mit Theodor W. Adorno, Martin Heidegger und Max Horkheimer bekannt macht.

Zur Spielzeit 1932/33 Wechsel an die Münchener Kammerspiele als Ersatz für Käthe Gold. Erster überregionaler Bühnenerfolg als Piperkarcka in Otto Falckenbergs Inszenierung des Schauspiels *Die Ratten* von Gerhart Hauptmann (mit Therese Giehse und Kurt Horwitz). Liebesbeziehung zu Ödön von Horváth.

1933–1934

16.3.1933: Verhaftung Otto Falckenbergs. Flucht jüdischer Ensemblemitglieder ins Exil, darunter Therese Giehse. Freilassung Otto Falckenbergs nach drei Tagen.

8.4.1933: Wiedereröffnung der Münchener Kammerspiele. Marianne Hoppe spricht den Prolog in Goethes *Des Epimenides Erwachen* und spielt die Rolle des Fräuleins von Winterstein in *Preußengeist* von Paul Ernst. Gegen Ende der Spielzeit Weggang zum Film.

August 1933: Filmdebüt in der Rolle der Josefa in *Der Judas von Tirol* (Regie Franz Osten).

Mietwohnung in der Caspar-Theyßstraße 14 in Berlin. Erwerb eines Grundstücks und Hausbau in der Stalluponer Allee 49 in Berlin-Grunewald.

Im Januar 1934 erster großer Filmerfolg als Elke Volkerts in *Der Schimmelreiter* nach Theodor Storm (Regie Hans Deppe und Curt Oertel).

6.9.1934: Titelrolle in dem Film *Schwarzer Jäger Johanna* (Regie Johannes Meyer), erste gemeinsame Filmarbeit mit Gustaf Gründgens. Zu den Höhepunkten ihrer Filmkarriere während des Dritten Reichs zählen ihre Rollen als Theodor Fontanes Effi Briest in *Der Schritt vom Wege* (1939, Regie Gustaf Gründgens), als Titelfigur in *Auf Wiedersehen Franziska!* (1941, Regie Helmut Käutner) und als Madeleine in *Romanze in Moll* (1943, Regie Helmut Käutner).

Aus dem freundschaftlichen Verhältnis zwischen Marianne Hoppe und Gustaf Gründgens wurde während der ersten gemeinsamen Filmarbeit eine Liebesbeziehung.

1935–1945

Zur Spielzeit 1935/36: Engagement am Preußischen Staatstheater in Berlin, an dem Gustaf Gründgens seit 1934 Intendant ist. Mit ihrem Debüt als Julia in *Die zwei Herren von Verona* von Shakespeare am 8. September wird das »Kleine Haus« in der Nürnberger Straße (Charlottenburg) als zusätzliche Spielstätte des Preußischen Staatsschauspiels eröffnet. Weitere Rollen als Agathe in *Die Jungfern von Bischofsberg* von Gerhart Hauptmann, als Mabel in *Ein idealer Gatte* von Oscar Wilde und als Renate in *Sonne für Renate* von Erich Ebermayer.

Großer Erfolg in ihrer ersten tragischen Rolle als Gretchen in der Wiederaufnahme des *Faust I.* (Regie Lothar Müthel) als Umbesetzung für Käthe Gold.

3. 5. 1936: Angriffe auf Gründgens im Völkischen Beobachter wegen Homosexualität. Gründgens flieht am gleichen Tag nach Basel, von wo aus er Göring über seinen Entschluss zur Emigration unterrichtet. Auf ausdrücklichen Wunsch Hermann Görings kommt Gründgens nach Berlin zurück. Göring ernennt ihn am 6. Mai zum Preußischen Staatsrat.

1. 6. 1936: Marianne Hoppe zieht in ihr Haus in der Stallupöner Allee 49 ein, das sie neben ihren zukünftigen Wohnsitzen im Zeesener Landhaus und später im Hofgärtnerhäuschen beim Schloss Bellevue beibehält.

19. 6. 1936: Eheschließung mit Gustaf Gründgens.

Parallel zu ihrer Filmarbeit spielt sie an den Preußischen Staatstheatern hauptsächlich in klassischen Stücken, vor allem unter der Regie von Lothar Müthel, Gustaf Gründgens und Karl Heinz Stroux. Zu ihren größten Erfolgen zählen die Titelrollen in *Emilia Galotti* von Lessing (Regie Gustaf Gründgens), *Johanna von Orleans* von Schiller (Regie Lothar Müthel) und die *Antigone* von Sophokles (Regie Karl Heinz Stroux); auch im heiteren Fach, etwa als Lessings Minna von Barnhelm (Regie Gustaf Gründgens) oder in diversen Rollen in den Komödien Shakespeares erzielte sie große Erfolge. Jürgen Fehling setzte sie in moderneren Stücken ein, so als Vivie in Shaws *Frau Warrens Gewerbe* und als Marikke in Sudermanns *Johannisfeuer*, ihre letzte Rolle am Preußischen Staatstheater vor dessen kriegsbedingter Schließung.

Nach Goebbels' Rede im Sportpalast am 18. 2. 1943 in Berlin meldet sich Gustaf Gründgens freiwillig als Flaksoldat in die Nähe von Amersfoort (Holland). Seinen Posten als Generalintendant des Preußischen Staatstheaters behält er bei. In der Folgezeit wird Marianne Hoppe seine Berichterstatterin über die Geschehnisse in Berlin und am Theater. Sie übernimmt nach dem Weggang von Gründgens bis zu dessen Rückkehr im April 1944 keine neue Theaterrolle mehr. Konzentriert sich auf Filmarbeit.

Ende November 1943: britischer Großangriff auf Berlin. Zerstörung des Stadtzentrums. Aufnahme ausgebombter Schauspieler-Kollegen in Zeesen. Auch Schloss Bellevue und das vom Ehepaar Gründgens bewohnte ehemalige Hofgärtnerhaus werden zerstört.

Mitte April 1944: Gustaf Gründgens wird an das Preußische Staatsschauspiel zurückbeordert. 1. 9. 1944: Schließung der Preußischen Staatstheater.

Das Ehepaar zieht innerhalb Berlins in getrennte Wohnungen, Gustaf Gründgens zunächst in die Federiciastraße, Marianne Hoppe wieder in die Wohnung in der Caspar-Theyßstraße 14. Hier wartet sie das Ende des Krieges ab.

1945

3. Mai: erstes Eintreffen russischer Soldaten auf dem elterlichen Gut in Felsenhagen. Beginn der Plünderungen und der Zerstörung des Gutes. 7. Mai: Vertreibung der Familie Hoppe vom Gut.

6. Juni: nach mehreren vorausgegangenen kurzfristigen Verhaftungen erneute Verhaftung von Gustaf Gründgens durch die NKWD, diesmal für neun Monate.

Marianne Hoppe arbeitet in einer Waisenstation in der Putlitzstraße in Berlin-Moabit. Mithilfe bei Aufräumaktionen der Caritas. Bemühungen um Gründgens' Freilassung.

9. 8. 1945: Marianne Hoppe sieht ihr Elternhaus, das zur Versorgung der örtlichen Kommandantur bestimmt worden war, anlässlich des 64. Geburtstages ihrer Mutter zum letzten Mal.

August 1945: der mit dem Ehepaar Gründgens befreundete Auslandskorrespondent Ralph Izzard

(1910–1992) kommt als Offizier des Britischen Marinegeheimdienstes nach Berlin. Zwischen ihm und Marianne Hoppe entwickelt sich eine Liebesbeziehung. Marianne Hoppe wird schwanger.

Im Herbst Aufnahme der vom Familiengut vertriebenen Eltern Marianne Hoppes in ihr Haus in der Stallupöner Allee.

1946

Januar: Izzard wird nach England zurückbeordert.

9. März: Gründgens wird aus der Haft entlassen. Zusammen mit Gustav von Wangenheim, dem neuen Leiter des Deutschen Theaters, wird er sich dem kulturellen Aufbau im Ostsektor Berlins widmen. Marianne Hoppe und Gustaf Gründgens beschließen die Scheidung.

Flucht aus Berlin und vorübergehende Aufnahme bei ihrer früheren Berliner Freundin Alice Kühn (jetzt verh. Zickgraf) in Mönchsroth bei Dinkelsbühl.

5. Mai: Geburt ihres Sohnes Johann Percy Benedikt (Siebenmonatskind) in einem Krankenhaus in Dinkelsbühl. Körperlicher und nervlicher Zusammenbruch Marianne Hoppes, dem viele Behandlungen in unterschiedlichen Sanatorien folgen. Hilfe vor allem durch Gustaf Gründgens.

29. Mai 1946: die Ehe zwischen Gustaf Gründgens und Marianne Hoppe wird geschieden.

1947–1950

Mai: zusammen mit einem Kindermädchen holt Marianne Hoppe ihren Sohn Benedikt in Dinkelsbühl ab, wo er privat zur Pflege untergebracht war. Sie ziehen in eine Zweizimmerwohnung nach Scharam in Oberbayern, nahe der österreichischen Grenze, zu einer Bekannten von Elisabeth Flickenschildt.

Gustaf Gründgens, seit April 1947 Generalintendant der Städtischen Bühnen in Düsseldorf, holt Marianne Hoppe zurück ans Theater: 7. 11. 1947: Triumphaler Erfolg in der deutschen Erstaufführung der *Fliegen* von Jean-Paul Sartre unter der Regie von Gustaf Gründgens. Marianne Hoppe als Elektra, Gustaf Gründgens als Orest, Elisabeth Flickenschildt als Klytämnestra, Heinrich Fürst als Ägisth und Peter Esser als Jupiter. In der Folgezeit weitere Stückverträge mit dem Düsseldorfer Theater. Nach dem Krieg bindet sie sich nicht mehr fest an ein Theater.

Allmähliche berufliche Abnabelung von Gustaf Gründgens. Marianne Hoppe spielt in den Fünfzigerjahren hauptsächlich in zeitgenössischen Stücken. Sie entdeckt für sich das Fach der »Knacksdamen«, das Rollenfach der psychotischen und morbiden Frauen in modernen amerikanischen Stücken. Die erste Rolle dieser Art war die der Blanche in *Endstation Sehnsucht* von Tennessee Williams (Spielzeit 1949/50, Schloßpark-Theater Berlin, in der Komödie).

Häufige Mitwirkung an Rezitationsabenden. Marianne Hoppe wird eine der besten deutschen Vorleserinnen.

Juni 1950: Einzug in das Bauernhaus in Scharam. Für ihren Sohn Benedikt schafft sie Schafe an und einen Hund namens »Wampi«.

Wegen berufsbedingter langer Abwesenheiten von Scharam wird Benedikt von einer Haushälterin liebevoll versorgt und betreut. Außer den Kinderfrauen »Nannchen« und später »Klemmi« (d. i. Rosemarie Klemm) kümmern sich auch Freundinnen und Kolleginnen vom Theater um Benedikt.

1951–1955

Anfang Juni 1951: Marianne Hoppes Mutter Grete stirbt. Ihr Vater, der mit Grete seit Herbst 1945 in der Stallupöner Allee 49 gewohnt hat, zieht zu seiner ältesten Tochter Gerda nach Frankfurt.

11. 9. 1951: am Deutschen Schauspielhaus in Hamburg gibt sie die Titelrolle in Schillers *Maria Stuart* neben Maria Becker als Elisabeth (Regie Hermine Körner).

Ab März 1954 Mietwohnung in der Wurzerstraße in München, im gleichen Haus, in dem auch Therese Giehse wohnt.

12. 5. 1954: Übertritt zum katholischen Glauben.

23. 10. 1954: letzte Rolle am Düsseldorfer Schauspielhaus unter der Intendanz von Gustaf Gründgens. Lucile Blanchard in Jean Giraudoux' Schauspiel *Um Lucretia* (Regie Gustaf Gründgens).

1. 8. 1955: Gustaf Gründgens übernimmt die Intendanz des Deutschen Schauspielhauses in Hamburg. In den nächsten Jahren, bis kurz vor seinem Tod, arbeitet sie nicht mehr unter seiner Regie. Sie bleiben aber in freundschaftlichem Kontakt.

Der Film tritt für Marianne Hoppe als Schauspielerin nach dem Krieg in den Hintergrund. Zu den anspruchsvolleren Filmen, in denen sie noch mitwirkt, gehören *Das verlorene Gesicht* (1948, Regie Kurt

Hoffmann), *Schicksal aus zweiter Hand* (1949, Regie Wolfgang Staudte) und *Der Mann meines Lebens* (1954, Regie Erich Engel). In allen anderen Filmen, darunter auch zwei Karl May-Filme, wirkt sie vor allem aus Gründen des Broterwerbs mit.

Am Theater arbeitet Marianne Hoppe nur noch freiberuflich und spielt auf den Bühnen in Hamburg, München, Berlin, Wien, Salzburg, Frankfurt und Zürich.

1956–1960

Herbst 1956: Auflösung des Haushaltes in Oberscharam. Marianne Hoppe zieht wieder nach Berlin, wo sie in den kommenden Jahren hauptsächlich Theater spielt. Benedikt besucht ein Internat in Marquartstein, später in Pinzgau (Österreich). Nach kurzer Zeit holt sie auch ihren Sohn nach Berlin, der hier das Ernst-Moritz-Arndt-Gymnasium besucht.

Zum relativ kleinen Freundeskreis gehören die Schauspielerin Elsa Wagner, mit der Marianne Hoppe schon während ihrer gemeinsamen Zeit am Staatstheater befreundet war, Carsta Löck, mit der sie zusammen filmt, und die Pianistin Gerty Herzog-Blacher, die Ehefrau des Komponisten Boris Blacher.

29. 9. 1957: großer Erfolg in der Rolle der Deborah Harford in der deutschsprachigen Erstaufführung von *Fast ein Poet* von Eugene O'Neill anlässlich der Salzburger Festspiele im Landestheater (Regie Oskar Fritz Schuh).

1961–1963

Marianne Hoppe entschließt sich zur Rückkehr nach Scharam. Benedikt kommt wieder in ein bayerisches Internat. Anschließend Ausbildung zum Schriftsetzer und berufliche Tätigkeit als Redakteur und Journalist.

Von 1961 bis zum Ende ihrer beruflichen Laufbahn spielt Marianne Hoppe auch Fernsehrollen.

9. 5. 1962: letztes gemeinsames Auftreten mit Gustaf Gründgens am Deutschen Schauspielhaus in Hamburg (Theater am Besenbinderhof) in *Das Konzert* von Hermann Bahr (Regie Gustaf Gründgens).

In Hamburg lernt Marianne Hoppe Annemarie Zöllner kennen, die ihr in Scharam in den nächsten 35 Jahren eine liebenswerte und zuverlässige Haushälterin wird.

23. 8. 1962: Mariannes Vater Gustav Hoppe stirbt im Alter von 96 Jahren.

14. 4. 1963: am Deutschen Schauspielhaus in Hamburg Rolle der Königin Gertrude in *Hamlet* von Shakespeare unter der Regie von Gustaf Gründgens. Der Tag der Premiere ist zugleich das Ende seiner Hamburger Intendanz.

7. 10. 1963: Gustaf Gründgens, der sich im September auf Weltreise begeben hat, stirbt an einer Magenblutung in einem Hotel in Manila.

28. 11. 1963: erstes Auftreten in Zürich am Schauspielhaus am Pfauen als Königin Margarete in *Der König stirbt* von Eugène Ionesco (Regie Kurt Hirschfeld).

1964–1973

Seit 1965 Mitglied der Akademie der Künste (West), Berlin, Sektion Darstellende Künste (ab 1993 bis 2002: Akademie der Künste, Berlin, Sektion Darstellende Künste)

1968: Verkauf ihres Hauses in der Stallupöner Allee.

November 1969: Lesereise mit *Das Märchen* von Goethe durch England und Schottland.

Winter/Frühjahr 1971 »Dramatic and Literary Workshop Marianne Hoppe« in Princeton und Yale (USA).

In den siebziger Jahren ist Marianne Hoppe auch häufig mit Tourneetheatern unterwegs, u. a. mit dem »Grünen Wagen«. Bei dieser Gelegenheit freundet sie sich mit der Schauspielerin Anni Mewes an, die bis zu deren Tod am 27. 4. 1980 ihre Lebenspartnerin ist. Anni Mewes' Tochter Annemarie (verh. Herald) wird Marianne Hoppes Fernseh-Agentin.

1974–2002

15. 5. 1974: am Schiller-Theater in Berlin Rolle der Generalin in *Die Jagdgesellschaft* von Thomas Bernhard (Regie Dieter Dorn). Mit dem Autor entwickelt sich eine Freundschaft.

3. 3. 1975: Tod von Therese Giehse.

Januar bis März 1976: Lese- und Workshop-Reise in die USA, organisiert vom Goethe-Institut. Marianne Hoppe hält Vorträge, gibt Lesungen und Workshops an nordamerikanischen Universitäten.

Oktober 1978: auf Vermittlung ihrer Freundin Talitha von Heyden erwirbt Marianne Hoppe ein Haus in Nomitsi auf dem Peloponnes.

27. 4. 1980: Tod von Anni Mewes.

18. 8. 1981: großer Erfolg in der Rolle der Mutter in der Uraufführung von *Am Ziel* von Thomas Bernhard

(Regie Claus Peymann) anlässlich der Salzburger Festspiele. Thomas Bernhard hatte die Rolle der Mutter bereits während des Schreibens am Stück auf Marianne Hoppe hin konzipiert.

15.1.1986: am Schiller-Theater in Berlin Rolle der Schauspielerin Madeleine in *Savannah Bay* von Marguerite Duras (Regie Heribert Sasse). Dafür verleiht ihr die Akademie der Künste den Großen Kunstpreis Berlin.

Mai 1986: Aufnahme in die Akademie der Schönen Künste (München).

4.11.1988: Rolle der Hedwig Schuster in der skandalumwobenen Uraufführung von *Heldenplatz* von Thomas Bernhard am Burgtheater (Regie Claus Peymann).

Weihnachten 1988: Marianne Hoppe verbringt mit Thomas Bernhard in Torremolinos (Spanien) einige Urlaubstage. Sie sehen sich dort zum letzten Mal. Am 12.2.1989 stirbt Thomas Bernhard in Gmunden (Österreich).

26.5.1990: Marianne Hoppe spielt den König Lear in der Inszenierung von Robert Wilson an den Städtischen Bühnen in Frankfurt (Bockenheimer Depot).

2.12.1992: Ralph Izzard stirbt im Alter von 82 Jahren.

Mitte Februar 1993: einwöchiges Gastspiel in Los Angeles: Marianne Hoppe übernimmt unter der Regie von Werner Schroeter den Part des Großinquisitors in Bernd Alois Zimmermanns szenischem Oratorium *Ich wandte mich und sah an alles Unrecht, das geschah unter der Sonne*.

1993/94 bis 1996/97: letzte Theaterrollen am Berliner Ensemble.

1998: Übersiedlung in den Altersruhesitz am Kurfürstendamm.

1999: Beginn der Dreharbeiten zu Werner Schroeters filmischer Hommage *Die Königin* (Mitarbeit Monika Keppler). Der Film kommt im Jahr 2000 heraus.

Anfang 2001: Rücksiedlung nach Bayern in ein Seniorenheim in Siegsdorf.

23.10.2002: Marianne Hoppe stirbt im Alter von 93 Jahren in Siegsdorf.

Preise und Ehrungen

1954: Deutscher Filmorden

1965: Aufnahme in die Akademie der Künste (West), Berlin, Sektion Darstellende Künste (ab 1993 bis 2002: Akademie der Künste, Berlin, Sektion Darstellende Künste)

1965: Bambi

1971: Kunstpreis Berlin

1975: Hermine Körner-Ring

1975: Deutscher Schallplattenpreis

1976: Großes Bundesverdienstkreuz

1981: Die Goldene Kamera

1986: Bayerischer Maximiliansorden für Wissenschaft und Kunst

1986: Großer Kunstpreis Berlin

1986: Aufnahme in die Akademie der Schönen Künste (München)

1987: Bayerischer Filmpreis

1987: Deutscher Filmpreis

1988: Deutscher Darstellerpreis

1989: Bayerischer Fernsehpreis

1992: Silbernes Blatt der Dramatiker Union

1996: Bayerischer Filmpreis

1999: Preis der Deutschen Schallplattenkritik

2000: Die Goldene Kamera

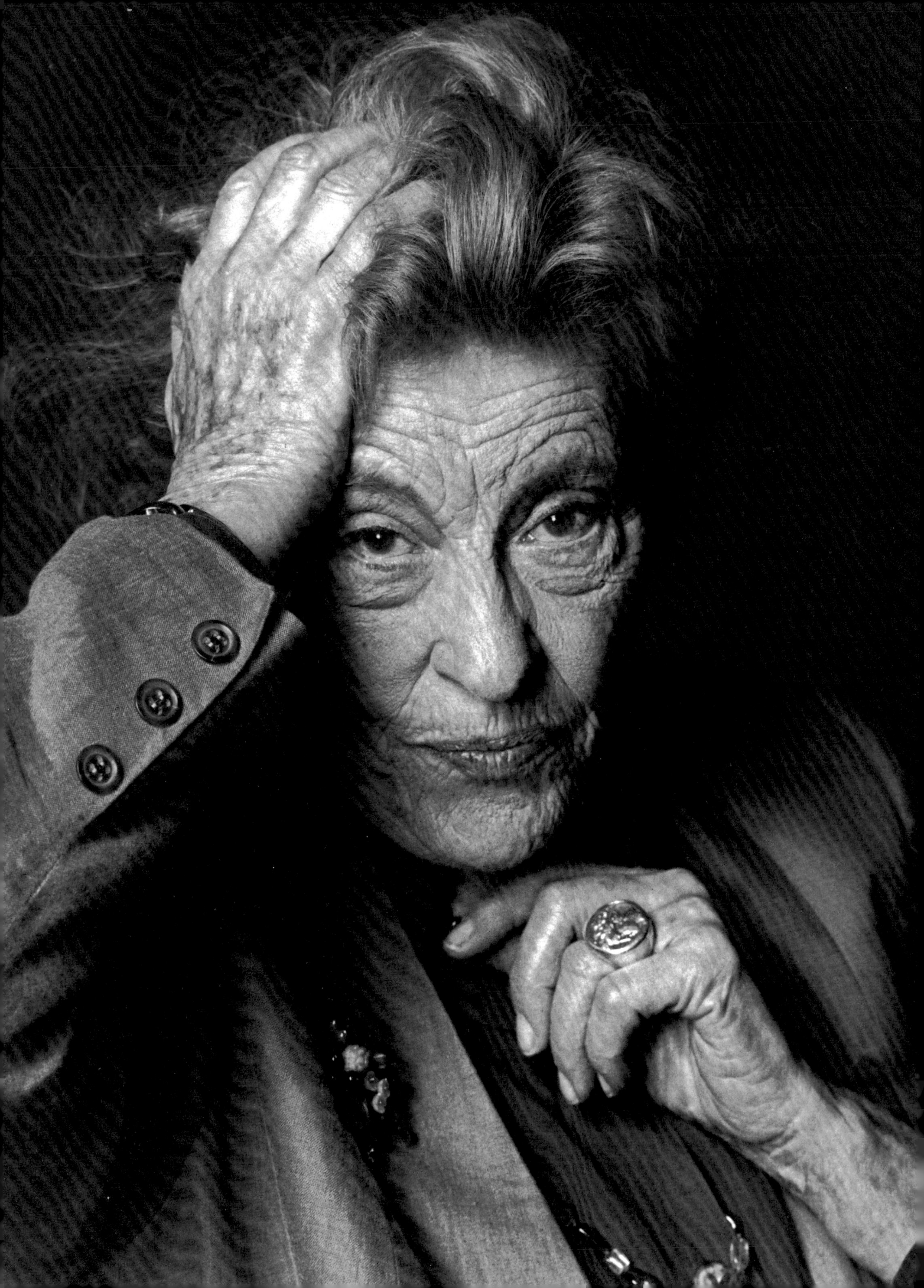

Rollenverzeichnisse

Auf Verzeichnisse der Tourneetheater-Rollen, der Fernsehrollen und der Lesungen und Rezitationen wurde verzichtet.

Theaterrollen[338]

Spielzeit 1927/28 – Deutsches Theater, Berlin
Mörder für uns von Willi Schäferdieck (Lucie)
    R: Fritz Eckert. P: 4. 3. 1928, Bühne der Jugend
Artisten von Gloryl Watters und Arthur Hopkins (Tänzerin)
    R: Max Reinhardt. P: 9. 6. 1928
Der Präsident von Georg Kaiser (Elmire Blanchonnet)
    R: Victor Schwannecke. P: 12. 7. 1928, Komödienhaus am Schiffbauerdamm

Spielzeit 1928/29 – Deutsches Theater, Berlin
Romeo und Julia von William Shakespeare (Page des Paris)
    R: Max Reinhardt. P: 25. 10. 1928, Berliner Theater
Soeben erschienen von Edouard Bourdet (Noemie)
    R: Robert Forster-Larrinaga. P: 17. 1. 1929, Kammerspiele
Die lustigen Weiber von Windsor von William Shakespeare (Anne Page)
    R: Heinz Hilpert. P: 15. 2. 1929

Spielzeit 1929/30 – Deutsches Theater, Berlin
Vom Teufel geholt von Knut Hamsun (1. Stubenmädchen bei Gihle)
    R: Max Reinhardt. P: 11. 11. 1929, Komödie
Die liebe Feindin von A.P. Antoine (Das junge Mädchen. Rollenübernahme von Erika Mann)
    R: Gustaf Gründgens. P: 11. 3. 1930, Kammerspiele

Spielzeit 1930/31 – Neues Theater, Frankfurt/Main[339]
Die Prinzessin und der Eintänzer von Alexander Engel und Leo Keller (Prinzessin Roxy)
    R: Martin Costa. P: 2. 8. 1930
Das Konto X von Rudolf Bernauer und Rudolf Oesterreicher (Ulli von Waldhofen)
    R: Josef Ambach. DE: 16. 8. 1930

Marianne Hoppe, stolze Trägerin des Hermine Körner-Rings.

Eltern und Kinder von George Bernhard Shaw (Hypatia)
    R: Martin Costa. P: 13. 9. 1930
Freudiges Ereignis von Floyd Dell und Thomas Mitchell
    P: 18. 9. 1930
Gott, König und Vaterland von Leo Lania (Jelena)
    R: Arthur Hellmer. UA: 4. 10. 1930
Der Fratz von Barry Conners (Roxy)
    R: Lydia Busch. P: 1. 11. 1930
Ein Sommernachtstraum von William Shakespeare (Puck)
    R: Renato Mordo. P: 3. 12. 1930
Ist denn das so wichtig? von Rudolf Lothar
    R: Alfred Wolf. P: 13. 12. 1930
Das öffentliche Ärgernis von Franz Arnold
    R: Franz Massareck. P: 31. 12. 1930
Voruntersuchung von Max Alsberg und Otto Ernst Hesse (G. Bienert)
    R: Arthur Hellmer. P: 21. 1. 1931
Im Spiel der Sommerlüfte von Arthur Schnitzler (Gusti)
    R: Arthur Hellmer. DE: 4. 4. 1931
Drunter und drüber, rechts und links von Toni Impekoven und Carl Mathern (Vera)
    R: Josef Ambach. UA: 5. 4. 1931
Der Biberpelz von Gerhart Hauptmann (Tochter Wolff)
    R: Herbert Wahlen. P: 18. 4. 1931
Intimitäten von Noël Coward (Sybil Chase)
    R: Martin Costa. P: 10. 5. 1931
Der Brotverdiener von William Somerset Maugham (Judy Battle)
    R: Kurt Hellmer. P: 23. 5. 1931
Die Fee von Ferenc Molnár (Lu)
    R: Kurt Reiss. P: 13. 6. 1931
Minna von Barnhelm von Gotthold Ephraim Lessing (Franziska)
    R: Herbert Wahlen. P: 19. 6. 1931

Spielzeit 1931/32 – Neues Theater, Frankfurt/Main
Frühlings Erwachen von Frank Wedekind (Wendla Bergmann)
    R: Herbert Wahlen. P: 8. 9. 1931
Der Misthaufen von Paul Alfred Dierhagen (Lotte)
    R: Herbert Wahlen. P: 12. 9. 1931
Pariser Platz dreizehn von Vicki Baum (Schauspielerin)
    R: Kurt Reiss. P: 19. 9. 1931

Ist das nicht nett von Colette? von Max Bertuch, Kurt Schwabach (Gesangstexte) und Willy Rosen (Musik) (Colette)
R: Kurt Reiss. P: 3. 10. 1931

Kampf um Kitsch von Robert Adolf Stemmle (Ina Witt)
R: Kurt Reiss. P: 11. 11. 1931

In jeder Ehe von Cecil Chesterton und Ralph Neale (Jill)
R: Kurt Reiss. P: 21. 11. 1931

Haus Danieli von Alfred Neumann (Hofdame)
R: Martin Costa. P: 5. 12. 1931

Alles Schwindel von Marcellus Schiffer und Mischa Spoliansky (Musik) (Evelyne Hill)
R: Renato Mordo. P: 31. 12. 1931

Das große Los von Alberto Colantunoni (Ninetta)
R: Kurt Reiss. P: 27. 1. 1932

Etienne von Jacques Deval
R: Kurt Reiss. P: 13. 3. 1932

Vor Sonnenuntergang von Gerhart Hauptmann (Inken Peters)
R: Arthur Hellmer. P: 26. 3. 1932

Schöne, blaue Donau von Hans Müller
Sammeltitel: *Narr des Herzens*
R: Lydia Busch. P: 12. 4. 1932

Reifeprüfung von Max Dreier
R: Herbert Wahlen. P: 26. 4. 1932

Mädchen in Uniform von Christa Winsloe (Manuela von Meinhardis)
R: Arthur Hellmer. P: 7. 5. 1932

Freie Bahn dem Tüchtigen von August Hinrichs (Ursula Bröker)
R: Martin Costa. P: 1. 6. 1932

Spielzeit 1932/33 – Münchener Kammerspiele

Anm.: Im Laufe ihrer Geschichte schrieben sich die Kammerspiele abwechselnd »Münchener« oder Münchner« Kammerspiele.

Die Schule der Frauen/Die Kritik der Schule der Frauen von Molière (Agnes)
R: Richard Révy. P: 24. 9. 1932

Der große Bariton von Leo Dietrichstein, Fred und Hanny Hatton (Ethel Warren)
R: Richard Révy. P: 29. 10. 1932

Heimkehr des Olympiasiegers von Sindbad (Marga Reuter)
R: Richard Révy. P: 6. 11. 1932

Die Ratten von Gerhart Hauptmann (Piperkarcka)
R: Otto Falckenberg. P: 6. 12. 1932

Das schwedische Zündholz von Ludwig Hirschfeld (Birgitt)
R: Julius Gellner. P: 31. 1. 1933

Komödie der Irrungen von William Shakespeare (Adriana)
R: Otto Falckenberg. P: 15. 2. 1933

Fanny von Marcel Pagnol (Fanny)
R: Richard Révy. P: 24. 3. 1933

Des Epimenides Erwachen von Johann Wolfgang von Goethe (Sprecherin des Prologs) / *Preußengeist* von Paul Ernst (Frl. von Winterstein) / *Philotas* von Gotthold Ephraim Lessing
Regie: Otto Falckenberg. P: 8. 4. 1933

Spielzeit 1934/35 – Neues Theater, Frankfurt/Main

Die Hummel von Frank Vosper (Loveday)
R: Martin Costa. P: 15. 12. 1934

Spielzeit 1935/36 – Preußische Staatstheater, Berlin

Zwei Herren aus Verona von William Shakespeare (Julia)
R: Lothar Müthel. P: 8. 9. 1935, Kleines Haus

Die Jungfern vom Bischofsberg von Gerhart Hauptmann (Agathe)
R: Lothar Müthel. P: 15. 10. 1935, Kleines Haus

Ein idealer Gatte von Oscar Wilde (Mabel)
R: Hans Leibelt. P: 7. 12. 1935, Kleines Haus

Faust I von Johann Wolfgang von Goethe (Gretchen, Umbesetzung für Käthe Gold)
R: Lothar Müthel. P (Wiederaufn.): 30. 12. 1935, Schauspielhaus

Sonne für Renate von Erich Ebermayer (Renate)
R: Paul Bildt. P: 10. 5. 1936, Kleines Haus

Spielzeit 1936/37 – Preußische Staatstheater, Berlin

Die gefesselte Phantasie von Ferdinand Raimund (Hermione)
R: Jürgen Fehling. P: 25. 9. 1936, Kleines Haus

Versprich mir nichts von Charlotte Rißmann (Monika Pratt)
R: Wolfgang Liebeneiner. UA: 10. 11. 1936, Kleines Haus

Was ihr wollt von William Shakespeare (Viola)
R: Gustaf Gründgens. P: 9. 6. 1937, Schauspielhaus

Spielzeit 1937/38 – Preußische Staatstheater, Berlin

Emilia Galotti von Gotthold Ephraim Lessing (Emilia)
R: Gustaf Gründgens. P: 29. 9. 1937, Kleines Haus

Sturz des Ministers von Eberhard Wolfgang Möller (Königin Caroline Mathilde)
R: Lothar Müthel. P: 4. 2. 1938, Schauspielhaus

Frau Warrens Gewerbe von George Bernard Shaw (Vivie)
R: Jürgen Fehling. DE: 6. 3. 1938, Schauspielhaus

Hamlet von William Shakespeare (Ophelia, Umbesetzung auf Gastspielen)
R: Lothar Müthel. P: 21. 1. 1935, Schauspielhaus, mit Käthe Gold als Ophelia

Gastspiel in Wien: 13. 6. 1938; Gastspiel in Kopenhagen: 19.–31. 7. 1938

Spielzeit 1938/39 – Preußische Staatstheater, Berlin
Die Jungfrau von Orleans von Friedrich von Schiller (Johanna)
R: Lothar Müthel. P: 14. 1. 1939, Schauspielhaus

Die Königin Isabella von Hans Rehberg (Juana)
R: Gustaf Gründgens. UA: 6. 4. 1939, Schauspielhaus

Spielzeit 1939/40 – Preußische Staatstheater, Berlin
Minna von Barnhelm von Gotthold Ephraim Lessing (Minna)
R: Gustaf Gründgens. P: 3. 11. 1939, Kleines Haus
Dantons Tod von Georg Büchner (Lucile)
R: Gustaf Gründgens. P: 9. 12. 1939, Schauspielhaus
Maß für Maß von William Shakespeare (Isabella)
R: Lothar Müthel. P: 12. 1. 1940, Schauspielhaus
Gastspiel: 25. 3. 1940, Burgtheater
Die Verschwörung des Fiesco zu Genua von Friedrich von Schiller (Leonore)
R: Karl Heinz Stroux. P: 4. 4. 1940, Schauspielhaus

Spielzeit 1940/41 – Preußische Staatstheater, Berlin
Antigone von Sophokles (Antigone)
R: Karl Heinz Stroux. P: 3. 9. 1940, Schauspielhaus
Die Journalisten von Gustav Freytag (Adelheid Runeck)
R: Viktor de Kowa. P: 31. 5. 1941, Kleines Haus

Spielzeit 1941/42 – Preußische Staatstheater, Berlin
Turandot von Friedrich von Schiller nach Gozzi (Turandot)
R: Karl Heinz Stroux. P: 20. 9. 1941, Schauspielhaus
Die lustigen Weiber von Windsor von William Shakespeare (Frau Fluth)
R: Gustaf Gründgens. P: 30. 12. 1941, Schauspielhaus

Spielzeit 1942/43 – Preußische Staatstheater, Berlin
Der Widerspenstigen Zähmung von William Shakespeare (Katharina)
R: Karl Heinz Stroux. P: 15. 10. 1942, Schauspielhaus
Flucht vor Liebe von Renate Uhl (Nadine)
R: Helmut Käutner. UA: 24. 2. 1943, Kleines Haus

Spielzeit 1943/44 – Preußische Staatstheater, Berlin
Johannisfeuer von Hermann Sudermann (Marikke)
R: Jürgen Fehling. P: 6. 5. 1944, Schauspielhaus

Spielzeit 1947/48 – Städtische Bühnen, Düsseldorf
Die Fliegen von Jean-Paul Sartre (Elektra)
R: Gustaf Gründgens. DE: 7. 11. 1947, Neues Theater

Spielzeit 1948/49 – Städtische Bühnen, Düsseldorf
Torquato Tasso von Johann Wolfgang von Goethe (Leonore von Este)
R: Gustaf Gründgens. P: 14. 1. 1949, Neues Theater
Barbara Blomberg von Carl Zuckmayer (Barbara Blomberg)
R: Hans Schalla. P: 4. 5. 1949, Neues Theater

Spielzeit 1949/50 – Staatliche Bühnen, Berlin
Endstation Sehnsucht von Tennessee Williams (Blanche)
R: Berthold Viertel. DE: 10. 5. 1950, Schloßpark-Theater (Gastspiel in der Komödie)

Spielzeit 1950/51 – Städtische Bühnen, Düsseldorf
Anna, Königin für 1000 Tage von Maxwell Anderson (Anna Boleyn)
R: Ulrich Erfurth. DE: 2. 11. 1950, Neues Theater
Die Cocktail Party von T.S. Eliot (Celia Coplestone)
R: Gustaf Gründgens. DE: 9. 12. 1950, Opernhaus

Spielzeit 1951/52
Deutsches Schauspielhaus, Hamburg
Maria Stuart von Friedrich von Schiller (Maria Stuart)
R: Hermine Körner. P: 11. 9. 1951

Staatliche Bühnen, Berlin
Ein Mädchen vom Lande von Clifford Odetts (Georgie Elgin)
R: Boleslaw Barlog. DE: 9. 11. 1951, Schloßpark-Theater

Spielzeit 1952/53
Kleine Komödie, München
Finden Sie, dass Constanze sich richtig verhält? von William Somerset Maugham (Constanze)
R: Gerhard Metzner. P: 6. 8. 1952

Städtische Bühnen, Düsseldorf
Candida von George Bernard Shaw (Candida)
R: Willi Schmidt. P: 15. 4. 1953 (Schauspielhaus)

Spielzeit 1954/55
Städtische Bühnen, Düsseldorf
Um Lucretia von Jean Giraudoux (Lucile Blanchard)
R: Gustaf Gründgens. P: 23. 10. 1954 (Schauspielhaus)

Spielzeit 1955/56 – Volkstheater, Wien
Requiem für eine Nonne von William Faulkner (Temple Stevens)
R: Günther Haenel. P: 2.6.1956 (anl. der Wiener Festwochen)

Spielzeit 1956/57
Münchner Kammerspiele
Tagebuch der Anne Frank von Frances Goodrich und Albert Hackett (Edith Frank)
R: Dietrich Haugk. P: 18.10.1956

Volkstheater, Wien
Ein Traumspiel von August Strindberg (Indras Tochter)
R: Günther Haenel. P: 2.6.1957

Landestheater (Salzburger Festspiele)
Fast ein Poet (*Ein Hauch von Poesie*) von Eugene O'Neill (Deborah Harford)
R: Oscar Fritz Schuh. DSE: 29.7.1957

Spielzeit 1957/58
Renaissance-Theater, Berlin
An Einzeltischen von Terence Rattigan (Sybil Railton-Bell)
R: Leonard Steckel. DE: 7.10.1957

Freie Volksbühne, Berlin
Fast ein Poet von Eugene O'Neill (Deborah Harford)
R: Oscar Fritz Schuh. P: 5.4.1958 (im Theater am Kurfürstendamm)

Staatliche Bühnen, Berlin
Die Troerinnen von Euripides, bearb. von Mattias Braun (Kassandra)
R: Hans Lietzau P: 12.6.1958, Schiller-Theater

Spielzeit 1959/60
Staatliche Bühnen, Berlin
Süßer Vogel Jugend von Tennessee Williams (Alexandra del Lago)
R: Hans Lietzau. DE: 6.10.1959, Schiller-Theater

Bühnen der Stadt Köln
Ein Glas Wasser von Eugène Scribe (Herzogin von Marlborough)
R: Oscar Fritz Schuh. P: 24.2.1960, Kammerspiele

Spielzeit 1960/61 – Staatliche Bühnen, Berlin
Egmont von Johann Wolfgang von Goethe (Margarethe von Parma)
R: Gustav Rudolf Sellner. P: 18.9.1960, Schiller-Theater
Totentanz von August Strindberg (Alice)
R: Walter Henn. P: 4.1.1961, Schloßpark-Theater
Der blaue Boll von Ernst Barlach (Frau Boll)
R: Hans Lietzau. P: 1.3.1961, Schiller-Theater

Spielzeit 1961/62
Deutsches Schauspielhaus, Hamburg
Das Konzert von Hermann Bahr (Marie Heink)
R: Gustaf Gründgens. P: 9.5.1962, Theater am Besenbinderhof

Bad Hersfelder Festspiele
Maria Stuart von Friedrich von Schiller (Elisabeth)
R. Harry Buckwitz. P: 1.7.1962, Bad Hersfelder Festspiele

Spielzeit 1962/63
Bayerisches Staatsschauspiel
Ödipus des Sophokles (Iokaste)
R: Rudolf Noelte. P: 20.10.1962, Residenztheater

Deutsches Schauspielhaus, Hamburg
Hamlet von William Shakespeare (Gertrude)
R: Gustaf Gründgens. P: 14.4.1963

Spielzeit 1963/64
Schauspielhaus am Pfauen, Zürich
Der König stirbt von Eugène Ionesco (Königin Margarete)
R: Kurt Hirschfeld. P (Schweizer EA): 28.11.1963

Münchner Kammerspiele
Zwiesprache von Fritz Kortner (Julia Mehnert)
R: Fritz Kortner. UA: 11.4.1964

Spielzeit 1964/65
Schauspielhaus am Pfauen, Zürich
Das Leben des Horace A. W. Tabor von Carl Zuckmayer (Augusta Tabor)
R: Werner Düggelin. P: 18.11.1964

Landestheater (Salzburger Festspiele)
Alle Reichtümer der Welt von Eugene O'Neill (Deborah Harford)
R: Oscar Fritz Schuh. DSE: 1.8.1965

Spielzeit 1965/66 – Schauspielhaus am Pfauen, Zürich
Durch die Wolken von François Billetdoux (Claire Verduret-Balade)
R: Leopold Lindtberg. P: 22. 10. 1966

Spielzeit 1966/67 – Münchner Kammerspiele
Empfindliches Gleichgewicht von Edward Albee (Agnes)
R: August Everding. DE: 26. 4. 1967

Spielzeit 1967/68 – Bayerisches Staatsschauspiel
Die Wände von Jean Genet (Mutter)
R: Hans Lietzau. P: 9. 2. 1968, Residenztheater

Spielzeit 1968/69 – Bayerisches Staatsschauspiel
Das Orchester von Jean Anouilh (Madame Hortense)/
Die Zofen von Jean Genet (Gnädige Frau)
R: Hans Lietzau. P: 15. 6. 1969, Residenztheater

Spielzeit 1970/71 – Städtische Bühnen, Düsseldorf
Hamlet von William Shakespeare (Gertrude)
R: Karl Heinz Stroux. P: 3. 10. 1970, Schauspielhaus

Spielzeit 1971/72
Theater in der Josefstadt, Wien
Die Physiker von Friedrich Dürrenmatt (Mathilde von Zahnd)
R: Hermann Kutscher. P: 14. 10. 1971

Deutsches Schauspielhaus, Hamburg
Tragödie der Rächer von Cyril Tourneur (Herzogin Gratiana)
R: Claus Peymann. P: 14. 6. 1972

Spielzeit 1972/73 – Deutsches Schauspielhaus, Hamburg
Barbaren von Maxim Gorki (Tatjana Nikolajewna Bogajewskaja, Hausbesitzerin, Adelige)
R: Dieter Giesing. P: 11. 10. 1972
Glückliche Tage von Samuel Beckett (Winnie)
R: Hans Schweikart. P: 17. 12. 1972, Malersaal

Spielzeit 1973/74
Deutsches Schauspielhaus, Hamburg
Die See von Edward Bond (Louise Rafi)
R: Dieter Giesing. P: 17. 11. 1973

Staatliche Bühnen, Berlin
Die Jagdgesellschaft von Thomas Bernhard (Generalin)
R: Dieter Dorn. DE: 15. 5. 1974, Schiller-Theater

Spielzeit 1974/75 – Staatliche Bühnen, Berlin
Auf dem Chimborazo von Tankred Dorst (Dorothea Merz)
R: Dieter Dorn. UA: 23. 1. 1975, Schloßpark-Theater

Spielzeit 1976/77 – Staatliche Bühnen, Berlin
Eines langen Tages Reise in die Nacht von Eugene O'Neill (Mary Cavan Tyrone)
R: Willi Schmidt. P: 8. 12. 1976, Schiller-Theater

Eines langen Tages Reise in die Nacht von Eugene O'Neill (1976/77). Marianne Hoppe (Mary Cavan Tyrone) und Edgar Selge (Edmund). Staatliche Bühnen Berlin/Schiller-Theater

Spielzeit 1978/79 – Schauspielhaus am Pfauen, Zürich
Frau von Kauenhofen von Hartmut Lange (Karoline von Kauenhofen)
R: Hartmut Lange. P: 12. 4. 1979

Spielzeit 1980/81 – Landestheater (Salzburger Festspiele)
Am Ziel von Thomas Bernhard (Die Mutter)
R: Claus Peymann. UA: 18. 8. 1981

Spielzeit 1984/85 – Landestheater (Salzburger Festspiele)

Der seidene Schuh von Paul Claudel (Doña Honoria/1. Schauspielerin/Klosterfrau)
R: Hans Lietzau. P: 27. 7. 1985

Spielzeit 1985/86 – Staatliche Bühnen, Berlin

Savannah Bay von Marguerite Duras (Madeleine)
R: Heribert Sasse. DE: 15. 1. 1986, Schiller-Theater

Spielzeit 1988/89 – Burgtheater, Wien

Heldenplatz von Thomas Bernhard (Hedwig)
R: Claus Peymann. UA: 4. 11. 1988

Spielzeit 1989/90 – Städtische Bühnen, Frankfurt/Main

König Lear von William Shakespeare (Lear)
R: Robert Wilson. P: 26. 5. 1990, Bockenheimer Depot

Spielzeit 1993/94 – Berliner Ensemble

Quartett von Heiner Müller (Marquise de Merteuil)
R: Heiner Müller. P: 11. 3. 1994

Spielzeit 1995/96 – Berliner Ensemble

Der Auftrag von Heiner Müller (Antoine)
R: Frank Castorf. P: 5. 6. 1996

Spielzeit 1996/97 – Berliner Ensemble

Monsieur Verdoux von Werner Schroeter nach Charles Chaplin (Mme Marie Groneille)
R: Werner Schroeter. UA: 19. 1. 1997

Filmrollen

Der Judas von Tirol (Josefa). Regie: Franz Osten (1933)
Heideschulmeister Uwe Karsten (Ursula Diewen). Regie: Carl-Heinz Wolff (1933)
Der Schimmelreiter (Elke Volkerts). Regie: Hans Deppe/Curt Oertel (1934)
Krach um Jolanthe (Anna). Regie: Carl Froelich (1934)
Schwarzer Jäger Johanna (Johanna). Regie: Johannes Meyer (1934)
Alles hört auf mein Kommando (Hella Bergson). Regie: Georg Zoch (1935)
Oberwachtmeister Schwenke (Maria Schönborn) Regie: Carl Froelich (1935)
Die Werft zum Grauen Hecht (Käthe Liebenow). Regie: Frank Wysbar (1935)
Anschlag auf Schweda (Regine Keßler). Regie: Karl Heinz Martin (1935)
Wenn der Hahn kräht (Marie). Regie: Carl Froehlich (1936)
Eine Frau ohne Bedeutung (Hester). Regie: Hans Steinhoff (1936)
Der Herrscher (Inken Peters). Regie: Veit Harlan (1937)
Capriolen (Mabel Atkinson). Regie: Gustaf Gründgens (1937)
Gabriele eins, zwei, drei (Gabriele Brodersen). Regie: Rolf Hansen (1937)
Der Schritt vom Wege (Effi Briest). Regie: Gustaf Gründgens (1939)
Kongo-Expreß (Renate Brinkmann). Regie: Eduard von Borsody (1939)
Auf Wiedersehen Franziska! (Franziska Tiemann). Regie: Helmut Käutner (1941)
Stimme des Herzens (Felicitas). Regie: Johannes Meyer (1942)
Romanze in Moll (Madeleine). Regie: Helmut Käutner (1943)
Ich brauche dich (Julia Bach). Regie: Hans Schweikart (1944)
Das Leben geht weiter (unvollendet) (Leonore Carius) Regie: Wolfgang Liebeneiner (Dreharbeiten: Nov. 1944 bis April 1945)
Das verlorene Gesicht (Johanna) Regie: Kurt Hoffmann (1948)
Schicksal aus zweiter Hand (Irene Scholz) Regie: Wolfgang Staudte (1949)
Nur eine Nacht (Die Frau) Regie: Fritz Kirchhoff (1950)
Der Mann meines Lebens (Helga Dagerter) Regie: Erich Engel (1954)
Dreizehn alte Esel (Martha Krapp) Regie: Hans Deppe (1958)
Die seltsame Gräfin (Mary Pinder) Regie: Josef von Báky (1961)
Der Schatz im Silbersee (Mrs. Butler). Regie: Harald Reinl (1962)
Die Goldsucher von Arkansas (Mrs. Brendel) Regie: Paul Martin (1964)
Geheimnis im blauen Schloss. Regie: George Pollock (1965)
Falsche Bewegung (Die Mutter) Regie: Wim Wenders (1975)
Marianne und Sophie (Marianne). Regie: Rainer Söhnlein (1983)
Francesca Regie: Verena Rudolph (1986)
Die letzte Geschichte von Schloss Königswald (Gräfin Hohenlohe). Regie: Peter Schamoni (1988)
Die Königin Regie: Werner Schroeter (2000)

Anmerkungen

1 »*Mein Gott, ich sehe Gustaf grinsen*«. *Die Schwierigkeit, aus einem Leben ein Buch zu machen.* Interview mit Marianne Hoppe von Paul Barz. In: Westermanns Monatshefte, Oktober 10/1982, München. S. 75–78, hier S. 76.
2 Ebda., S. 75.
3 Prominenten-Fragebogen im Magazin der Frankfurter Allgemeinen Zeitung, 18. 5. 1984, S. 46.
4 *Mütter.* Interview mit Marianne Hoppe von Hermi Löbl. ORF, 1994.
5 Marianne Schmidt: *Marianne Hoppe – Stern ohne Himmel. Ein Portrait.* In: Trans Atlantik, hrsg. von Marianne Schmidt. München 1982 (4/1982), S. 78–87, hier S. 87.
6 »*Mein Gott, ich sehe Gustaf grinsen*«, a. a. O., S. 78.
7 *Gustaf Gründgens. Briefe, Aufsätze und Reden.* Hrsg. von Rolf Badenhausen und Peter Gründgens-Gorski. Hamburg 1967, S. 316.
8 Vgl. Fragebogen der Reichsfachschaft Film, ausgefüllt am 18. 11. 1933. Dokument im Bundesarchiv in Berlin, BArch RK 49, Mikrofilm-Seite 2018.
9 Redemanuskript von Günther Rühle. Archiv Berliner Ensemble.
10 *Zeugen des Jahrhunderts.* Marianne Hoppe im Gespräch mit Hajo Schedlich. ZDF. Teil 1 (26. 4. 1987) und Teil 2 (3. 5. 1987), hier Teil 1.
11 Marianne Schmidt, a. a. O., S. 78.
12 ›Göring war nicht Gründgens guter Onkel‹. *Marianne Hoppe.* In: Witter, Ben: Spaziergänge mit Prominenten. Hamburg 1982, S. 214–220, hier S. 220.
13 »*Mein Gott, ich sehe Gustaf grinsen*«, a. a. O., S. 76.
14 Tagebuch-Notizen von Marianne Hoppe, Nomitsi, den 5. 9. 1983 (NMH).
15 Petra Kohse: *Marianne Hoppe. Eine Biografie.* Berlin 2001 (432 S.).
16 Carola Stern: *Auf den Wassern des Lebens. Gustaf Gründgens und Marianne Hoppe.* Köln: Kiepenheuer und Witsch 2005 (400 S.). Hier benutzte Ausgabe: Rowohlt Taschenbuch, rororo 62178. Reinbek bei Hamburg 2007.
17 Carola Stern, a. a. O., S. 234.
18 Vgl. Urkunde der Akademie der Künste Berlin zur Verleihung des Kunstpreises Berlin für das Gebiet der Darstellenden Künste 1986. Jury: Dieter Dorn, Hannelore Hoger und Hans Lietzau. (NMH)
19 Hugo von Hofmannsthal: *Die Wege und die Begegnungen.* In: Ausgewählte Werke in zwei Bänden. Zweiter Band: Erzählungen und Aufsätze. Hrsg. von Rudolf Hirsch. Frankfurt/Main 1957, S. 465.
20 Carl Dreyfus schrieb seinen Namen zu dieser Zeit noch mit Doppel-s, also Dreyfuss, und änderte dies vermutlich nach seiner Emigration in die Schreibweise mit nur einem s. Dreyfus floh vor den Nationalsozialisten 1936 zunächst nach London, anschließend wanderte er nach Argentinien aus.
21 Vgl. *Porträt einer Schauspielerin.* Fernsehaufzeichnung eines Besuchs von Wolfgang Drews bei Marianne Hoppe. ZDF, Sendedatum nach Auskunft der Fernsehanstalt vermutlich 28. 7. 1963 (NMH).
22 *Die Königin.* Filmische Hommage von Werner Schroeter und Monika Keppler. Regie: Werner Schroeter (Filmpremiere: 7. 9. 2000).
23 Akademie der Künste, Bernhard-Minetti-Archiv, Mappe 463.
24 Der Spiegel, 12. 5. 1949, S. 27.
25 Österreichische Neue Tageszeitung, 28. 2. 1956.
26 Ivan Nagel: *Die Bühne leuchtete. Erinnerungen an Marianne Hoppe.* In: Die Zeit, 31. 10. 2002.
27 Ebda.
28 Zitiert nach Petra Kohse, a. a. O., S. 324.
29 C. Bernd Sucher: *Die Kunst der Wahrheit.* In: Süddeutsche Zeitung, 26./27. 10. 2002.
30 Moritz Rinke: *Die Jahrhundertfrau.* In: Theater Heute, Juni 1999.
31 Marianne Schmidt, a. a. O., S. 87. Das Zitat stammt aus dem Stück *Am Ziel* von Thomas Bernhard.
32 Marianne Hoppe: *Nach dem Unterricht aufs Pferd.* Aufgezeichnet von Alexander Kühn. In: Meine Lehrjahre. Prominente plaudern aus der Schule. Hrsg. von Dorothée Stöbner. Berlin 2002, S. 107–110. (Nach der in der Zeit veröffentlichten Serie *Meine Lehrjahre.* Der Beitrag von Marianne Hoppe erschien in der Zeit am 22. 12. 2001.)
33 Marianne Hoppe: *Mein Pony hieß Blanca.* In: Mein Elternhaus. Ein deutsches Familienalbum. Hrsg. von Rudolf Pörtner. München 1986, S. 117–128, hier S. 117.
34 *Zeugen des Jahrhunderts*, a. a. O., Teil 2.
35 Vgl. Petra Kohse, a. a. O., S. 377, Anm. 8.
36 Vgl. Gustav Hoppe *Mein Lebensweg.* Unveröff., masch.-schrftl. Typoskript von 1952 (NMH).
37 Marianne Hoppe: *Mein Pony hieß Blanca*, a. a. O., S. 119.
38 Gustav Hoppe: *Mein Lebensweg*, a. a. O.
39 Ebda.
40 Marianne Hoppe: *Mein Pony hieß Blanca*, a. a. O., S. 120.

⁴¹ Marianne Hoppe: *Mein Pony hieß Blanca*, a. a. O., S. 121.
⁴² Ebda., S. 121 f.
⁴³ Ebda., S. 122.
⁴⁴ Ebda.
⁴⁵ Ebda., S. 125.
⁴⁶ Petra Kohse wendet hier ein, dass dies eigentlich nicht möglich sein kann und es sich um eine andere Besetzung gehandelt haben muss. Reinhardts *Kaufmann von Venedig* kam am 12. 3. 1921 heraus, mit Werner Krauß als Shylock und Agnes Straub als seine Tochter. Als Marianne Hoppe und ihr Vater die Vorstellung sahen – Petra Kohse geht davon aus, dass Marianne Hoppe dreizehn Jahre alt war, die Vorstellung also 1922 besucht hatte –, waren diese nicht mehr zu sehen, sondern Robert Müller als fünfter Shylock und Mady Christians als dritte Portia. Marianne Hoppe berichtete allerdings in diversen Interviews – u. a. in dem Fernsehinterview *In der Einsamkeit bin ich glücklich*. Gero von Boehm porträtiert Marianne Hoppe. SWR, 15. 5. 1989 – ohne Nennung einer Jahreszahl, dass sie »nach dem Krieg« mit ihrem Vater im Großen Schauspielhaus Rudolf Schildkraut als Shylock und Helene Thimig als Portia gesehen habe. Während Heinrich Huesmann in seinem Opus *Welttheater Max Reinhardt* weder Helene Thiemig noch Rudolf Schildkraut in den Besetzungsangaben zu dieser Inszenierung erwähnt, wird Schildkraut in der rororo-Monographie von Leonard Fiedler durchaus genannt. Vgl. Leonard M. Fiedler: Max Reinhardt. rororo Bildmonographien, hrsg. von Wolfgang Müller. 4. Aufl., Reinbek/Hamburg 1994, S. 70, und Heinrich Huesmann: *Welttheater Max Reinhardt*. München 1983 (vgl. Inszenierungs-Register, Eintrag Nr. 1231).
⁴⁷ Marianne Hoppe: *Mein Pony hieß Blanca*, a. a. O., S. 127.
⁴⁸ Marianne Hoppe: *Na, Hoppe, komm mal her*. In: Renate Seydel [Hrsg.]: Verweile doch … Erinnerungen von Schauspielern des Deutschen Theaters Berlin. Berlin 1985, S. 485–492, hier S. 487.
⁴⁹ Erika Kristen (gest. am 13. 6. 1953, ab 1929 verheiratete Kristen-von Hopffgarten) wird erstmals im Bühnenjahrbuch aus dem Jahr 1910 geführt, und zwar am Rhein.-Main. Verbandstheater in Frankfurt/Oder; von 1911 bis 1916 tauchte sie für jeweils eine Spielzeit an diversen Stadttheatern in Heilbronn, Tilsit, Thorn, Bromberg und Dortmund auf. Ab 1916 war sie zwei Jahre am Stadttheater Magdeburg und von 1919 bis 1929 spielte sie am Deutschen Nationaltheater in Weimar.
⁵⁰ Petra Kohse, a. a. O., S. 35 f.
⁵¹ Marianne Schmidt, a. a. O., S. 78.
⁵² Marianne Hoppe: *Na, Hoppe, komm mal her*, a. a. O., S. 487.
⁵³ Ebda., S. 487.
⁵⁴ Marianne Hoppe: *Marianne Hoppe*. In: Schauspieler erzählen. Hrsg. von H.E. Weinschenk. Berlin 1938, S. 143.
⁵⁵ Marianne Hoppe:: *Nach dem Unterricht aufs Pferd*, a. a. O., S. 109 f.
⁵⁶ Vgl. Petra Kohse, a. a. O., S. 49.
⁵⁷ Ebda., S. 36.
⁵⁸ Vgl. BZ, 11. 3. 1994, Interview mit Marianne Hoppe von Hans Werner Marquardt.
⁵⁹ Vgl. Petra Kohse, a. a. O., S. 52.
⁶⁰ Vgl. Petra Kohse, a. a. O., S. 53.
⁶¹ *Zeugen des Jahrhunderts*, a. a. O., Teil 1.
⁶² Marianne Schmidt, a. a. O., S. 79.
⁶³ Zakowski-Archiv, TMD. In der umfassenden archivalischen Sammlung einer privaten Theaterliebhaberin namens Helene Zakowski, archiviert im Theatermuseum Düsseldorf, finden sich tausende von ausgeschnittenen Theaterrezensionen, Theaterfotos und –berichten, oft ohne eingetragenen Vermerk zum Namen der Zeitung bzw. deren Erscheinungsdatum. Im folgenden werden Zitate aus Artikeln, die in diesem Archiv abgelegt sind und die keine eigene Signatur haben, nur mit dem Vermerk »Zakowski-Archiv, TMD« angegeben.
⁶⁴ Unbekannter Zeitungsausschnitt, Zakowski-Archiv, TMD.
⁶⁵ Tempo, 25. 4. 1930, zitiert nach Petra Kohse, a. a. O., S. 64.
⁶⁶ Marianne Hoppe: *Na, Hoppe, komm mal her*, a. a. O., S. 492.
⁶⁷ Marianne Hoppe: *Die Prinzessin und der Eintänzer*. In: Mein erstes Engagement. Hrsg. von Hans Peter Doll. Stuttgart 1988, S. 17–20, hier S. 15.
⁶⁸ *Zeugen des Jahrhunderts*, a. a. O., Teil 1.
⁶⁹ Siegfried Melchinger und Rosemarie Clausen: SCHAUSPIELER. Sechsunddreißig Porträts. Velber/Hannover 1965, S. 114.
⁷⁰ Vgl. Thomas Siedhoff: *Das Neue Theater in Frankfurt am Main. 1911–1935. Versuch einer systematischen Würdigung eines Theaterbetriebs*. In: Studien zur Frankfurter Geschichte 19, hrsg. von Wolfgang Klötzer und Dieter Rebentisch. Frankfurt/Main 1985. Eine Aufführungsstatistik zum Neuen Theater befindet sich im Anhang.
⁷¹ Vgl. Petra Kohse, a. a. O., S. 87.
⁷² Marianne Hoppe: *Die Prinzessin und der Eintänzer*, a. a. O., S. 18 f.
⁷³ *Zeugen des Jahrhunderts*, a. a. O., Teil 1.
⁷⁴ Marianne Schmidt, a. a. O., S. 80.
⁷⁵ Marianne Hoppe: *Die Prinzessin und der Eintänzer*, a. a. O., S. 20.

76 Vgl. Petra Kohse, a.a.O., S. 122.
77 *Zeugen des Jahrhunderts*, a.a.O., Teil 1.
78 Carola Stern, a.a.O., S. 112.
79 Marianne Hoppe: *Die Prinzessin und der Eintänzer*, a.a.O., S. 19f.
80 Ebda., S. 20.
81 Vgl. Petra Kohse, a.a.O., S. 79.
82 Zeitungsausschnitt vom 14.4.1936, Künstlerinterview von Hete Nebel, Zakowski-Archiv, TMD.
83 Münchner Augsburger Abendzeitung, 7.12.1932, »H.W.G.«.
84 Marianne Hoppe: *Ich bin ein Kind meiner Zeit!* Ein Film von Carmen-Renate Köper. Unter Mitwirkung von Steffi von Spira und Maria Gräfin von Maltzan. In der Reihe: *Erinnern für die Zukunft*. West 3, WDR 1991.
85 Vgl. Petra Kohse, a.a.O., S. 103.
86 Vgl. *Laterna Teutonica. Fußnoten zur Geschichte des deutschen Tonfilms*. Text und Regie: Roman Brodmann. Folge 3: Der Schirmherr. Eine Produktion des Südfunk Stuttgart, 1979.
87 Filmwelt, 24.6.1934, Nr. 25.
88 Filmbeobachter, zitiert nach Petra Kohse, a.a.O., S. 165.
89 *Laterna Teutonica*. a.a.O.
90 Eingeklebter Zeitungsausschnitt im Sammelalbum von Marianne Hoppe. Blatt und Datum unbekannt (NMH).
91 *Laterna Teutonica*. a.a.O.
92 Zitiert nach Petra Kohse, a.a.O., S. 233. Diese wiederum zitiert nach Theater heute, Sept. 1989.
93 National-Zeitung, »H.K.«. Undatierter Ausschnitt aus dem Kritikenarchiv des Instituts für Theaterwissenschaft der Freien Universität Berlin.
94 Vgl. Klappentext: Theodor Fontane: *Effi Briest*. Roman. 266 S. mit 32 Bildtafeln und 4 Federzeichnungen. Wien: A.J. Walter Verlag [o.J.].
95 Völkischer Beobachter, W. Reglin. Undatierter Ausschnitt aus dem Kritikenarchiv des Instituts für Theaterwissenschaft der Freien Universität Berlin.
96 Berliner Morgenpost, 11.2.1939, Ludwig Eberlein.
97 Ebda.
98 Robert Volz, unbekanntes und undatiertes Blatt im Archiv des Instituts für Theaterwissenschaft der Freien Universität Berlin.
99 Börsen-Zeitung, Frank Maraun, undatierter Ausschnitt im Archiv des Instituts für Theaterwissenschaft der Freien Universität Berlin.
100 Berliner Morgenpost, 11.2.1939, Ludwig Eberlein.
101 Völkischer Beobachter, 11.2.1939, Heinz Grothe.
102 Nationalzeitung, »H.K.«, undatiertes Blatt im Archiv des Instituts für Theaterwissenschaft der Freien Universität Berlin.
103 Alfred Mühr: *Grosses Theater. Begegnungen mit Gustaf Gründgens*. Berlin 1950, S. 94.
104 Marianne Schmidt, a.a.O., S. 84.
105 Interview in der Kölnischen Rundschau, 20.4.1988.
106 Deutsche Allgemeine Zeitung, Bruno E. Werner, zitiert nach Petra Kohse, a.a.O., 196f.
107 Vgl. ebda, S. 197f.
108 Vgl. Frankfurter Zeitung, Max Geysenheiner, zitiert nach Petra Kohse, S. 238.
109 Karl Heinz Ruppel: *Berliner Schauspiel. Dramaturgische Betrachtungen 1936 bis 1942*. Berlin/Wien 1943, S. 79.
110 Ebda., S. 75f.
111 Otto Ernst Hesse, unbekannter und undatierter Zeitungsausschnitt im Archiv des Instituts für Theaterwissenschaft der Freien Universität Berlin.
112 Der Westen, 13.1.1940, Franz Götke.
113 Berliner Volks-Zeitung, Paul Otte (undatierter Zeitungsausschnitt aus dem Archiv des Instituts für Theaterwissenschaft der Freien Universität Berlin).
114 Berliner Börsen-Zeitung, 16.10.1935, Paul Wolf.
115 Der Westen, 16.10.1935, »F.W.Sch«.
116 Berliner Börsen-Zeitung, 16.10.1935, Paul Wolf.
117 (NMH)
118 Zitiert nach Petra Kohse, a.a.O., S. 203.
119 Erwin H. Rainalter, unbekannter Zeitungsausschnitt, Zakowski-Archiv, TMD.
120 Ebda.
121 [Deutsche Allgemeine Zeitung], Bruno E. Werner, Zakowski-Archiv, TMD.
122 Hans Bornemann, unbenannter Zeitungsausschnitt, Zakowski-Archiv, TMD.
123 Unbenannter Zeitungsausschnitt, Zakowski-Archiv TMD.
124 Unbekannter Zeitungsausschnitt, 14.4.1936, Künstlerinterview von Hete Nebel, Zakowski-Archiv, TMD.
125 Ebda.
126 Karl Heinz Ruppel, a.a.O., S. 99.
127 *Zeugen des Jahrhunderts*, a.a.O., Teil 1.
128 Karl Heinz Ruppel, a.a.O., S. 99f.
129 Siegfried Melchinger und Rosemarie Clausen, a.a.O., S. 115.
130 Karl Heinz Ruppel, a.a.O., S. 103f.
131 Unbekannter Zeitungsausschnitt, 24.2.1938, Christian Otto Frenzel. Zakowski-Archiv, TMD.

132 In: Die Koralle, 18/1942, zitiert nach Petra Kohse, a. a. O., S. 204.
133 Unbekanntes Rundfunkinterview, aufgenommen im Marburger Schauspiel, 1953.
134 Karl Korn in der Wochenzeitung Das Reich, 8. 9. 1940. Zitiert nach Petra Kohse, a. a. O., S. 258.
135 Karl Heinz Ruppel, a. a. O., S. 131.
136 Ebda., S. 128 f.
137 Ebda., S. 63.
138 Unbekannter Zeitungsausschnitt, Zakowski-Archiv, TMD.
139 Unbekannter Zeitungsausschnitt, Wilhelm Westacker, Zakowski-Archiv, TMD.
140 Neues Wiener Journal, 14. 6. 1938, Dr. Spoerl.
141 *Der Berliner Hamlet auf der Reichs-Theaterfestwoche*, in Berliner Börsen-Zeitung, 14. 6. 1938, o. A. des Verf.
142 *Beifallumrauschter ›Hamlet‹ in Wien*, Joachim Breuer in unbekanntem und undatiertem Zeitungsausschnitt, Zakowski-Archiv, TMD.
143 Unbekannter und undatierter Zeitungsausschnitt, Zakowski-Archiv, TMD.
144 Heinz Grothe: *Die Staatskunst der Frauen*, unbekannter und undatierter Zeitungsausschnitt, Zakowski-Archiv, TMD.
145 Deutsche Allgemeine Zeitung, 11. 12. 1936, Bruno E. Werner.
146 [Berliner Zeitung?], 11. 12. 1939, Felix A. Dargel.
147 Karl Heinz Ruppel, a. a. O., S. 214.
148 Ebda., S. 139.
149 Filmisches Interview mit Lola Müthel von Birgit Pargner, 14. 3. 2008, Gräfelfing.
150 Karl Heinz Ruppel, a. a. O., S. 139.
151 Ebda., S. 281.
152 Ebda., S. 280 ff.
153 Wolfgang Petzet: *THEATER. Die Münchner Kammerspiele 1911–1972.* München 1973, S. 340.
154 Unbekannter und undatierter Zeitungsausschnitt, Zakowski-Archiv, TMD.
155 Bernhard Minetti: *Erinnerungen eines Schauspielers.* Hrsg. von Günther Rühle. Stuttgart 1985, S. 105.
156 Ebda., S. 120.
157 »Mein Gott, ich sehe Gustaf grinsen«, a. a. O., S. 76.
158 Marianne Hoppe: *Ich bin ein Kind meiner Zeit!* A. a. O.
159 Gespräch mit Marianne Hoppe von Andres Müry, 19. 9. 1990, Siegsdorf. Masch.-schriftl. Typoskript, S. 24 (NMH).
160 Ebda., S. 20.
161 Marianne Schmidt, a. a. O., S. 82.
162 Ebda.
163 Ebda., S. 80.
164 ›Göring war nicht Gründgens guter Onkel‹, a. a. O., S. 217 f.
165 Gemeint ist Max Gebhardt, Gründgens' Chauffeur und Verwalter in Zeesen.
166 Nachlass Gustaf Gründgens, Staatsbibliothek zu Berlin – Preussischer Kulturbesitz.
167 Geschrieben nach der Premiere von *Flucht vor Liebe* von Renate Uhl (24. 2. 1943), mit Marianne Hoppe in der Rolle der Nadine.
168 Verfasst nach der Filmpremiere von *Romanze in Moll* (25. 3. 1943, Berlin).
169 Gemeint ist Alfred Mühr, Gründgens' Dramaturg am Preußischen Staatstheater.
170 Anspielung auf ihre Rolle der Hermione in *Die gefesselte Phantasie* (Premiere 25. 9. 1936) sowie auf ihre Rolle als Monika Pratt in dem darauffolgenden Stück *Versprich mir nichts* (UA: 10. 11. 1936).
171 *Zeugen des Jahrhunderts*, a. a. O., Teil 1.
172 Ebda.
173 Ebda.
174 Vgl. Abdruck dieser Listen bei Dagmar Walach: *Aber ich habe nicht mein Gesicht. Gustaf Gründgens. Eine deutsche Karriere.* Berlin 1999, S. 121.
175 *Aus der Nähe betrachtet*: Marianne Hoppe im Gespräch mit Harald von Troschke. RIAS Berlin, 19.4. 1968.
176 Ebda.
177 Petra Kohse, a. a. O., S. 273.
178 *Aus der Nähe betrachtet*, a. a. O.
179 Vgl. Abschrift im Nachlass Gustaf Gründgens, Staatsbibliothek zu Berlin – Preussischer Kulturbesitz.
180 Masch.-schrftl. Typskript im Nachlass (NMH).
181 Marianne Hoppe: *Mein Pony hieß Blanca*, a. a. O., S. 118.
182 Bundesarchiv Berlin, BArch, Signatur RK 49 (Kopie auf Mikrofiche, Nr. 2018 f).
183 Scheidungsurkunde im Nachlass (NMH).
184 Dieser Brief vom 29. 10. 1946 befindet sich im Nachlass von Gustaf Gründgens, Staatsbibliothek zu Berlin – Preussischer Kulturbesitz.
185 Nachlass Gustaf Gründgens, Staatsbibliothek zu Berlin – Preussischer Kulturbesitz.
186 Über diese Zeit vgl. Marianne Hoppe: *Abschied von der Genügsamkeit*. In: Heinz Friedrich [Hrsg.]: Mein Kopfgeld. Die Währungsreform – Rückblicke nach vier Jahrzehnten. München 1988, S. 66.
187 Filmisches Interview mit Benedikt Hoppe von Birgit Pargner, Scharam, 5. 3. 2009.
188 Ebda.

189 Jean-Paul Sartre: *Die Fliegen*. In: Jean-Paul Sartre: Dramen. Übers. von Gritta Baerlocher. Stuttgart 1949, S. 81.
190 Vgl. Jean-Paul Sarte: *Die Fliegen*, 2. Akt, 2. Bild, 3. Szene. a. a. O., S. 63 f.
191 Ebda., S. 60 f.
192 Ebda., vgl. Vorwort.
193 Rhein-Ruhr-Zeitung, 11. 11. 1947, Hermann Josef Kraemer.
194 Hamburger Allgemeine, 27. 2. 1948, »se«.
195 Vgl. z.B. Rhein-Ruhr-Zeitung, 5. 3. 1948.
196 Nachlass Gustaf Gründgens. Staatsbibliothek zu Berlin – Preussischer Kulturbesitz.
197 Das ist Pamela Wedekind, mit der Marianne Hoppe befreundet war.
198 Nachlass Gustaf Gründgens, Staatsbibliothek zu Berlin – Preussischer Kulturbesitz.
199 Brief vom 2. 11. 1948, Nachlass Gustaf Gründgens. Staatsbibliothek zu Berlin – Preussischer Kulturbesitz.
200 Nachlass Gustaf Gründgens. Staatsbibliothek zu Berlin – Preussischer Kulturbesitz.
201 Petra Kohse, a. a. O., S. 307.
202 Nachlass Gustaf Gründgens. Staatsbibliothek zu Berlin – Preussischer Kulturbesitz.
203 Ebda.
204 Ebda.
205 Münchner Merkur, 15. 12. 1950, Wilhelm Westacker.
206 Süddeutsche Zeitung, 12. 12. 1950, Karl Heinz Ruppel.
207 Der Kurier, undatierter Zeitungsausschnitt, Zakowski-Archiv, TMD.
208 Nachlass Gustaf Gründgens. Staatsbibliothek zu Berlin – Preussischer Kulturbesitz.
209 Die Neue Zeitung, 31. 10. 1954.
210 Ebda.
211 Petra Kohse, a. a. O., S. 314.
212 Petra Kohse, S. 314, vgl. Hinweis auf ein Gespräch der Schriftstellerin Karla Höcker mit Marianne Hoppe, abgedruckt in der Berliner Morgenpost, 1. 1. 1961.
213 Neue Zeitung, 12. 5. 1950.
214 Nachlass Gustaf Gründgens. Staatsbibliothek zu Berlin – Preussischer Kulturbesitz.
215 Das Stück wurde als Gastspiel in der Komödie inszeniert.
216 Nachlass Gustaf Gründgens. Staatsbibliothek zu Berlin – Preussischer Kulturbesitz.
217 Brief vom 25. 5. 1950, Nachlass Gustaf Gründgens. Staatsbibliothek zu Berlin – Preussischer Kulturbesitz.
218 Ebda.
219 Vgl. Petra Kohse, a. a. O., S. 314.
220 Frankfurter Rundschau, 17. 4. 1952, »A. Hp.« (über Gastspiel in Frankfurt).
221 Der Morgen, 14. 11. 1951, »e. k.«.
222 Der Tagesspiegel, 11. 11. 1951.
223 Frankfurter Neue Presse, 1. 4. 1952, Hans Bütow (anl. des Gastspiels in Wiesbaden).
224 Vgl. z.B. über *Das Mädchen vom Lande*: Die Welt, 13. 11. 1951, »W.B.«. Auch Petra Kohse fand Rezensionen dieser Art, etwa über *Endstation Sehnsucht*, Berliner Zeitung, Hans Ulrich Eylau und National-Zeitung, Ferdinand Anders. Vgl. Petra Kohse, a. a. O., S. 310 f.
225 Spandauer Volksblatt, 9. 10. 1957, »F-e«.
226 Düsseldorfer Nachrichten, 10. 12. 1957, Bert Markus.
227 Der Tag, 8. 10. 1959, Werner Fiedler.
228 Main-Post, 10. 10. 1959, Dr. A. Meyer.
229 Süddeutsche Zeitung, 10. 3. 1961, Karena Niehoff.
230 Ebda.
231 Vgl. Ernst Schröder: *Das Leben – verspielt*. Frankfurt/Main 1978, S. 202.
232 Ernst Schröder, a. a. O., S. 159 f.
233 Westdeutsche Rundschau, 4. 11. 1950, Grischa Barfuß.
234 Henning Rischbieter [Hrsg.]: Theater-Lexikon. Zürich und Schwäbisch Hall 1983, S. 760.
235 *Die Königin*. Filmische Hommage von Werner Schroeter und Monika Keppler, a. a. O.
236 Ebda.
237 Der Ring wird nun nach dem Tod von Gisela Stein († 4.5. 2009) von der Akademie der Künste weiterverliehen.
238 Eine Kopie des vollständigen Redemanuskripts findet sich im Nachlass (NMH).
239 Hamburger Echo, 12. 9. 51, Eva-Maria Merck.
240 Ebda.
241 Hamburger Morgenpost, 12. 9. 1951. Vgl. auch Neue Zeitung, 17. 9. 1951, Jürgen Schüddekopf.
242 Neue Zeitung, 17. 9. 1951, Jürgen Schüddekopf.
243 Norddeutsche Nachrichten, 12.9. 1951, »Dr. R. Kl.«.
244 Abendpost, 19. 6. 1958, Hermann Wanderscheck.
245 Die Zeit, 30. 9. 1960, Johannes Jacobi.
246 Reutlinger Generalanzeiger, 28. 9. 1960.
247 Der Mittag, 21. 9. 1960.
248 Stuttgarter Zeitung, 19. 4. 1963.
249 Süddeutsche Zeitung, 18. 4. 1963.
250 Die Welt, 16. 4. 1963.
251 Die Zeit, 19. 4. 1963, Johannes Jacobi.
252 Zitiert nach dem Redemanuskript im Nachlass (NMH).

253 Filmisches Interview mit Benedikt Hoppe von Birgit Pargner, Scharam, 5. 3. 2009.
254 Nachlass Gustaf Gründgens. Staatsbibliothek zu Berlin – Preussischer Kulturbesitz.
255 Gustaf Gründgens an Marianne Hoppe nach Berlin, Stallupöner Allee 49, 21. 11. 1961 (NMH).
256 Die Welt, 11. 5. 1962, Willy Haas.
257 Hamburger Abendblatt, 5. 5. 1962 und Die Zeit, 18. 5. 62, »Jac« (d. i. vermutlich Johannes Jacobi).
258 Nachlass Gustaf Gründgens. Staatsbibliothek zu Berlin – Preussischer Kulturbesitz.
259 Ebda.
260 Vgl. Kurzmitteilung von Günther Penzoldt an Gustaf Gründgens vom 4. 3. 1963. Nachlass Gustaf Gründgens. Staatsbibliothek zu Berlin – Preussischer Kulturbesitz.
261 Nachlass Gustaf Gründgens. Staatsbibliothek zu Berlin – Preussischer Kulturbesitz.
262 Ebda.
263 Vgl. Marianne Schmidt, a. a. O., S. 86.
264 *Mütter.* Interview mit Marianne Hoppe von Hermi Löbl. a. a. O.
265 »*Mein Gott, ich sehe Gustaf grinsen*«, a. a. O., S. 76.
266 Vgl. Neue Zürcher Zeitung, 28. 11. 1963.
267 Eugène Ionesco: *Der König stirbt.* Übers. von Claus Bremer und Hans Rudolf Stauffacher. In: Theaterstücke 3. Neuwied und Berlin 1964, S. 64.
268 Brief an Gustaf Gründgens, 29. 8. 1952. Nachlass Gustaf Gründgens. Staatsbibliothek zu Berlin – Preussischer Kulturbesitz.
269 Vgl. z. B. Tagesspiegel, 31. 3. 1981.
270 Neue Rheinzeitung, Düsseldorf, 31. 3. 1981.
271 Der Tagesspiegel, 31. 3. 1981, Hedwig Rohde.
272 Günther Rühle [Hrsg.]: *Bernhard Minetti. Erinnerungen eines Schauspielers.* Stuttgart 1985, S. 107.
273 Theater heute, 11/1987, S. 58.
274 Theater heute, 12/1987, S. 64.
275 tz, 14. 10. 1987.
276 FAZ, 22. 4. 1988.
277 Kölnische Rundschau, 20. 4. 1988, Interview mit Marianne Hoppe von Joachim Lux.
278 Bernhard Minetti, a. a. O., S. 314.
279 Thomas Bernhard an Hilde Spiel, 2. 7. 1974, Ohlsdorf. Österreichisches Literaturarchiv, Wien.
280 *Starke Beachtung. Bezüge.* Live aus der Villa Hügel: Ein Gespräch über Thomas Bernhard, 3 sat, 29. 6. 1991.
281 Ebda.
282 Die Welt, 17. 5. 1974, Friedrich Luft.
283 FAZ, 25. 5. 1974.
284 Kölnische Rundschau, 20. 4. 1988, Interview mit Marianne Hoppe von Joachim Lux.
285 Brief (Kopie) von Marianne Hoppe an Boleslaw Barlog, Akademie der Künste, Boleslaw Barlog-Archiv, Mappe 678.
286 Vgl. Gespräch mit Marianne Hoppe von Andres Müry, 19. 9. 1990, Siegsdorf. Masch.-schriftl. Typoskript, S. 5 (NMH).
287 Stern, 13. 8. 1981 (Nr. 130), Interview mit Marianne Hoppe von Jutta Duhm-Heitzmann.
288 Vgl. Klaus Köhn: *Zärtlichkeit.* In Petra Kohse, a. a. O., S. 88 f.
289 *Starke Beachtung. Bezüge,* a. a. O.
290 Abendzeitung, 14. 8. 81, Interview mit Claus Peymann von Ingrid Seidenfaden.
291 Rede von Marianne Hoppe anlässlich ihrer Auszeichnung mit dem Bayerischen Filmpreis.
292 C. Bernd Sucher: UA THOMAS BERNHARD: »AM ZIEL« IN SALZBURG, BR. 19. 8. 1981, Manuskriptseite 4 (NMH).
293 *Starke Beachtung. Bezüge,* a. a. O.
294 Hellmuth Karasek, Der Spiegel, 7. 11. 1988, S. 290.
295 *Starke Beachtung. Bezüge,* a. a. O.
296 Filmisches Interview mit Peter Fabjan von Birgit Pargner. Salzburg, 5. 11. 2008.
297 »Die Neue Ärztliche«, 7. 11. 1988.
298 Die Zeit, 11. 11. 1988, Benjamin Henrichs.
299 *Starke Beachtung. Bezüge,* a. a. O.
300 Notiz von Marianne Hoppe, Scharam, den 10. 1. 1981 (NMH).
301 Gespräch mit Marianne Hoppe von Andres Müry, 19. 9. 1990, a. a. O., S. 2 f. (NMH).
302 Ebda., S. 1. Während der *Lear*-Proben gab Marianne Hoppe eine Thomas Bernhard-Lesung in Frankfurt und hatte dafür dessen autobiografischen Text *Drei Tage* ausgewählt.
303 *Starke Beachtung. Bezüge,* a. a. O.
304 Gespräch mit Marianne Hoppe von Andres Müry, 19. 9. 1990, a. a. O., S. 3 f.
305 Ebda., S. 2 f.
306 *Starke Beachtung. Bezüge,* a. a. O.
307 Gespräch mit Marianne Hoppe von Andres Müry, 19. 9. 1990, a. a. O., S. 3
308 Filmisches Interview mit Peter Fabjan von Birgit Pargner, 5. 11. 2008.
309 Ebda.
310 Brief von Marianne Hoppe an Herrn Dr. Wintzingerode, Scharam, 21. 5. 1968. (Archiv Deutsches Theatermuseum München).

311 Marianne Hoppe: *Mit einmal Lesen ist nichts getan.* In: Frankfurter Bücherstube. Almanach 1993. Frankfurt/Main 1993.
312 Ebda., S. 15 f.
313 Ebda., S. 16.
314 *Königin Lear.* Bericht von Birgit Lahann und Karin Rocholl. Stern, 17. 5. 1990, S. 178–182, hier S. 180.
315 Ebda.
316 Ebda.
317 Der Tagesspiegel, Berlin, 2. 6. 1990, Leopold Schuwerack.
318 Deutsche Übersetzung des schriftlichen Interviews von Cordula Treml (Paris) und W. E. Yates (Exeter).
319 Carola Stern, a. a. O., S. 360.
320 Ebda., S. 361.
321 Der Roman wurde seit 1958 mehrfach verfilmt, erstmals von Roger Vadim, anschließend u. a. 1988 von Steven Frears (mit John Malkovich, Glenn Close und Michelle Pfeiffer).
322 Vgl. Tagesspiegel, 13. 3. 1994, Günther Grack; oder Die Welt, 14. 3. 1994, L. Schmidt-Mühlisch.
323 Die Welt, 14. 3. 1994, L. Schmidt-Mühlisch.
324 Münchner Merkur, 14. 3. 1994, Ingeborg Pietzsch.
325 Tagesspiegel, 13. 3. 1994, Günther Grack.
326 Berliner Abendschau, 1. 1. 1994. Mit Bericht über Heiner Müllers Stück *Quartett* am Berliner Ensemble. Produktion: SFB / Sender B1. (Sendung »Ticket« im B1/ Moderation Wilfried Rott).
327 Die Zeit, 24. 1. 1997, Benjamin Henrichs.
328 Filmisches Interview mit Benedikt Hoppe von Birgit Pargner, Scharam, 5. 3. 2009.
329 Sämtliche im folgenden zitierten und in ihrer Quelle unbezeichnet bleibenden Wiedergaben von Äußerungen Marianne Hoppes stammen von ein- und derselben, im Januar 1983 besprochenen Tonkassette aus dem Nachlass (NMH).
330 Brief von Botho Strauß an Birgit Pargner, 15. 5. 2009.
331 Filmisches Interview mit Lola Müthel von Birgit Pargner, 14. 8. 2008.
332 Vgl. Motto im Vorspann der von Günther Rühle herausgegebenen Autobiografie Bernhard Minetti: *Erinnerungen eines Schauspielers,* a. a. O.
333 Petra Kohse, a. a. O., S. 38.
334 Ernst Schröder, a. a. O., S. 160.
335 Wegen Thomas Bernhards testamentarisch hinterlegtem Aufführungsverbot seiner Werke in Österreich konnte diese Vorstellung nur im Rahmen einer geschlossenen Gesellschaft gegeben werden.
336 Vgl. S. 105 im vorliegenden Buch, Brief von Gustaf Gründgens an Marianne Hoppe, um 1935/36, im Nachlass (NMH).
337 *Zeugen des Jahrhunderts,* a. a. O., Teil 1.
338 Der Name der von Marianne Hoppe gespielten Theaterrolle folgt dem Titel in runden Klammern stehend. Der Name des Regisseurs (R) und die Daten der Premiere (P), Uraufführung (U), deutschen (DE) oder deutschsprachigen Erstaufführung (DSE) folgen dem entsprechenden Kürzel.
339 Einige Rollenangaben waren trotz der Besprechungen der Stücke in der Tagespresse nicht zu ermitteln.

Zur Zitier- und Schreibweise

Sämtliche Zitate aus Tagebüchern, autobiografischen Aufzeichnungen, Korrespondenzen, Notizen u.ä., die sich im Nachlass Marianne Hoppes befinden, werden ohne weitere Quellenhinweise wiedergegeben. Das Kürzel NMH kennzeichnet an einigen erforderlichen Stellen die Herkunft des Objekts aus dem Nachlass Marianne Hoppe. Die Schreibweise in Zitaten aus den genannten Quellen wurde zugunsten der besseren Lesbarkeit behutsam in Zeichensetzung und Orthografie bearbeitet. Bei Zitaten aus Tagebüchern oder Briefen erscheint das Datum des Eintrags bzw. der Entstehung entweder im Fließtext oder im Anschluss an das Zitat in runden Klammern. Worte in geschweiften Klammern markieren Lesarten, die aufgrund ihrer schweren Entzifferbarkeit nicht ganz gesichert, aber sehr wahrscheinlich sind. Inhalte in eckigen Klammern bedeuten Ergänzungen der Verfasserin. Nicht Entzifferbares innerhalb eines Satzes wird durch kompakt stehende geschweifte Klammern kenntlich gemacht.

Auswahl-Bibliografie

Hoppe, Marianne: *Marianne Hoppe.* In: Schauspieler erzählen. Hrsg. von H. E. Weinschenk. Berlin 1938

Hoppe, Marianne: *Abschied von der Genügsamkeit.* In: Mein Kopfgeld. Die Währungsreform – Rückblicke nach vier Jahrzehnten. Hrsg. von Heinz Friedrich. München 1988, S. 66–70.

Hoppe, Marianne: *Na, Hoppe, komm mal her.* In: Renate Seydel [Hrsg.]: Verweile doch … Erinnerungen von Schauspielern des Deutschen Theaters Berlin. Berlin 1985, S. 485–492.

Hoppe, Marianne: *Mein Pony hieß Blanca.* In: Mein Elternhaus. Ein deutsches Familienalbum. Hrsg. Von Rudolf Pörtner. München 1986, S. 117–128.

Hoppe, Marianne: »*Die Prinzessin und der Eintänzer*«. In: Mein erstes Engagement. Hrsg. von Hans Peter Doll. Stuttgart 1988, S. 17–20.

Hoppe, Marianne: *Mit einmal Lesen ist nichts getan.* In: Frankfurter Bücherstube. Almanach 1993. Frankfurt/Main 1993, S. 15–17.

Hoppe, Marianne: *Nach dem Unterricht aufs Pferd.* Aufgezeichnet von Alexander Kühn. In: Meine Lehrjahre. Prominente plaudern aus der Schule. Hrsg. von Dorothée Stöbner. Berlin 2002. S. 107–110. (Nach der Zeit-Serie *Meine Lehrjahre.* Der Beitrag von Marianne Hoppe erschien in der Wochenzeitung Die Zeit am 22. 12. 2001.

›Göring war nicht Gründgens guter Onkel‹. Marianne Hoppe. In: Ben Witter: Spaziergänge mit Prominenten. Hamburg 1982, S. 214–220.

Hoppe, Gustav: *Mein Lebensweg.* Unveröff., masch.-schrftl. Typoskript von 1952 (NMH).

Hoppe, Gustav: *Das Ende von Felsenhagen.* Aufzeichnungen aus dem Sommer 1945. Unveröff., masch.-schrftl. Typoskript (NMH).

Gustaf Gründgens. Briefe, Aufsätze und Reden. Hrsg. von Rolf Badenhausen und Peter Gründgens-Gorski. Hamburg 1967.

Ebermayer, Erich: *Denn heute gehört uns Deutschland… Persönliches und politisches Tagebuch.* Hamburg und Wien 1959.

Fiedler, Leonard M.: *Max Reinhardt.* rororo Bildmonographien, hrsg. von Wolfgang Müller. 4. Aufl., Reinbek/Hamburg 1994.

Freydank, Ruth: *Theater in Berlin. Von den Anfängen bis 1945.* Berlin 1988.

Gründgens, Gustaf: *Wirklichkeit des Theaters.* Frankfurt/Main 1953.

Huesmann, Heinrich: *Welttheater Max Reinhardt.* Bauten, Spielstätten, Inszenierungen. München 1983.

Kohse, Petra: *Marianne Hoppe. Eine Biografie.* Berlin 2001.

Maser, Werner: *Heinrich George. Mensch aus Erde gemacht.* Berlin 1998.

Matzigkeit, Michael und Meiszies, Winrich [Hrsg.]: *Gustaf Gründgens – Ansichten eines Schauspielers. Bilder einer Legende.* Theatermuseum der Landeshauptstadt Düsseldorf, Dumont-Lindemann-Archiv. Düsseldorf 1999.

Melchinger, Siegfried und Clausen, Rosemarie: *SCHAUSPIELER.* Sechsunddreißig Porträts. Velber/Hannover 1965.

Michalzik, Peter: *Gustaf Gründgens. Der Schauspieler und die Macht.* Berlin 1999.

Minetti, Bernhard: *Erinnerungen eines Schauspielers.* Hrsg. von Günther Rühle. Stuttgart 1985.

Mittermayer, Manfred und Veits-Falk, Sabine [Hrsg.]: *Thomas Bernhard und Salzburg. 22 Annäherungen.* Begleitbuch zur Sonderausstellung im Salzburger Museum Carolino Augusteum. In: Monographische Reihe zur Salzburger Kunst, Bd. 21, Salzburg 2001.

Mühr, Alfred: Grosses Theater. Begegnungen mit Gustaf Gründgens. Berlin 1950.

Pargner, Birgit: *Otto Falckenberg. Regiepoet der Münchner Kammerspiele.* Hrsg. vom Deutschen Theatermuseum. Berlin 2005.

Petzet, Wolfgang: *THEATER. Die Münchner Kammerspiele 1911–1972.* München 1973.

Rischbieter, Hennig [Hrsg.]: *Durch den eisernen Vorhang. Theater im geteilten Deutschland 1945–1990.* Hrsg. von Henning Rischbieter in Zusammenarbeit mit der Akademie der Künste. Berlin 1999.

Rischbieter, Henning [Hrsg.]: *Theater-Lexikon.* Zürich und Schwäbisch Hall 1983.

Rühle, Günther [Hrsg.]: *Theater für die Republik.* 1917–1933 im Spiegel der Kritik, Bd. 1 und 2, Berlin 1988.

Ruppel, Karl Heinz: *Berliner Schauspiel. Dramaturgische Betrachtungen 1936 bis 1942.* Berlin/Wien 1943.

Schmidt, Marianne: *Marianne Hoppe – Stern ohne Himmel.* Ein Portrait. In: Trans Atlantik, hrsg. von Marianne Schmidt. München 1982 (4/1982), S. 78–87.

Schrickel, Leonhard: *Geschichte des Weimarer Theaters.* Weimar 1928.

Schröder, Ernst: *Das Leben – verspielt.* Frankfurt/Main 1978.

Schuh, Oskar Fritz: *So war es – war es so? Notizen und Erinnerungen eines Theatermanns.* Berlin 1980.

Siedhoff, Thomas: *Das Neue Theater in Frankfurt am Main. 1911–1935. Versuch einer systematischen Würdigung eines Theaterbetriebs.* In: Studien zur Frankfurter Geschichte 19, hrsg. von Wolfgang Klötzer und Dieter Rebentisch. Frankfurt/Main 1985.

Stern, Carola: *Auf den Wassern des Lebens. Gustaf Gründgens und Marianne Hoppe.* Reinbek/Hamburg 2007.

Völker, Klaus: *Hans Lietzau. Schauspieler · Regisseur · Intendant.* Hrsg. von der Stiftung Akademie der Künste. Teetz 1999.

Weigel, Alexander: *Das Deutsche Theater. Eine Geschichte in Bildern.* Hrsg. vom Deutschen Theater. [Berlin] 1999.

Walach, Dagmar: *Aber ich habe nicht mein Gesicht. Gustaf Gründgens – Eine deutsche Karriere.* Berlin 1999.

Bild- und Herkunftsnachweis

Fotografen
Rudolf Betz 149
Ilse Buhs 13, 15, 143, 146, 164, 200, 225
Rosemarie Clausen (Rechte: »Rosemarie Clausen – Künstlerischer Nachlaß« GbR, Hamburg) 17, 65, 75 (oben), 77 (unten), 90, 91, 131, 142, 151, 159, 162, 163 (auch hinteres Umschlagfoto)
Wolf und Minya Dührkoop 24
Ute Eichel 204
Gertrude Fehr-Fuld 35, 51
René Fosshag 97
Horst Güldemeister 174 (auch hinteres Klappenfoto)
René Haury 166
Foto Held 30
Ludwig Hirsch 43, 45, 46, 47
Benedikt Hoppe 206
Ursula Knipping 132
Heinz Köster 7, 134, 147, 158
Jörg Koopmann 33
Brigitte Maria Mayer 202
Foto Palfy 180
Fritz Palm 28
Robin Rehm 61, 149 (unten)
Wilhelm W. Reinke 220
Inge von Rettberg 124 (unten)
Klaus Sange 2
Willy Saeger 78 (links), 84, 139
Foto Schaffler 177
Dieter-E. Schmidt 152
Foto Schwer 81, 92 (links)
Foto Söldner 124 (links)
Liselotte Strelow (© VG Bild-Kunst Bonn, 2009) 80 (oben rechts), 125 (oben), 155 (und vorderes Umschlagfoto)
Abisag Tüllmann 193
Bernd Uhlig 203
Ferdinand Wahn 21 (rechts)
Ruth Wilhelmi 78 (rechts), 83, 88, 141
Charlotte Willot (© Landesarchiv Berlin/Charlotte Willot) 93 (rechts), 99

Foto-Ateliers
Atelier Victoria, Berlin 21 (links)
Fotofreund Elbing 86
Globophot. Pressedienst 36
Kunstverlagsanstalt Bruno Hansmann 34
Verlag Rudolf Kübsch 22 (rechts)
Photo und Verlag P.D., Pritzwalk 23 (unten)
Scherl-Bilderdienst Berlin 73, 85, 106, 110
Terra Filmfoto 66
Tobis Filmkunst 70
Ullstein Bilderdienst 72

Unbekannte Fotografen 25, 44, 49, 53, 55, 59 (rechts), 72, 75 (unten links), 92 (rechts), 94, 95 (unten links), 119, 127, 165, 186, 195, 212

Privatfotos 22 (links), 26, 27, 103, 105, 189, 190, 191 197

Privatbesitz:
Hermann Braun, Hannover 214
H.W. Lenneweit, Berlin 153
Jürgen Rose, München 148

Benedikt Hoppe/Nachlass Marianne Hoppe
12, 21, 22, 23, 24, 25, 26, 27, 28, 30, 31, 33, 37, 38, 43, 45, 46, 47, 49, 55, 59 (rechts), 61, 65, 67, 69, 70, 74 (unten), 75, 77 (unten), 85, 97, 101, 103, 105, 106, 107, 108, 109, 111, 113, 115, 119, 120, 121, 122, 124, 125, 145, 157, 165, 189, 190, 191, 192, 197, 206, 212, 220

Archive, Museen, Bibliotheken, Institutionen:
Akademie der Künste 86
Archiv des Berliner Ensembles 202, 204
Archiv der Salzburger Festspiele 178
CINETEXT Bild & Textarchiv Frankfurt 62 (links), 63, 126 (rechts)
Deutsches Theatermuseum München 7, 13, 15, 34, 35, 42, 44, 51, 53, 77 (oben), 78 (links), 74, 88, 130, 134, 139, 141, 143, 146, 147, 149, 152, 158, 164, 167, 169, 174, 186, 195, 200, 225
Deutsche Kinemathek Museum für Film und Fernsehen 59 (links), 62 (rechts), 68, 126 (links)
Institut für Theaterwissenschaft der Freien Universität Berlin 57, 66, 74 (oben), 76, 79, 80 (oben links und unten), 87, 90, 91, 95 (oben und unten rechts)
LVR-Landesmuseum Bonn, Rheinisches Landesmuseum für Archäologie, Kunst- und Kulturgeschichte 80 (oben rechts) und vorderes Umschlagfoto
Österreichisches Theatermuseum, Wien 93 (links), 140 (© Verwaltung der Erbengemeinschaft Prof. Caspar Neher, Erika Neher), 177, 180, 181
Stadtmuseum Berlin 36, 40, 73
Stadt- und Universitätsbibliothek Zürich 166
Theatermuseum der Landeshauptstadt Düsseldorf 71, 78 (rechts), 81, 83, 92, 93 (rechts), 94, 95 (unten links), 99, 110, 127, 128, 129, 132, 155, 160
Theaterwissenschaftliche Sammlung Schloss Wahn 39, 82 (unten), 156
Thomas Bernhard Nachlaßverwaltung 176, 183
Universität Hamburg, Hamburger Theatersammlung 17, 131, 142, 151, 159, 162, 163

* Nicht in allen Fällen konnten Rechteinhaber ausfindig gemacht werden. Es wird gebeten, sich mit berechtigten Ansprüchen an das Deutsche Theatermuseum München zu wenden.

Register

Adorno, Theodor W. 14, 48 f., 215
Affolter, Therese 181
Aischylos 154
Albee, Edward 137, 144, 225
Albers, Hans 41
Alsberg, Max 46, 221
Althoff, Jürgen 161
Ambach, Josef 46, 221
Anders, Ferdinand 231 (Anm. 224)
Andersen, Hans Christian 20
Anderson, Maxwell 133, 150, 223
Anouilh, Jean 225
Antoine, A. P. 14, 41, 215, 221
Arnold, Franz 221
Augstein, Rudolf 170

Bach, Olaf 57
Bachmann, Ingeborg 10, 20, 185, 187
Badenhausen, Rolf 123, 133
Bahn, Roma 154
Bahr, Hermann 136, 162 f., 218, 224
Báky, Josef von 226
Barfuß, Grischa 231 (Anm. 233)
Barlach, Ernst 16, 148
Barlog, Boleslaw 100, 137 f., 161, 172, 176, 223 f.
Barnes, Djuna 187
Barnowsky, Victor 37, 40
Bassermann, Albert 50, 147
Bassermann, Else 50
Baudelaire, Charles 144
Baum, Vicki 221
Becker, Maria 151, 154, 157, 217
Beckett, Samuel 16, 17, 225
Below, Eva von 29 ff., 37 f.
Below, Manfred von 32
Below, Stephanie von 38
Benkhoff, Fita 57, 71
Berberich, [?] 53
Bergner, Elisabeth 12, 39
Bernauer, Rudolf 46, 221
Bernhard, Thomas 8 ff., 16 ff., 171–184, 191 f., 196, 199, 213, 218 f., 225 f., 232 (Anm. 302), 233 (Anm. 335), 238
Bersarin, Nikolai 116 f.
Bertuch, Max 222

Bethmann Hollweg, Theobald von 28
Bildt, Charlotte 37, 68, 104, 109
Bildt, Eva 104, 113, 115
Bildt, Paul 37, 64, 68, 73, 81 f., 104, 109, 112, 115, 161, 222
Billetdoux, François 224
Billinger, Richard 98
Birgel, Willy 67, 71
Bismarck, Otto von 25
Blacher, Boris 162, 218
Blacher, Gerty 162, 205, 218
Blech, Hans Christian 168
Boehm, Herta 128 ff., 150
Börne, Ludwig 191
Bond, Edward 225
Bondy, Luc 211
Bornemann, Hans 229 (Anm. 122)
Borsody, Eduard von 67, 226
Bourdet, Edouard 221
Boysen, Rolf 173, 175
Brandauer, Klaus Maria 168
Brandt, Willy 157
Braun, Hanns 153 f.
Braun, Mattias 152 f., 224
Brausewetter, Hans 58
Brecht, Bertolt 29, 50, 204, 211
Bremer, Joachim 90, 230 (Anm. 142)
Bruckner, Ferdinand 50
Buckwitz, Harry 18
Büchner, Georg 90, 94, 191, 223
Bütow, Hans 231 (Anm. 223)
Buhs, Ilse 13
Busch, Ernst 117, 172
Busch, Lydia 48, 221 f.
Byk, Maria 52 f.

Callas, Maria 205
Camus, Albert 191
Carls, Ludwig → Dreyfus, Carl Ludwig
Caspar, Horst 133
Castorf, Frank 204, 226
Chaplin, Charles 8, 19, 204, 226
Chesterton, Cecil 222
Choderlos de Laclos, Pierre Ambroise François 199
Christians, Mady 228 (Anm. 46)

Claren, Georg C. 64
Claudel, Paul 19, 226
Clausen, Claus 75
Clausen, Rosemarie 13, 65
Close, Glenn 233 (Anm. 321)
Colantunoni, Alberto 222
Connors, Barry 221
Costa, Martin 221 f.
Coward, Noël 221
Czernin, Nana 123
Czimeg, Georg 45

Daelen, Maria 122 f.
Dahlhaus, Carl 159
Dahlke, Paul 14, 37, 69, 71
Dahm, Werner 156
Dallmann, Friedel 41
Dargel, Felix A. 230 (Anm. 146)
Darvas, Lili 41
Degenhart, Bernhard 104
Delauney, Jules 61
Dell, Floyd 221
Deltgen, René 67
Dene, Kirsten 173, 177 f., 181
Deppe, Hans 56, 215, 226
Deutsch, Ernst 47, 139
Deval, Jacques 222
Diegelmann, Wilhelm 56
Diehl, Carl Ludwig 66
Dierhagen, Paul Alfred 221
Dietrich, Marlene 206
Dietrichstein, Leo 50, 222
Dohm, Will 52, 77
Dorn, Dieter 16, 173, 174, 218, 225, 227
Dorsch, Käthe 12, 46, 47, 58 f., 86, 121 f.
Dorst, Tankred 16, 225
Dostojewski, Fedor 47, 209
Dowson, Ernest Christopher 144
Dreier, Max 222
Drews, Wolfgang 227 (Anm. 21)
Dreyfus, Carl Ludwig (auch Dreyfuss) 14, 20, 48 f., 53, 215, 227
Droste-Hülshoff, Annette von 20
Düggelin, Werner 224
Düringer, Annemarie 143
Dürrenmatt, Friedrich 16, 225

Duhm-Heitzmann, Jutta 232 (Anm. 287)
Dumont, Louise 135
Duras, Marguerite 12, 205, 207, 219, 226
Duse, Eleonora 211

Eberlein, Ludwig 229 (Anm. 96, 100)
Ebermayer, Erich 82, 216, 222
Eckert, Fritz 37, 221
Eliot, T. S. 134, 223
Engel, Alexander 44, 221
Engel, Erich 218, 226
Engel, Judith 207 f.
Erdmann, Otto S. 68
Erffa, Dagmar 19
Erfurth, Ulrich 133, 160, 223
Ernst, Paul 52 f., 215, 222
Esser, Peter 52 f., 133, 215, 222
Euripides 152 ff., 224
Everding, August 50, 144, 170, 225
Eylau, Hans Ulrich 135, 231 (Anm. 224)

Fabjan, Peter 180, 184, 232 (Anm. 296, 308), 238
Falckenberg, Otto 14, 50 ff., 98, 185, 211, 215, 222
Falkenstein, Julius 39
Faulkner, William 137, 223
Fechner, Werner 30, 33, 37
Fehdmer, Hedwig 60
Fehling, Ilse 59
Fehling, Jürgen 83, 96, 98, 101 f., 114, 148, 169, 216, 222 f.
Fein, Maria 151
Feldt, Klaus 112
Feuchtwanger, Lion 186
Feuchtwanger, Martha 187
Fiedler, Leonard M. 228 (Anm. 46)
Fiedler, Werner 231 (Anm. 227)
Fleming, Charlotte 169
Flickenschildt, Elisabeth 66, 77, 99, 123, 129, 133, 217
Flimm, Jürgen 170 ff.
Florath, Albert 78
Fontane, Theodor 14, 63 f., 66, 83, 215

Forster-Larrinage, Robert 221
Franck, Walter 143, 161
Frank, Leonard 50
Frears, Steven 233 (Anm. 321)
Frenzel, Christian Otto 87, 229 (Anm. 131)
Freytag, Gustav 83, 223
Fröhlich, Gustav 58, 135
Froelich, Carl 54, 57f., 226
Fürst, Heinrich 217

Gasser, Wolfgang 181
Gaus, Günther 101
Gebhart, Max 104, 109, 112, 113, 230 (Anm. 165)
Geisler, Gerhard 133, 150
Gellner, Julius 222
Genet, Jean 16, 148f., 225
George, Heinrich 58, 116, 148
Geßner, Adrienne 142
Geysenheiner, Max 229 (Anm. 108)
Giehse, Therese 14, 51f., 123f., 170, 206, 215ff.
Giesing, Dieter 225
Giraudoux, Jean 136, 217, 223
Glassbrenner, Adolf 191
Gliese, Rochus 40f., 78
Goebbels, Joseph 48, 54, 56, 60, 62, 67f., 87, 92, 104, 114, 216
Göring, Emmy → Sonnemann, Emmy
Göring, Hermann 29, 62f., 83, 87, 92f., 100, 104, 114, 170, 216
Goethe, Johann Wolfgang von 19f., 29, 47, 52, 85, 131f., 158f., 185, 215, 218, 222ff.
Götke, Franz 229 (Anm. 112)
Gold, Käthe 77, 81f., 85, 90, 102, 114, 161, 215f., 222
Gontscharow, Iwan 191
Goodrich, Frances 224
Gorki, Maxim 225
Gorski, Peter 115
Gorski, Sigmund 238
Gorvin, Joana-Maria 100, 169
Gozzi, Carlo 94, 223
Grack, Günther 233 (Anm. 322, 325)
Grantke, Otto 185
Grothe, Heinz 66, 229 (Anm. 101), 230 (Anm. 144)
Grüber, Michael 196, 211
Gründgens, Gustaf 8–20, 41f., 49, 57–64, 73–138, 151, 159–172, 185, 194ff., 206, 211, 213–226, 230 (Anm. 165, 169)
Grüning, Ilka 37, 215
Gudzuhn, Jörg 201
Gülstorff, Max 64

Haak, Käthe 66
Haas, Willy 159, 232 (Anm. 256)
Hackett, Albert 224
Hadank, Günther 81, 85, 157
Haenel, Günther 223f.
Hahn, Sabine 162
Hampe, [?] (»Frl. Dr.«) 29, 32
Hamsun, Knut 41, 221
Handel, Paul von 123
Hansen, Rolf 226
Harbou, Thea von 59
Harlan, Veit 60, 226
Hartmann, Paul 14, 57, 64, 83, 87, 114
Hatton, Fred 50, 222
Hatton, Hanny 50, 222
Haugck, Dietrich 224
Haupt, Ullrich 78, 94
Hauptmann, Gerhart 14, 42, 45f., 50f., 59f., 81, 215f., 221f.
Hausenstein, Wilhelm 52
Hebbel, Friedrich 32
Heerwagen, Fritz 150
Heidegger, Martin 215
Heine, Heinrich 191
Held, Berthold 36, 215
Hellmer, Arthur 14, 42, 46, 50, 221, 222
Hellmer, Kurt 221
Henckels, Paul 56
Henn, Walter 143, 224
Henrichs, Benjamin 204, 232 (Anm. 298), 233 (Anm. 327)
Hepburn, Audrey 187
Herald, Annemarie 185, 210, 218, 238
Herrmann, Karl-Ernst 177f.
Herstadt, Cornelia 98
Herzog-Blacher, Gerty → Blacher, Gerty
Hesse, Otto Ernst 46, 221, 229 (Anm. 111)
Heyden, Talitha von 189ff., 218
Hilpert, Heinz 41, 221
Hindenburg, Paul von 28
Hinkel, Hans 63, 114
Hinrichs, August 222

Hirschfeld, Kurt 16, 48, 161, 166, 218, 224
Hirschfeld, Ludwig 222
Hitler, Adolf 20, 100
Höbel, Wolfgang 182
Höcker, Karla 231 (Anm. 212)
Höfer, Werner 133
Höflich, Lucie 14, 37, 41, 215
Hörbiger, Attila 142f., 205
Hofer, Andreas 56
Hoffmann, Kurt 123, 153, 218, 226
Hofmannsthal, Hugo von 14, 104, 187
Hoger, Hannelore 227
Holzmann, Thomas 164f.
Honegger, Arthur 19
Hopkins, Arthur 38, 221
Hoppe, Benedikt 7, 15, 38, 49, 121ff., 131, 162f., 176, 189, 194, 198, 204ff., 211, 217f., 230 (Anm. 187), 232 (Anm. 253), 233 (Anm. 328), 238
Hoppe, Elly 117ff.
Hoppe, Ernst-Günther 9, 20, 24ff., 55, 117f., 215
Hoppe, Gerda (verh. Lais) 9, 20, 25f., 32, 117f., 215, 217
Hoppe, Gustav 20ff., 38, 55, 117ff., 215, 218
Hoppe, Heinrich Georg 22, 24
Hoppe, Helga 117ff.
Hoppe, Henriette 22
Hoppe, Margarethe (»Grete«) 20, 24, 26f., 36, 55, 117f., 215, 217
Horkheimer, Max 14, 48f., 215
Horney, Brigitte 56
Horváth, Ödon von 14, 20, 53, 102, 215
Horwitz, Kurt 52, 170, 215
Huesmann, Heinrich 228 (Anm. 46)
Hugenberg, Alfred 54
Huppert, Isabelle 209

Ibsen, Henrik 32, 140, 144
Iffland, August Wilhelm 89
Ihering, Herbert 37, 39, 215
Impekoven, Toni 221
Ionesco, Eugène 16, 166ff., 218, 224
Izzard, Ralph 15, 119ff., 173, 216, 219

Jacobi, Johannes 159ff., 231 (Anm. 245, 251), 232 (Anm. 257)
Jacobs, Monty 39, 42
Jagič, N. 114
Jannings, Emil 46, 59f.
Jean Paul 191
Jessner, Leopold 147
John, Carl 58

Käutner, Helmut 14, 67, 69, 215f., 223, 226
Kaibel, Franz 34, 37
Kaiser, Georg 29, 39, 50, 221
Kaiser, Joachim 159, 179
Kammer, Klaus 146f.
Karajan, Herbert von 211
Karasek, Hellmuth 232 (Anm. 294)
Karsch, Walter 135
Kayßler, Friedrich 47, 114
Keaton, Buster 197
Keller, Leo 46, 221
Keppler, Monika 209, 219
Kestern, Herbert von 211
Kiaulehn, Walter 150
Kirchhoff, Fritz 226
Kirchschläger, Rudolf 8
Klein, Cesar 96
Kleist, Heinrich von 19f., 100, 173
Klemm, Rosemarie 217
Klewitz, Ellen von 119
Klimsch, Fritz 214
Klipstein, Ernst von 69
Klöpfer, Eugen 73
Klotz, Juli 31
Knuth, Gustav 73, 77f., 114f.
Köhn, Klaus 176
Köper, Carmen-Renate 229 (Anm. 84)
Körner, Hermine 12, 47, 73, 87, 93, 96, 114, 122, 151ff., 161, 217–223
Kohse, Petra 11, 48, 53, 63, 137f., 211, 228 (Anm. 46)
Koppenhöfer, Maria 12, 73, 98f., 114, 161
Korn, Karl 229 (Anm. 134)
Kortner, Fritz 16, 165, 208, 224
Kotschenreuther, Hellmuth 159
Kowa, Viktor de 82f., 223
Kraemer, Hermann Josef 231 (Anm. 193)
Krauß, Werner 41, 228 (Anm. 46)

Krenek, Ernst 187
Kristen, Erika (verh. Kristen-von Hopffgarten) 29, 32, 36, 215, 228 (Anm. 49)
Krüger, Wilhelm P. 57
Krutina, Edwin 185
Küchenmeister, Dorothee (genannt »Döschen«) 24, 28
Küchenmeister, Emma 42
Küchenmeister, Marie 24
Küchenmeister, Wilhelm 22, 24
Kühn, Alice (verh. Zickgraf) 41, 121, 217
Kühne, Wolfgang 157
Kutscher, Hermann 225
Kyser, Karl 52

Lahann, Birgit 233 (Anm. 314)
Lange, Helmut 225
Lange, Victor 186
Lania, Leo 221
Laubenthal, Hansgeorg 93
Lederer, Franz 39
Leibelt, Hans 82, 222
Lenneweit, H. W. 153, 238
Lessing, Gotthold Ephraim 14, 29, 34, 42, 46, 52, 83, 85 ff., 205, 216, 221 ff.
Liebeneiner, Wolfgang 54, 114, 222, 226
Lietzau, Hans 16, 147 f., 151, 211, 224 ff.,
Lieven, Albert 59
Lindtberg, Leopold 224
Lippert, Albert 156
Löbl, Hermi 227 (Anm. 4), 232 (Anm. 264)
Löck, Carsta 57 f., 162, 218
Lohner, Helmut 161
Lonsdale, Frederic 185
Loos, Theodor 56
Lothar, Rudolf 221
Ludendorff, Erich 28
Lüders, Günther 47, 133
Luft, Friedrich 136 f., 143, 175, 232 (Anm. 282)
Lux, Joachim 147, 232 (Anm. 284)

Malkovich, John 233 (Anm. 321)
Maltzan, Maria von 229 (Anm. 84)
Mann, Erika 14, 41 f., 168 f., 215, 221
Mann, Golo 168

Mann, Heinrich 186 f.
Mann, Klaus 20, 41, 168
Mann, Thomas 168, 186, 208
Manzel, Dagmar 201
Maraun, Franck 66, 229 (Anm. 99)
Marian, Ferdinand 14, 69
Markus, Bert 231 (Anm. 226)
Marquardt, Hans Werner 228 (Anm. 58)
Martin, Karl Heinz 58, 120, 226
Martin, Paul 226
Massareck, Franz 221
Mathern, Carl 221
Matiasek, Hellmuth 171
Maugham, William Somerset 221, 223
Maupassant, Guy de 69
May, Karl 218
May, Rolf 194
Mayer, Gustl 109, 112 f., 123
Meffert, Joseph Karl → Moreau, Clément
Meisel, Kurt 78
Melchinger, Siegfried 44, 86
Mensching, Herbert 148
Merck, Eva-Maria 154, 231 (Anm. 239)
Metzner, Gerhard 223
Mewes, Anni 185 ff., 206, 218 f.
Meyer, A. 231 (Anm. 228)
Meyer, Johannes 215, 226
Minetti, Bernhard 18, 73, 78, 81, 85 f., 96, 98, 169 f., 173 ff., 179, 183, 196, 199, 202, 204, 211
Minetti, Elisabeth 18, 205 f.
Minks, Wilfried 174
Mitchell, Thomas 221
Mnouchkine, Arianne 168
Mödl, Martha 209
Möhl, Friedrich 52
Möller, Eberhard Wolfgang 222
Moissi, Alexander 47
Molière 50, 222
Molnár, Ferenc 45 f., 221
Moltke, Helmuth von 25
Monnard, Else 47
Montijo, Edwin 135
Mordo, Renato 46, 221 f.
Moreau, Clément (Künstlername) 167
Mosbacher, Peter 137
Mosheim, Grete 12, 14, 186
Mozart, Wolfgang Amadeus 76

Mühr, Alfred 67, 104, 111, 230 (Anm. 169)
Müller, Hans 222
Müller, Heiner 8, 16, 199, 201 ff., 226, 233 (Anm. 326)
Müller, Robert 37, 215, 228 (Anm. 46)
Müller, Traugott 74–80, 86–89, 95, 106
Müry, Andres 232 (Anm. 286, 301, 304, 307)
Müthel, Lola 18, 94, 96, 102, 148, 205, 211, 230 (Anm. 149), 238
Müthel, Lothar 14, 18, 73, 78 f., 85, 89 f., 151, 160, 208, 216, 222 f.

Nagel, Ivan 19
Nahmacher, Marie (Mädchenname) → Küchenmeister, Marie
Naso, Eckart 64
Neale, Ralph 222
Nebel, Hete 229 (Anm. 82), 124
Neher, Caspar 140, 142
Nestroy, Johann Nepomuk 81
Neumann, Alfred 222
Niehoff, Karena 146, 231 (Anm. 229)
Nietzsche, Friedrich 32, 144
Noelte, Rudolf 16, 164, 224

Odets, Clifford 137, 138, 223
Oertel, Curt [49 ?], 56, 215, 226
Oesterreicher, Rudolf 46, 221
O´Neill, Eugene 137, 140 ff., 205, 218, 224 f.
Osten, Franz 215, 226
Ostermayer, Christine 149
Otte, Paul 229 (Anm. 113)
Otto, Teo 159

Pagnol, Marcel 50, 222
Pargner, Birgit 196, 205 ff., 230 (Anm. 149, 187), 232 (Anm. 253, 296, 308), 233 (Anm. 328, 330, 331)
Pauli, Hertha 53
Penzoldt, Günther 166, 232 (Anm. 260)
Peymann, Claus 16, 173, 176 ff., 213, 219, 225 f., 232 (Anm. 290)
Pfeiffer, Michelle 233 (Anm. 321)

Pietzsch, Ingeborg 233 (Anm. 324)
Pollock, George 226

Raddatz, Carl 143
Raimund, Ferdinand 98, 191, 222
Rainalter, Erwin H. 229 (Anm. 119)
Rasp, Fritz 56
Rath, Elisabeth 181
Rattigan, Terence 145, 224
Rehberg, Hans 90, 93, 151, 223
Reimann, Max 42
Reincke, Heinz 162
Reinhardt, Max 14, 28, 36 ff., 47, 151, 154, 215, 221
Reinl, Harald 226
Reiss, Kurt 221 f.
Reiter, Annie 45, 48 f.
Reuter, Fritz 168, 212
Révy, Richard 50, 222
Riess, Curt 18, 169 f.
Rilke, Rainer Maria 184 f.
Rinke, Moritz 20, 213
Rißmann, Charlotte 82, 222
Ritter, Ilse 173
Ritter, Lotte 31
Robert, Eugen 40
Rocholl, Karin 233 (Anm. 314)
Römer, Anneliese 181
Rohde, Hedwig 232 (Anm. 271)
Romanowsky, Richard 41
Rose, Jürgen 148 ff., 238
Rosen, Willy 222
Rothe, Hans 52, 73, 77
Rott, Wilfried 233 (Anm. 326)
Rudolf, Nils Peter 101
Rudolph, Verena 226
Rücke, K. H. 156
Rühle, Günther 10, 16, 19, 194, 198
Rühmann, Heinz 211 f.
Rütting, Barbara 56
Ruppel, Karl Heinz 77, 86, 89, 94, 98, 135, 161

Saeger, Willy 13
Samarovski, Branko 177, 179
Sander, Gerhard 129
Sandrock, Adele 58
Sartre, Jean-Paul 16, 123, 127 ff., 217, 223
Sasse, Heribert 219, 226
Schäferdieck, Willi 37, 215, 221

Schalla, Hans 133, 223
Schamoni, Peter 226
Schedlich, Hajo 10, 41, 213
Schell, Maximilian 160 f.
Schellow, Erich 157, 169
Scherzer, Alina 122
Schiffer, Marcellus 42, 222
Schildkraut, Rudolf 28, 228 (Anm. 46)
Schiller, Friedrich von 29, 89 ff., 151, 157, 216 f., 223 f.
Schleef, Einar 18, 199, 205
Schlegel, August Wilhelm 160
Schleif, Wolfgang 60
Schlenk, Hans 56
Schlieker, Hans Joachim 201
Schloss, Sybille 52
Schmid, Aglaja 142
Schmidinger, Walter 199
Schmidt, Marianne 10
Schmidt, Willi 135, 144 f., 154, 223, 225
Schmidt-Mühlisch, L. 233 (Anm. 322, 323)
Schneditz, Wolfgang 142
Schnitzler, Arthur 120 f.
Schönberg, Arnold 187, 209
Schönherr, Karl 56
Schreyvogel, Friedrich 150
Schröder, Ernst 145, 148, 212
Schroeter, Werner 8, 18 f., 196, 204 ff., 211, 219, 226, 238
Schüddekopf, Jürgen 231 (Anm. 241, 242)
Schütte, Ernst 42, 156
Schuh, Oskar Fritz 140, 143, 218, 224
Schukow, Georgij K. 116
Schulz, H. W. 162
Schulze Vellinghausen 150
Schulze-Westrum, Edith 52
Schuwerack, Leopold 194, 233 (Anm. 317)
Schwabach, Kurt 222
Schwannecke, Viktor 221
Schweikart, Hans 16, 71, 225 f.
Schwirten, Ethel 159
Scribe, Eugène 154, 156, 224
Sehr, Marianne 123
Seidenfaden, Ingrid 232 (Anm. 290)
Seidler, Alma 19
Selge, Edgar 225

Sellars, Peter 198
Sellner, Gustav Rudolf 157, 224
Shakespeare, William 14, 28, 36, 39, 41, 47, 50, 52, 73 ff., 90, 92, 154, 159 ff., 193 ff., 207 f., 216–226
Shaw, George Bernard 7, 29, 47, 96 f., 135, 140, 153 f., 216, 221 ff.,
Siddons, Sarah 160
Sindbad 50, 222
Söhnker, Hans 67, 143
Söhnlein, Rainer 226
Sokoloff, Wladimir 39
Sonnemann, Emmy (verh. Göring) 29, 83, 114
Sontheimer, Kurt 48
Sophokles 87, 89, 165, 216, 223 f.
Spiel, Hilde 173, 179
Spira, Camilla 56
Spira, Steffi von 229 (Anm. 84)
Spoerl, [?] 229 (Anm. 140)
Spoerl, Heinrich 63
Spoliansky, Mischa 42, 222
Springer, Axel 18
Staudte, Wolfgang 218, 224
Steckel, Leonard 145, 224
Stein, Gisela 231 (Anm. 237)
Steinbeck, Walter 56
Steinhoff, Hans 58, 226
Stemmle, Robert Adolf 222
Stern, Carola 11, 49, 199
Sternheim, Carl 121
Storm, Theodor 56, 64, 215
Straub, Agnes 228 (Anm. 46)
Strauß, Botho 211, 233 (Anm. 330)
Strauss, Richard 24
Strelow, Liselotte 13
Strindberg, August 16, 34, 50, 140, 143 f., 148, 173, 224
Stroux, Karl Heinz 78, 87, 89, 94, 96, 161, 216, 223, 225
Stuckenschmidt, Hans Heinz 187
Sucher, C. Bernd 19, 179, 232 (Anm. 292)
Sudermann, Hermann 98 f., 216, 225
Suhr, Edward 82
Szabó, István 168

Taylor, Elisabeth 196
Thaler, Susanne 172
Thimig, Helene 28, 228 (Anm. 46)
Tiedemann, Else 48
Tietjen, Heinz 100, 104
Tirpitz, Alfred von 28
Toelle, Carola 47
Tourneur, Cyril 225
Trouwborst, Rolf 150
Treml, Cordula 233 (Anm. 318)
Tschechowa, Olga 56
Turrini, Peter 213

Uhl, Renate 223, 230 (Anm. 167)
Urbach, Ilse 143, 146

Vadim, Roger 233 (Anm. 321)
Verhoeven, Michael 210
Verlaine, Paul 7
Viertel, Berthold 16, 138, 223
Vogt, Günther 165
Vosper, Frank 56, 222
Voss, Gerd 173

Wäscher, Aribert 73, 78, 161
Wagner, Elsa 73, 75, 116, 162, 218
Wagner, Hilde 117
Wagner, Klaus 161
Wagner, Richard 32
Wahlen, Herbert 46 f., 221 f.
Waldeck, Irmgard 37, 215
Wanderschek, Hermann 231 (Anm. 244)
Wangenheim, Gustav von 121, 217
Watters, Gloryl 38, 221
Wedekind, Frank 34, 37, 47, 140, 221
Wedekind, Pamela 104, 123, 131, 144, 231 (Anm. 197)
Wegener, Paul 114, 116
Weichardt, Carl 82
Wenders, Wim 226
Werfel, Franz 186 f.
Werner, Bruno E. 89, 229 (Anm. 106, 107), 230 (Anm. 145)
Weise, Gerhard 11
Weiser, Grete 63

Weisgerber, Antje 78, 166 ff.
Weitkamp, Kurt 171
Wessely, Paula 143, 205
Westacker, Wilhelm 230 (Anm. 139), 231 (Anm. 205)
Wieman, Mathias 41, 56 f., 123, 167
Wiese, Eberhard von 164
Wilde, Oscar 29, 58, 82, 216, 222
Wildenbruch, Ernst von 69
Wildgruber, Ulrich 213
Wilhelm I. 25
Wilhelmi, Ruth 13
Williams, Tennessee 16, 137, 146 f., 217, 223 f.
Wilson, Robert 16, 192 ff., 205, 207, 217, 226, 238
Winsloe, Christa 47, 222
Winterstein, Eduard von 56
Wirsing, Sybille 175
Wisten, Fritz 121
Witschnik, Alexander 19
Witter, Ben 104
Wittmann, Max 47
Wolf, Alfred 221
Wolf, Christa 191
Wolf, Paul 229 (Anm. 114, 116)
Wolff, Carl Heinz 226
Wolff, Hugo 24
Wolter, Charlotte 160
Woolf, Virginia 11, 210 f.
Wüst, Ida 14
Wuttke, Martin 18, 199 ff.
Wysbar, Frank 226

Yabara, Yoshio 238
Yates, W. E. 233 (Anm. 318)

Zabel, [?] (Prof.) 109
Zakowski, Helene 228 (Anm. 63)
Zickgraf, Alice → Kühn, Alice
Zimmer, Christine 187
Zimmer, Erwin W. 159 f.
Zimmermann, Bernd Alois 209, 219
Zoch, Georg 226
Zöllner, Annemarie 218
Zuckmayer, Carl 133, 173, 223 f.
Zutt, [?] (Prof.) 122 f.

Dank

In den noch unveröffentlichten Nachlass-Materialien von Marianne Hoppe – vor allem in den privaten und beruflichen Korrespondenzen, Tagebuchaufzeichnungen und sonstigen schriftlichen Hinterlassenschaften – studieren zu dürfen, war eine spannende Zeitreise durch ein langes, ereignisreiches Leben, in dem sich die Stationen einer sieben Jahrzehnte umfassenden Laufbahn einer außergewöhnlichen Schauspielerin spiegeln. In Anbetracht der Fülle des Materials konnte für das vorliegende Buch nur eine begrenzte Auswahl herangezogen werden, die zudem um Schrift- und Bildmaterial aus diversen Theatersammlungen und Archiven ergänzt wurde. Benedikt Hoppe, dem Sohn der Künstlerin, habe ich vor allem dafür zu danken, dass er mir die Nutzung des Nachlasses ermöglichte. Mir war während der gemeinsamen Sichtung und auch nach Mitnahme des Materials, das direkt vor Ort allein des Umfangs wegen nicht vollständig eingesehen werden konnte, immer bewusst, von Benedikt Hoppe ein Vertrauen zu bekommen, das alles andere als selbstverständlich war. Dafür, dass er es mir schenkte, für seine Unterstützung in vielen Gesprächen sowie für sein Vorwort zu diesem Buch möchte ich mich herzlich bei ihm bedanken.

Mein Dank für die erbetenen Interviews, die zur Gänze oder in Teilen in die Publikation mit eingeflossen sind, geht auch an die Schauspielerin Lola Müthel, den Film- und Theaterregisseur Werner Schroeter, an Peter Fabjan, den Halbbruder von Thomas Bernhard, und an den Regisseur Robert Wilson. Sigmund Gorski, der die Urheberrechte an den Briefen von Gustaf Gründgens verwaltet, genehmigte mir großzügigerweise die Publikation aller für interessant befundenen Briefe und schenkte darüber hinaus dem Deutschen Theatermuseum ein kleines Konvolut von Briefen, die Marianne Hoppe gegen Ende des Krieges an Gustaf Gründgens schrieb. Dank geht auch an all jene Personen bzw. deren Nachkommen, die den Lebens- und Berufsweg von Marianne Hoppe säumten und die mir die Publikation von Korrespondenzen gestatteten.

Abgesehen von Benedikt Hoppe, der alles Gewünschte aus dem Nachlass seiner Mutter zur Verfügung stellte, geht mein Dank an die Bühnen- und Kostümbildner Jürgen Rose, H. W. Lenneweit und Yoshio Yabara für die Leihgaben.

Für die kritische Durchsicht des Manuskripts bedanke ich mich bei Claudia Blank, Max Oppel und beim Lektorat des Henschel Verlages. Mein Dank richtet sich auch an Ingo Scheffler in Berlin für die kompetente grafische Gestaltung des Buches.

Für die Unterstützung meiner Recherchen und das Bereitstellen von Bild- und Schriftmaterial sowie von Leihgaben für die Ausstellung geht mein Dank an folgende Archive, Sammlungen und Museen:

Akademie der Künste, Berlin
Archiv des Berliner Ensembles
Archiv der Salzburger Festspiele
Archiv des Burgtheaters, Wien
Bundesarchiv, Berlin
Bundesarchiv-Filmarchiv, Berlin
CINETEXT Bild & Textarchiv Frankfurt
Deutsche Grammophon, Berlin
Deutsche Kinemathek – Museum für Film und Fernsehen, Berlin
Friedrich Wilhelm Murnau-Stiftung, Wiesbaden
Institut für Stadtgeschichte, Frankfurt/Main
Institut für Theaterwissenschaft der Freien Universität Berlin
LVR-Landesmuseum Bonn, Rheinisches Landesmuseum für Archäologie, Kunst- und Kulturgeschichte
Österreichisches Literaturarchiv, Wien
Österreichisches Theatermuseum, Wien
Schweizerische Theatersammlung, Bern
Staatsbibliothek zu Berlin – Preussischer Kulturbesitz
Stadtmuseum Berlin
Stadt- und Universitätsbibliothek, Zürich
Theatermuseum der Landeshauptstadt Düsseldorf
Theaterwissenschaftliche Sammlung Schloss Wahn, Köln
Thomas Bernhard Nachlaßverwaltung
Transit Film
Universität Hamburg, Hamburger Theatersammlung

Für das Zurverfügungstellen von Fernseh- und Rundfunkinterviews bedanke ich mich beim ZDF, BR, SFB, SWR, NDR, ORF, Studio Hamburg und RBB.